KB139914

인간과
성공

인간과 성공

오창환 지음

머리말

인간은 누구나 행복한 삶을 바란다. 대부분의 사람들은 행복이 현재에 존재하지 않지만 미래에는 찾아오리라고 기대한다. 미래에 보다 행복한 삶을 살기 위해서는 어떻게 해서든지 성공해야 한다고 열렬한 의지를 불태운다. 사실 오랜 옛적부터 성공이 행복의 조건이라고 믿어져 내려오고 있지만 성공이야말로 우리 인간에게는 태생적으로 타고난 수많은 욕구들 중의 하나이다. 사람은 누구나 자신이 바라는 꿈을 가지며 이러한 꿈을 실현하기 위해 나름대로 각자 목표를 설정하여 목표달성을 위한 구체적인 행동에 돌입한다.

그러나 누구나 자신의 목표를 무난히 달성할 수 있는 것은 아니다. 사람들이 성공하지 못하는 이유에는 크게 두 가지, 즉 첫 번째는 애초에 자신의 능력 범위를 벗어난 허황된 목표를 설정하는 경우가 있고, 두 번째는 적당한 목표를 설정했다고 해도 이를 달성하는 과정에서 여러 가지 곤경을 극복하지 못하는 경우가 있다. 결국은 사람들이 성공하지 못하는 주된 원인은 자신의 능력, 예를 들어 체력, 재력, 인간관계, 정신력, 행동력 등이 자신의 설정 목표와 비교하여 부족하기 때문인 것이다.

따라서 우리가 행복하기 위해 설정한 자신의 목표를 성공적으로 달성하기 위해서는 우리 인간의 신체와 정신에 대해 잘 알아야 하고 이를 바탕으로 체력과 정신력을 항상 건강한 상태로 유지해야 한다. 또한 성공을 위한 사고 혁신, 행동 혁신, 인간관계 등도 함께 향상시킬 필요가 있다. 성공을 이룬다고 하여 반드시 행복해지는 것은 아닌 만큼 우리의 삶에서 평온한 행복을 느끼기 위해서는 영성을 키워야 할 것이며 이러한 영성 향상에는 종교 믿음과 함께 명상 수련도 크게 도움이 된다.

이 책의 특징은 대학교 교양과정에서 한 학기 강의 동안 마칠 수 있는 분량으로 적절히 조정되어 있으며 크게 7단계, 즉 성공의 개요와 삶의 네트워크, 목표 설정 단계 및 계획 수립, 인간의 신체와 정신, 체력 및 정신력 증진, 성공을 위한 사고와 행동 혁신 및 인간관계, 명상, 마지막으로 목표달성 단계 등을 다루었다. 또한 인문사회계 전공자, 자연계 전공자들뿐만 아니라 일반 독자들도 이해가 용이하도록 구성하였다.

이 책의 구성은 다음과 같다.

제1장에서는 성공의 개요를 소개하고 성공 추진단계 정립을 목표로 한다. 성공의 개념으로 시작하여 성공학 역사를 서술한다. 성공 추진단계 정립 부문에서는 새로운 성공의 모델인 SARD를 소개한다.

제2장에서는 인간이 하나의 개체로서 존재하는 삶의 네트워크를 서술한다. 삶의 네트워크에 관한 개념과 네트워크 모델을 소개한다. 삶의 네트워크 개체 집합인 우주, 식물, 동물 등에 대해 서술한다.

제3장에서는 SARD 추진단계의 첫 번째 단계인 목표 설정 단계를 서술한다. 목표 설정을 서술하고 동기, 욕구, 내재적 동기와 외재적 동기 등을 기술한다.

제4장에서는 SARD 추진단계의 계획 수립을 서술한다. 목표분석,

요구 자원/보유 자원 등을 설명하고 활동 추출 및 시나리오 작성에 관해 서술한다. 또한 계획수립 단계에서 요구되는 삶의 원칙과 활동 원칙, 사명서 작성, 활동 시나리오, 성취 의도 등을 서술한다.

제5장에서는 인간의 신체에 관하여 서술한다. 세포, 조직 및 기관, 인체의 발생, 인체의 성장 등을 서술하고 인체의 각 기관계에 관해 기술한다. 인간의 중추신경계와 말초신경계에 관하여도 설명한다.

제6장에서는 인간의 인지에 관해 서술한다. 시각정보처리와 말 재인을 다루고 청각주의, 시각주의, 중앙주의를 서술한다. 심상 및 지식 표상을 서술하고 감각기억, 단기기억 이론, 작업기억, 장기기억 등을 서술한다. 기억의 보존과 인출 부문을 설명하며 문제 해결 부문, 전문성 부문, 판단과 결정 부문 등도 포함한다.

제7장에서는 인간의 정서에 관해 서술한다. 정서의 개념과 원인에 관해 서술하고 인간의 기본정서에 관해 설명한다. 정서의 기능 부문에서는 대처 기능과 사회적 기능을 서술한다. 정서와 기분의 차이점을 설명하며 정서의 여러 가지 측면들을 서술한다.

제8장에서는 체력 증진에 관해 서술한다. 체력의 중요성에 관해 서술하고 신체적 질환의 종류들을 소개한다. 건강을 위한 음식 섭취 부문을 설명하고 체력증진을 위한 운동을 설명한다.

제9장에서는 정신력 증진에 관하여 설명한다. 성공과 정신건강에 관하여 소개하고 정신장애 부문에서 정신장애의 분류와 심리치료 등을 설명한다. 행복의 정의 부문에서는 주관적 행복과 자기실현적 행복을 서술한다.

제10장에서는 성공을 위한 외부 정보 이해에 관해 서술한다. 지각 과정과 지각의 종류를 서술하고 이해 과정을 설명한다. 이러한 과정을 통한 상대방 이해의 중요성에 대해 서술한다.

제11장에서는 성공을 위한 사고 혁신을 서술한다. 자아 이미지를 소개하고 성공 메커니즘을 설명한다. 성공을 위한 상상력을 서술하

며 합리적 사고를 다룬다. 창조적 메커니즘을 소개하고 성공과 행복을 위한 조건을 서술한다.

제12장에서는 성공을 위한 행동 혁신에 관하여 설명한다. 영향력 증강을 위한 자산 투자를 서술하고 내적 자산 투자에 대해 설명한다. 주도적인 삶을 서술하고 성공을 위한 행동의 하나로서 독서를 소개한다.

제13장에서는 성공을 위한 인간관계를 서술한다. 인간관계의 개요를 서술하고 감정지수를 소개한다. 상호 승리의 인간관계를 서술하고 인간관계 행동을 소개한다.

제14장에서는 명상에 관해 설명한다. 생각과 마음에 관해 설명하고 명상 수련에 관해 서술한다. 명상 수련 부문에서는 명상의 신체적·정서적·심리적 영향 등을 설명한다. 명상의 종류를 기술하고 호흡 명상에 관해 설명한다. 만트라 명상을 설명하고 마음챙김 명상을 서술하며 마음챙김 명상 실습을 포함한다.

제15장에서는 SARD 추진단계의 마지막 단계인 목표달성 단계를 서술한다. 목표수행 결과 평가를 서술하고 실패 분석 및 성공 분석 등을 설명한다.

이 책을 통해서 많은 독자들이 성공에 관한 학습을 체득함으로써 자신들이 설정한 목표를 성공적으로 이루기 바라며 또한 행복한 삶을 살 수 있기 바란다. 이 책에 부족한 점이 많아 독자의 기대에 못 미칠 우려도 있다고 생각하며 앞으로 많은 조언과 충고를 받아들여 그야말로 훌륭한 인간 및 성공 관련 교양서적으로 오래도록 활용되기를 바란다.

2015. 1.

오창환

차례

1_성공의 개요

1.1. 성공의 개념

1.1.1. 성공의 배경

사람이 태어나서 몇 살 때부터 성공이라는 말을 듣기 시작하는 것일까? 일반적으로 성공이라는 말은 자신의 부모로부터 듣게 된다. 자식이 건강하고 유능하게 잘 자라서 사회적으로 성공하기를 바라는 부모의 마음이 자식에게 전달되기 때문일 것이다. 서양 문물이 들어오기 전에는 성공이라는 말 대신에 출세라는 말이 널리 사용되었다. 출세라는 말은 사회적으로 높은 지위에 오르거나 유명해지는 것을 의미하는데 높은 지위에 오르기 위해서는 과거 시험에서 급제해야 하고 유명해지기 위해서는 돈을 많이 벌어야 했었다.

옛날의 우리 선조들은 과거 급제를 목적으로 어린 시절부터 학습에 여념이 없었는데 장원 급제했다고 하여 출세가 보장되는 것은 아니었다. 세상 풍파 속에서 자신의 권력을 성장시키고 유지하기 위해 온갖 처세술을 힘닿는 대로 부렸었다. 양반 신분이 아닌 일반 서민이 출세하기 위해서는 장사기술을 배워서 돈을 많이 벌어 유명해지는 방법이 있었다. 최근에는 매스컴을 통해 많은 대중들에게 자신을 알리는 연예인들이 속출함으로써 유명해지는 방법이 다양해진 것이 사실이다.

1960년대만 해도 '억울하면 출세하라'라는 노래 가사처럼 출세라는 말이 성공이라는 말보다 더 대중적이었다. 사회적으로 높은 지위에 오른다든지 돈을 많이 벌어 사장이 되는 것을 출세라고 표현했다. 그 이후부터는 출세라는 단어보다 성공이라는 단어가 보다 더 대중적 개념으로 자리 잡았다. 우리나라가 고도의 경제성장을 이루었던 1970년대와 1980년대에 성공하는 방법은 고학력자가 되어 유명한 회사에 취직한다든지 사법고시나 행정고시에 합격하여 고위 공직자가 되는 길이었다. 혹은 유능한 기술자나 수완 좋은 장사꾼이 되어 돈을 많이 버는 것을 성공이라 생각하였다.

그 시절에는 국민 각자가 열심히 노력하면 성공할 수 있을 것이라는 공감대가 형성되었다. '개천에서 용 난다'라는 말처럼 비록 가난한 집에서 태어났어도 본인이 공부를 열심히 하면 유능함을 인정받아 자신이 원하는 직장을 얻을 수 있는 기회가 있었다. 그러나 1990년대부터는 신자유주의의 병폐로 지목되고 있는 빈부의 격차가 우리나라에도 널리 퍼져서 가난한 집에서 태어난 사람이 부자가 되거나 혹은 높은 지위에 오를 수 있는 기회는 사라져 버리기 시작했다.

1997년도에 우리나라는 IMF의 위기로 인해 국민들은 경제 혼란 속에 빠졌었다. 그전까지만 해도 평생직장이라는 생각으로 회사 근무를 수행해 왔으나 IMF 이후부터는 노동 시장 개념이 완전히 바뀌어 버렸다. 회사의 경영 상태가 좋아지지 않으면 언제 직장을 잃을

지 모른다는 위기감이 팽배해짐에 따라 자신의 능력을 한층 더 키우기 위한 자기계발 분야에 관심이 높아졌다. 직장에서 성실함만으로는 회사 생활을 오래 유지할 수 없게 됨에 따라 자신의 잠재능력을 발휘하기 위해 서점가에 널리 퍼져 있는 온갖 자기계발서를 읽게 되었고 이를 거점으로 '성공'이라는 패러다임이 중요시되기 시작했다.

자기계발서의 주요 내용은 자신의 전문 분야 능력을 향상시킨다는 측면보다는 주로 성공을 위한 정신적 측면을 강조하여 자기 혁신, 성공을 위한 습관, 인간관계, 자기 관리 등에 중점을 두었다. 한편 경제가 발전함에 따라 물질문명은 발달되었으나 그에 걸맞은 정신문화가 뒤따라오지 못함으로 인하여 불안, 두려움, 공포, 우울 등의 정신적 고통을 앓고 있는 사람의 수가 점점 늘어나게 되었다.

비록 높은 지위에 올랐거나 부를 축적한 사람들도 스스로는 만족하지 못하고 정신적으로 불만을 품게 됨에 따라 성공의 개념이 외면적 측면에서 내면적 측면으로 바뀌기 시작했다. 즉, 진정한 성공의 의미는 다른 사람들로부터 인정을 받으려는 객관적 성공의 평가보다 본인 스스로 성공했다는 신념의 주관적 성공에 더 많은 관심을 가지게 되었다.

1.1.2. 성공의 정의

인간의 역사에서 성공이라는 단어가 언제부터 사용되어 왔는지는 아무도 모르지만 한 개인이 추구하는 인생 목표를 설정할 때에는 지난 시절에 살았던 유명한 사람들의 삶을 거울로 삼아 보기 마련이다. 특히 어린 시절에는 부모나 혹은 친지 어른들로부터 자신들의 훌륭한 조상의 삶 과정을 전통적으로 이어받으며 어떻게 사는 것이 올바르고 성공적으로 사는 것인가에 대해 배우게 된다. 또한 각종 서적을 통해 역사적으로 높게 평가받는 위인들의 자취를 학습하면서 자신의 환경과 경험을 바탕으로 인생의 목표를 설정하여 하루하루를 성실하게 노력하며 살아가려 한다.

　역사 속에서 성공한 사람들은 누구인가? 주변 국가와 전쟁을 통해 국가의 영토를 확장한 대왕이나 장수가 성공한 사람인가? 위대한 자연법칙을 발견했거나 편리한 장치를 발명한 발명가가 성공한 사람인가? 역사적으로 예술적 가치가 높은 예술품을 창조한 예술인이 성공한 사람에 속할까? 후대 사람들에게 귀감이 되는 명언들을 남긴 철학자 혹은 종교인들이 성공한 사람인가? 돈을 많이 벌어서 커다란 부를 축적한 사람이 성공한 사람인가? 자신의 식솔들과 따스한 정을 나누며 오붓하게 살다가 죽은 수많은 사람들은 성공한 사람에 속하지 않는 것일까?

　역사적으로는 객관적 사실에 준거하여 어느 사람이 성공을 달성했느냐를 판단한다. 현대에 이르러서도 사회적 지위가 높다거나 재산을 많이 축적했다든가 혹은 남들로부터 귀감이 되는 실적을 올린 사람들을 성공한 사람으로 평가하고 있다. 만일 이렇게 객관적 사실만으로 성공 여부를 판단한다면 실패의 인생을 살다 간 혹은 살고 있는 사람들의 수는 얼마나 많은 것인가?

　이제부터는 성공의 개념이 바뀌어야 한다. 성공은 개인의 목표달성 여부에 따른 주관적 판단도 포함되어야 한다. 사람은 누구나 자기 성취의 욕구를 가진다. 사람은 누구나 남들로부터 인정받기를 바란다. 이러한 욕구를 달성하기 위해 우리들은 자신의 삶에 있어서 가치관을 형성하고 꿈을 설정하여 그 꿈을 이루기 위한 구체적인 목표를 계획한다. 이러한 개인의 목표는 타고난 성격뿐만 아니라 삶의 환경과 함께 본인의 생활 속에서 배우고 느꼈던 수많은 경험을 바탕으로 자신의 행복을 위해 설정되므로 모든 사람의 삶의 목표는 다르기 마련이다. 따라서 어느 사람이 자신의 인생에서 성공했느냐의 판단 기준도 개인에 따라 달라져야 하는 것이다.

우리는 인생의 성공 못지않게 행복한 삶을 살기를 원한다. 겉으로 보기에는 성공한 사람처럼 여겨져도 자신이 행복하지 않다고 느낀다면 무슨 소용이 있겠는가? 미국의 마틴 셀리그만은 행복한 삶의 조건으로 즐거운 삶(pleasant life), 적극적인 삶(engaged life), 의미 있는 삶(meaningful life) 등의 세 가지를 제시하였다.

마틴 셀리그만은 즐거운 기분을 느끼면서 자신의 일에 열정적으로 몰입하며 삶의 의미를 발견할 수 있을 때에 진정한 행복을 누릴 수 있다고 보았다. 즐거운 기분을 느끼게 되면 삶에 대한 흥미와 활기가 증가하여 자신의 활동에 열정적으로 몰두함에 따라 자신의 역량을 최대로 발휘할 수 있게 된다. 자신이 세운 목표를 성공적으로 달성하기 위해서는 자신의 강점을 찾아내어 역량을 최대로 발휘해야 하는데 이를 위해서는 무엇보다도 본인 스스로 행복감을 느껴야 한다. 따라서 성공은 '스스로 행복감을 느끼면서 자신의 계획한 목표를 성취하는 것'이라고 말할 수 있다. 단순히 목표를 달성했다고 하여 성공한 것이 아니라 자기 성취와 함께 스스로가 행복하다고 느낄 때에 진정한 성공이라고 부를 수 있는 것이다.

1.2. 성공학 역사

1.2.1. 성공학의 태동

정해윤은 그의 저서 『성공학의 역사』에서 성공학의 태동은 종교개혁과 프로테스탄트의 출현에 관련성이 있다고 서술한다. 11세기 말에서 13세기 말까지 200년간 7차례에 걸쳐서 지속된 십자군 전쟁으로 인해 교회의 재정이 궁핍해지자 로마 교황청은 면죄부를 발행하게 되었고 이는 독일의 신학교수 마르틴 루터로부터 종교개혁의 빌미를 제공하였다. 루터는 인간이 구원받는 것은 신앙에 의해서만이며 로마 교황청이 내세우고 있던 면죄부에 의해 죄가 사해지는 것이 아니라고 주장했다. 루터의 뒤를 이어 칼뱅은 종교개혁 못지않게 후대의 자본주의의 정신과 더불어 성공학의 태동에 많은 영향을 끼쳤다.

칼뱅은 직업을 신에 의해 주어진 신성한 것으로 여겨야 한다는 직업소명설을 주장했으며 검소한 생활과 노력으로 부를 축적하는 것은 성서에 위반되지 않는다고 주장했다. 이러한 칼뱅의 주장은 당시의 신흥 시민계급의 생활이념과 일치함으로써 열렬한 호응을 얻게 되었다. 칼뱅주의에 영향을 받은 프로테스탄트는 천국의 양식과 현세에서의 풍요로움을 동시에 추구할 수 있는 계기를 마련하게 되었다.

가톨릭교회가 천국에서의 양식을 쌓아야 한다고 가르친 것에 비해 프로테스탄트 교회는 신도들로 하여금 하늘의 축복을 받았다는 확신을 위해 현세에서의 성공적인 삶을 살 수 있는 구체적인 방법론을 제시하기 시작했다. 그 당시의 서구사회는 종교가 지배하는 사회에서 자본주의를 근간으로 하는 근대국가로 발전해 나가기 시작했다. 세계 각지에서 신천지가 발견됨에 따라 그 지역 주민들을 기독교로 개종시키기 위한 세련된 전도방법이 요구되었는데 이로 인해 리더십 프로그램에 대한 연구의 필요성이 대두되었다. 이와 같이 성공학은 프로테스탄트 교회를 기반으로 하여 자라기 시작했다.

영국에서는 1564년 이래로 성공회에 대항하여 칼뱅주의를 주창한 청교도가 탄생하였다. 청교도는 로마 가톨릭의 전승에서 벗어나 스스로를 깨끗이 지키려는 신앙운동을 벌였는데 이러한 금욕주의적 삶의 제도를 청교도 정신이라고 부르게 되었다. 청교도들은 영국의 박해를 피해 1620년에 메이플라워호를 타고 미국으로 건너가서 그곳에서 근대적 자본주의 시대를 열었다.

인간이 구원받는 것은 신에 의해 예정된 일이라는 예정설을 내세운 칼뱅으로부터 영향을 받은 교파들은 신도들의 불안을 덜어주기 위해 부를 축적하고 성공적인 삶을 살 수 있는 방법론을 체계적으로 제시할 필요성이 있었다. 청교도 신도들은 자신들이 현세에서 가난하면 이는 내세에서 구원받지 못함을 의미한다고 불안해하면서 현세에서 성공적인 삶을 위해 여러 가지로 노력하였다. 청교도 목사들은 신도들에게 불안을 떨쳐 버리고 성공할 수 있는 방법들을 제시하였다. 그 후 프로테스탄트 목사들은 성공학에 관한 책들을 저술하였는데 오늘날까지 성공학의 고전으로 알려진 책을 집필한 목사들은 아래와 같다.

- 노만 빈센트 필(Norman Vincent Peale): 그는 『적극적 사고방식 (The Power of Positive Thinking)』을 저술했으며 1993년에 생을 마감할 때까지 종교를 초월하여 성공적 삶의 방식과 비전을 제시하였다.

- 조셉 머피(Joseph Murphy): 기도를 정신요법의 한 방편으로 사용하였으며 『잠재의식의 힘』, 『마음만 먹으면 당신도 부자가 된

다』, 『마음 수업』 등을 저술하였다.

- 로버트 슐러(Robert H. Schuller): 1926년에 태어난 목사로서 미국의 TV 선교사로 유명하며『불가능은 없다(Move Ahead with Possibility Thinking)』라는 대표작을 저술하였다.

1.2.2. 성공학의 성장

성공학은 인간이 본성적으로 가지고 태어난 자기성취의 욕구를 실현할 수 있는 사회에서 발전하기 마련이다. 즉, 보다 뛰어난 업적, 보다 많은 물질적 풍요, 보다 행복한 삶 등에 관한 욕망을 실현할 수 있는 자본주의의 발달과 함께 성공학은 본격적으로 성장할 수 있었다. 원시시대부터 삶의 편리성과 함께 사회적 요구에 따라 많은 발명품들이 개발되었듯이 성공학도 시대의 요구에 따라 태동하여 지금까지 발전을 거듭해 오고 있다.

종교적 신념을 바탕으로 개인의 인생을 지도하던 초창기의 성공학은 대기업의 출현과 함께 기업 사회에서 각 직원의 경쟁력을 가질 수 있는 자기계발 분야로 발전해 왔다. 특히 기업의 생산성 추구로 인해 분업화가 가속화됨에 따라 판매만을 전문으로 하는 세일즈 조직이 등장하게 되었는데 이들은 고정된 급여를 받는 것이 아니라 실적에 따른 보상을 취하는 경우가 많았기 때문에 다른 어떤 직종보다 성취욕이 높을 수밖에 없었다.

그들은 고객들에게 먼저 접근하고 고객들과의 짧은 대화를 통해 그들의 상품을 판매해야 하기 때문에 세일즈 능력에 따라 판매 실적의 차이가 확연했다. 따라서 세일즈맨의 능력을 향상시키기 위한 프로그램이 필요하게 되었고 이러한 세일즈맨의 교육이 성공학의 커다란 수요층으로 대두되기 시작했다. 현대적 성공학의 기틀을 마련한 나폴레온 힐과 데일 카네기의 서적에 등장하는 주요 사례는 세일즈맨에 관련된 것이다.

네트워크 마케팅에서는 네트워크 상위 판매원이 하위 판매원을 모집하여 하위 판매원이 판매한 판매가격에 대한 커미션을 받기 때문에 상위 판매원은 가능하면 자신 밑으로 거대한 네트워크 판매조직을 구성하려 한다. 네트워크 마케팅에서는 하부 조직을 적극적으로 육성해야 큰 보상을 받을 수 있으므로 스스로 동기부여를 강화하기 위해 전통적인 성공학을 배울 뿐만 아니라 회사마다 자체적인 성공학도 개발하기에 이르렀다.

청교도 정신을 계승해 온 미국사회에서 부자는 더 이상 천국에 들어가는 문턱에서 멀리 떨어진 사람이 아니라 사회적 존경을 받는 인물이 되었다. 이러한 경향으로 부를 축적할 수 있는 방법론을 연구하는 부자학이 출현하였다. 부자학에서는 성공한 부자들의 성공 요인을 역추적하여 원칙을 정립하거나 혹은 성경이나 다른 역사서에서 나타난 진리를 통해 부의 법칙을 설명하려 했다.

월레스 와틀스(Wallace D. Wattles)는 1910년에 『부자학(The Science of Getting Rich)』에서 유사한 원인이 유사한 결과를 낳는 것은 자연의 법칙이기 때문에 누구나 부자학에서 제시한 방식과 동일하게 일할 경우 부자가 될 수 있음을 주장했다.

토마스 스탠리(Thomas J. Stanley)는 경영학 박사로서 학문적인 접근으로 백만장자에 대한 연구를 거듭하여 『이웃집 백만장자(The Millionaire Next Door)』와 『백만장자 마인드(The Millionaire Mind)』 등의 명저를 출간했다. 한편 로버트 기요사키(Robert T. Kiyosaki)는 『부자 아빠 가난한 아빠』에서 대조적인 두 인물, 즉 교육은 많이 받았지만 실물경제에 어두웠던 자신의 친아버지와 낮은 교육 수준에도 불구하고 거대한 부를 축적한 죽마고우의 아버지를 등장시켜서 새로운 부의 축적방법에 대한 조언을 들려준다.

1.2.3. 현대의 성공학

1929년에 발생한 미국의 대공황은 주식시장의 대붕괴, 은행에 대한 불신감 증가, 총 수요 감소 등으로 최고 25%의 실업률을 기록하였다. 미국의 대공황을 통해 미국인들은 자기계발에 더욱 적극적으로 투자하게 되었고 이에 따라 교육컨설팅 사업이 하나의 비즈니스 모델이 되기 시작했다. 그 당시의 성공학은 이전의 성공학과는 달리 종교적 색채를 벗고 수많은 성공인들과의 인터뷰를 통해 추출된 데이터를 근거로 성장하게 되었다.

나폴레온 힐과 데일 카네기라는 걸출한 두 인물이 등장하면서 개인의 소명과 인생의 성공을 가르치던 성공학 시대는 지나고 보다 효율적인 경영을 추구하는 기업들의 요구에 부응하여 세분화되고 전문화된 자기계발 프로그램들이 대량으로 생산되는 시대가 열렸다.

나폴레온 힐은 앤드류 카네기(Andrew Carnegie, 1835~1919)라는 당대 최고의 거부 중 한 사람을 만남으로써 성공의 원리를 연구하고 이를 적극적으로 전파하는 데 온 힘을 쏟게 되었다. 스코틀랜드 이민자 출신으로 미국에서 철강왕으로 성공한 앤드류 카네기는 나폴레온 힐에게 자신의 성공담을 적극적으로 알려주었을 뿐만 아니라 유명한 성공인들도 소개시켜 주었다. 나폴레온 힐은 20년 동안 수많은 성공한 사람들을 대상으로 그들의 성공원리를 파악하고 데이터화하여 1929년에 『성공의 법칙』을 출간하였다.

데일 카네기(Dale Carnegie, 1888~1955)는 1912년부터 YMCA 야간학교에서 성인들을 대상으로 화술강좌를 시작하면서부터 이름이 알려지게 되었다. 그는 이 강좌를 통해서 사람들이 '어떻게 하면 다른 사람들을 잘 이해하고 좋은 관계를 맺을 수 있을까'에 대해 고민한다는 사실을 깨닫게 되었다. 그는 수많은 위인전기를 탐독하고 세계적인 명성을 얻은 많은 성공인들과 면담을 수행했다. 이러한 자료를 바탕으로 '인간관계론, 친구를 사귀고 사람을 설득하는 법'을 출간하였다.

맥스웰 몰츠(Maxwell Maltz)는 성형외과 의사로서 수많은 환자들과의 상담을 통해 왜곡된 자아이미지가 인간의 능력을 제한하는 원인임을 깨닫게 되었다. 그는 환자들과의 상담 경험을 바탕으로 유도탄에 관한 지식, 심리학, 생리학 등에 관한 광범위한 연구를 더해서 그만의 독특한 사이코사이버네틱스(Psycho-Cybernetics) 이론을 개발했다. 성공하기 위해서는 우선적으로 자신의 자아이미지와 일치하는 목표를 설정해야 한다고 한다. 자신의 자아이미지와 일치하지 않게 설정한 목표는 잠재의식으로부터 거부당하거나 변질될 우려가 있다는 것이다. 따라서 맥스웰 몰츠의 성공 프로그램은 건강한 자아이미지의 회복으로부터 시작된다.

스티븐 코비(Stephen R. Covey)는 1989년에 『성공하는 사람들의 7가지 습관』이라는 책을 출간하였다. 그는 성공하기 위해서는 외적 성격 접근의 테크닉이 아니라 자신의 정체성, 개성, 독립성, 가치 등을 재발견함으로써 무한한 잠재능력을 발휘해야 한다고 주장한다. 스티븐 코비는 임시변통의 영향력 행사 기법이나 권력 획득 전략, 커뮤니케이션 기술, 적극적 태도 등과 같은 얄팍한 기법 위주로 변질되어 가던 성공학을 개인들의 인생성찰과 그 소중함을 되새김으로써 자신의 목표달성을 완수할 수 있다는 내적 성품 위주의 효과성을 강조했다.

1.2.4. 아시아의 처세술

서구사회는 종교개혁을 시작으로 자본주의 정신을 확립해 나갔던 반면에, 일본을 제외한 아시아 국가 사람들은 종교적 신념하에서 평화로운 삶을 살았지만 세속적인 성공의 의미를 추구하지는 않았다. 아시아는 많은 종교에서 다양한 심신수련법을 개발해 냈는데 오늘날에는 다이어트, 스트레스 해소, 마음의 병 치유 등의 목적으로 서구사회에서도 많은 인기를 끌고 있다.

동아시아인들의 정신을 지배하던 유교는 기독교, 이슬람, 인도의 종교들과는 달리 초월적인 신의 존재를 갖지 않고 현세 중심의 사고체계를 갖게 했다. 중국은 이러한 유교의 영향으로 서구사회보다 앞서서 한나라 때부터 과거제도를 실시하였다. 중국은 이민족의 지배를 받던 시기를 제외하면 청대에 이를 때까지 기본적으로 과거제도를 지속적으로 유지하여 우리나라의 역사에도 커다란 영향을 주었다.

중국인들의 역사관은 서구인들의 직선적인 역사관과는 달리 다소 순환적인 역사관을 가졌으므로 미래의 성공은 과거의 역사를 통해 준비할 수 있다고 보았다. 이러한 이유로 권력의 꿈을 가진 젊은 관리나 난세의 영웅을 꿈꾸는 한량들은 역사서 혹은 역사소설 등을 통해 다양한 처세술을 익혔다. 또한 병법과 무술지략서에서도 처세술이 다루어졌는데 오늘날에는 서구의 냉혹한 비즈니스 관련 사람들이 새로운 영감을 얻기 위해 아래와 같은 책들을 읽기도 한다.

- 사기(史記): 전한 시대의 사마천이 저술한 역사서로서 믿을 만한 사료만을 기록하여 고대 중국의 다양한 인간군상의 모습을 보여 준다.
- 한비자(韓非子): 중국 전국시대 말기 한나라 사람인 한비와 그

일파가 저술한 서적으로서 법을 독립된 고찰 대상으로 삼고 일종의 유물론과 실증주의에 의해 독자적인 사상체계를 수립하여 법형제도에 많은 영향을 주었다.

- 삼국지연의(三國志演義): 진수(陳壽, 233~297)가 저술한 삼국지(三國志)에 서술된 위(魏), 촉(蜀), 오(吳) 3국의 역사에서 전승되어 온 이야기들을 중국의 나관중(羅貫中, 1330?~1400)이 장회소설(章回小說) 형식으로 재구성한 장편소설이다. 현대에 이르러서는 이 책의 내용을 바탕으로 하여 경영학이나 처세학 등에 관한 책들이 폭넓게 출간되고 있다.
- 채근담(菜根譚): 중국의 명나라 말기 사람인 홍자성이 저술한 책으로서 동양의 대표적인 처세서라는 평가를 받고 있지만 성취지향적인 서양의 성공학 서적과는 많은 차이를 보인다.
- 손자병법(孫子兵法): 병법서이지만 노자의 사상이 짙게 배어 있어서 비호전적이다. 리더십과 인사 등에 관한 깊은 영감을 제공해 주기 때문에 군대를 벗어나서 현대의 비즈니스 세계에서도 널리 읽히고 있다.
- 오륜서(五輪書): 일본의 전설적인 검객인 미야모토 무사시가 남긴 지략서로서 라이벌과의 경쟁에서 우위를 점할 수 있는 지혜를 주며 일본인들의 실용적 사고의 뿌리를 보여 준다.

1.2.5. 한국의 성공학

우리나라는 일제 식민지로부터 독립하여 1948년에 민주정부를 수립하는 과정에서 급격한 사회 시스템의 변화로 야기된 많은 혼란과 더불어 사회적 지위의 엄청난 유동성이 존재하였다. 대부분의 국민은 피지배인의 신분을 벗어나지 못했으나 식민지 시절에 관리 업무를 수행해 본 사람들은 미군정과 제1공화국의 성립에 이르기까지 공동체의 이익을 무시하는 형식으로 자신의 성공을 취했다. 식민지 시절의 단순한 관리가 아닌 소위 친일파 인물들까지도 주요 권력 자리를 차지하였기에 오늘날 한국사회에서 성공이라는 단어가 부정적 뉘앙스로 받아들여지게 되어 버렸다.

일제 식민지시대에는 대표적 기업으로 두산, 화신, 경방 등이 있었으나 이들은 제조 산업자본이 아닌 상업자본으로 이루어졌다. 한국전쟁 이후에는 상업자본이 본격적인 산업자본으로 변모하기 시작했는데 삼성의 이병철 회장은 이 시기에 발 빠르게 전환한 기업가들 중에서 대표적인 인물이다. 삼성뿐만 아니라 현대, 롯데, 대우, 선경 등의 창업주들은 제3공화국의 개발 연대를 이끌며 '한강의 기적'을 실천한 주역들인데 이들은 서구의 자본가들과는 현저하게 다른 유교적 자본주의를 구현해 냈다. 그들은 종업원과의 관계를 엄격한 수직적 관계로 형성했고 권위적인 정치상황과 맞물려서 1980년대까지 이러한 경향이 지속되었다. 이러한 대기업들의 사업번창에 힘입어 한국사회는 고도의 경제성장을 이루었으며 1990년대에 들어서서는 평범한 일반 시민들도 자신을 중산층으로 자부하게 되었다.

그러나 1997년 IMF라는 국난을 맞이하면서 우리나라 국민들은 경제적으로나 사회적으로 어려운 현실에 봉착하게 되어 버렸다. 미국의 대공황과 비슷하게 한국의 IMF는 직장인들로 하여금 평생직장의 개념으로부터 벗어나게 했고 이에 따라 자기계발 활동을 통해 남과의 경쟁력을 잃지 말아야 한다는 자각심을 안겨 주었다.

우리나라의 기업교육은 1977년 삼성이 국내 처음으로 연수원을 개원하면서부터 시작되었다. 삼성의 창업주인 이병철은 인재제일주의를 바탕으로 직원교육에 심혈을 기울였는데 삼성의 이러한 투자는 곧 다른 기업에도 전파되어 대기업들은 저마다의 연수원을 건립하기에 이르렀다. 초창기의 기업교육은 주로 대학교수들에 의해 시행되었는데 이론 위주의 딱딱한 강의가 실용적인 교육에 적합하지 않다는 이유로 자연스럽게 전문 강사 그룹이 형성되어 이들이 기업교육을 담당하고 있는 상황이다. 미국에서는 기업교육 못지않게 자기계발 세미나 시장이 넓게 형성되었으나 한국사회는 자식들에 대한 지극한 교육열과는 판이하게 성인이 된 이후 자기계발을 위한 투자는 좀처럼 이루어지지 않았다.

1990년대 들어 우리나라에도 도입된 네트워크 마케팅은 일반인들을 대상으로 하는 자기계발 교육시장의 형성에 커다랗게 기여했다. 네트워크 마케팅은 하위조직 육성에 요구되는 리더십 능력과 함께 동기부여 프로그램을 절대적으로 필요로 했다. 이러한 상황 속에서 1990년대 초부터 데일 카네기와 스티븐 코비의 프로그램이 국내에 도입되기 시작함으로써 한국의 성공학이 성장하기에 이르렀다.

미국 건국 이후 줄곧 지속되어 왔던 미국인들의 자조(Self-Help) 전통이 우리나라에도 IMF 이후에 싹트기 시작했다. 각종 재테크 관련 서적과 자기계발서들이 인기리에 출간되었으며 책이 아닌 세미나를 통해서 지식을 공유하려는 사람들이 생겨나기 시작했다. 집집마다 설치된 초고속 인터넷을 바탕으로 인터넷 동호회가 활성화됨에 따라 재테크와 자기계발 동호회들도 다수 등장하게 되었고 이들이 주도하는 자기계발 세미나는 동호회원들의 정보충족 욕구를 만족시켜 주었다.

그러나 한국의 성공학도 미국과 마찬가지로 남과의 경쟁에서 살아남기 위한 자기계발 분야에 중점을 두고 있으며 성공하기 위한 정신적 혁신만을 강조하고 있다. 이러한 객관적 성공이 행복을 가져다 주는 것은 아니다. 사람은 누구나 행복하기 위해 성공하고자 한다. 성공은 이루었지만 행복한 삶이 아니라고 스스로 판단한다면 차라리 성공하지 않으면서 행복한 삶이 더 나을 것이다. 이제 성공학도 새롭게 변화해야 한다. 건강하고 행복한 삶을 영위하면서 자신의 목표를 달성하기 위한 육체적 측면과 정신적 측면의 강화를 강조하는 성공학이 필요한 것이다.

1.3. 성공학 정립

1.3.1. 새로운 성공학

현대사회에는 인문학, 사회학, 자연과학, 의학, 공학 등뿐만 아니라 융합학문에 이르기까지 수많은 학문 분야가 존재한다. 중세까지만 해도 오늘날처럼 다양한 학문이 존재하지 않았다. 현재는 철학이 여러 학문 중의 한 분야로 여겨지고 있지만 당시까지만 해도 철학은 인간·세계·신 등 모든 대상을 연구하는 포괄적인 학문이었다. 중세의 기독교 사상의 영향으로 인해 학문 하면 철학이라는 개념에서 학문이 철학, 윤리학, 신학, 과학 등으로 나누어지게 되었다.

신 중심의 암흑기였던 중세에서 벗어난 후 르네상스 시대에서는 신앙심은 유지하면서 맹목적인 신에 대한 의지가 아니라 인간 스스로 자연현상을 이해하려는 시도로 과학·문학·미술·건축 등이 활발하게 전개되었으며 대표적인 인물이 레오나르도 다빈치(1452~1519)가 있었다. 이후 부분을 이해하여 전체를 파악한다는 데카르트 이후의 환원주의(還元主義, reductionism)의 등장으로 보다 많은 지식이 발굴되어 학문의 종류가 급속도로 늘어나게 되었다.

데카르트 이후에 노동 중심 사회에서 산업 중심의 사회로 변화되고 다시 정보 중심의 사회가 등장하다가 현대에는 문화 중심·콘텐츠 중심·감성 중심의 사회로 바뀜에 따라 최근에는 다시 레오나르도 다빈치 시대의 천재와 같이 오늘날의 인재는 여러 학문에 두루 뛰어날 수 있는 사람으로 인식되고 있다.

경쟁사회에서 남들보다 우위를 선점하기 위한 방법론으로서 발전되어 온 자기계발 분야는 이제 새로운 융합학문인 성공학으로 받아들여져야 한다. 성공학은 철학, 심리학, 역사학 등의 인문학뿐만 아니라 자연과학은 물론 문화체육학 등도 포함하여 발전시킬 필요가 있다. 왜냐하면 성공학은 인간 본성의 하나인 자기성취 욕구를 사회질서의 범위 내에서 실현하고 육체적은 물론 정신적으로 건강한 행복을 추구하는 학문 분야이기 때문이다.

이제부터는 성공의 정의를 새로 내려야 한다. 성공은 부와 명예를 얻거나 높은 권력을 취하는 것만을 포함해서는 안 된다. 우리들의 인생에서 성공적인 삶이란 육체적으로나 정신적으로 건강한 상태에서 자기성취의 목표를 달성하기 위해 하루하루를 즐거운 마음으로 희망차게 살아가는 것이다. 성공은 다른 사람이나 사회로부터 인정받기 위함이 아니라 주관적인 만족감에서 나온다. 이러한 주관적 만족은 개인의 인생 가치관에 따라 달라질 수 있다. 비록 학교, 직장, 사회, 국가, 세계에서는 잘 알려져 있지 않은 삶이라고 해도 가정에서 가족의 리더로서 혹은 가족의 구성원으로서 행복한 가정을 만들었다면 이것 역시 성공적인 삶이라고 말할 수 있다.

성공은 저마다 세운 목표를 달성한 후 스스로 만족스럽게 여기는 것이다. 이러한 목표는 개인 혼자의 목표일 수도 있고 개인이 소속된 가정, 학교, 직장, 사회, 국가, 세계의 목표일 수 있다. 개인이 소속된 조직의 경우에는 그 조직의 리더로서 혹은 구성원으로서 조직의 목표를 달성하게 된다. 조직의 목표를 추진하는 경우에는 조직의 성공과 개인의 성공 사이에 서로 차이가 발생할 수 있다. 즉, 조직에서는 실패했다고 평가하지만 조직에 소속된 각 개인은 성공했다고 판단할 수도 있고 또한 그 반대의 경우도 존재한다.

한편 성공이 주관적 판단의 결과물이라고 하여 남들이 보기에 크게 실망할 정도의 실패인데 본인만이 성공했다고 자부하며 스스로 만족하기란 여간 어렵지 않다. 평소에 정신적 수양을 높이 쌓아서 누구나 자신을 실패한 삶이라고 비난해도 스스로는 행복하다고 여길 수만 있다면 이것도 성공에 해당한다. 따라서 성공은 객관적인 목표달성 결과물과 주관적인 받아들임이 조합된 벡터 합(vector sum)이라고 말할 수 있다.

성공학은 기존의 자기계발 분야뿐만 아니라 마음 다스림도 함께 포함되어야 한다. 자기계발 분야에서도 기존에는 정신적 트레이닝이나 개인 습관, 인간관계 등을 강조하였으나 인간의 육체와 정신 등의 특성을 파악하여 육체적 트레이닝과 더불어 행동 혁신과 함께 정신적 혁신을 이룰 수 있어야 한다. 개인의 육체적 그리고 정신적 능력을 향상시켜서 자신의 목표에 도달할 수 있는 방법론을 다루어야 한다. 앞으로 성공학은 세계 수많은 학자들의 연구에 힘입어 그 구성은 점점 더 체계화되어 갈 것이다.

1.3.2. SARD 성공 방법론

(1) 성공 모델

성공은 개인 혹은 조직이 현재 시점에서의 객관적 그리고 주관적 상태에서 일정한 시간이 경과한 후에 목표 상태에 도달하는 것을 의미한다. [그림 1-1]은 이 책에서 제시하는 SARD 성공 모델을 나타낸다.

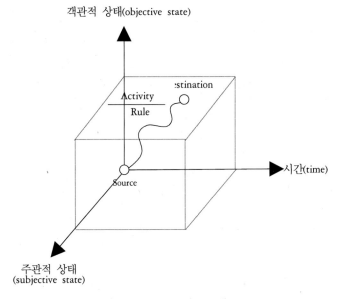

[그림 1-1] SARD 성공 모델

[그림 1-1]은 X, Y, Z 축에 각각 시간(time), 주관적 상태(subjective state), 객관적 상태(objective state) 등을 나타내고 있다. 객관적 상태라 함은 자신뿐만 아니라 다른 사람들도 판단할 수 있는 상태로서 대

부분은 상대적으로 계량할 수 있다. 객관적 상태의 예로서 부의 규모, 성적, 가정 및 직장에서의 능력, 사회적 명성, 권력 등이 있다. 주관적 상태는 개인 혹은 조직이 스스로 평가하는 내적 상태를 의미하며 만족감이 대표적인 예라 말할 수 있다. 이 외에도 주관적 상태의 예에는 즐거움, 기쁨, 행복감, 평안함, 희망, 자존감, 자부심 등이 있다.

성공은 [그림 1-1]에서 나타낸 바와 같이 현재 지점(source)의 객관적 상태 및 주관적 상태를 원점으로 둘 때에 목표달성을 위한 여러 가지 활동(activity)을 수행함으로써 일정한 시간이 경과한 후에 자신이 세운 목표(destination) 지점에 도달하는 것이다.

이 책에서는 성공의 원칙으로서 SARD(Source Activity/Rule Destination)를 제시한다. SARD에서는 다른 방법론들과 마찬가지로 우선 자기 성취의 목표 설정이 요구된다. 이러한 목표에는 물질적·육체적·정신적 도착점들이 포함된다. 물질적 목표로는 크게 재산, 권력, 명예 등이 있으며 육체적 목표에는 건강 회복, 건강 유지, 육체적 기능 향상 등이 포함되고 정신적 목표에는 정신건강 회복, 정신건강 향상, 행복감 고취 등이 있다. 육체적 목표와 정신적 목표를 달성하는 활동을 또 다른 표현으로 자기계발이라고 부를 수 있다. 자기계발 자체도 성공 활동에 포함된다.

목표가 설정되어 있지 않은 것은 목적지 없이 움직이는 로봇과 같다. 로봇에게는 목적지가 주어져야 그 방향으로 자신의 몸을 올바르게 움직일 것이다. 목표를 설정할 때에는 현재 시점에서 자신의 능력(capability)을 파악해야 한다. 능력은 현재 지점에서 목표 지점까지의 과정에서 모든 활동을 원만하게 수행하기 위한 물질적·육체적·정신적 요구 조건(requirement)들을 의미한다.

능력은 개인의 경우에는 태어나면서부터 그리고 조직의 경우에는 셋업(set up)되면서부터 보유하는 태생 능력(born capability)과 태어난 후(조직의 경우 셋업 후)에 경험과 학습을 통해 얻어지는 획득 능력(gained capability)이 있다. 능력의 종류에는 하드웨어 에너지와 소프트웨어 에너지가 있다. 하드웨어 에너지라 함은 육체적 그리고 물리적 에너지로서 신체력과 경제력 등이 여기에 해당한다.

소프트웨어 에너지는 눈에 보이지 않는 정신력, 인지 및 정서 기능, 인터페이스 능력 등을 의미한다. 능력의 관계에는 개인이나 조직 스스로가 지니고 있는 개체 능력과 외부와의 관계성으로 나타나는 네트워크 능력이 있다. 능력은 시간이 경과함에 따라 변화하지 않을 수도 있고 향상 혹은 감소할 수도 있다. 목표를 달성하기 위해서는 거기에 맞는 능력을 키워 나아가야 한다.

활동(activity)은 목표 지점을 향해 능력을 행사하는 행동이다. 활동은 목표지점을 향해 전진할 때에 각각의 상황에 맞는 슬기로운 발휘를 내포한다. 활동은 상황판단, 추리, 문제 해결, 협상, 자기 충전 등과 같이 목표수행 과정에서 수행해야 하는 모든 행동이다. 목표수행의 단계마다 적절한 활동을 수행하기 위해서는 거기에 맞는 능력을 보유해 놓아야 한다. 예를 들어 로봇이 출발점에서 시작하여 목적지에 도달하는 성공을 위해서는 걸을 수 있는 능력, 장애물을 찾아내는 능력, 장애물을 피하는 능력, 목표물을 탐지하는 능력 등과 같은 로봇 자체 능력뿐만 아니라 에너지 충전 비용과 같은 물질적 능력도 함께 보유하고 있어야 한다.

규칙(rule)은 성공을 위한 모든 활동(activity)들이 사회적으로나 개인적으로 규칙을 따라야 한다는 것이다. 사회적 규칙은 법에서 허용되는 것이어야 할 뿐만 아니라 도덕적으로도 정당해야 함을 의미한다. 법이나 도덕에 위반하면서 성공의 목표지점에 도달하는 경우에는 자신의 양심에 손상을 입기 때문에 성취감에서 오는 행복으로 이어질 수 없다. 이렇게 성공한 사람은 남들로부터 존경을 받을 수 없을 뿐만 아니라 자기존중감도 생겨날 수 없다. 오히려 자신의 마음속에 선과 악 사이의 괴리감만 쌓여질 뿐이다. 양심을 벗어난 온갖 행동은 스스로를 불행 속으로 빠트리는 것이 사실이다. 따라서 행복해지기 위한 성공의 노력에서는 어떠한 법질서도 위반하지 않으며 도덕적으로도 깨끗한 덕목을 쌓아야 할 필요가 있다.

규칙은 법질서와 도덕뿐만 아니라 어떠한 행동을 수행할 때에 자신이 정해 놓은 개인적 준수사항도 포함한다. 넓게 보면 개인 준수사항은 자신의 가치관과 그 맥을 같이하며 일상생활의 태도에 영향을 미친다. 각 행동에 따른 개인 준수사항에는 그 행동을 얼마나 자주 수행하는지, 수행 시간은 얼마인지, 수행 태도 등이 명시되어야 한다.

(2) 추진 단계

(가) 목표 설정 단계

SARD 성공 방법론에서는 맨 처음의 단계가 목표 설정이다. 목표 설정은 현재 시점에서 우리들이 가고자 하는 목표 지점이다. 목표 설정은 자신의 꿈과 다른 의미이다. 꿈은 자신이 바라는 이상이지만 구체적 계획이 수립되지 않은 상태의 희망인 것이다. 그러나 목표 설정은 꿈보다 구체적이어야 하며 목표 지점과 함께 목표달성 시기도 명시되어야 한다.

목표 설정 시에는 자신이 그 목표 지점에 도달했을 때의 자신의 모습을 상상해 보아야 한다. 성공한 자신과 현재의 자신을 비교함으로써 성공하고자 하는 동기를 강화시킬 수 있게 된다. 등산할 때에 우리들은 산 정상에서 내려다보는 경치의 아름다움을 상상해 가면서 힘든 발걸음을 옮긴다. 각각의 행동을 수행함에 있어 어려움을 극복하기 위해서는 성공 이미지를 떠올릴 필요가 있다. 그러나 성공 이미지만을 좇아 자신의 환경과 능력을 크게 벗어나는 목표를 설정하는 것은 실제적 수행 과정에서 큰 어려움에 봉착하여 성공을 그르칠 우려도 있다.

(나) 계획 수립 단계

계획 수립은 크게 두 종류, 즉 목표 설정 단계에 이어지는 목표 계획 수립과 각각의 활동을 수행하기 위한 활동 계획 수립 등이 있다. 활동 계획 수립 단계에서는 각각의 activity가 수행 목표에 해당한다.

계획 수립 단계에서는 자신의 목표를 달성함에 있어서 요구되는 요구 사항들을 설정해야 한다. 이러한 요구 사항들은 자신의 외적 요구 사항과 내적 요구 사항으로 나누어진다. 외적 요구 사항은 목표달성을 위해서 외부로부터 충당해야 하는 요구 사항들이며 내적 요구 사항은 자신이 보유하고 있는 요구 사항들이다. 이러한 요구 사항은 크게 실체적 요구 사항과 비실체적 요구 사항으로 구분되는데 실체적 요구 사항으로는 자연환경, 물질적 자원, 체력 및 정신력 등이 있으며 비실체적 요구 사항으로는 정치, 경제, 사회, 문화 분야 등에 관한 분석력 등이 포함된다.

계획 수립 단계에서는 목표를 달성하기 위한 activity들을 도출한다. 이러한 과정에서 기설정된 목표를 주어진 기간 내에 달성할 수 없다든지 혹은 목표 설정에 어떠한 잘못이 발견될 경우에는 feedback 채널을 통해 목표 설정을 수정 및 보완할 수 있다.

(다) activity/rule 단계

이 단계에서는 계획 수립 단계에서 도출된 활동들을 실제적으로 수행한다. 각각의 activity는 동시에 진행되는 것이 아니라 순서적으로 앞이나 혹은 뒤에 수행되어야 하는 activity들도 존재한다. 예를 들어서 자료 분석 활동은 다른 활동들보다 우선적으로 진행되어야 할 뿐만 아니라 목표가 달성될 때까지 꾸준히 수행되어야 한다. 자료 분석 활동은 자신의 경험 정리, 지식 학습, 연구 등이 포함된다.

각각의 activity는 초기 상태, 수행 진전도, 완료 시점 등이 다르기 마련이다. 즉, 평소 일상생활을 통해 이미 어느 정도 갖추어진 activity 들도 있을 수 있고 다른 목표를 수행하는 과정에서 이미 어느 정도 수준에 도달해 있는 activity들도 있다. activity들 중에는 다른 activity 들이 어느 수준에 도달해 있어야 진전될 수 있는 것도 있는데 이와 같이 activity는 서로 상호 보완적 관계로 수행될 필요가 있다. activity 들 중에는 모든 계획 수립 단계마다 요구되는 필수 활동(essential activity) 들이 있는데 대표적인 것이 바로 건강 회복, 유지, 증진 활동이다.

어떠한 activity도 자신이 정한 rule에 위배되어서는 안 된다. rule이 라 함은 법과 도덕을 준수해야 하는 규칙들뿐만 아니라 성공을 위한 자신의 준수사항들도 포함된다. activity마다 공통적인 rule들도 있고 별도로 설정한 rule들도 있다. 목표를 성공적으로 달성하기 위해서는 자신의 외적 조건과 내적 조건에 부합되면서 효과성과 효율성을 증 진시킬 수 있는 rule들을 설정하고 그것들을 준수해야 할 것이다.

(라) 목표달성 단계

이 단계에서는 목표 설정 단계에서 수립한 목표가 달성되었는지 확인하는 단계이다. 만일 자신의 목표달성이 실패할 경우에는 무엇

때문에 실패하였는지를 냉철하게 분석한 후에 다음번의 수행에서는 결코 실패하지 않도록 적극적으로 대처해야 한다. 목표달성에 성공한 경우에도 성공 요인을 분석하여 다음의 목표 도전에 활용할 수 있어야 한다. 당초에 설정한 목표가 제대로 달성되지 못한 경우에는 feedback 경로를 통해 초기 계획 수립 단계나 activity/rule 단계, 중간의 계획 수립 단계나 중간의 activity/rule 단계로 되돌아가서 이들 과정을 다시 수행해야 한다.

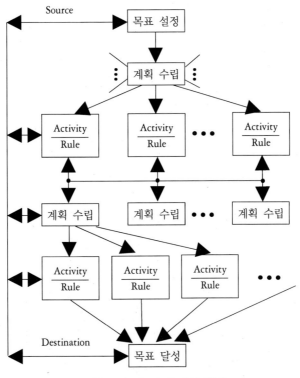

[그림 1-2] SARD의 추진 단계

2_삶의 네트워크

2.1. 삶의 네트워크 개요

2.1.1. 삶의 네트워크 개념

인간은 태어나면서부터 혼자일 수가 없다. 갓난아기가 태어나자마자 처음 만나는 사람이 자신의 엄마일 것이다. 인간이 태어나서 성장할 때까지 부모로부터 보살핌을 받는 기간이 다른 어떤 동물보다 길다. 인간은 영아시기에 주로 가족과 함께 지내지만 유아시기에서부터는 놀이방이나 유치원에서 다른 친구들과 함께 어울리는 시간이 늘어나게 된다. 학교에 입학하고부터는 선생님으로부터 다양한 학업을 습득하며 또한 학교 친구들과의 친교 관계도 점점 더 증가하게 된다.

네트워크(network)라는 말은 두 개 이상의 개체가 서로 연결되어 상호적으로 영향을 주고받는 구조를 뜻한다. 인간이 태어나자마자 홀로 지낸다면 그는 다른 사람들과의 인적 네트워크가 전혀 없다고 말할 수 있으나 그렇다고 다른 개체들과의 네트워크가 전혀 없는 것이 아니다. 즉, 사람이 살기 위해서는 주변의 공기로 숨을 쉬어야 하고 먹을 것을 구하여 에너지를 보충해야 한다. 이러한 기본적 삶에서도 자신에게 해를 끼칠 수 있는 위험 요소와 자신에게 도움이 될 수 있는 긍정 요소들을 구분하고 그것들과의 경험들을 기억하고 있어야 한다. 이와 같이 인간은 주변 환경과의 네트워크 속에서 살아야만 하는데 이를 삶의 네트워크라고 부르자.

아리스토텔레스(Aristoteles)는 인간은 '사회적 동물'로서 이성을 본질로 하는 존재라고 하였다. 원시시대부터 인간은 혼자 살기에는 다른 동물들에 비해 힘이 약한 존재였지만 여러 사람이 모여 살면서 자연재해나 사나운 동물들로부터 안전을 도모할 수 있을 뿐만 아니라 공동 사냥을 통해 배고픔을 해결할 수 있었다. 이러한 인간의 공동체 생활은 농경사회로 이어졌고 산업이 발달하면서 도시를 형성하였으며 산업혁명을 통해 근대사회를 이룰 수 있었다. 컴퓨터와 통신기술의 발달에 힘입어 인터넷이 보급되면서부터 온 세상 사람들은 실시간으로 정보를 주고받을 수 있게 됨에 따라 그야말로 지구촌이라는 단어가 탄생하게 되었다.

우리들이 성공하는 삶을 살아가기 위해서는 삶의 네트워크를 알고 있어야 한다. 인간은 누구나 자연환경뿐만 아니라 가정, 기업, 사회 등으로부터 각종 영향을 주고받으며 살고 있기 때문이다. 최근에는 우리들이 인터넷을 통해 지구촌 곳곳의 정보를 얻으면서 살아가고 있지만 실생활에서는 날마다 얼굴 대하는 사람이 대부분 일정하고 다니는 장소도 거의 변화가 없는 것이 사실이다. 가끔씩 여행을 떠날 때에야 '이런 곳도 있구나!'라며 감탄을 연발하지만 여행에서 일상으로 되돌아오면 다시 다람쥐가 쳇바퀴를 도는 것처럼 생활할 수밖에 없다.

일상생활 속에서도 우리들은 늘 삶의 네트워크를 생각해야 할 필요성이 있다. 우리들 스스로 어떤 일을 추진하려 할 때에 주변상황을 살펴야 한다. 주변 사람의 도움을 얻어야 할 때도 있고 업무 추진을 위해 자료조사를 해야 할 때도 있다. 자동차를 운전하며 길을 나설 때에는 도로 상황을 파악할 필요가 있고 길을 걸을 때에는 돌부리에 넘어지지 않도록 주의를 게을리하지 않으면 안 된다.

생리적 욕구와 안전·안정 욕구를 충족하기 위해서만이 삶의 네트워크가 중요한 것은 아니다. 소속감과 애정에 대한 욕구를 충족시키기 위해서는 자신이 속해 있는 사회를 인식해야 하고 주변 사람과의 관계가 원만해야 하는데 이를 위해서도 삶의 네트워크 인식은 중요시되어야 한다. 파란 하늘을 바라보며 시원하다는 느낌을 받을 수 있고 예쁘게 피어난 야생화를 바라보면서 아름다움을 느끼는 것도 우리들의 삶에서 중요한 부분이다.

인간은 로봇과는 달리 사고뿐만 아니라 정서를 가지고 있다. 정서가 불안하면 스트레스가 쌓이게 되는데 이러한 스트레스는 자신의 목표달성을 위한 삶의 과정에서 장해물이 될 수밖에 없다. 성공을 위한 여러 가지 활동 과정에서 우리들 스스로 정서적 안정을 위해서는 인간과의 대화뿐만 아니라 주변의 동물, 나무와 풀, 꽃, 바위, 바람 등과의 정감 있는 상호작용을 통해 심신을 평화롭게 유지할 필요가 있다.

이 세상의 모든 사람, 동물, 식물, 사물들뿐만 아니라 각종 사건들은 직접 혹은 간접적으로 서로 영향을 주고받는다. 나비효과는 나비의 날갯짓처럼 작은 변화가 어느 시점에 어느 곳으로 커다란 폭풍우를 가져올 수 있는 현상을 말한다. 그렇다고 모든 나비의 날갯짓이 항상 폭풍우를 몰고 오는 것은 아닐 것이다. 폭풍우가 발생할 확률 값이 비록 아주 작겠지만 0이 아니기 때문에 임의의 장소에서 폭풍우가 불어닥칠 가능성이 있다는 것이다.

성공한 삶을 살기 위해서는 자기 자신뿐만 아니라 자신 주변의 자연환경과 함께 자신이 속해 있는 사회 등의 변화를 인식하여 능동적으로 대처할 수 있어야 한다. 삶의 네트워크는 실체적 존재들뿐만 아니라 눈에 보이지 않는 개체들도 포함한다. 비실체적 개체는 공간을 차지하는 물질로 구성되어 있는 것이 아니라 비물질 개체로서 소프트웨어적 산물을 의미한다. 또한 비실체적 개체에는 정치, 경제, 사회, 문화 등에 관한 각종 사건들뿐만 아니라 음악, 미술, 체육 등의 문화예술 콘텐츠들도 포함된다.

2.1.2. 삶의 네트워크 모델

네트워크는 두 개 이상의 개체들 사이의 상호작용 형태를 의미한다. 삶의 네트워크 속에는 수많은 개체들로 구성되며 각각의 개체들은 주변 개체들 혹은 멀리 떨어져 있는 개체들과 이런저런 영향들을 주고받게 된다. 이러한 영향은 객관적으로 측정할 수 있는 것도 있고 주관적이어서 측정할 수 없는 사항도 포함된다. 객관적 데이터라고 해도 측정 장치 기술이 미흡하여 서로 미치는 영향의 크기를 알 수 없는 경우도 있을 수 있다.

개체는 실체적인 개체와 비실체적인 개체들로 구성된다. 실체적인 개체라 함은 물질로 이루어진 것을 의미하고 비실체적인 개체는 물질이 아닌 개념적 존재 등을 포함한다. [그림 2-1]은 삶의 네트워크 모델을 나타낸다.

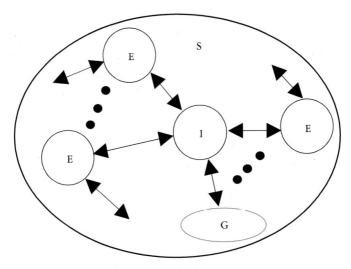

[그림 2-1] 삶의 네트워크 모델

[그림 2-1]에서 S는 우주(Space)를 나타내고 E는 개체(Entity)를 의미하며 G는 개체들이 함께 모여 있는 그룹(Group)을 뜻한다. 삶의 네트워크 모델은 우주의 실체적 개체와 비실체적 개체들이 나(I)와 어떠한 관계를 형성하고 있는가를 나타내는 모형이다. 각 개체와 나와의 관계는 에너지(Energy)와 방향(Direction)으로 나타낼 수 있다. 여기에서 에너지는 영향을 미치는 크기를 의미하며 방향은 쌍방향, 인커밍(incoming), 아웃고잉(outgoing) 등과 같이 나와 각 개체 사이에 어느 쪽이 영향을 주는가를 나타낸다.

[그림 2-1]에서는 어느 특정 시점에서 개체들과의 관계성만을 보여 주고 있지만 실제로는 과거, 현재, 미래의 순간순간마다 각 개체의 에너지와 방향이 변화한다. 과거의 나(I)가 현재의 나(I)에게 영향을 주고 또한 미래의 나(I)에게 영향이 미치게 된다. 삶의 네트워크 모델 내의 모든 개체는 개체 내부에서 영속적으로 변화해 나갈 뿐만

아니라 개체 외부와의 상호작용도 시시각각 변화하고 있다.

개체의 수는 무한대이다. 우주의 별들도 개체에 속하고 눈에 보이지 않는 바이러스도 개체에 해당한다. 또한 개체에는 사람, 동물, 나무, 산, 강, 바다, 바위, 모래들과 같이 실체적인 개체도 있고 정치, 경제, 사회, 문화 등에 관한 각종 사건들과 함께 영화, 게임, 시, 소설, 스포츠, 음악 등처럼 비실체적 개체도 포함된다. G는 그룹으로서 가정, 학교, 직장, 사회 등과 같이 여러 개체가 함께 어우러져 있는 기관, 조직, 단체 등을 의미한다. 나(I)라는 개체는 단독으로도 존재하지만 여러 가지의 그룹에 속해 있기 마련이다. 예를 들어서 가정에서는 아버지 혹은 어머니라는 개체로서, 회사에서는 회사 직책의 개체로서, 사회에서는 사회단체 소속의 개체로서 존재하므로 우리들은 자신이 속해 있는 그룹의 성격에 따라 서로 다른 역할을 수행하고 있다.

무한대의 개체들 중에서 대부분의 개체는 나와의 관계 에너지가 0이거나 혹은 0에 가깝기 때문에 무시해도 상관없을 것이다. 관계 에너지와 방향은 시시각각 변화하므로 삶의 네트워크는 지극히 다이내믹(Dynamic)하다고 말할 수 있다.

2.2. 개체

2.2.1. 개체의 정의

삶의 네트워크는 무수히 많은 개체들 사이의 상호작용으로 이루어진다. 개체는 현실 세계의 개체와 개념 세계의 개체로 구분된다.

현실 세계의 개체는 인간이 오관을 통해 감지할 수 있는 것들을 의미하는데, 예를 들어서 우리들 앞에 걸어가고 있는 양이 3마리일 경우 각각의 양은 양1, 양2, 양3 등으로서 모두 서로 다른 개체인 것이다. 개념 세계의 개체는 현실 세계에 존재하는 실체의 의미로부터 얻은 개념으로 표현한 개체를 뜻한다. 하얗고 곱슬곱슬한 털을 지니며 키가 작고 염소처럼 우는 동물들이 세 마리 걸어가고 있을 때에 동물1, 동물2, 동물3이라고 말하지 않고 통틀어서 양 세 마리라고 부르는데 이때 양이라는 단어는 개념세계의 개체를 의미하게 된다.

현실 세계에는 무한히 많은 서로 다른 객체(object)들, 즉 개체(entity)들이 존재하고 있는데 우리들은 이들의 공통적인 특성을 기준으로 그룹 지어 이름을 붙여 식별하고 있다. 현실 세계에는 또한 계속적으로 변하고 있는 무형의 현상들도 존재한다. 사람은 이 무한성과 계속성의 현실 세계를 이해하고 다른 사람과 대화를 주고받기 위해 추상화라는 방법을 사용한다. 추상화는 동일한 특성을 가진 개체들을 통일적으로 개념화시키는 것을 뜻한다. 예를 들어서 학교에 다니는 만 6~11세 사이의 사람을 초등학생이라고 또 다른 개체로 추상화한다.

'열 길 물속은 알아도 한 길 사람의 속은 모른다'라는 속담에서 사람은 개념 세계의 개체를 의미한다. 그러나 현실 세계에서는 사람이라고 하여 모두 동일한 특성을 가지는 것은 아니다. 사람마다 비슷한 특성을 가진 것 같으면서도 예상하지도 못한 특성의 사람을 대할 때도 종종 있기 마련이다. 생각하지도 않게 자신에게 커다란 도움을 주는 사람을 만나는가 하면 정말 어이없게도 마음의 상처를 안겨 주는 사람도 만날 수 있다.

우리들은 사람들로부터 받은 마음의 상처로 인해 스트레스가 증가할 뿐만 아니라 대인기피증까지 걸리는 경우도 있다. 그렇다고 모든 사람의 행동에 대해 일일이 경험을 통해 대비할 수는 없는 노릇이다. 따라서 현실 세계의 사람들마다의 속성을 과학적으로 일반화, 즉 개념화시키는 학문이 바로 심리학이다. 우리들이 보다 더 행복하기 위해 그리고 자신의 목표를 성공적으로 달성하기 위해 심리학에 관한 학습이 필요한 것은 바로 이 때문인 것이다.

2.2.2. 개체의 구성

노자는 어떤 실체를 개념화시키지 말고 있는 그대로 보아야 한다고 말했다. 어떤 현상을 개념화시키면 그 현상과 그 밖 세상 사이에 경계가 생기게 되고 다른 것들과 구분이 되어 버리기 때문에 옳지 않게 된다는 것이다. 도(道)를 도라고 말하는 순간에 그것은 이미 도가 아니라고 하는 것은 도라는 개체를 다른 것들과 뚜렷이 구분 지을 수 없다는 뜻이다. 노자는 어떤 실체와 그 밖의 다른 실체들을 함께 생각해야 한다는 뜻으로 개념화하는 것에 대해 반대했던 것이다.

그러나 현실적으로 인간이 다른 사람들과 대화하기 위해서는 각각의 개체를 개념화시킬 필요가 있다. 사람들과의 대화뿐만 아니라 이 세상의 모든 현상에 대한 경험을 기억하고 학습하기 위해서는 현실 세계의 개체들을 개념화시켜야 할 필요가 있다. 하나의 개체는 보다 더 작은 범위로 세분화되어 여러 개의 개체들로 분화되고 이와 반대로 각각의 개체가 서로 묶이면 또 다른 개념의 개체로 변모한다.

예를 들어서 사람이라는 개체는 육체라는 개체와 정신이라는 개체로 구분되고 육체라는 개체는 다시 11개의 인체계 개체로 나누어진다. 또한 원자 개체들이 모여서 분자 개체를 이루고 분자 개체들이 모여서 재질을 이루며 재질들이 서로 묶여서 이 세상의 모든 물질, 식물, 동물 등을 구성한다. 상기의 실체적 개체들뿐만 아니라 비실체적 개체들도 나누어지거나 묶여져서 또 다른 개체들을 형성하게 된다. [그림 2-2]는 개체의 구성을 보여 준다.

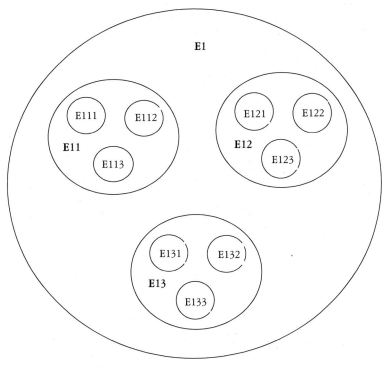

[그림 2-2] 개체의 구성

[그림 2-2]에서는 하나의 개체가 내부에서 세 개의 개체들로 이루어져 있고 각각의 내부 개체는 그 내부에 세 개의 개체들로 이루어져 있음을 나타낸다. 현실 세계의 각 개체는 독립적인 속성을 가지고 주변의 개체들과 상호작용을 일으키며 내부의 개체들도 외부의 개체들

처럼 독립적이며 개체들 간에 영향을 서로 주고받는 구조를 갖는다.

하나의 상위 개체는 수많은 하위 개체들로 구성되어 있으며 이들 하위 개체들은 특유한 상호작용을 통해 상위 개체로 하여금 존재하게 하며 또한 그 특성을 발휘하도록 해 준다. 예를 들어서 어느 사람이 상위 개체라고 하면 하위 개체들로는 골격, 피부, 장기들과 함께 뇌 기억 등도 포함된다. 사람 개체의 육체를 점점 더 하위 계층으로 세분화하면 기관계→기관→조직→세포→세포 내 소기관→거대분자→분자→원자 등의 개체들로 이루어져 있다. 사람 개체의 정신을 하위 계층으로 세분화하면 인지, 정서, 행동 등의 개체들로 구분되고 이들 개체는 그 밑에 수많은 개체들로 나누어진다.

2.2.3. 개체의 기능적 계층

하나의 개체 내에는 수많은 개체들이 속해 있는데 이 개체들을 계층별로 구분하면 크게 개념 계층과 기능 계층으로 나눌 수 있다. 개념 계층에 속해 있는 개체들은 상위 개체의 what을 표현한다. 개념 계층의 개체들은 어느 개체의 개념과 특성 등을 나타낸다. 하나의 개체는 그 속의 수많은 개체들 사이에 유기적인 상호작용을 통해 조직화되고 외부 개체와의 상호작용을 일으킨다. 이와 같이 하나의 개체 내에는 기능 계층에 해당하는 개체들이 기능을 발휘하기 때문에 그 개체가 고유의 특성을 가질 수 있게 되는 것이다. 기능 계층에 속하는 각각의 개체는 개념 계층의 개체들과 기능 계층의 개체들로 나누어지면서 점점 더 세분화되고 상세한 구조를 가지게 된다.

예를 들어서 사람의 경우에 개념 계층의 개체들로는 영장류, 언어, 기억, 정서 등이 있을 수 있지만 이들 개체가 고정되어 있지 않고 사람마다 나름대로의 개체들로 사람의 개념을 설명할 수 있다. 사람의 기능 계층은 크게 육체적 기능과 정신적 기능으로 나눠지며 육체적 기능에 해당하는 개체들로는 기관계에 속하는 모든 개체이고 정신적 기능의 개체들로는 인지, 정서, 행동과 관련된 개체들이다. [그림 2-3]은 개체의 기능적 계층을 나타낸다.

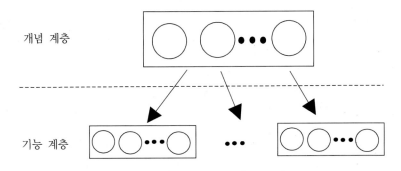

[그림 2-3] 개체의 기능적 계층

(1) 개념 계층

개념 계층은 외부에서 바라본 개체의 기본 특성을 의미한다. 우리들이 인터넷 검색을 통해 어느 개체에 대한 개념을 알려는 것은 그 개체에 대한 개념 개체들을 파악하는 것이다. 어느 개체의 개념 계층만으로는 그 개체의 특성, 기능, 동작 등을 제대로 알 수 없는 경우가 있는데 이때에는 기능 계층을 이해한 후에야 개념 계층 내용을 정리할 수 있게 된다.

어느 개체에 대한 개념은 말이나 글로 구성되는 개체들로 표현할 수 있으나 표현범위를 넘어서는 경우가 있는데 이는 개념 개체들이 충분하지 않거나 개념 개체들만으로는 통합적으로 나타낼 수 없기 때문이다. 개체라는 말 속에는 이미 그 범위가 정해져 있기 때문에 여러 가지 개체들로 하나의 개체를 표현하는 것은 마치 디지털로 아날로그를 나타내는 것과 유사하다. 예를 들어서 이 세상의 모든 색깔 개체를 다른 개체들을 사용하여 표현하는 것은 불가능한 것이다. 앞에서 서술한 바와 같이 이 세상의 개체들은 크게 실체적 개체와 비실체적 개체로 구분된다. 실체적 개체라 함은 물리적 공간을 자체적으로 가지는 것을 의미하며 비실체적 개체는 논리적 공간으로 이루어져 있음을 나타낸다. 실체적 개체는 생물과 무생물로 이루어져 있다. 실체적 개체는 개념 계층의 개체들 외에도 눈으로 볼 수 있는 것들을 가지고 상대적으로 용이하게 표현할 수 있다. 그러나 비실체적 개체는 개념 개체들만으로 표현하기가 어려울 때가 있는데 특히 실생활 개념이 아닌 철학적 개념은 더욱 그러하다.

하나의 개체를 개념 계층과 기능 계층으로 확실하게 구분하는 것에는 무리가 있기 마련이다. 기능 계층까지 포함하여 전체를 하나의 개념 계층으로도 생각할 수 있다. 이는 각 개체를 바라보는 사람의 경험, 지식, 관심 등의 수준에 따라 천차만별일 것이다.

(2) 기능 계층

기능 계층은 개체의 구성 요소와 함께 기능을 표현하는 개체들로 이루어진다. 실체적 개체는 물질과 정신을 표현하는 개체들로 이루어진다. 생물의 물질 개체들에는 물리, 화학, 생물 등에 관한 개체들이 있으나 무생물의 물질 개체들에는 생물 개체들이 제외된다. 비실체적 개체는 논리적 구성요소를 나타내는 개체들과 함께 개체의 특성 및 동작 등을 표현한다.

기능 계층은 개체 자체의 기능뿐만 아니라 주변 개체들과의 인터워킹도 포함되어야 한다. 물질 개체의 물리 개체는 개체 자체의 물리적 특성을 유지할 뿐만 아니라 외부의 개체들과 물리적 인터워킹을 가진다. 물리적 인터워킹을 나타내는 개체의 예로는 시간(time), 거리(distance), 인력(gravitation), 온도(temperature), 압력(pressure) 등이 있다.

시간 인터워킹은 두 개체가 동시간대에 존재하는지 혹은 서로 다른 시간대에 존재하는지를 나타내는 것으로서 역사적 인물, 유물, 서적, 그림, 음악 등이 오늘날 여러 개체에 여러 형태로 영향을 미치고 또한 오늘날의 개체가 미래의 여러 개체에 다양하게 영향을 미치는 현상이 시간 인터워킹에 해당한다. 시간 인터워킹은 우주 생성 시부터 현재 시점까지의 모든 개체 프로세스 역사를 포함한다. 또한 동일한 개체의 과거, 현재, 미래도 개체 내의 시간 인터워킹에 해당한다.

거리 인터워킹은 두 개체 사이에 존재하는 공간을 의미한다. 거리가 멀면 멀수록 서로 주고받을 수 있는 영향 에너지의 크기는 작을 수도 있지만 최근에는 인터넷의 발달로 인해 공간적 거리를 극복하게 됨으로써 세계 곳곳의 정보를 서로 주고받을 수 있게 되어 세계의 각 개체끼리 영향을 끼치게 되어 있다. 인력은 두 개체 사이에 서로 끌어당기는 힘을 의미한다. 각 개체의 무게가 무거울수록 그리고 두 개체 사이의 거리가 가까울수록 인력의 세기가 크다. 우주에서 별과 별 사이의 인력을 만유인력이라고 하고 지구와 지구 위의 물체들 사이의 인력을 중력이라고 부른다. 이 외에도 각 개체로부터 생성되는 여러 가지 물리적 요소들은 영향 에너지를 가지고 있다.

예를 들어 동물은 주변의 개체를 인식할 때에 물리적 인터워킹 파라미터인 거리, 온도, 압력 등을 지각하기 위해 눈, 귀, 촉각 등을 활용한다. 식물은 물리적 에너지인 태양에너지를 활용하여 물 분자를 분해해서 화학에너지인 포도당을 만들어 내는 광합성 작용을 수행한다.

물질 개체의 화학 개체는 개체 자체의 화학적 특성을 유지할 뿐만 아니라 외부의 개체들과 화학적 인터워킹을 가진다. 화학적 인터워킹을 나타내는 개체의 예로는 이온, 향기, 습도, 가스, 연기 등이 있다. 두 개체 사이의 화학적 결합은 새로운 물질을 만들어 낸다. 각종 향기나 가스의 이동도 화학 개체의 동작에 해당한다. 꽃은 화학 개체 동작에서 향기를 공기 속으로 뿜어내며 벌과 나비는 이러한 향기에 영향을 받아 꽃을 찾아 날아들게 된다. 이와 같이 동물은 주변의 개체를 인식할 때에 화학적 인터워킹 물질인 냄새를 활용한다.

물질 개체의 생물 개체는 생물체의 개체에서만 존재한다. 가족이나 친지들 사이에는 서로 공유하는 유전자들이 존재하므로 이들은 생물 개체에서 서로 영향을 주고받는다. 생물체들이 섭취하는 모든 음식은 음식이라는 개체와 생물체 사이의 생물 개체들에 전달되는 영양소를 포함한다. 생물체들은 생명의 유지를 위해 생물 개체상에서 음식물을 섭취하려 노력하지만 살아남기 위해서는 물리 개체와 화학 개체의 환경이 삶에 적합해야 한다. 공기의 온도가 너무 차거나 뜨거우면 생물체는 살아남기 어려우며 또한 공기 속 기체의 오염도가 높을수록 안정된 삶을 유지하기가 곤란해진다.

실체적 개체는 동작 형태가 공간적으로 확인될 수 있으나 비실체적 개체는 논리적으로만 그 동작 형태가 나타나게 된다. 실체적 개체의 기능 계층은 상대적으로 예측 가능하지만 비실체적 개체의 기능 계층은 미래 예측에 어려움이 있는 요소가 포함되어 있다. 실체적 개체에서 물질 개체의 기능 계층은 자연 과학에 해당하고 비실체적 개체의 기능 계층은 인문·사회 과학 분야라고 말할 수 있다.

실체적 개체 중에서 동물의 기능 계층에는 심리 개체가 있다. 심리 개체는 외부로부터 여러 가지 정보를 받아들이고 이를 통합·분석하여 내부 및 외부에 적절한 반응을 나타내는 역할을 담당한다. 심리 개체는 외부환경으로부터 입력된 데이터를 감각기관으로 수집하여 신경활동으로 인지한 후 비교, 판단, 예측 등의 심리적 활동을 수행한다. 심리 개체는 개체가 외부의 상태를 인식하여 반응을 위한 명령을 수행할 수 있는 신경조직을 가지고 있어야 동작하므로 동물을 제외한 다른 개체들에서는 이러한 인터워킹 기능이 존재하지 않는다. 생명을 가진 개체의 거의 모든 인터워킹은 심리 계체에서 이루어진다. 이와 같이 심리 개체는 생명체의 일상생활에 항상 수반되기 마련이다.

심리 개체는 크게 3가지 개체, 즉 인지 개체, 정서 개체, 행동 개체 등으로 이루어진다. 인지 개체에서는 외부 환경의 개체로부터 제공되는 여러 가지 정보들을 감각기관을 통해 받아들여서 이를 지각하고 기억하여 외부의 정보에 대한 적절한 반응을 표출한다. 감각 정보 중에는 언어가 포함되는데 언어를 이해하고 표현할 수 있는 개체는 인간뿐이라고 받아들여지고 있다. 하위 동물들에게는 인지 개체라고 말할 수 없을 정도로 단순한 감각 체계만을 가지고 있다.

정서 개체는 화나 즐거움과 같이 각 개체가 느끼는 감정을 서로 주고받는 채널로서 주로 인간과 인간 사이에 존재한다. 또한 정서 개체는 자연환경의 실체적 개체들로부터 혹은 외부환경의 비실체적 개체들로부터 감정적 느낌을 받아 작동될 수 있다. 인간 이외의 개체들에 대한 정서 개체는 수많은 과학자들이 연구하고 있는 분야이다.

인간의 기본 정서는 공포, 분노, 혐오, 슬픔, 기쁨, 흥미 등으로 알려져 있는데 소나 개가 눈물을 흘리는 경우도 있다 하니 이들 동물도 슬픔의 정서 개체를 가지고 있음을 의미한다. 정서는 동기와 연관성이 깊다. 각 개체가 어떠한 행동을 취하는 것은 내적 동기 혹은 외적 동기가 그러한 행동을 유발하는 것이다. 동기는 행동에 에너지와 방향을 제공한다. 정서는 욕구와도 관련성이 있다. 욕구는 개체의 생명 유지, 성장, 안녕에 필수적 요소이며 동기의 근원적 요소이다. 모든 생명체는 자신의 욕구를 충족시키기 위해 동기가 유발되며 이러한 동기가 곧 행동으로 반응하게 된다.

행동 개체는 개체가 외부를 향해 전달하는 움직임 역할을 담당한다. 이러한 행동은 상대 개체를 향한 반응적 태도일 수 있고 자신의 욕구를 충족하기 위한 스스로의 활동일 수 있다. 행동 개체의 인터워킹은 시간적으로 즉각적인 반응의 경우도 있고 임의의 시간이 경과한 후에 반응하는 경우도 존재한다. 각각의 행동 개체는 단기적 과정 혹은 장기적 과정을 거칠 수 있으며 주기적으로 반복되는 경우와 비주기적인 이벤트(사건) 형태로 이루어지는 경우도 있다. 각 개체의 행동은 상대 개체에게 공격적인 태도, 수비적인 태도, 상대 위함 태도, 상대 받음 태도, 평형적인 태도, 셀프 피드백 태도 등으로 구분된다.

심리 개체는 고등 동물, 특히 인간 사이에 지각하는 교류를 나타낸다는 것이 일반적이다. 그러나 아놀드 민델(Arnold Mindel)은 생명체뿐만 아니라 그 외의 모든 실체적 개체들에게도 심리 개체들이 존재한다고 주장한다. 그는 그의 저서『양자 심리학』에서 우리들의 지각은 '일상적 실재(consensus reality)'와 '비일상적 실재(non-consensus reality)'로 구분된다고 하였다. 일상적 실재는 오늘날 물리학에서 측정 가능한 사실을 의미하고 비일상적 실재는 일상적으로 동의할 수 없는 주관적 사항이라는 것이다.

강물의 깊이가 5m라고 말하는 것은 일상적 실재에 해당하지만 강물 속에 인어가 살고 있다는 사항은 비일상적 실재라고 한다. 비일상적 실재를 포함하면 이 세상의 모든 물질에도 심리 계층이 존재한다는 것이다. 우리들이 길가에서 어떤 돌을 바라보는 것이 단지 우연적이지 않고 그 돌이 우리들에게 어떠한 형태의 신호를 전달했기 때문에 우리들이 그 돌을 바라본다고 한다.

최근 TV 방송에서는 두 개의 계란을 상대로 한쪽 계란에는 매일 예쁘다고 말을 해 주고 다른 한쪽에는 밉다고 말해 주면 며칠 후에 두 계란의 상태가 달라진다고 했다. 예쁘다고 말해 준 계란은 밉다고 말해 준 계란보다 상대적으로 싱싱하다고 한다. 이는 계란에 인간의 심리를 받아들이는 심리 계층이 작동되기 때문인 것으로 추측할 수도 있다.

인간에게는 초기능 개체가 존재하는데 이는 발생할 확률이 아주 적게 나타나는 기능 계층의 개체들을 의미한다. 이러한 판단 기준은 물론 사람의 인지 범위 내에 있다. 소위 인간의 상식적 판단이나 논리적 기준으로 일어날 것 같지 않은 현상이 어떠한 개체에서 발생하는 현상을 초기능 개체에 포함시키고자 한다. 사람을 제외한 초기능 개체에 관한 연구는 앞으로 계속 추진되어야 할 필요가 있다.

인간의 초기능 개체 중에 영성 개체가 있다. 영성(spirituality)은 궁극적인 것, 절대적인 것, 영원한 것, 성스러운 것을 추구하는 태도이다. 영성은 종교성(religiousness)과도 관련이 있으나 종교성이 특정한 전통적 종교의 믿음과 행동체계를 수용하고 실천하는 성향이라면 영성은 특정한 종교와 무관하게 인생의 궁극적 의미나 초월적 경험을 추구하는 성향이라고 말할 수 있다.

영성은 인간의 삶에 있어서 방향성과 목적의식을 심어 줄 뿐만 아니라 심리적 안정과 더불어 강렬한 초월 경험을 제공한다. 또한 어려운 역경을 이겨 낼 수 있는 심리적 강인함을 얻을 수 있고 인생과 세상에 대한 다양한 의문을 해소하는 데에도 많은 도움을 준다.

영적 추구는 신성시(sanctification) 과정, 즉 어떤 대상을 성스러운 것으로 인식하는 심리적 과정을 통해 이루어진다. 영성 계층에서 인간은 신성시의 대상으로 신을 채택할 수 있고 그렇지 않을 수도 있다. 유일신을 숭배하는 종교에서는 신의 모습이 모든 것에 나타난다고 믿으며 범신론적인 종교에서는 모든 것에 성스러운 영혼이 깃들어 있다고 믿는다. 무신론자의 경우에는 상대의 개체에 대해 일상적인 것과 다른 위대한 가치나 의미를 부여함으로써 성스러움을 느낄 수 있다. 영성 계층에서 개체와의 관계를 형성하고 유지하는 영적인 방법으로는 기도, 명상, 암송, 사경, 헌신, 이타행동, 일상생활에서의 영적 의미 발견 등이 있는데 가장 대표적인 방법은 기도와 명상이다.

2.3. 우주 개체

2.3.1. 우주의 탄생

우주(宇宙)에서 宇는 공간의 팽창을 나타내고 宙는 시간의 팽창을 의미하므로 우주는 시공간을 뜻하는 말이다. 은하계와 태양계, 지구 그리고 우리들은 모든 공간과 시간이 펼쳐져 있는 우주 상자 안에서 삶의 네트워크를 구성하고 있는 것이다. 우주의 나이는 약 137억 년으로 추정되고 있으며 우주의 온도는 절대온도 2.73K, 즉 섭씨 -270도이다. 우주는 지금도 팽창하고 있으며 우주의 평균 밀도는 0에 가까운 진공상태이다.

부피가 팽창하면 온도가 내려간다는 점을 고려하면 아주 옛날 우주가 작았을 때에는 용광로처럼 뜨거운 개체였을 것이다. 우주가 작고 온도가 높았을 때에는 우주의 중심에서 퍼져 나온 전자기파가 물질에 흡수되고 복사되기를 반복하여 한 방향으로 직진할 수 없었기 때문에 시간이 지나도 우리 눈에 전달되지 않는다.

38만 년보다 더 이른 시기에는 열운동하는 전자에 의해 빛 입자인 광자가 산란해서 우주가 광자에 대해 불투명하여 초기 우주를 빛으로 관측할 수 없다. 그러다가 우주가 탄생한 후 약 38만 년이 지난 후에는 '우주의 맑게 갬' 현상이 발생하였다. 따라서 현재부터 우주 탄생 38만 년이 지난 시점까지는 우주마이크로파 배경복사(CMB: Cosmic Microwave Background Radiation)로 우주의 과거를 관측할 수 있다.

우주는 지금으로부터 137억 년 전에 생겨나서 플랑크 타임(Plank time)인 10^{-43}초 시점에 무슨 원인에 의해 폭발적으로 팽창하기 시작하였고 우주의 팽창에 제동이 걸린 인플레이션 시기로 들어섰다가 우주가 가열되어 마침내 대폭발인 빅뱅이 일어났다. 이때 가득 차 있던 빛의 복사는 그 후 우주가 팽창하여 차가워짐에 따라 파장이 길어지고 눈에 보이지 않게 되면서 전자기파의 잡음으로 남게 되었는데 이러한 잡음을 우주배경복사라고 부른다. 우주배경복사는 우주 공간의 배경을 이루며 모든 방향에서 동일한 강도로 들어오는 전파로서 전 우주에 퍼져 있으므로 우주가 한 지점에서 시작되었다는 빅뱅 이론을 뒷받침해 준다.

2.3.2. 우주에서 거리 측정

지구에서 멀리 떨어진 별까지의 거리를 측정하는 방법으로 삼각측량 기법을 활용한다. 삼각측량 기법에서는 두 지점 사이의 거리를 알고 있을 때에 두 지점과 삼각형을 이루는 또 다른 지점 사이의 두 각을 알면 삼각형의 모든 변의 길이를 알 수 있다는 원리를 이용한다. 지구는 1년에 걸쳐서 태양 주변을 공전하므로 반년 간격으로 별을 보는 각도를 측정하면 지구에서 태양까지의 거리를 기준으로 하여 삼각함수를 이용해 그 별까지의 거리를 계산할 수 있다. 지구에서 태양까지의 두 배 거리를 밑변으로 하고 측정된 두 개의 각도를 이용하여 계산을 수행한다. 우주에서 중요한 거리 단위는 파섹(pc)인데 이는 지구와 태양을 연결하는 선을 밑변으로 하여 윗각(연주시차)이 1초(1/3,600도)가 되는 거리를 말하며 약 3.26광년에 해당한다.

지구에서 너무 멀리 떨어져 있어서 삼각형의 예각이 1/1,000초보다 작으면 히파르코스 위성에 탑재된 망원경의 해상도로도 그 각도를 정확히 측정할 수 없기 때문에 그 별이 얼마나 멀리 떨어져 있는지 계산할 수 없게 된다. 이와 같은 경우에는 초신성 폭발을 조사함으로써 지구와의 거리를 계산해 낼 수 있다. 초신성 폭발의 밝기와 색은 그 폭발의 구조를 바탕으로 이론적으로 추측할 수 있다. 초신성의 밝기가 어느 정도 어둡고 색깔이 본래의 색에서 어느 정도 어긋나는지를 관측하면 지구에서 초신성까지의 거리를 추측할 수 있다.

2001년 6월 30일에 발사된 윌킨슨 마이크로파 비등방성 탐사선(WMAP: Wilkinson Microwave Anisotropy Probe)은 우주의 가장 오래된 모습을 담은 형상의 해상도를 높임으로써 아래와 같은 사실들을 읽어 냈다.

· 우주는 평탄하다.
· 우주의 나이는 약 137억 년이다.
· 우주 에너지 중 4%가 물질이고 23%가 암흑물질이며 73%가 암흑에너지이다.
· 우주 발생 초기의 인플레이션우주론은 옳았다.

2.3.3. 우주 모습에 관한 역사

고대 그리스 천문학자 프톨레마이오스는 지구를 우주의 중심에 둔 천동설을 주장하였다. 그는 흙, 물, 공기, 불로 이루어진 지구를 우주의 중심에 두고 그 주변을 달, 태양, 수성, 금성, 화성, 목성, 토성이 돌고 있으며 공간은 에테르라는 매질로 가득 채워져 있고 하늘은 오른쪽으로 규칙적인 회전을 하는 항성천구로 구성되어 있는데 항성천구의 바깥쪽은 '무의 세계'라고 여겼다. 그런데 그의 천동설은 단순하지만은 않다. 각각의 천체는 지구를 중심으로 큰 원을 따라 움직이면서 그 원주 위에 중심을 둔 작은 원을 따라 운동한다는 것이다.

코페르니쿠스는 1543년에 '천구의 회전에 관하여'라는 책을 통해 유럽 최초로 지동설을 주장했다. 그러나 기원전 4세기의 그리스 철학자 필롤라오스, 기원전 3세기의 그리스 천문학자 아리스타르코스 등도 태양이 우주의 중심인 체계를 주장했었다. 코페르니쿠스는 행성의 궤도가 완전한 원일 것이며 그 운동은 등속운동일 것이라고 주장했지만 실제로는 원이 아니라 타원이며 운동 속도가 일정한 것이 아니라 '면적 속도'가 일정한 것이다. 그는 또한 우주의 크기를 지금보다 아주 작게 생각했었다.

16세기 덴마크의 천문학자였던 튀코 브라헤(Tycho Brahe, 1546~1601)는 맨눈으로 천체를 관측하여 천동설과 지동설의 절충안을 내놓았다. 당시 유럽에서는 그리스도교의 영향으로 지구가 우주의 중심이라는 생각이 지배적이었으나 튀코는 '태양이 우주의 중심'이라고 가정하는 편이 그의 데이터를 분석함에 있어 훨씬 용이하다는 사실을 알았다. 튀코는 종교와 과학 사이의 절충안으로서 지구는 우주의 중심에 있지만 다른 행성은 태양을 중심으로 돌고 있다고 주장했다.

케플러는 튀코의 제자로서 그의 스승이 남긴 엄청난 양의 데이터를 연구하여 행성 운동에 관한 세 가지 법칙을 발견하였다.

- 제1법칙: 행성은 태양을 초점으로 타원궤도로 움직인다(타원궤도의 법칙).
- 제2법칙: 행성의 공전 면적속도는 일정하다(면적속도 일정의 법칙).
- 제3법칙: 행성의 공전주기와 타원의 크기는 관련성이 있다(조화의 법칙).

'면적속도'라는 것은 1초 동안에 행성이 움직인 거리를 밑변으로 하고 태양을 정점으로 하여 그릴 수 있는 삼각형의 면적을 말하는데 케플러는 이것이 항상 일정하다고 주장했다. 이는 행성이 태양 가까운 곳에 있을 때에는 빨리 움직이고 태양 멀리 떨어진 곳에서는 천천히 움직인다는 것이다. 제3법칙은 행성의 공전주기의 제곱이 타원궤도 긴반지름의 세제곱에 비례한다는 것을 나타낸다. 행성의 공전주기를 알면 제3법칙을 통해 그 행성과 태양 사이의 거리를 계산해 낼 수 있게 된다.

뉴턴은 케플러의 법칙을 연구하여 보다 일반적인 법칙을 도출해 냈는데 그것이 바로 만유인력의 법칙이다. 뉴턴의 법칙은 케플러의 법칙과는 달리 행성뿐만 아니라 우주의 모든 물체에 적용 가능하다.

뉴턴의 중력이론에 의하면 '질량 m과 M을 가진 두 물체가 거리 r만큼 떨어져 있으면 m과 M에 비례하고 거리 r의 제곱에 반비례하는 인력이 작용한다'고 한다. 뉴턴 역학에서 운동방정식과 만유인력은 아래와 같다.

- 운동방정식: $F = ma$
- 만유인력: $F = \dfrac{GmM}{r^2}$

F: 힘, a: 가속도, G: 만유인력상수(또는 중력상수)

두 전자 사이에 작용하는 만유인력은 전자기력에 비해 매우 약하지만 크기가 큰 천체의 경우에는 만유인력의 효과가 눈에 띄게 커진다.

2.3.4. 우주와 인간 사이의 인터워킹

우주 내의 여러 별은 기능 계층에서 서로 인터워킹한다. 화학 개체와 생물 개체에서의 인터워킹보다 주로 물리 개체에서 인터워킹이 존재한다. 고대 시대의 별 관측이나 코페르니쿠스의 지동설, 뉴턴의 만유인력, 아인슈타인의 상대성이론 등은 모두 우주 내의 물리 개체들에 관해 연구한 것들이다.

우주에는 수많은 별들이 존재하지만 태양, 달, 지구 등이 인간 사이의 기능 계층 인터워킹에서 중요한 개체들로 작용한다. 물리 개체에서는 지구의 중력으로 인해 인간은 땅에 몸을 의지할 수밖에 없고 화학 개체에서는 지구의 공기가 인간의 생명을 유지시켜 줌으로써 생물 개체에 영향을 주고 있다. 또한 태양은 빛을 발산하여 식물로 하여금 광합성 작용을 가능하게 하여 화학 개체에 영향을 준다. 태양 빛은 인간의 체온을 유지시켜 줌으로써 생물 개체에도 영향을 주고 있다. 반대로 인간의 화학 개체에서는 인간의 날숨에서 발생하는 이산화탄소와 인간의 배설물의 가스가 지구의 공기를 오염시킨다.

우주 자체는 심리 개체나 영성 개체를 가지고 있지 않다. 그러나 우주의 태양과 달은 인간의 심리 개체에서 여러 가지 영향을 준다. 태양빛과 달빛은 인간의 심리를 안정적으로 유도시킨다. 특히 옛날부터 인간은 달을 보며 자신의 심리상태를 시나 노래로 표현했다. 또한 밤하늘의 수많은 별들은 물리 개체상에서 빛을 인간에게 보내줘서 심리적 행복감을 안겨 준다. 인간의 심리 개체에서는 인간들 사이의 전쟁으로 인해 우주의 개체들을 훼손할 우려가 있다.

우주는 인간의 영성 개체에서도 영향을 준다. 태양신을 믿는다든지 혹은 어느 특정의 별들을 신으로 믿는 것은 인간의 영성 개체에 영향을 주고 있다는 의미인 것이다.

2.4. 식물 개체

2.4.1. 식물의 눈

『파브르 식물 이야기』 파브르 저, 추둘란 역, 이제호 그림, ㈜사계절출판사에서는 식물의 모든 기관은 눈에서부터 시작한다고 서술한다. 나무의 눈은 '겨울눈'이라고 부르지만 사실은 봄에 생겨나서 여름을 거치면서 겨울 추위를 견뎌 낼 만한 영양을 미리 쌓아 둔다. 가을에는 자라는 것을 잠시 멈추고 겨울이 되면 동물처럼 겨울잠을 잔다.

마침내 새봄이 되면 눈에서 시작하여 잔가지로 뻗어 간다. 겨울눈의 바깥쪽에는 단단하게 포개진 눈비늘이 잎을 보호하고 각각의 눈비늘에는 나뭇진이 있어서 습기를 완벽하게 막아 준다. 또한 눈비늘의 안쪽에는 솜털이 나 있어서 어린 싹을 따뜻하게 감싸고 있다. 겨울눈과 달리 여름눈을 가지는 식물은 한해살이식물로서 겨울을 나지 않으므로 두터운 눈비늘을 갖지 않는다.

식물 중에는 어미 식물을 떠나지 않고 어미 가지에 붙어살며 어미 가지가 주는 영양분을 먹고 자라는 '붙박이눈'을 가진 식물이 있다. 그리고 어미 식물을 떠나서 새로 독립하는 눈을 '독립하는눈'이라고 한다. 독립하는눈의 예로는 참나리, 감자, 고구마 등이 있다.

붙박이눈은 독립하지 못하므로 뿌리로부터 물과 영양분을 공급하기 위해 관다발이 형성되어 붙박이눈과 흙을 서로 이어 준다. 관다발은 줄기 안에 있으며 굵은 가지와 잔가지에 빠짐없이 이어져 있다. 관다발은 물관, 형성층, 체관 등으로 구성되는데 가장 안쪽이 물관, 그다음이 형성층, 그다음이 체관이며 체관은 나무껍질의 바로 안쪽에 위치한다.

붙박이눈으로부터 펼쳐진 잎은 광합성을 통해 만든 영양분을 체관을 통해 나무뿌리로 공급하는데 이를 하강수액이라고 부른다. 뿌리가 흙에서 빨아들인 물과 영양분은 체관으로 흐르지 않고 물관으로만 흐르는데 이를 상승수액이라고 한다. 나무의 형성층에서는 새로운 세포가 계속 생겨나 그해의 새로운 체관과 물관을 만드는데 이것이 나이테이다.

2.4.2. 식물의 줄기

나무의 가장 안쪽에는 목재가 되는 물관부가 있고 그다음으로 형성층, 그다음으로 체관부, 체관부 바깥쪽으로 코르크형성층과 코르크층이 있다. 코르크층은 모든 나무에서 볼 수 있는 갈색의 세포질로 이루어진 스펀지와 같은 조직이다. 코르크층의 곳곳에 화산 폭발로 생긴 분화구처럼 터진 무늬는 나무껍질의 껍질눈으로서 코르크층 안쪽의 세포들이 숨을 쉬는 숨구멍 기능을 가진다.

나무껍질은 줄기 바깥으로부터 속으로 물이 스며드는 것과 그 반대로 줄기 속의 물이 증발하는 것을 막아 준다. 또한 뜨거운 열이나 추위를 막아 주고, 상처나 충격, 세균 등도 막아 준다.

쌍떡잎식물들은 줄기와 가지가 튼튼하고 곧게 펼쳐지는데 이러한 줄기를 '곧은줄기'라고 부른다. 외떡잎식물은 상대적으로 보잘것없는 줄기와 가지를 가지고 있지만 속이 빈 원통꼴이라서 강도는 약하지 않다. 덩굴식물은 햇빛을 받기 위해 줄기의 모양을 바꾼다. 덩굴식물은 줄기를 뻗어 올리지 않고 이웃 식물을 휘감고 올라간다.

선인장은 줄기의 모양을 풍뚱하게 바꾸는데 이런 줄기 식물을 '살찐줄기식물'이라고 부른다. 선인장은 물을 모아 두기 위해 이와 같이 줄기 모양을 풍뚱하게 바꾼다. 땅속줄기 식물은 줄기를 따뜻한 땅속에 묻으며 성장한다. 식물의 줄기는 햇빛을 받아야 하므로 땅속줄기의 반쪽은 땅속에 머무르면서 살아 있고 나머지 반쪽은 땅 위로 나가서 잎을 펼치고 꽃을 피운 다음에 말라 죽게 된다. 감자가 땅속줄기 식물에 속한다.

2.4.3. 식물의 뿌리

식물의 줄기는 햇빛을 향해 오르지만 뿌리는 어두운 땅속으로 파고든다. 식물의 뿌리는 '곧은뿌리'와 '수염뿌리'로 분류된다. 곧은뿌리는 뿌리의 가운데 부분에 원뿌리가 있어서 땅속으로 곧게 뻗어내려 가고 원뿌리에서 곁뿌리가 생겨난다. 수염뿌리는 가냘픈 뿌리 여러 개가 낮게 옆으로만 뻗어 나가므로 쉽게 뽑혀진다.

뿌리 중에는 땅 위까지 올라와서 움직이듯이 여러 갈래로 뻗는

'막뿌리'가 있다. 토끼풀은 줄기에서 막뿌리를 내어서 여러 방향으로 줄기를 뻗어서 큰 무리를 이룬다. 옥수수는 줄기와 뿌리가 만나는 곳에 흙을 조금 더 끼얹어 주면 줄기의 아랫부분에 막뿌리 다발을 만든다.

2.4.4. 식물의 잎

잎은 '잎몸', '잎자루', '턱잎' 등의 세 부분으로 이루어진다. 잎몸은 잎사귀를 말하며 잎자루는 잎몸과 줄기를 이어 주는 부분이고 턱잎은 잎자루와 줄기가 만나는 곳에 달려 있는 두 장의 잎조각이다. 잎몸, 잎자루, 턱잎을 모두 갖추면 '갖춘잎'이라고 하고 이 중에 한 가지가 빠져 있으면 '안갖춘잎'이라고 부른다. 벚나무와 장미는 갖춘잎이지만 동백나무와 오이는 턱잎이 없어서 안갖춘잎에 해당한다. 잎몸의 앞면은 대부분 짙은 초록색이고 질감이 매끌매끌하며 하늘 방향으로 향하고 뒷면은 색깔이 옅고 질감이 거칠며 땅으로 향해 있다. 잎몸의 굵고 뚜렷한 선들을 '잎맥'이라고 부르는데 이 잎맥 속으로 물과 영양분이 흘러 다니므로 잎의 '관다발'에 해당한다. 이 잎의 관다발과 줄기의 관다발은 서로 만난다. 뿌리에서 물과 영양분이 줄기 속의 물관을 따라 올라오면 잎맥 속의 물관으로 들어가서 잎 속에 있는 세포로 들어간다.

반대로 잎의 세포가 수액을 만들면 잎맥 속의 체관을 따라 줄기의 체관으로 내려가서 마침내 뿌리의 체관으로 흘러 내려간다. 잎몸에서 잎맥을 뺀 나머지 부분을 잎살이라고 부르는데 잎살의 세포들은 햇빛을 받아들여 물관을 따라 올라온 물을 가지고 광합성을 수행한다.

잎자루는 줄기와 잎몸을 연결해 준다. 잎자루에는 가을에 잎이 떨어지기 전에 '떨켜'가 만들어진다. 떨켜는 잎이 떨어져 나가는 자리라는 의미이다. 떨켜가 생겨나면 잎에서 만들어진 영양분이 줄기로 흐르지 못하고 잎 안에 쌓이게 되고 이 영양분은 안토시안이라는 색소로 바뀌어 잎을 붉은빛 단풍으로 변화시킨다.

외떡잎식물은 떨켜를 만들지 않기 때문에 봄이 되어도 누렇게 말라 있는 억새나 강아지풀을 볼 수 있다. 상수리나무, 밤나무, 떡갈나무 등과 같은 참나무과 식물들은 쌍떡잎식물이면서도 떨켜가 생기지 않기 때문에 봄이 되어도 색깔 변한 나뭇잎들이 줄기로부터 떨어지지 않고 그대로 남아 있다.

선인장의 줄기는 스펀지 같아서 물을 많이 오랫동안 모아둘 수 있는데 뜨거운 사막에서 물을 빼앗기지 않기 위해 잎을 가시로 바꿨다. 가시로 바뀐 잎 대신에 줄기가 광합성을 수행한다.

'표피'라고 부르는 잎의 겉껍질은 겉옷과 같아서 공기와 맞닿는 것을 피하고 수분을 갑자기 잃어버리지 않도록 해 주기 때문에 모든 잎은 언제나 물을 머금고 있다. 잎의 표피에는 단춧구멍 형태의 세포가 있는데 이 세포를 통해 숨을 쉬며 이를 '기공'이라고 부른다. 기공은 공기의 출입구 역할을 수행하며 식물이 지니고 있는 물을 수증기로 내뿜는 기능도 함께 가지고 있다.

특히 햇빛이 비칠 때에 식물들은 기공을 통해 수증기를 내뿜는데 이를 '증산작용'이라고 부른다. 증산작용은 액체의 증발을 통해 식물의 열을 식히기기도 하지만 온도가 높지 않은 밤에도 증발을 멈추지 않는다. 식물의 증산작용은 열을 식히는 목적뿐만 아니라 뿌리로부터 영양분과 함께 올라온 물이 광합성 작용을 마친 후에 더 이상 필요하지 않은 시점에서 밖으로 내보낼 목적도 가진다.

2.4.5. 식물의 꽃

꽃은 '꽃받침', '꽃부리', '수술', '암술' 등으로 이루어진다. 꽃부리는 잘 정돈된 꽃잎들을 통틀어 부르는 말이다. 꽃받침은 꽃부리를 받쳐 주는 부위이다. 꽃부리의 가운데는 수술들이 있는데 수술은 꽃밥과 수술대로 이루어진다. 꽃밥은 수술대의 끄트머리에 있는 꽃가루를 뜻한다.

암술은 여러 개의 수술들로 둘러싸여 있는데 곧게 뻗은 암술대의 끝에는 암술머리가 달려 있다. 암술대의 아래쪽 부분에는 '씨방'이 있고 이 씨방 안에는 '밑씨'가 들어 있다. 수술의 개수가 암술보다 많은 것은 동물의 정자의 개수가 난자보다 훨씬 더 많은 것과 일맥상통한다고 볼 수 있다.

꽃의 네 부분 중에서 꼭 있어야 할 것들은 바로 암술과 수술인데 이는 씨앗을 만드는 데 꼭 필요하기 때문이다. 꽃받침과 꽃부리는 암술과 수술을 둘러싸서 보호하는 역할도 수행하지만 곤충이나 새를 끌어들여서 씨앗 맺는 일에 활용한다.

꽃받침은 하나하나의 꽃받침잎들로 이루어져 있는데 이들은 원래 잎이었기 때문에 대부분 녹색을 띤다. 꽃잎의 짜임새는 잎과 거의 같아서 잎맥이 있으며 기공과 세포도 있지만 엽록소가 없기 때문에 녹색을 띠는 꽃잎은 거의 없다. 꽃부리는 생생한 색깔을 띠지만 꽃부리 없는 꽃들은 눈에 잘 띄지 않는데 상수리나무, 느릅나무, 너도밤나무 등은 꽃부리가 없어서 꽃이 핀 줄도 모르고 지나가곤 한다.

수술 머리에 있는 꽃가루는 각각이 세포이다. 꽃가루 세포를 보호하는 보호막의 안에는 끈끈한 액이 들어차 있고 매우 작은 알갱이들이 떠다니는데 이 알갱이들이 앞으로 씨앗을 만들 반쪽짜리 정핵 세포이다. 암술은 암술머리, 암술대, 씨방 등으로 이루어져 있는데 암술머리의 끝은 세 갈래로 갈라져 있고 촉촉하기 때문에 꽃가루가 떨어져서 그 위에 정착할 수 있게 해 준다. 암술대의 아랫부분에 볼록하게 부풀어 있는 씨방은 씨앗이 될 반쪽자리 알세포인 밑씨를 가지고 있다.

꽃가루받이를 위해 바람의 도움을 받는 꽃을 '풍매화'라고 부르는데 이러한 종류의 꽃들에는 센 바람에 휩쓸려서 꽃가루가 없어질 우려가 있으므로 꽃가루의 양이 풍성해야 한다. 곤충의 도움으로 꽃가루받이를 하는 꽃을 '충매화'라고 하는데 이런 충매화는 꽃가루가 꽃밥에서 터져 나오는 순간부터 꿀이 가장 많이 나온다. 곤충 대신에 새의 도움을 받는 꽃을 '조매화'라고 부르는데 예를 들어 동백은 동박새의 도움을 받는다.

2.4.6. 식물의 씨앗

식물은 꽃가루받이가 이루어지면 씨방 안에 들어 있는 밑씨를 자라게 하여 다시 자손을 퍼뜨릴 능력을 갖게 된다. 암술의 씨방이 완전히 자라나서 씨앗을 갖춘 것이 열매이다. 열매는 바깥쪽에서부터 겉열매껍질, 가운데열매껍질, 속열매껍질, 씨앗 등으로 이루어져 있다. 동물이나 사람이 먹는 열매살은 가운데열매껍질이며 씨앗을 보호하는 속열매껍질은 매우 단단한 나무질의 껍데기로 되어 있다.

소나무와 단풍나무 씨앗은 열매껍질의 한 부분이 날개 모양이어서 먼 곳으로 이동할 수 있다. 열대 지방의 코코넛 씨앗은 강하고 딱딱한 껍데기 속에 들어 있기 때문에 파도를 타고 새로운 섬으로 이동할 수 있다. 짐승의 털이나 사람의 옷에 붙어서 씨앗을 옮기는 식물도 있다. 새나 포유류의 위장 속으로 들어간 열매는 소화가 되지 않고 배설이 되기 때문에 배설 후에 싹트기를 준비할 수 있다. 들쥐나 다람쥐는 겨울을 나기 위해 호두, 도토리, 개암 등을 땅에 모아 두는데 이들이 죽거나 혹은 모아 둔 장소를 잊어버리게 되어 그곳에 있던 열매들은 이듬해 봄에 싹을 틔울 수 있게 된다.

씨앗이 싹트기 위해서는 물, 온도, 산소가 필요하다. 씨앗 속에 있는 배가 껍질을 뚫고 나오기 위해서는 물이 있어야 하는데 물은 배젖과 떡잎의 영양분을 녹이는 데에도 필요하고 또한 어린 식물의 조직 속에서 영양분을 배달하는 데에도 사용된다. 물과 함께 섭씨 10도에서 20도 사이로 온도가 알맞아야 싹이 트는데 이 범위 밖에서는 매우 천천히 싹이 트고 이 범위를 크게 벗어나면 싹이 트지 않게 된다. 씨앗은 싹이 틀 때에 산소가 필요한데 이 때문에 씨앗이 물속에 있다든가 씨앗을 너무 깊게 심거나 딱딱하게 굳은 땅에 심으면 산소가 모자라서 싹이 트지 않는다.

2.4.7. 식물과 인간 사이의 인터워킹

식물들 사이의 인터워킹은 동물들처럼 먹이사슬로 이어져 있지 않지만 성장하기에 좋은 환경을 놓고 서로 경쟁하는 관계이다. 햇빛을 많이 받기 위해 주변의 식물들보다 높게 자라려고 하며 심지어 칡과 같은 식물은 주변의 나무 위를 올라타고 성장하기 때문에 그 나무가 광합성을 하지 못하여 죽게 된다.

식물과 동물, 식물과 인간 사이의 인터워킹은 물질 개체에서 일어난다. 식물의 잎과 꽃은 각각의 색깔을 통해 물리 개체에서 빛으로 동물이나 인간에게 그 존재를 보여 준다. 화학 개체에서는 향기를 통해 동물이나 인간에게 그 존재를 전달한다. 꽃의 향기는 곤충이나 새들이 꽃으로 모여들게 하여 식물의 번식을 돕게 하고 인간도 꽃의 향기를 맡음으로 인해 심리 개체상에서 기분이 상쾌해짐을 느끼게 된다. 식물에서 나오는 산소는 인간에게 기분 좋은 숨쉬기를 제공해 준다. 생물 개체에서는 동물이나 인간에게 먹이를 제공한다.

심리 개체에서는 인간이 식물들을 바라보며 마음의 안정을 찾게 되고 반대로 인간으로부터 다정한 느낌을 받은 식물들은 그렇지 못한 식물들보다 건강하고 성장도 빠르게 많은 열매를 맺게 된다고 한다.

2.5. 동물 개체

2.5.1. 유전자와 진화

리처드 도킨스는 『이기적 유전자』에서 생명체란 유전자가 더 많은 자신의 유전자를 증식시키기 위해 만들어 낸 생존 기계일 뿐이라고 말한다. 닭이 주체가 되어 달걀을 낳아서 자손을 번식시키는 것으로 보이지만 사실은 달걀이 자기복제 목적으로 닭을 이용한다는 것이다. 닭은 세상에 태어나서 오랜 삶을 살지 못하지만 그 닭이 낳은 달걀 속의 유전자는 병아리로 태어나 계속 이어질 수 있다. 지구 최초의 DNA가 자기증식을 목적으로 생명체를 탄생시키고 성장시켜서 다른 생명체들로 번식을 거듭하면서 오늘날까지 전해내려 왔다는 것이다.

생명체는 개체 안에 저마다의 DNA를 가지고 있다. 이 DNA는 크게 두 종류, 즉 성장세포와 번식세포로 분류된다. 식물의 번식세포는 씨앗 세포이고 동물의 경우에는 생식세포가 바로 그것이다. 성장세포는 개체의 소멸과 함께 사라지지만 번식세포 속의 유전자는 다음 세대로 전달된다. 성장세포는 번식세포가 다음 세대로 잘 전달되기 위해 다른 개체들과 비교하여 우위를 점령할 수 있도록 개체를 성장시키고 보호해 준다. 이와 같이 유전자는 후대의 개체 속으로 전달되어 영원히 살아남을 수 있기 때문에 영속성을 가진 것이라고 말할 수 있다.

영국의 생물학자 찰스 다윈(1809~1882)은 그의 저서『종의 기원』에서 자연선택설을 주장하였다. 자연선택설은 생물의 어떤 종에서 변이가 발생할 경우에 그 생물이 생활하는 환경에 가장 적합한 것만 살아남고 부적합한 것들은 멸망해 버린다는 견해이다.

자연선택에 대비되는 인위선택은 우리 인간의 필요에 따라 생물의 특성을 선택하는 과정을 의미한다. 예를 들어서 인간이 알을 잘 낳는 닭을 인위적으로 선택하는 과정을 오랫동안 반복하면 알 잘 낳는 닭이 세대를 이어 계승될 수 있다. 원래 벼는 야생에서 자라난 식물이었으나 인간이 지속적으로 품종을 개량하여 오늘날처럼 많은 쌀을 수확할 수 있게 되었다.

다윈은 전체를 위해 개체의 희생이 불가피하다고 하는 전체주의에서 벗어나 하나하나 따로따로 숨 쉬는 개체가 중요하다고 주장했다. 각각의 개체는 서로 다른 형질로 계승되며 이렇게 서로 다른 점이 우리들의 본질이고 이러한 다양성이야말로 아름다운 것이라고 주장했다.

다윈은 우리가 현실에서 경험하는 것은 동굴 벽에 비친 그림자와 같은 것이고 진리는 다른 곳에 있다고 하는 플라톤의 본질주의의 서양철학 체계를 바꾸어 놓았다. 다윈의 이론은 생물학뿐만 아니라 문학, 예술, 철학 등의 전반에 걸쳐 막대한 영향을 미쳤으며 현대인의 의식구조와 삶의 형태를 바꾸어 놓았기 때문에 이를 '다윈 혁명'이라고 부른다.

2.5.2. 동물의 번식

최재천 교수는 그의 저서 『인간과 동물』에서 동물은 짝짓기를 통해 번식을 이어가는데 짝짓기의 결정권은 암컷에 있다고 서술한다. 원숭이 암컷의 생식기가 있는 몸 바깥 부분은 분홍색을 띠며 냄새가 아주 많이 나는데 수컷들은 그 뒤를 졸졸 따라다니고 암컷은 여러 수컷끼리 경쟁을 시켜서 제일 잘난 수컷을 선택한다.

성에 관한 결정권이 암컷에 있는 이유는 암컷이 수컷과 비교하여 번식에 투자를 많이 해서이다. 정자가 난자를 뚫고 들어갈 때에 정자는 머릿속에 들어 있는 DNA만 들어가게 된다. 수컷은 암컷에게 DNA 외에는 제공하는 것이 전혀 없다. 수정이 되고서도 암컷은 배 속에서 새끼를 성장시켜야 하고 낳고서도 계속하여 돌봐야 한다.

다윈은 공작새, 꿩, 닭, 사슴, 구피 등의 수컷이 암컷보다 더 아름다운 이유는 성에 관한 한 암컷에 선택권이 있기 때문이라고 설명했다. 수컷 중에는 화려하게 치장하는 것만으로는 부족하여 자기들끼리 힘겨루기를 통해 서열을 정한 다음에 암컷에게 다가가는 동물들도 있다.

대부분의 동물은 자식을 사랑으로 키우지 않는다. 나비는 주로 나뭇잎 뒷면에 알을 낳아 놓고 어디론가 사라져 버린다. 그러나 자식을 보호하고 사랑하는 동물들이 생존이나 번식에 유리하다. 염낭거미는 나뭇잎을 주머니처럼 말아서 그 안에 들어가 새끼를 키운다. 사마귀도 모성애가 강한 곤충인데 나뭇가지에 알집을 만들어 붙여 놓고 그곳에서 새끼들이 부화할 때까지 보호한다. 바퀴벌레는 알집을 꽁지에 매달고서 새끼들이 다 클 때까지 몸에 지니고 다닌다.

대부분의 조류는 자식을 키우는 과정에서 사랑을 듬뿍 준다. 조류 중에서 타조 암컷은 새끼를 낳아서 몰고 다니면서 키우는데 다른 암컷을 만나면 싸우고 이긴 암컷이 남의 새끼까지 다 가져가게 된다. 이는 자기 새끼를 보호하기 위해 남의 새끼들 한가운데에 자기 새끼를 두고 방패를 삼기 위함이다.

인간의 사회성 못지않게 동물의 사회성도 여러 수준이 있다. 벌과 개미는 단순한 노동 분업 수준에서 번식 분업 수준을 이루는데 이러한 사회성을 진사회성이라고 한다. 진사회성 동물 사회에서는 누군가는 자식을 낳고 다른 개체들은 그 자식을 공동으로 기른다.

2.5.3. 동물의 감각

동물들이 서로 의사를 전달하는 방법으로 시각, 청각, 후각 등을 이용한다. 열대 지방에 사는 노린재는 검은색에 흰 줄과 오렌지색이 두드러져 보이는데 이는 독소를 가지고 있다는 광고색이므로 시각적인 정보를 이용하여 자신을 용이하게 보호할 수 있다. 가시나 색깔은 정적인 시각정보인데 행동을 통한 동적인 시각정보를 제공하는 경우도 있다.

얼룩말은 반가운 친구를 만나거나 기분이 좋으면 귀를 세우고 이빨을 드러내면서 '히힝'거린다. 개나 늑대 사회에서는 꼬리의 위치 혹은 모습을 보고 상태나 지위를 알 수 있는데 지위가 높을수록 꼬리를 세울 수 있다. 시각을 이용한 의사소통은 전달이 무척 빠르고 누가 신호를 보냈는지가 확실하며 상당히 정확한 조절이 가능하다는 장점을 가진다.

자연계의 많은 동물에게 청각은 매우 중요하다. 인간과 아주 가까운 영장류인 침팬지, 고릴라, 오랑우탄 등은 소리를 질러 자기의사를 표현한다. 침팬지가 여러 가지 소래를 내면서 초보적인 문장을 만들 수 있다고 하지만 대뇌에 언어 기능이 있는 인간과 비교하여 침팬지는 뇌의 변연계를 이용하기 때문에 언어 표현에 한계가 있다. 곤충도 소리로 서로 신호를 전달한다. 귀뚜라미는 우는 것이 아니라 날개를 비벼서 소리를 낸다. 매미는 공명할 수 있는 울음통의 벽면을 두드리면서 소리를 낸다. 베짱이나 귀뚜라미의 소리는 현악기에 해당하고 매미는 타악기를 연주하는 셈이다.

동물들은 후각, 즉 냄새를 통해 의사소통한다. 동물의 몸속에는 호르몬과 비슷하게 분비샘에서 만들어지는 페로몬이라는 화학물질이 있는데 이 물질은 몸 안에서만 도는 것이 아니라 몸 밖으로 나가기 때문에 다른 생명체에 영향을 미친다. 인간을 포함한 대부분의 동물은 냄새로 말한다. 페로몬 중에서 성 페로몬이 제일 잘 알려져 있다. 누에나방의 암컷이 냄새를 풍기면 수컷이 더듬이로 그 냄새를 감지하며 암컷을 찾아간다.

청각을 이용하는 동물이 소리를 먼 곳까지 들리도록 하려면 많은 에너지가 소모되지만 페로몬처럼 화학물질로 의사소통을 하는 경우에는 붐비샘에서 나온 페로몬이 바람을 타고 멀리까지 전달될 수 있기 때문에 의사소통이 효과적이다. 페로몬은 한 물질이 아니라 칵테일처럼 여러 화학물질로 이루어져 있기 때문에 화학적 물질의 비율에 따라 다양한 의사소통 수단을 만들어 낼 수 있다.

꿀벌의 일벌은 외부로부터 누가 침입하면 경보 페로몬 분비를 통해 다른 일벌들을 소집하여 적을 공격한다. 경보 신호가 너무 오랫동안 유지되면 의미가 없기 때문에 경보 페로몬은 휘발성이 강해서 금방 흩어져 버리지만 성 페로몬은 휘발성이 없이 오랫동안 유지하기 때문에 수컷이 오기를 기다릴 수 있다.

개미 사회가 인간 사회처럼 유지될 수 있는 것은 개미들만의 언어가 있기 때문이다. 개미들은 전쟁을 하고 노예를 부리며 농업이나 낙농업을 하고 강도가 있으며 사기꾼도 있고 분업제도를 개발하여 노동력을 향상시키는 등 인간 사회와 별로 다를 바가 없다. 먹이를 발견한 개미는 꽁지 안의 분비샘에서 냄새길을 알리는 '냄새길 페로몬'을 분비하면서 집으로 돌아와서 동료들에게 물고 온 먹이 맛을 보이면 동료들은 냄새길을 따라 먹이가 있는 곳으로 간다.

벌은 아침에 일어나면 스스로 에너지를 운동을 하여 근육이 약간 따뜻해져야 날 수 있다. 벌들은 해가 뜨면 일을 나가기 시작하는데 모든 벌이 한꺼번에 나가서 꿀을 찾는 것이 아니라 벌통마다 20여 마리의 정찰벌이 꿀을 찾아 사방으로 퍼져서 돌아다닌다. 정찰벌들이 하나둘씩 벌통으로 돌아와 춤을 추면서 꿀에 관한 정보를 벌통 안의 벌들에게 알려주면 그중에서 제일 좋은 꿀을 찾아낸 정찰벌이 알려준 곳으로 벌통 안의 모든 벌이 합심해서 꿀을 찾아 나선다.

남반구에 사는 어떤 박테리아는 남쪽으로 이동하는데 이 동물을 북반구에서 실험을 하면 남쪽으로 이동하여 모두 죽게 된다고 한다. 이러한 동물의 반응은 학습이 아니라 구조적으로 준비되어 있는 것이다. 박테리아는 단세포 동물로서 뇌가 없기 때문에 학습능력을 가지고 있지 않다.

비둘기와 꿀벌과 같이 동물들은 지형지물을 이용하여 움직인다. 지형지물을 이용하지 못하는 경우에 어떤 동물은 태양을 이용한다. 그리고 태양이 없는 밤에는 별이나 달을 이용한다. 어떤 동물은 지구의 자기장을 이용한다. 실험을 통해 비둘기는 자기장을 이용하여 방향을 잡는다는 사실이 밝혀졌다. 자기장을 이용하여 방향을 잡는 동물에는 비둘기와 꿀벌뿐만 아니라 고래가 있다. 자기장을 이용하면 동서남북을 분간할 수 있어도 위치는 알 수 없지만 이들 동물은 자기장의 강도에 따라 북극이나 혹은 남극에서 얼마나 떨어져 있는 곳인지를 알 수 있다고 한다.

2.5.4. 동물의 학습

바닷속 달팽이인 '군소'라는 동물은 입수공으로 물을 빨아들였다가 그 물이 빠져나갈 때 아가미를 통해서 산소를 걸러낸다. 물을 빨아들이기 위해서 입수공을 몸 밖으로 내밀 때 포식동물이 접근하면 얼른 움츠린다. 작은 막대기로 입수공을 건드리면 몸을 오므리는데 이를 자꾸 반복하면 나중에는 아무런 반응을 하지 않는다. 처음에는 놀라지만 반복적인 경험을 통해 아무것도 아니라는 것을 알게 되어 움직이지 않는데 이러한 과정을 '습관화'라고 한다.

어떤 행동이 습관화되면 고치기가 여간 어렵지 않다. 습관화된 군소를 원래대로 되돌리기 위해서는 반응이 줄어든 상태에서 어느 순간에 입수공을 건드리면서 따끔하게 전기 자극을 주면 이내 옛날로 되돌아가서 이후에는 건드리면 몸을 오므리게 되는데 이것을 '폐습화'라고 한다. 러시아의 생물학자 파블로프는 개에게 먹이를 주면서 항상 종을 울리다가 어느 날은 먹이를 안 주고 종만 울렸더니 개가 침을 흘리기 시작한다는 것을 발견했는데 이를 '조건화'라고 부른다.

파블로프가 발견한 조건화는 반복적 상황 제공으로 인한 동물의 행동이지만 동물들은 우연한 상황에서 학습을 한다. 예를 들어 스키너 박스에 들어 있는 쥐가 배가 고파서 이리저리 돌아다니다가 우연히 어떤 단추를 눌렀는데 음식이 나온 것을 본 후 이를 반복하게 되면 이 쥐는 단추와 먹이를 연관시켜서 먹이를 찾을 수 있게 변해가는 것인데 이는 '우연화'라고 말할 수 있다.

거위는 알에서 깨어나서 첫 번째로 보게 되는 것을 자신의 어미라고 생각한다고 한다. 이와 같은 과정을 '각인'이라고 하는데 새끼 거위가 어미를 인식하는 것은 상대방의 전체를 보고서 판단하는 것이 아니라 상대방의 일부를 본다고 한다. 예를 들어서 거위가 자신의 어미라고 생각하는 사람의 장화를 다른 사람이 신고 거위 앞에 나타나면 거위는 그 사람을 자신의 어미라고 생각한다는 것이다. 각인은 매우 이른 시기에 만들어지는데 일정한 시기를 넘기면 각인이 안 되며 한 번 각인이 되면 평생 되돌리지 못한다.

2.5.5. 동물의 행동

어느 개체나 독특한 유전자가 있는데 유전자에 의해 만들어져 겉으로 표현되는 모습을 표현형이라고 한다. 유전자형과 표현형은 꼭 일치하지는 않는데 이것은 유전자형이 표현형으로 발현되는 과정에서 환경의 영향을 받기 때문이다. 어머니의 자궁 안에서도 서로 다른 영향을 받을 수 있고 자라면서 영향 상태에 따라 달라질 수도 있다. 그래서 유전자형으로는 100% 완벽하게 똑같은 일란성 쌍둥이라고 해도 둘 사이에 조금 다른 부분이 있기 마련이다.

유전자는 단백질을 만들어 내는 일을 수행하는 화학물질이다. 단백질은 근육도 만들고 뼈도 만드는데 이와 같이 단백질이 뭉쳐서 형성된 것이 우리 몸이다. 단백질을 만드는 과정은 유전자가 작용하는 첫 단계이므로 변이가 상대적으로 적지만 단백질로 몸을 구성하는 과정은 보다 더 확장된 단계이므로 변이가 더 커진다. 몸이 완성된 다음에 몸이 만들어 내는 행동의 변이는 그보다 더 많을 것이다. 행동의 결과물은 '확장된 표현형'이라고 부르는데 이와 같이 행동이 만들어 낸 구조물은 행동의 변이보다 더 크다. 결국 부모의 행동이나 행동의 결과물도 유전이 된다고 말할 수 있다.

우리의 모습이나 성격을 결정짓는 유전자는 하나가 아니다. 즉, 눈 색깔에 관여하는 유전자는 하나가 아니라 여러 개가 관여한다는 사실이 밝혀졌다. 이처럼 여러 유전자가 하나의 형질을 발현하기도 하고 반대로 하나의 유전자가 여러 형질 발현에 관여하기도 한다. 한정된 개수의 유전자들이 해야 할 일들이 많기 때문에 생명현상은 무척 유동적인 구조를 갖추게 된 것이라고 한다. 노화를 연구하는 학자들은 젊었을 때에 우리를 매력적으로 만들어 주던 유전자가 나중에는 노화를 촉진하는 유전자가 된다고 생각하기도 한다.

자연계에서 살아남은 개체들은 다른 개체들과 서로 도움을 주고받으며 오늘날까지 지내왔다. 동물들은 서로 으르렁거리며 사는 것 같지만 서로 도우며 사는 상리공생을 취해 왔다. 멧돼지를 따라다니는 어떤 새는 멧돼지 몸에 붙어 있는 기생충들을 잡아먹으면서 상리공생을 한다. 큰 물고기 입 속에 들어앉아 있는 작은 물고기들은 큰 물고기의 입안을 청소해 주면서 먹을 것을 얻는다. 사람이 소를 보호해 주고 먹여 주는 대신에 소는 사람에게 우유를 주는데 이것도 상리공생에 해당한다. 개미는 사람이 가축 기르듯이 진딧물을 보호해 주며 기르는데 이는 진딧물이 개미에게 단물을 제공해 주기 때문이다.

2.5.6. 동물과 인간 사이의 인터워킹

동물들 사이는 공생하는 관계도 있지만 주로 먹이사슬로 이어져 있다. 동물들의 생활 주기는 탄생, 성장, 번식, 죽음의 순서이지만 탄생하자마자 죽음에 이르는 경우도 많이 존재한다. 동물들의 주된 활동은 먹이 습득이다. 초식동물들은 먹이 때문에 서로 싸움을 하지는 않지만 짝짓기 대상을 구하는 과정에서는 서열을 결정하기 위한 싸움을 벌인다.

동물과 인간 사이의 인터워킹은 다른 동물들과 마찬가지로 먹이사슬로 이어져 있다. 인간은 생명체 먹이사슬의 맨 꼭대기에 올라 있다. 원시시대부터 인간은 음식물 조달의 한 방편으로 동물을 사냥해 왔으며 이후에는 야생동물을 길들여서 가축으로 길러 왔다. 현대에 와서도 인간은 육류를 섭취하기 위해 가축 농장을 운영해 오고 있다.

그러나 동물과 인간 사이의 인터워킹이 먹이사슬의 관계만은 아니다. 여러 종류의 애완동물을 키우고 보살피면서 인간은 심리적 평안함을 유지한다. 애완동물과 인간 사이에는 피부 접촉, 손짓, 몸짓, 소리 등의 대화 채널을 통해 대화를 주고받는다. 애완동물과의 이러한 접촉을 통해 인간은 심리적 안정감을 얻게 되는 것이다.

우리 인간들은 동물들이 본능에 따라 모든 행동을 수행하는 단순한 생명체로 여기고 있지만 실제로 그들은 우리들이 알지 못하는 분야에서 나름대로 영리한 태도를 보이기도 한다. 각 동물의 행동들을 이해함으로써 우리들은 인간만이 이성적이고 합리적인 유일한 개체라는 거만함으로부터 벗어나 겸손해질 필요가 있다. 동물들끼리의 인터워킹은 주로 물질 개체들에서 이루어지지만 동물과 인간 사이의 인터워킹은 심리 개체까지 확장될 수 있다. 동물들과의 원활한 대화 인터워킹을 도울 수 있는 IT 장치가 개발된다면 이제 우리 인간은 동물들과도 현재보다 자유롭게 의사소통을 할 수 있는 심리 개체들이 구축될 수 있을 것이다.

3_목표 설정 단계

3.1. 목표 설정

3.1.1. 목표 설정의 배경

SARD 성공법의 맨 처음 단계는 목표 설정이다. 목표 설정은 자신의 이상적 상태와 현재 상태 사이에서 지각된 불일치, 즉 동기적 속성을 가진 부조화의 경험에서 생겨난다. 사람들은 부조화를 겪게 되면 그것을 제거하려는 목표 설정을 공식화한다. 부조화는 동기적 행위를 하려는 탄력으로 작용하고(에너지를 제공하고) 목표 설정은 현재의 상태가 이상적인 상태로 향상될 수 있도록 하는(방향을 제공하는) 인지적 수단이다.

목표 설정이 행동을 활성화하고 방향을 정하게 하는 인지적 기제는 TOTE(test-operate-test-exit) 모형을 따른다. 검사(test)는 현재의 상태를 그것의 이상적 상태에 대해 비교하는 것을 나타낸다. 불일치의 비교결과는 개인이 수립한 추진 단계의 순서를 통해 환경을 조작하도록(operate) 동기화시킨다. 얼마간의 행위가 있은 후에 그 사람은 다시 이상적 상태에 대해 현재의 상태를 검사하고 불일치가 발생하면 환경에 대한 조작을 계속한다. 현재 상태가 이상적 상태에 대응되면 그 사람은 그 추진 단계를 종료(exit)한다.

목표 설정은 조정 가능하고 빈번한 수정을 겪는다. 현재와 이상 사이의 부조화는 수정 동기를 발생시킨다. 수정 동기는 개인이 현재-이상 부조화를 감소시키기 위한 다양한 방법들, 즉 목표 변경, 행동변경(노력의 증가) 또는 그 목표의 철회 등을 고려한다. 사람들은 기대한 진도보다 이상적 상태를 향해 느리게 진행하면서 지속적이고 현저한 부조화는 불안, 좌절, 절망 등과 같은 부적 정서를 일으킨다. 사람들이 기대한 진도보다 이상적 상태로 빨리 진행되면서 부조화가 감소될 때에는 열정, 희망, 흥분, 기쁨 등과 같은 정적 정서를 일으킨다.

3.1.2. 목표 설정의 의미

목표는 개인이 성취하려고 애쓰는 어떤 대상이다. 사람들이 500만 원을 벌려고, 평점 4.0을 얻으려고, 운동경기 시즌에 패배를 하지 않으려고 애쓸 때 그들은 목표 지향적 행동을 하고 있는 것이다. 목표는 현재의 성취 수준과 이상적인 성취 수준 사이의 부조화에 초점을 둠으로써 동기를 발생시키는데 현재의 성취와 이상적 성취 사이의 불일치를 목표-수행 불일치라고 말한다.

목표-수행 불일치에는 두 가지 유형, 즉 불일치 감소와 불일치 창조가 있다. 불일치 감소는 설정된 목표에 기초를 둔 수정 동기에 해당하는 반면에 불일치 창조는 새로운 목표 설정 동기에 해당한다. 불일치 감소는 반응적인 결함 극복이고 피드백을 중심으로 하는 반면에 불일치 창조는 순향적인 성장추구이다.

　일반적으로 목표가 있는 사람들이 목표가 없는 사람들보다 월등한 수행 효과를 발휘한다. 동일한 사람도 목표를 갖고 있지 않을 때보다 목표를 가지고 있을 때에 더 낫게 수행한다. 목표는 얼마나 어려운가와 그것이 얼마나 구체적인가에 따라 변동한다. 목표는 더 어려워질수록 수행자에게 더 활력을 불어넣는다. 목표의 구체성은 어떤 목표가 수행자에게 정확히 무엇을 할 것인가를 얼마나 분명히 알려주는가를 의미한다. 수행자에게 '최선을 다하라'라고 말하는 것은 목표 설정처럼 들리지만 실질적으로는 그 사람이 해야만 하는 것을 분명히 말해 주지 않는 모호한 진술이다.

　목표가 항상 수행을 향상시키는 것은 아니다. 단지 어렵고 구체적인 목표들이 수행을 촉진시키는데 그 이유는 동기적 이유인 것이다. 어려운 목표는 수행자에게 활력을 주고 구체적인 목표는 수행자에게 어떤 특정 행동과정을 지향하도록 한다. 그러므로 목표가 활력을 불러일으키기 위해서는 어려울 필요가 있고 방향을 정해 주기 위해서는 구체적이어야 할 필요가 있다.

　목표는 동기를 발생시키지만 동기는 수행의 배후에 있는 이유들 중의 하나일 뿐이다. 수행은 또한 능력, 훈련, 코칭, 자원들과 같은 동기적이 아닌 요인들에 의존한다. 어렵고 구체적인 목표가 수행을 향상시키는 데 실패를 하면 우리는 동기가 부족하다고 충고하는 것보다는 능력 또는 자원 등을 증가시키는 요인들에 초점을 두라고 충고하는 것이 바람직할 것이다.

　목표 설정은 목표와 관련하여 수행자의 진보를 증명해 주는 적시의 피드백이 있는 맥락에서만 수행을 증가시킨다. 목표 성취는 정서적 만족을 일으키는 반면에 목표 실패는 정서적 불만족을 가져온다.

만족을 느끼는 것은 불일치-창조 과정에 유리하게 기여하는 반면에 불만족은 불일치-감소 과정에 유리하게 기여한다.

　목표에는 장기목표와 단기목표가 있다. 지속성의 면에서 사람들은 목표수행 과정에서 정적 강화가 결핍되면 자신들의 장기목표를 상실한다. 하나의 장기목표를 일련의 단기목표로 전환하는 것은 두 가지 이익을 준다. 첫째로 단기목표는 장기목표가 제공할 수 없는 목표 성취에 따라 오는 반복적인 강화의 기회들을 제공한다. 둘째로 단기목표는 수행자에게 수행을 목표 수준 이상 또는 이하인가를 평가할 수 있게 하는 적절하고 반복적인 수행 피드백을 제공한다.

3.2. 동기

3.2.1. 동기의 개요

　동기는 사람들로 하여금 어떠한 행동을 선택하도록 유도하고 동기의 세기에 따라 그 행동의 힘을 결정해 준다. 동기는 행동에 에너지와 방향을 제공하는 내적 과정인 욕구, 인지, 정서 등에 의해 공유되는 공통 기반을 나타내는 일반적인 용어이다.

　『동기와 정서의 이해』Johnmarshall Reeve 저, 정봉교 외 공역, 박학사에서 동기에는 [그림 3-1]에서와 같이 내적 동기와 외적 사건이 있으며 내적 동기의 구성 요소로는 욕구, 인지, 정서 등이 있다고 서술한다. 욕구는 생명의 유지, 성장, 안녕 등에 필수적이고 필요한 개체 내의 조건이다. 배고픔과 갈증은 음식과 물에 대한 생리적인 욕구로부터 발생하는 두 가지 동기 상태를 예시한다. 욕구는 생명유지를 위해 그리고 안녕과 성장을 촉진하기 위해 필요한 어떤 행동을 동기화시키는 결핍, 욕망, 노력 등을 발생시킴으로써 유기체에게 도움을 준다.

인지는 신념과 기대 같은 구체적인 심리적 사건들과 자아 개념의 구조들을 의미한다. 정서들은 네 가지 연관된 측면(생물학적 측면, 인지적 측면, 사회적 측면, 문화적 측면)의 경험들을 체제화하고 배합한다.

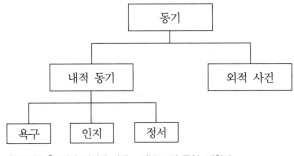

참고문헌: 『동기와 정서의 이해』, 정봉교 외 공역, 박학사

[그림 3-1] 동기의 위계

외적 사건들은 행동에 에너지와 방향을 제공하는 환경적 유인들이다. 예를 들면 돈을 주는 것은 접근행동을 촉진하고 적대적인 청중은 방어적 회피를 촉진하며 공적인 인정은 운동 경기 같은 사건들에서 더 열심히 노력하도록 사람들의 행동을 유도한다.

3.3. 욕구

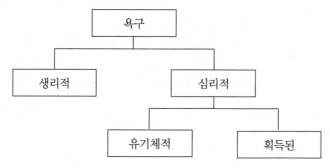

참고문헌: 『동기와 정서의 이해』, 정봉교 외 공역, 박학사

[그림 3-2] 욕구의 구성

욕구(need)는 사람의 생명, 성장, 안녕 등에 필수적인 어떤 조건이다. 무시되거나 혹은 좌절 등을 통해 욕구가 차단되면 생물학적 혹은 심리적 안녕을 붕괴시키는 손상을 일으킬 것이다. 따라서 동기 상태들은 이러한 손상이 발생하기 전에 행위를 하려는 충동을 제공한다.

모든 욕구는 에너지를 발생시킨다. 하나의 욕구가 다른 욕구로부터 구별되는 것은 첫 번째로 행동에 대한 방향 지시가 다르기 때문이다. 예를 들면 배고픔 욕구는 발생시키는 에너지의 양에서가 아니라 물보다는 음식을 찾도록 주의와 행동을 지시하는 능력에서 갈증욕구와 다르다. 두 번째로는 어떤 것들은 결핍동기를 일으키는 반면에 다른 것은 성장 동기를 일으킨다는 것이다. 결핍 욕구들은 일반적으로 불안, 좌절, 통증, 스트레스 및 안도 등과 같은 긴장과 위기를 싣고 있는 정서들을 발생시키지만 성장욕구는 흥미, 즐거움, 활기 등과 같은 정적 정서들을 발생시킨다.

3.3.1. 생리적 욕구

생리적 욕구들은 뇌신경회로, 호르몬, 신체기관 등과 같은 생물학적 체계를 포함한다. 생리적 욕구는 오랜 시간 동안 충족되지 않으면 생명을 위협하게 되므로 의식을 지배할 수 있는 동기 상태를 발생시킨다. 생리적 욕구들은 만족되면 의식에서 현저하게 사라지고 최소한 얼마 동안은 잊힌다.

(1) 통증

통증은 조직의 손상으로 인해 발생한다. 통증은 적응적이고 유익한 행동을 유도한다는 의미에서 적응적 동기 상태이다. 통증은 진화적으로 원시적이기 때문에 통증을 도피 혹은 회피하려는 동기는 의식을 지배하는 동기이다. 통증은 갈증, 배고픔, 성욕 등과 같은 다른 생리적 욕구들보다 그 발생이 덜 예측 가능하기 때문에 주의 집중이 높아진다. 통증은 두 가지 유형의 행동들, 즉 도피와 회복행동을 동기화시킨다.

(2) 갈증

인체의 약 2/3는 물로 이루어져 있다. 우리는 수분의 양이 약 2% 정도 감소하면 갈증을 느낀다. 갈증은 신체가 수분결핍을 보충하는 데 필요한 행동들을 수행하도록 의식적으로 경험하는 동기 상태이다. 갈증에는 삼투성 갈증과 혈량성 갈증이 있다. 세포내액이 물의 보충을 필요로 할 때 삼투성 갈증이 발생한다. 세포외액이 보충을 필요로 할 때에(예, 출혈이나 구토 후에) 혈량성 갈증이 발생한다. 갈증은 주로 탈수된 세포로부터 초래된다.

(3) 배고픔

배고픔의 생리적 조절은 갈증의 생리적 조절보다 더 복잡하다. 배고픔의 조절은 항상성 조절(예, 혈당과 칼로리의 소모와 충만)하에서 작동하는 단기적 과정의 함수로서뿐만 아니라 대사 조절과 에너지 저장(예, 지방세포)하에서 작동하는 장기적 과정의 함수 관계가 있다. 배고픔과 음식 먹기는 인지적·사회적·환경적 영향을 받으므로 사실상 배고픔과 음식 먹기의 이해는 단기적 및 장기적 생리적 모형뿐만 아니라 인지적·사회적·환경적 모형을 요구한다.

(4) 성

배란기 동안에 동물의 암컷은 페로몬을 분비하고 그 냄새는 수컷의 성적 접근을 자극한다. 수컷에서는 성호르몬인 테스토스테론의 주입이 성적 행동을 더 증가시킬 수 있다. 성욕과 다른 생리적 욕구 사이의 커다란 차이점은 성적 금욕이 죽음을 초래하지 않는다는 점이다.

3.3.2. 유기체적 심리적 욕구

유기체적 심리적 욕구는 환경에 대한 능동적인 몰두, 기술개발, 건강한 발달 등을 촉진하는 동기를 발생시킨다. 유기체적 심리적 욕구들은 인간의 천성 내에 존재하므로 누구나 타고나는데 이러한 유기체적 욕구들에는 자기결정, 역능, 친교 등이 있다.

(1) 자기 결정

우리는 스스로 목표를 설정하는 자유를 원하고 그것들 중에서 우리에게 중요한 것을 성취하려고 노력하는 방법을 스스로 결정하는 자유를 원하는데 이것이 바로 자기결정의 욕구이다. 어떤 외부의 힘이 우리에게 특정 방식으로 사고하거나 느끼거나 혹은 행동하도록 압력을 가할 때는 우리는 자기결정적이 아니라 타인결정적이 된다.

자기결정의 동의어는 자율성이다. 자율성-지지적 환경들은 사람들에게 스스로 선택을 하고 자신의 목표를 설정하며 목표를 성취하기 위한 나름대로의 방법을 선택하고 자신의 방식으로 문제를 해결하며 기본적으로 자신의 일정표대로 추구하도록 격려한다. 그러나 자율성-지지적 환경은 자유방임적이거나 관대하거나 무시하거나 혹은 버릇없도록 내버려 두는 것들로 특징지을 수 있는 사회적 맥락들은 아니다.

다른 사람의 자기결정을 지지하기 위한 전제조건은 그 사람의 욕구, 흥미, 선호, 포부 등을 확인하는 것이다. 자율성-지지적 환경의 핵심에는 다른 사람의 견해를 이해하고 인정할 뿐만 아니라 진실로 진가를 인정하고 그것에 대해 반응하려는 어떤 개인의 노력이 있다. 진가를 인정하기 위해서는 다른 사람의 입장이 되어 볼 필요가 있다.

(2) 역능

역능은 적정 도전을 추구하고 숙달하려는 선천적인 동기원을 제공하는 심리적인 욕구이다. 역능은 환경과 상호작용에서 효과적이 되려는 욕구이고 자신의 역량과 기술을 연습하려는 소망과 함께 그렇게 하는 중에 적정 도전을 추구하고 숙달하려는 소망을 반영한다.

유아는 빨기와 잡기 같은 가장 기본적인 기술을 가지고 환경을 접한다. 초기 유아기 동안에 흔들기, 내밀기, 나르기, 던지기 등을 포함하는 추가적인 운동능력들이 나타난다. 후기 유아기의 역능에는 언어와 이동과 관련하여 출현한다. 초기 아동기경에 아동들은 사회적 기술과 옷 입기, 읽기 및 줄넘기 등과 같은 능력을 가지고 환경을 다룬다. 적절한 새로운 기술들의 출현이 학령기와 청소년기 및 성인기 동안에 계속된다.

(3) 친교

친교는 다른 사람들과 친밀한 정서적 유대와 애착을 형성하려는 욕구이고 정서적으로 연결을 가지려는, 또한 대인 관계상으로 온화한 관계를 맺으려는 소망을 나타낸다. 친교가 중요한 동기적 구성개념인 것은 사람들이 대안관계가 친교 욕구를 지지할 때에 더 나은 기능을 하고 스트레스에 대해 더 안정되고 심리적 문제를 더 적게 보고하기 때문이다. 우리들은 친교 욕구를 가지고 있기 때문에 사회적 유대를 쉽게 형성한다. 사람들은 상호작용을 하면 할수록 또한 함께 보내는 시간이 많으면 많을수록 우정을 형성할 가능성이 더 높다. 사람들은 일단 사회적 유대가 형성되면 그것이 와해되는 것을 싫어한다.

사람들의 관계에는 교환적 관계와 공유적 관계가 있는데 공유적 관계는 친교를 만족시키지만 교환적 관계는 만족시키지 못한다. 교환적 관계는 안면이 있는 사람들 사이의 관계 혹은 사업상 거래를 하는 사람들 사이의 관계이다. 공유적 관계들은 우정, 가족, 낭만적 관계에서 예시되듯이 상대방의 복지에 대해 배려하는 사람들 사이의 관계이다.

3.3.3. 획득된 사회적 욕구

사람은 성취, 권력, 돈, 높은 성적, 고급차 등에 대한 심리적 욕구를 가지고 태어나지는 않는다. 그래도 우리들 각자는 최소한 어느 정도까지는 그런 추구들을 발달시킨다. 우리들 중 일부는 우수성의 표준, 즉 성취 욕구를 가지고 도전하도록 하는 상황들을 선호하는 것을 학습한다. 사회적 욕구는 경험, 사회화 및 발달을 통해 얻어진 선호들로부터 기원한다. 이 욕구들은 시간이 흘러도 지속되며 획득된 개인차 그리고 우리의 성격의 일부로서 우리 내부에 존재한다.

인간은 경험, 발달, 사회화 등을 통해서 사회적 욕구들을 획득한다. 사회적 욕구는 욕구를 만족시키는 유인이 나타날 때 정서적 및 행동적 잠재력을 발생시키고 활성화시킨다. 사회적 욕구는 성질상 대개 반응적이다. 그것은 사고, 느낌, 행동 등에 의해서 사회적 욕구에 관심을 돌리도록 하는 유인을 접할 때까지 우리 내부에 잠복상태로 있다. 사람들은 또한 욕구에 적절한 유인의 출현을 예상하는 것을 학습한다. 그래서 사람들은 욕구를 활성화하고 만족시킬 수 있는 환경에 이끌리게 하는 사회적 욕구들에 대한 사적인 지식을 얻고 신뢰한다.

(1) 성취 욕구

성취 욕구는 어떤 우수성의 표준과 비교하여 잘하려고 하는 욕망이다. 그러나 우수성의 표준은 과제에서의 경쟁, 자기와의 경쟁, 타인과의 경쟁 등을 포괄하기 때문에 광범위한 용어이다. 우수성의 표준을 직면하면 사람들의 정서 반응은 변동한다. 성취 욕구가 높은 사람들은 희망, 자존심, 기대의 충족 등과 같은 접근 지향적 정서들을 가지고 반응한다. 성취 욕구가 낮은 사람들은 불안, 방어, 실패의 공포 등과 같은 회피 지향적 정서들을 갖고 반응한다.

높은 성취 욕구를 가진 사람들은 낮은 성취 욕구를 가진 사람들에 비해 쉬운 과제 대신에 적당히 어려운 과제를 선택하고 성취 관련 과제에서 꾸물거리거나 혹은 회피하기보다는 신속하게 착수한다. 자존심은 높은 성취 욕구자에게 활력을 주기 때문에 적당히 어려운 과제에서 더 많은 노력과 나은 수행을 보여 주지만 공포는 낮은 성취 욕구자들을 당황하도록 만들고 적절히 어려운 과제에서 어려움과 실패를 직면하여 더 오래 지속하고 타인으로부터 도움 또는 충고를 구하기보다는 성공과 실패에 대해 개인적인 책임을 진다.

아동은 부모가 다음과 같은 것을 제공할 때에 비교적 강한 성취 추구를 발달시킨다. 즉, 독립성 훈련(자기 신뢰, 자율성), 높은 수행 포부, 현실적인 우수성의 표준, 높은 능력 자기개념(예, 이 과제는 나에게 쉬운 과제이다), 성취와 관련된 추구에 대한 정적 가치, 분명한 우수성의 기준, 자극 잠재력이 풍부한 가정환경(예, 읽을 책), 여행과 같은 광범위한 경험, 성취 상상이 풍부한 아동 독서물에 대한 노출 등이 아동으로 하여금 성취 추구를 강하게 만든다.

성공의 기대는 최적 도전을 찾거나 수행을 잘하려는 것과 같은 접근 지향적 행동을 육성한다. 특정 영역에서 가치 있는 성취는 그 영역에서 지속성을 예언해 준다. 낙관적인 귀인양식은 성공에 따른 희망과 자존심과 같은 정적 정서들을 촉진하고 공포와 불안 같은 부적 정서들을 방지한다. 따라서 가정, 학교, 체육관, 작업장, 심리치료 등에서 성취적인 사고와 행동 방식을 배양하기 위해서는 높은 능력의 지각, 숙달지향, 성공의 기대, 성취를 가치 있게 여김, 낙관적인 귀인양식 등을 촉진할 필요가 있다.

아이들이 성취에 높은 또는 낮은 가치를 두는 것을 대체로 자신의 부모로부터 학습하고 나중에는 자신의 직업적 노력과 같은 특정 영역에서 성취에 높은 또는 낮은 가치를 두는 것을 학습한다. 정서에 관해서는 아이들이 자존심 또는 수치심을 지니고 출생하지는 않는다. 자존심은 숙달로 종결되는 성공 에피소드들의 발달사로부터 발생한 사회적 구성물로 나타나고 수치심은 조롱으로 귀결되는 실패 에피소드들의 발달사로부터 발생하는 사회적 구성물로 나타난다.

(2) 친애와 친밀

친애 욕구는 외향성과 인기에 근원을 두기보다는 다른 사람으로부터 배척을 받는 데에 대한 공포와 밀접한 관련이 있다. 친애 욕구가 높은 사람들은 비난과 고독의 공포와 같은 부정적 정서를 회피하기 위해서 다른 사람과의 상호작용을 하고 전형적으로 자신의 대인 관계에서 많은 불안을 경험한다. 따라서 친애 욕구는 대인 관계에서 인정, 수용, 안정감 등에 대한 욕구로 여길 수 있다.

친밀 욕구는 다른 사람과 함께 있으려는 욕구라기보다는 다른 사람과 온화하고 긴밀하며 의사소통이 가능한 교환을 기꺼이 경험하려고 하는 것이다. 높은 친밀 욕구를 가진 사람은 친구와의 관계에 대해 자주 생각하고 긍정적 감정을 지니고 있는 관계들에 관한 상상적 이야기를 쓴다. 또한 자기노출, 집중적 경청, 빈번한 대화 등을 시도하고 사랑과 대화를 특히 의미 있는 인생경험과 동일시한다. 친밀 욕구 소유자들은 다른 사람들에 의해 온화하며 사랑스럽고 성실하며 비지배적인 것으로 평가되고 사람 간의 상호작용이 포함된 에피소드를 기억하려는 경향이 있다.

(3) 권력 욕구

권력 욕구의 핵심은 물질적 및 사회적 세계를 자신의 개인적 이미지 혹은 계획에 맞추려는 욕망이다. 권력 욕구가 높은 사람은 다른 사람, 집단, 세상 등에 유세, 통제, 영향 등을 행사하려는 욕망을 가진다. 권력 욕구가 높은 사람들은 리더가 되려고 시도하며 다른 사람들과 힘이 있고 책임을 맡는 양식으로 상호작용을 한다. 높은 권력 욕구를 가진 사람들은 집단에서 인정받기를 추구하며 권력과 영향력을 성취하려는 노력에서 자신이 다른 사람의 눈에 띄도록 하는 방법을 찾는다. 예를 들면 권력을 추구하는 대학생은 대학신문에 편지를 더 많이 쓰고 성인들은 공공의 지명도를 성취하기 위해 모험을 한다.

3.4. 내재적 동기와 외재적 동기

3.4.1. 내재적 동기와 외재적 동기 비교

(1) 내재적 동기

내재적 동기는 자신의 흥미에 맞는 분야에서 역량을 연습하며 그렇게 하는 과정 중에 적정 도전을 추구하고 숙달하려는 선천적인 경향성이다. 사람들은 선천적인 유기체적 심리적 욕구를 가지고 있기 때문에 흥미로운 활동에 참여함으로써 얻어지는 자발적 만족을 경험하는 수단들을 자신의 내부에 가지고 있다. 사람들이 내재적 동기를 경험하는 것은 바로 역능을 느끼고 자기결정을 느끼는 경험 속에 있다. 사람들은 과제를 착수하고 역능과 자기결정을 느낄 때에 외재적 보상과 압력이 없어도 행동을 격려하는 자연적인 동기적 힘으로서 내재적 동기를 경험하고 있는 것이다. 예를 들어서 보상과 압력이 없어도 흥미는 독서를 하려는 욕망을 점화시키고 역능은 사람으로 하여금 수 시간 동안 도전에 참여시킬 수 있다.

(2) 외재적 동기

외재적 동기는 환경적 유인과 결과들로부터 발생한다. 우리가 높은 학업성적을 얻기 위해, 트로피를 얻기 위해, 혹은 마감시한에 맞추기 위해 행동을 하는 것은 외재적으로 동기화되고 있기 때문이다. 외재적 동기는 목적에 대한 수단이다. 종종 내재적으로 그리고 외재적으로 동기화된 행동들은 정확하게 동일한 것으로 보인다. 어떤 사람을 관찰하고 그가 내재적으로 혹은 외재적으로 동기화되었는가를 아는 것은 어렵다. 그러나 내적으로 동기화된 행동에서의 동기는 유기체적 욕구와 그 활동이 제공하는 자발적인 만족으로부터 출현하고, 외적으로 동기화된 행동에서의 동기는 관찰된 행동에 수반되는 유인과 결과들로부터 나타난다.

3.4.2. 유인과 결과

유인은 항상 행동을 선행하고 그렇게 하는 중에 어떤 사람에게서 매력적인 결과 혹은 매력적이지 않은 결과가 앞으로 올 것이라는 기대를 발생시킨다. 정적 유인들은 미소, 초록색 교통신호, 수표가 들어 있는 것처럼 보이는 봉투 등이고 부적 유인들은 찡그린 얼굴, 붉은 교통신호, 경쟁자의 존재 등이다. 유인은 행동을 일으키지는 않고 대신에 어떤 반응이 시도될 것인가 혹은 그렇지 않을 것인가의 가능성에 영향을 준다.

유인은 항상 행동을 선행하고 행동의 개시를 자극하거나 혹은 억제한다. 결과는 항상 행동에 따라오고 행동의 지속성을 증가시키거나 혹은 감소시킨다. 결과에는 두 가지의 유형, 즉 강화물과 처벌물이 있다. 강화물에는 두 가지 유형, 즉 정적 강화물과 부적 강화물이 있으며 처벌물에도 두 가지 유형, 즉 정적 처벌물과 부적 처벌물 등이 있다.

정적 강화물은 어떤 환경 자극으로서 이것이 제시되었을 때에 이 것을 발생시켰던 행동이 앞으로 다시 일어날 확률을 증가시킨다. 어떤 행동에 대해 정적 강화물을 받은 사람은 동일한 행동에 대해 어떤 매력적인 결과를 받지 못한 사람보다 그 행동을 반복할 가능성이 더 높다. 부적 강화물은 어떤 환경 자극으로서 이것을 제거하는 행동을 반복할 확률을 증가시킨다. 정적 강화물과는 달리 부적 강화물은 혐오적이고 거슬리는 자극이다.

알람시계의 날카롭게 울리는 소리는 혐오적이고 거슬리는 자극이다. 잠자는 사람이 알람 소리를 제거함으로써 잘 일어날 수 있으므로 알람 소리 제거 행동은 다음에도 발생할 확률이 높은 것이다. 즉, 다음에도 잘 일어나기 위해 알람 소리를 사용할 확률이 높은 것이다. 두통을 제거하는 약물은 두통을 겪는 사람이 앞으로 동일한 약을 자발적으로 복용할 가능성을 증가시키는 부적 강화물이다. 즉, 통증을 제거하는 것은 두통약을 복용하는 행위를 부적으로 강화시킨다.

처벌물은 어떤 환경적 자극이며 이것이 나타나면 이 자극을 발생시켰던 행동이 앞으로 다시 발생할 확률을 감소시킨다. 비난, 구속 기간, 공개적 조롱 등은 옷을 단정하지 않게 입는 것, 남의 소유물을 훔치는 것, 반사회적 행동 등을 저지른 후에 발생하는 처벌물로 작용한다. 꾸짖음은 그 의도가 행동을 억제하려는 것이면 처벌물이다. 그러나 아이가 꾸짖음을 도피하거나 혹은 꾸짖음을 당하기 전에 회피하기 위해서 방을 치운다면 꾸짖음은 부적 강화물이다.

처벌물은 바람직하지 않은 행동을 감소시키나 부적 강화물은 도피 및 회피 행동을 증가시킨다. 자동차 안전벨트 버저는 부적 강화물인데 버저 소리를 들은 후에 시끄러운 버저 소리로부터 도피하기 위해 안전벨트를 착용하며 버저 소리를 회피하기 위해 미리부터 안전벨트를 착용하게 된다.

3.4.3. 보상

내재적으로 흥미로운 활동에 외재적으로 보상을 부과하는 것은 종종 내재적 동기를 손상시킨다. 내재적 동기에 대한 보상의 역효과는 '보상의 숨겨진 대가'라는 용어로 표현된다. 사람들은 보상을 다른 사람의 행동을 증가시키는 이득을 기대하면서 사용하지만 그렇게 하는 중에 보상은 그 활동에 대한 사람들의 내재적 동기를 훼손시키는 숨겨진 대가를 지불하게 된다.

자기결정의 개념은 보상의 숨겨진 대가를 이해하기 위한 한 가지 방법을 제공한다. 돈을 받거나 처벌물로 위협을 받거나 혹은 일을 할 때에 감독을 받으면 그들은 점차로 자기결정의 지각을 상실하고 내재적 동기의 감소를 보인다. 즉, 사람이 그 과제 수행을 선택한 이유에 대한 이해를 자기결정으로부터 보상결정으로, 원천에서부터 포로로, 내적으로 지각된 인과의 소재에서부터 외적으로 지각된 인과의 소재로 변경시킨다.

사람들은 전형적으로 보상을 얻기 위해서 행동을 한다. 사람들은 받을 보상을 자각할 때 어떤 특정 행동에 관여할 것이다. 그러나 그 사람이 보상에 대해 알지 못하고 있다가 과제가 완성된 다음에 보상을 받으면 그 경우의 보상은 기대하지 않은 것이다. 기대된 보상은 내재적 동기를 손상시키지만 기대하지 않은 보상은 손상시키지 않는다. 돈, 상, 음식 등과 같은 유형적 보상은 내재적 동기를 감소시키는 경향을 가지지만 칭찬과 같은 언어적, 즉 무형적 보상은 감소시키지 않는다. 우리가 보고 만지고 느끼고 맛볼 수 있는 보상들은 내재적 동기를 감소시키지만 언어적·상징적·추상적 보상은 감소시키지 않는다.

외재적 동기원들이 어두운 면을 가지고 있지만 그것들도 장점을 가지고 있다. 보상은 다른 점에서는 흥미롭지 않은 과제를 갑자기 추구할 가치가 있는 것처럼 보이도록 만들 수 있다. 보상이 충분히 매력적인 한에서는 보상을 받는 개인들은 거의 어떤 과제라도 할 것이다. 접시를 닦는 것이 새로운 장난감을 갖도록 해 준다면 아이들은 열심히 접시를 닦을 것이다.

4_계획 수립

4.1. 목표 분석

개인이 어떤 목표를 설정하는 것은 삶의 네트워크에서 자신의 위치를 알아차린 후에 자신이 원하는 곳으로 이동하려는 동기가 발생하기 때문이다. 목표를 달성한 후의 자신의 이미지를 머릿속에 그리며 목표를 달성하려는 성취의욕을 북돋우게 된다. 그러나 자기의 목표에 초점을 두는 것은 일반적으로 목표 성취를 방해한다. 대신에 자기의 목표를 달성하기 위한 계획 수립에 초점을 두는 것이 최종의 목표를 성취하는 데에 도움을 준다.

계획 수립 단계에서는 자신이 설정한 목표에 관한 구체화가 이루어져야 한다. 목표 설정 단계에서는 욕구에서 출발한 동기의 발상으로 자신이 도달하고 싶은 목표 지점을 명시하였으나 실제적으로 그 목표 지점에 관한 자료조사 및 분석은 계획 수립 단계에서 실행된다. 목표는 삶의 네트워크에서 하나의 개체 또는 복합의 개체들로 명시될 수 있다. 목표는 두 종류, 즉 새로운 개체에 도달하는 것과 이미 이루어 놓은 개체에 대해 업그레이드시키는 것으로 구분된다. 목표 분석은 우리들이 이루고자 하는 개체에 관한 개념과 기능 등에 관한 분석을 뜻한다.

목표 개체는 다른 개체들과 마찬가지로 개념 계층과 기능 계층으로 이루어진다. 개념 계층은 목표 개체에 관한 기본 특성을 나타내며 기능 계층은 기본 특성을 나타내기 위한 자체의 기능뿐만 아니라 주변 개체들과의 인터워킹도 포함된다. 개체의 개념 계층은 여러 개의 기능 계층으로 이루어지며 이들 각각의 기능 계층은 다시 여러 개의 기능 계층으로 세분화될 수 있다. 이와 같이 목표는 여러 개의 개념 개체들과 기능 개체들로 세분화되며 목표 분석은 각각의 개체와 함께 개체들 사이의 인터워킹을 명시하는 것이다.

4.2. 요구 자원/보유 자원

목표달성 여부의 판단은 요구 자원/보유 자원 원칙에 따른다. 우리가 어떠한 목표를 달성하기 위해서는 거기에서 요구되는 각종 자원들이 준비되어야 한다. 이러한 자원은 크게 세 가지, 즉 환경적 자원, 내적 자원, 인적 자원 등으로 구분된다.

환경적 자원은 삶의 네트워크에서 나 자신의 외부에 존재하는 자원으로서 실체적 개체들과 비실체적 개체들로 구성된다. 환경적 자원은 일종의 도구로서 우리들이 이를 목표달성에 적절히 활용하기 위해서는 이들 개체의 개념 계층과 기능 계층의 내용을 숙지하여야 한다. 우주의 수많은 실체적 개체들과 실사회의 다양한 비실체적 개체들은 우리들이 이들에 대해 잘 알지 못하면 자원으로서의 가치를 발견할 수 없으므로 자원 활용을 위해서는 무엇보다도 환경적 자원에 관한 학습이 우선시되어야 한다. 환경적 자원은 종종 유익성과 함께 위험성이 내포되어 있으므로 목표달성을 위한 활용함에 있어 주의가 요구된다.

내적 자원은 삶의 네트워크에서 '나'라는 개체가 보유하고 있는 육체 개체 및 정신 개체들을 의미한다. 육체 개체는 우리들 몸속에 있는 신체기관들을 나타내고 정신 개체는 인지 개체, 정서 개체, 행동 개체 등과 같은 심리 개체를 뜻한다. 외부의 환경적 자원을 경험이나 학습을 통해 자신의 기억 속에 저장하여 이를 활용할 수 있다면 이는 내적 자원에 포함된다.

인적 자원은 삶의 네트워크에서 우리들 자신을 제외한 타인들을 의미하는데 목표달성을 위해서는 마찬가지로 내적화가 이루어져야 한다. 즉, 자신의 목표달성을 함께 이루어 가는 동반자 혹은 자신을 도울 수 있는 사람들이 자신의 인적 자원이 되는 것이다. 인적 자원은 내적 자원과는 달리 어떤 사람을 단순히 아는 것만으로는 자원으로서의 가치가 충분하지 않으며 소위 신뢰성 있는 인간관계가 확보되어야만 인적 자원으로 포함될 수 있다.

계획 수립 단계에서는 요구 자원/보유 자원 분석을 통해 목표달성이 가능한지를 검토해야 한다. 자신의 목표를 달성함에 있어 요구되는 각종 자원들(환경적 자원, 내적 자원, 인적 자원)과 자신이 보유하고 있는 자원들을 비교 검토함으로써 목표달성 여부를 예측할 수 있다. 요구 자원의 환경적 자원에는 시간과 장소도 포함되는데 이는 목표를 달성하는 데 요구되는 제한 시간과 제한 장소를 의미한다. 보유 자원들 중에는 서로 다른 목표라고 할지라도 공통적으로 활용될 수 있는 자원들이 많으므로 평소에 이들 자원 확보를 위해 노력해야 할 것이다.

4.3. 활동 추출 및 시나리오 작성

계획 수립 단계에서는 우선적으로 목표에 관한 개체들을 분석한 후에 이들 개체들이 요구하는 자원과 자신의 보유 자원을 비교 검토하여 목표달성 여부를 예측한다. 목표달성이 불가능하다고 판단되면 feedback 채널을 통해 목표 설정 단계로 되돌아가서 목표를 수정하거나 목표를 포기할 수도 있다.

활동 추출은 자신이 보유하고 있는 자원을 목표달성의 요구 자원 수준으로 끌어올리기 위한 활동들을 찾아내는 작업이다. 이러한 활동들에는 환경적 개체 에 관한 활동, 내적 개체에 관한 활동, 인적 개체에 관한 활동 등이 있다. 환경적 개체에 관한 활동의 예로서 주변 환경 활용, 도구 개발, 환경 개체 분석 등이 있다. 내적 개체에 관한 활동의 대표적인 예에는 개체 지식 학습 및 기술 연마 등이 있으며 인적 개체에 관한 활동에는 도움을 받을 수 있는 사람과의 신뢰 구축 등이 포함된다.

예를 들어서 우리가 높은 산을 오르는 목표를 달성하기 위해서는 그 산에 관한 각종 정보, 등산일의 날씨, 그 산자락에 도착하는 방법, 등산 장비 등의 환경적 개체에 관한 활동, 등산에 관한 지식 습득 및 기술 연마 등의 내적 개체에 관한 활동, 등산에 함께 갈 사람과의 신뢰성 확보 등의 인적 개체에 관한 활동 등이 추출된다.

계획 수립 단계에서 목표달성에 필요한 활동들이 추출되면 각 활동이 어떠한 순서로 추진될 계획인지, 즉 활동 시나리오를 작성할 필요가 있다. 하나의 활동은 다시 여러 개의 부속 활동들로 나누어질 수 있으며 이때에도 각각의 활동을 추진하기 위한 계획 수립 단계가 필요하게 된다. 활동 추진의 계획 수립 단계에서도 목표달성의 계획 수립 단계에서와 마찬가지로 활동 추출과 시나리오 작성이 요구된다.

계획 수립 단계에서 여러 종류의 활동들이 추출되는데 활동들을 수행하는 순서, 즉 시나리오 구성이 목표 달성함에 있어 실질적으로 중요하다. 단기적인 목표인 경우에는 활동 개수가 많지 않으므로 시나리오 구성이 단순할 수 있으나 장기적인 목표에서는 어떠한 순서로 활동들을 진행하느냐에 따라 성공과 실패가 갈리게 되는 것이다. 활동 시나리오 구성에서는 시간 축에 활동들을 명기하는데 각 활동의 시작점과 종착점을 표기해야 하며 어떠한 활동들이 다른 활동들과 시나리오 구성상 연결되는지도 함께 나타내야 한다.

시나리오는 목표달성에 필요한 활동들의 진행 순서를 명기하는 것으로 동시에 진행해야 할 활동들과 순서적으로 추진해야 할 활동들이 존재한다. 또한 매일 혹은 일주일 단위로 주기적이며 지속적으로 실행해야 하는 활동들이 있으며 이벤트 성격의 활동, 즉 때와 장소에 적합한 활동을 집중적으로 수행해야 할 활동들도 포함된다. 우리는 목표달성을 위해 활용할 수 있는 자원에 한계가 존재한다. 특히 내적 자원의 한계로 인해 동시에 여러 활동을 추진할 수 없을 것이므로 시간을 효율적으로 관리해야 할 필요성이 있는 것이다.

4.4. 삶의 원칙과 활동 원칙

사람은 삶의 목표가 설정되어야만 삶의 의미를 느끼게 되고 자신의 목표를 달성하기 위해 자신의 태도와 활동을 결정하며 살아간다. 그런데 이러한 삶의 목표를 달성하기 위한 우리의 활동들은 우리 자신이 세운 삶의 원칙에 부합되어야 한다. 삶의 원칙은 자신의 인생관에서부터 나온다. 삶의 원칙은 자연법칙과 같이 어떠한 질서를 가진다. 자신의 삶의 원칙에 위배되지 않은 삶은 인생 마감의 순간에도 후회가 생겨나지 않는다. 그러나 아무리 커다란 성공을 달성했다고 해도 자신이 세운 삶의 원칙에 맞지 않으면 그 성공은 허무한 것임을 깨닫게 되는 것이다.

우리들의 활동에는 어느 특정한 목표를 달성하기 위한 활동들이 있지만 대부분의 일상 활동들은 목표달성과 직접적으로 관계가 없다. 그러나 우리들의 모든 활동이 삶의 원칙에 근거되어야만 우리들이 설정한 목표를 성공적으로 달성할 수 있을 뿐만 아니라 성공으로 인한 행복감도 함께 느낄 수 있게 되는 것이다. 목표를 성공적으로 달성하기 위한 활동만을 강조하다 보면 일상생활의 원칙이 흐트러짐에 따라 결국 올바른 목표지점에 도달할 수 없게 된다. 따라서 성공적인 삶을 위해 우리는 자신의 삶의 원칙을 세워야 한다. 자신의 삶의 원칙을 글로써 표현한 것이 자신의 인생철학 혹은 자기사명이다. 인생철학은 '긍정적으로 생각하라', '모든 일에 성실하여라', '내일 일을 오늘 걱정하지 말라' 등과 같이 교훈적인 내용으로 구성된다.

우리는 올바른 원칙에 근거하여 활동을 자유롭게 선택할 수 있다. 그러나 이 같은 활동이 수반하는 결과에 대해서는 선택할 수 없다. 영원하고 불변하는 삶의 원칙으로 모든 활동을 수행한다면 성공적인 삶을 살아가는 데 필요한 기본적인 패러다임을 창조하게 된다.

우리가 원칙 중심의 사람이라면 자신에게 영향을 미칠 감정이나 다른 요소들로부터 초연하려고 노력하면서 여러 가지 선택의 길을 검토할 것이다. 직장 요구, 가족 요구, 관련된 다른 요구들과 다양한 대안의 장단점이 전체적인 균형을 이루게 하고 모든 요소를 고려하면서 최선의 해결방안을 찾으려고 애쓸 것이다. 우리가 살면서 어떠한 결정을 내릴 때에 삶의 원칙에 근거한 패러다임으로 그와 같은 결정을 한다면 아래와 같은 중요한 차이점이 있다.

- 다른 사람들이나 주변 여건 때문에 자신의 행동이 좌우되지 않고 또한 자신이 최선이라고 생각하는 방안을 주도적으로 선택하게 된다.
- 우리가 선택한 결정은 삶의 궁극적인 가치관에 기여하게 된다. 스스로 내린 결정을 실행하는 것은 전체적인 삶의 질을 높여주고 의미를 부여해 준다.
- 우리는 자신이 선택한 결정에 대해 압박감을 갖지 않고 기분 좋게 느낄 것이다. 따라서 무슨 일이든 그것을 위해 최선을 다하고 그 과정을 즐길 수 있게 된다.

활동 원칙은 각 활동을 수행함에 있어 지켜야 할 자신의 태도, 질서, 규칙 등을 의미한다. 이러한 활동 원칙은 목표달성의 효과성뿐만 아니라 자신의 내적 자원 등도 고려해야 한다. 사람들은 누구나 대부분의 활동에서 나름대로 원칙을 가지고 행동한다. 활동 원칙은 활동 습관과 다르다. 활동 원칙은 자신의 헌법과도 같은 삶의 원칙에 근거하여 스스로 수립하는 활동 질서이며 활동 습관은 이러한 질서가 고착화되어 있는 형태를 의미한다. 영어 회화 학습 활동은 자투리 시간을 활용하기 위해 지하철 내에서 스마트폰을 통해 수행하겠다는 것도 활동 원칙의 한 예에 해당한다.

4.5. 사명서 작성

(1) 자기 사명서

자기 사명서는 자신의 존재와 행동에 근간이 되고 있는 가치와 원칙에 초점을 맞춰서 작성하며 자신이 어떤 성품의 사람이 되기를 희망하는가, 어떠한 업적과 공헌을 이루고자 하는가 등을 기술한다. 올바른 삶의 원칙에 기초를 둔 자기 사명서는 개인헌법으로서 우리가 자신의 생활에 큰 영향을 미치는 어려운 상황이나 혼란스러운 감정 속에서 주요한 결정을 내릴 때 혹은 매순간 발생하는 일들을 판단할 때에 하나의 기준 체계를 제공해 준다.

자기 사명서는 깊은 성찰과 주의 깊은 분석을 통한 심오한 생각의 표현이며 대부분의 작성자들은 완성할 때까지 여러 차례 고쳐 쓴다. 작성이 완료된 후에도 우리는 정기적으로 이것을 다시 살펴보고 추가된 생각이나 변화된 상황에 따라 약간의 수정을 해야 할 필요가 있다.

(2) 가족 사명서

가족 사명서는 모든 가족에 있어서 확고부동하고 변하지 않는 공유된 비전과 가치관에 근거하여 작성하므로 가정의 진정한 근본 토대를 표현하게 된다. 가장 훌륭한 가족 사명서는 가족들이 함께 모여서 서로를 존중하는 마음으로 다른 견해를 표명하고 한 사람이 혼자서 할 수 있는 것보다 더 좋은 것을 창조하기 위해 힘을 합치는 데서 나온다. 또한 가족 사명서를 정기적으로 검토함으로써 서로의 시각을 넓히고 강조점과 방향을 재조정하며 현실에 맞지 않는 문구들을 수정할 수 있다.

(3) 조직 사명서

조직 사명서는 성공적인 조직의 필수적인 요소이다. 조직 내의 뛰어난 기획능력을 가진 사람들뿐만 아니라 모든 구성원이 이에 적극적으로 참여해야 한다. 조직 구성원 모두를 참여시키는 과정은 완성된 사명서 그 자체 못지않게 중요하고 사명서의 실천을 위한 필수조건이다. 조직 내의 모든 사람이 마음속 깊이 공유하는 비전과 가치관을 진정으로 반영하는 조직 사명서는 일치단결과 헌신적 참여를 창출한다. 이것은 각자의 마음속에 스스로를 지배하는 지침을 만들어 주기 때문에 다른 사람들의 지시, 통제, 비판, 간섭 등을 필요로 하지 않게 된다.

4.6. 활동 시나리오

4.6.1. 활동시간 관리

목표달성에 필요한 활동들이 추출되고 각각의 활동에서 요구되는 원칙이 정립되면 이제는 각 활동을 수행할 순서, 즉 활동 시나리오를 구성해야 한다. 활동들 중에는 긴급한 것들도 있고 긴급하지는 않지만 꾸준히 지속적으로 수행해야 하는 중요한 것들도 있으며 다른 활동들과 비교하여 상대적으로 덜 중요한 것들도 있다. 물론 모든 활동이 성공을 달성하는 데 있어 중요한 것은 사실이지만 동시에 모든 일을 한꺼번에 실행할 수는 없으므로 시간 관리를 철저하게 운용할 필요가 있는 것이다.

스티븐 코비는 그의 저서 『성공하는 사람들의 7가지 습관』에서 원칙 중심적으로 자신의 활동을 관리하기 위해 또는 진정으로 가장 소중한 것을 중심으로 시간 관리를 수행하기 위해 아래와 같은 특성의 시간관리 매트릭스가 필요하다고 서술했다.

- 사람 위주의 원칙 중심적이다. 원칙 중심의 패러다임을 만들어서 진정으로 중요하고 효과적인 활동에 시간을 사용하도록 해 준다.
- 양심 지향적이다. 우리가 가장 소중하게 여기는 가치를 따르면서 자기가 가진 최대한의 능력을 발휘할 수 있도록 해 준다. 또한 소중하고 가치 있는 것들을 위해서라면 일정 계획을 때에 따라서 무시할 수 있는 자유를 가질 수 있다.
- 가치관과 장기목표를 포함하여 자신만의 독특한 사명을 정해 준다. 이는 하루하루를 어떻게 보내야 하는지에 대한 방향과 목적을 제공한다.
- 주간 단위의 계획을 세움으로써 전후관계를 더욱 자세히 설명해 준다.

4.6.2. 활동시간 관리 매트릭스

기본적으로 우리의 활동들은 [그림 4-1]에서 보여 주고 있는 네 가지 사분면 중 하나에 속한다. 어떤 활동을 결정하는 두 가지 요소는 바로 '긴급성'과 '중요성'이다. 긴급한 일들은 보통 눈앞에 보인다. 따라서 이것들은 우리에게 압박감을 주고 행동하라고 졸라댄다. 이 같은 일은 종종 즐겁고 쉬우며 재미있기도 하지만 대부분의 경우 중요하지 않다.

반면에 '중요성'은 결과와 관계된다. 우리의 사명, 가치관, 우선순위가 높은 목표에 기여하는 일이 중요한 일이다. 우리는 급한 일에 즉각적으로 반응한다. 그러나 급하지는 않지만 중요한 일은 더 큰 자발성과 더 많은 주도성을 요구한다. 그런데 만약 우리가 자신의 삶의 리더십을 실천하지 않아서 인생목표가 무엇인지를 알지 못한 다면 급한 일을 처리하는 데만 주로 시간을 보내게 된다.

	긴급함	긴급하지 않음
중요함	I 활동 ·위기 ·급박한 문제 ·기간이 정해진 　프로젝트	II 활동 ·예방, 생산능력 활동 ·인간관계 구축 ·새로운 기회 발굴 ·중장기 계획, 오락
중요하지 않음	III 활동 ·작업의 흐름을 방해하는 사소한 일들 ·일부 전화·우편물 보고서 ·일부 회의 ·눈앞의 급박한 상황 ·인기 있는 활동	IV 활동 ·바쁜일, 하찮은 일 ·일부 우편물 ·일부 전화 ·시간 낭비거리 ·즐거운 활동

참고문헌: 『성공하는 사람들의 7가지 습관』, 스티븐 코비, 김영사, 20100

[그림 4-1] 시간관리 매트릭스

제1사분면에 속한 것은 모두 급하고 중요한 것들이다. 우리가 제1사분면의 활동에만 관심을 둔다면 이것은 점점 더 늘어나서 마침내 우리를 지배하게 된다. 어떤 사람들은 제1사분면에 속하는 일이라고 생각하지만 사실은 제3사분면에 속하는 '급하지만 중요하지 않은' 일에 시간의 대부분을 투입한다. 이들이 이 같은 일에 급하다고 보는 이유는 종종 다른 사람이 설정하는 우선순위에 근거를 두고 있기 때문이다.

성공적인 삶을 사는 사람은 제3 및 제4사분면에 대한 시간 투입을 삼간다. 여기에 속하는 일은 중요하지 않기 때문이다. 그 대신에 제2사분면에 속하는 일에 더 많은 시간을 투입함으로써 제1사분면에 속하는 활동을 줄인다. 제2사분면은 효과적인 자기관리의 심장부이다. 여기에는 급하지는 않으나 중요한 사안들이 포함된다. 예를 들어 인간관계 구축, 자기 사명서 작성, 장기 계획 수립, 신체적 운동, 예방적 정비, 사전 준비 등이 그것이다.

제2사분면에 필요한 시간을 끌어올 수 있는 곳은 처음에는 제3사분면과 제4사분면뿐이다. 제2사분면의 예방과 준비활동에 보다 많은 시간을 투입함으로써 제1사분면의 크기를 줄일 수 있지만 여기에 속하는 긴급하고 중요한 활동들을 처음부터 무시할 수는 없다. 제1사분면과 제3사분면에 속하는 일들이 우리의 마음을 끄는 반면에 제2사분면에 속하는 일에는 우리의 결심과 주도성이 필요하다. 따라서 이처럼 중요하고 우선순위가 높은 제2사분면에 속하는 활동에 대해 '하겠다'라고 답하기 위해서는 긴급하게 보이는 다른 활동에 대해서 '못 한다'라고 할 수 있어야 한다. 우리는 하루에 수도 없이 '하겠다' 혹은 '못 한다'라는 대답을 한다. 이때 올바른 원칙을 생활 중심으로 삼고 자기 사명서에 초점을 두면 이러한 대답을 효과적으로 할 수 있는 지혜를 얻을 수 있다.

시간을 사용하는 방법은 시간의 중요성을 어떻게 보는가와 삶의 우선순위를 실제로 어떻게 생각하느냐에 따라 달라진다. 자신의 인생 프로그램을 만들 수 있는 양심과 상상력을 가질 때만이 중요하지 않은 일은 '못 한다'라고 순수한 미소를 띠고 거절할 수 있는 충분한 독립의지를 가질 수 있는 것이다.

4.6.3. 위임

우리는 위임을 통해 원하는 것을 더욱 많이 성취할 수 있다. 여기에는 시간에 대한 위임과 사람에 대한 위임이 있다. 만약 시간을 위임한다면 효율성을 꾀하게 되고 다른 사람에게 어떤 일을 위임한다면 효과성을 기대할 수 있다. 사람들은 어떤 일을 다른 사람에게 위임하는 것에 너무 많은 시간과 노력이 들고 자신이 하면 직무를 더 잘할 수 있다고 믿기 때문에 다른 사람에게 위임하기를 꺼린다.

그러나 다른 사람에게 효과적으로 위임하는 것은 지렛대 효과처럼 강력하고 최상의 성과를 올릴 수 있는 방법이다. 위임은 개인과 조직 모두에게 성장을 의미한다. 생산자는 효율의 손실이 없다고 가정할 때 1시간을 노력하여 1개의 결과를 얻는다. 그러나 관리자는 1시간을 투입하지만 효과적 위임을 통해 10개, 50개, 100개를 생산할 수 있다. 위임에는 지시적 위임과 신임적 위임이 있다.

(1) 지시적 위임

지시적 위임은 '이것을 하라, 저것을 해결하라, 끝나면 말하라' 등과 같이 심부름꾼 역할을 위임하는 것인데 이를 통해 달성할 수 있는 양이 많지 않을 것이다.

(2) 신임적 위임

신임적 위임은 방법이 아닌 결과에 초점을 둔다. 이것은 위임받은 사람이 방법을 선택하고 결과에 대해서 책임지도록 하는 것이다. 이렇게 하면 물론 시작단계에서 조금 더 많은 시간이 걸리기는 하지만 꼭 필요한 시간이다. 신임적 위임에서는 아래 사항을 명확하게 할 필요가 있다.

- 기대성과: 방법이 아닌 결과에 중점을 두고 어떠한 성과가 기대되는지를 명확하게 서로 이해하도록 한다.
- 실행 지침: 위임받은 사람이 어떤 제약 조건 내에서 일해야 하

는지를 밝혀야 한다. 실행 방법을 위임하는 잘못을 피하기 위해 제약 조건의 수는 가능한 한 적어야 한다. 만약 위임하는 직무가 실패하는 경로를 알고 있다면 이를 밝혀야 한다.

- 가용 자원: 위임받은 사람이 소기의 성과를 얻을 수 있도록 하는 여러 가지 자원, 즉 인적 자원, 재정적 자원, 기술적 자원, 조직이 가진 자원 등을 밝힌다.
- 책무 확인: 성과 평가에 사용할 평가기준을 수립하고 보고와 평가를 실시하는 시기도 정한다.
- 손익 결과: 평가의 결과로 무슨 손익이 있을 것인가를 밝힌다. 여기에는 재정적 보상, 심리적 보상, 승진이나 좌천 등의 직무 조정, 조직 전체의 사명 등에 영향을 끼치게 될 귀결 등이 포함된다.

4.7. 성취 의도

목표 설정이라는 것이 사람들이 원하는 것을 성취하도록 돕기 위한 동기적 개입전략으로 보인다. 그러나 자기의 목표에 초점을 두는 것은 일반적으로 목표성취를 방해한다. 대신에 자기의 목표를 달성하는 방법에 초점을 두는 것이 최종의 목표 성취를 촉진하는 데 도움을 준다.

목표달성을 위한 연습에는 두 가지, 즉 결과-자극하기 연습과 과정-자극하기 연습이 있다. 결과-자극하기 연습은 목표를 성취한 자신의 모습을 마음속에 그리고 어떤 기분을 느끼는가를 상상해 보는 것이다. 과정-자극하기 연습은 목표달성을 위해 노력하는 자신의 모습을 마음속에 그리는 것을 말한다. 결과-자극 연습은 성공을 경험하는 것을 시연하도록 연습하는 것이고 과정-자극하기 연습은 수행자에게 계획과 문제 해결에 관한 방법을 연습하는 것이다.

성공에 초점을 두는 것은 희망적 감정을 배양하는 이득을 가질 수 있으나 그것은 생산적인 목표-추구 행동을 촉진하는 방법이 아니다. 행위를 촉진하기 위해서 사람들은 심적으로 목표과정, 즉 추구하는 목표를 성취하는 수단을 자극할 필요가 있다.

목표를 효과적인 수행으로 전환시킴에 있어서의 문제점은 사람들이 스스로 설정한 목표에 따라 행동을 하지 못한다는 것이다. 일단 목표가 설정되고 몰입되면 아래와 같은 의지의 문제들이 출현한다.

- 여러 일상적인 주의 분산들에도 불구하고 시작하기
- 어려움과 퇴보에도 불구하고 지속하기
- 일단 방해가 발생하면 다시 시작하기

목표를 실행하는 방법을 계획하는 것은 우리가 행위를 언제, 어디서, 어떻게 그리고 얼마 동안 해야 하는가를 결정하는 것을 포함한다. 예를 들면 목표 지향적 행위에 대한 성취의도를 형성함에 있어서 수행자는 상황 Y를 접하게 되면 X를 하기로 결정한다. 성취 의도를 계획할 때에 예상된 미래의 마주침은 특수한 목표 지향적 행동과 연결된다. 성취의도의 동기적 효과는 목표 지향적 행동을 상황단서(즉, 어떤 시간과 장소)와 연결 짓는 것으로 그 결과로 목표 지향적 행동은 의식적인 숙고 또는 의사결정 없이 자동적으로 수행된다. 마음속에 성취의도를 간직하면 그 단서의 존재는 목표 지향적 행위를 신속하고 노력이 들지 않고 실행되도록 촉진한다.

어떤 사람들은 매일 새벽에 일어나 운동을 하고 어떤 사람들은 일요일마다 교회를 다닌다. 특정 상황과 특정 행동이 자주 그리고 일관성 있게 짝지어지면 그 상황과 그 행동 사이에 강한 연결이 구성된다. 새로운 상황에서 새로운 행동을 위한 성취의도를 일으키는 것은 본질적으로 동일한 효과이다. 성취 의도는 행동에 대한 자동적이고 환경적인 통제를 초래하는 환경-행동 수반성을 설정한다. 또한 성취 의도는 즉석 습관을 만든다. 어떤 사람이 자신의 목표 지향적 행동을 언제, 어디서 실행할 것인가를 먼저 결정하는 것은 목표 수행 시작하기를 촉진한다.

사람이 목표 지향적 행위에 따라 행하는 것을 실패하는 이유 한 가지는 상황적 기회가 스스로 나타날 때(운동할 여유 시간이 생겼다) 그 사람은 목표의 성취가능성(이 목표를 달성할 수 있을까?) 또는 바람직함(이 목표를 수행할 가치가 있을까?)에 대해 의심을 가지기 때문이다. 목표에 적절한 상황적 단서가 존재할 때 기존의 성취의도를 공식화한 사람은, 즉 언제 어떻게 목표를 수행할 것인가를 설정한 사람은 그 목표를 어떻게 실행할 것인가에 대해 생각한다. 그러나 그런 의도를 공식화하지 않은 사람은 목표 지향적 행동이 가능한가에 대해 또는 바람직한가에 대해 생각하려고 한다.

일단 목표추구가 시작되면 사람들은 종종 자신들이 기대했던 것보다 어려운 과제에 직면한다. 그들은 도중에 방해와 요구를 접하고 또한 중단을 겪고 모든 것을 다시 시작할 전망도 있다. 그러나 성취의도는 일단 설정되면 진행 중인 목표를 추구하는 동안 지속성을 촉진한다. 성취 의도는 목표 지향적 행위를 포함하며 주의 분산을 배제하도록 주의의 범위를 축소시키는 일종의 세심한 정신 상태이다.

4.8. 기대

4.8.1. 개인적 통제

무엇이 일어날 것인가를 예측하고 일어나는 것에 영향을 주려고 노력함에 있어서 사람들은 바람직한 결과는 더 많이 일어나도록 하고 바람직하지 않은 결과는 덜 일어나도록 하려고 노력한다. 이런 방식으로 개인적 통제를 행사함으로써 사람들은 자신의 생활과 타인의 생활을 향상시키려고 노력한다. 개인적 통제를 수행하려는 욕망은 결과를 발생시킬 수 있는 힘을 가졌다는 그 사람의 신념에 근거를 둔다.

사람들이 개인적 통제를 수행하려고 시도하는 강도는 그들의 기대의 강도에 기초를 둘 수 있다. 기대는 어떤 사건이 얼마나 일어날 가능성이 있는가에 대한 주관적 예언이다. 사건과 결과를 예상함에 있어서 사람들은 앞으로 닥쳐올 것과 발생하는 것에 어떻게 대처할 수 있는가를 예보해 주는 그들의 과거 경험에 의존한다.

기대에는 두 종류의 기대, 즉 효능기대와 결과기대가 있다. 효능기대는 특정 행위 또는 과정의 행위를 실행할 수 있는 자신의 역량에 대한 판단이다. 결과기대는 일단 수행된 어떤 행위가 특정 결과를 초래할 수 있을 것이라는 판단이다. 효능기대는 개인이 특정 방식으로 행동할 가능성을 추정하고 결과기대는 수행할 그 행동이 일어날 때 어떤 결과가 따라올 가능성이 얼마인가를 추정한다.

예를 들어 우리들이 운동을 시작하고 운동을 지속하려는 정도는 ① 폐에 부담 없이 성공적으로 달릴 수 있다는 효능 기대와 ② 달리기가 일단 시작되면 어떤 신체적·심리적·정서적·사회적 장점을 발생시킬 것이라는 결과기대에 달려 있다. 효능기대는 결과기대에 부분적으로 영향을 미칠 뿐인데 이는 결과기대는 다수의 추가적 요인들(예, 장비, 경비, 타인으로부터의 도움 등등)에 의해서도 영향을 받기 때문이다.

(1) 효능기대

효능기대는 개인이 특수한 활동 또는 연속적인 활동을 실행하는 자신의 능력에 대해 얼마나 확신을 하는가에 관한 것이다. 일반적으로 사람들이 어떤 행위를 적절히 수행할 수 있을 것으로 기대할수록 활동들이 그런 행위를 요구할 때에 어려움을 직면하여 기꺼이 더 노력을 쏟고 지속할 수 있다. 대조적으로 사람들은 요구된 과제를 적절히 수행할 수 없다고 기대할 때에 그런 행동을 요구하는 활동을 스스로 하지 않는다. 대신에 그들은 노력을 게을리하고 빈약한 결과를 조급히 감수하고 어떠한 장애를 직면하면 중단한다.

효능기대들은 느닷없이 발생하는 것이 아니고 (1) 특정행동을 실행하려고 노력한 우리의 개인사 (2) 다른 사람이 그 행동을 실행할 때에 그 사람에 대한 관찰 (3) 다른 사람으로부터의 언어적 설득 (4) 쿵쾅거리는 심장 대 조용한 심장과 같은 생리적 상태 등으로부터 발생한다.

(2) 결과기대

효능기대가 어떤 사람이 특정 과정의 행동을 얼마나 숙달되게 수행할 수 있는가에 대한 개인적 판단을 포함하는 반면에 결과기대는 특정 과정이 바람직한 성과를 발생시킬 수 있는가에 대한 판단을 포함한다. 결과기대의 본질은 내가 매일 30분씩 달리기를 하면 체중 1kg을 줄일 수 있을까와 같은 물음에서 파악된다. 결과기대는 네 가지 결정요인, 즉 개인적 결과 역사, 과제의 어려움, 사회비교 정보, 성격 등으로 구성된다.

개인들은 변동하는 과제들에 참여하기 때문에 불가피하게 그들의 과제 참여가 최상의 성공 또는 최악의 실패를 발생시키는가를 평가한다. 이러한 평가는 과거 수행에서의 성공 혹은 실패의 개인사를 통해 이루어진다. 초기에 성공한 사람들은 나중에도 성공할 확률이 높고 초기에 실패한 경험의 수행자는 성공 피드백이 이루어지지 않게 되어 실패할 확률이 높다. 능력이 동일한 집단이라고 해도 이와 같이 개인적 결과 역사에 따라 결과기대가 달라질 수 있다.

우리는 다른 사람들이 결과를 경험하는 것을 목격하였을 때에 우리가 본 다른 사람들이 받은 결과의 방향으로 우리 자신의 결과기대를 수정한다. 일반적으로 어려운 과제 특성은 낮은 성공 기대를 일으키는 반면에 쉬운 과제는 높은 성공기대를 일으킨다. 결과기대의 최종 결정요인은 개인의 성격이다.

예를 들면 성취 욕구는 사람들로 하여금 과제 참여 이전에 자신들의 성공 기회를 과대평가하게 한다. 높은 성취 욕구를 가진 사람은 지나치게 낙관적인 결과기대를 갖는 반면에 낮은 성취 욕구를 가진 사람들은 비교적 비관적인 결과기대를 갖는다.

4.8.2. 자기 효능

효능기대는 내가 이 과제에서 잘할 수 있는가와 같은 물음이지만 자기 효능은 개인이 어떤 과제의 요구와 환경을 대처하기 위한 기술들을 조직화하고 조화시키는 발생적 역량이기 때문에 행동-특수적 효능기대들의 집합 이상이다. 그것은 다양한 환경에서 자원을 잘 사용하는 역량이다. 자기 효능은 능력과 동일한 구성개념이 아니다. 유능한 기능은 기술(즉, 능력)을 소유해야 할 뿐만 아니라 특히 노력을 하고 있는 환경에서 이런 기술을 효과적 수행으로 전환시키는 역량도 요구한다.

자기 효능은 수행자에게 개인적 능력을 효과적 수행으로 가장 잘 전환시키는 방식을 즉석에서 마련해 줄 수 있는 발생적 역량이다. 수행의 결정요소는 능력만큼 중요한데 왜냐하면 수행상황은 종종 스트레스를 주고 모호하며 예측 가능하지 않기 때문이고 우리가 수행할 때에 환경은 항상 변하기 때문이다.

지각된 자기 효능은 우리가 가지고 있는 기술의 측정이 아니라 우리가 소유하고 있는 기술을 가지고 상이한 조건들에서 무엇을 할 수 있는가에 대한 신념이다. 효능의 반대는 의심이다. 의심은 효과적 사고, 계획, 의사결정 등을 방해하여 수행을 실패하도록 만드는 불안, 혼동, 각성, 긴장, 고뇌 등을 야기한다.

자기 효능기대가 일단 형성되면 행동의 동기적 측면에 다양한 효과를 미친다. 자기 효능 신념은 (1) 활동의 선택과 환경의 선별 (2) 수행 중 쏟는 노력과 지속의 정도 (3) 수행 중 사고와 의사결정의 질 (4) 스트레스와 불안과 관련된 정서적 반응 등에 영향을 미친다. 사람들은 어떤 활동 및 어떤 환경을 추구할 것인가에 대해 끊임없이 선택을 한다. 자기 효능 분석에서 어떤 사람은 종종 과제의 요구와 도전에 질려 버릴 가능성을 방지하려는 자기 보호적 행위로서 과제와 환경의 선택을 회피할 것이다. 회피 선택은 발달에 해로운 장기적 효과를 행사한다.

4.8.3. 학습된 무기력

　사람들은 바람직한 결과 또는 바람직하지 않은 결과가 자신의 행동과 독립적일 것이라고 생각할 때에 그 결과들을 달성하는 데에 대한 학습된 무기력을 발달시키기 시작한다. 학습된 무기력은 개인이 생활의 결과들이 통제 불가능하다고 기대할 때에 초래되는 심리적 상태이다. 학습된 무기력을 실험하기 위해 도피 불가능한 충격을 받은 집단, 도피 가능한 충격을 받은 집단, 아무런 충격도 받지 않은 집단을 대상으로 실험한 결과에 따르면 도피 불가능한 경험을 받은 참가자들은 수동적으로 앉아서 도피하려는 시도를 하지 않는 반면에 도피 가능한 집단과 어떤 충격도 받지 않은 집단의 참가자들은 도피하는 방법을 신속하게 학습하였다.

　학습된 무기력은 사람들이 자신의 수의적 행동이 달성하려고 또는 회피하려고 애쓰는 결과에 영향을 거의 또는 전혀 미치지 않을 것이라고 기대할 때에 발생한다. 학습된 무기력이 수동성을 발생시키는 방식은 세 종류의 결손, 즉 동기적 결손, 학습 결손, 정서적 결손 등에 의한 것이다. 동기적 결손은 시도를 하려는 자발성이 감소된 것으로 이루어진다. 사람들이 어떤 결과에 대해 관심을 갖고 환경이 최소한 그 결과들을 제공하는 데 반응적일 때에 열정적이고 단호하게 행위를 한다. 그러나 아무리 노력해도 원하는 결과가 도출되지 못하면 동기적 결손이 발생하게 된다.

　학습 결손은 새로운 반응-결과 수반성을 학습하는 능력을 방해하는 획득된 비관적 자세로 이루어진다. 시간이 경과함에 따라 통제 불가능한 환경에 노출되는 것은 사람들에게 결과가 행동과는 독립적이라고 믿는 일반적인 기대를 배양한다. 정서적 결손은 능동적이

고 주장적인 정서가 요구되는 상황에서 둔감하고 우울한 정서적 반
등들이 발생하는 감정 혼란으로 이루어진다.

4.8.4. 저항 이론

저항은 박탈된 혹은 위협받는 자유를 회복하기 위한 심리적 및 행
동적 시도를 의미한다. 저항이론은 사람들이 자신들에게 발생하는
것에 대해 어느 정도 통제할 수 있을 것을 기대하는 경우에만 저항
을 경험한다고 예언한다. 그래서 사람들은 통제의 상실에 대해 더
능동적·적대적·공격적이 됨으로써 저항한다. 어떤 사람이 주요한
결과들을 통제할 수 있다고 기대하면 통제 불가능한 결과들에 대한
노출은 저항을 일으킨다. 그러나 시간이 흘러서 그 환경이 계속적으
로 통제 불가능하면 사람들은 마침내 통제하려는 모든 시도가 결실
이 없다는 것을 학습한다. 일단 어떤 사람이 저항 행동이 통제 불가
능한 상황에 영향을 미치지 않는다는 것을 전적으로 확신하면 무기
력과 같은 수동성을 보인다. 통제할 수 있다는 기대는 저항을 촉진
시키고 통제할 수 없다는 무통제의 기대는 무기력을 조장한다. 저항
과 무기력은 그 사람이 가장 관심을 가지고 가치를 두는 결과들에서
과장되는 반면에 중요성이 낮은 결과에 대해서는 침묵을 한다.

5 _인간의 신체

5.1. 개요

삶의 네트워크에서 인간은 가장 중요한 개체에 해당하며 인간 개체는 크게 신체 개체와 정신 개체로 분류할 수 있다. 신체 개체는 11개의 기관계(system) 개체, 즉 골격계, 근육계, 호흡기계, 심혈관계, 림프계, 소화기계, 비뇨기계, 외피계, 생식기계, 내분비계, 신경계 등으로 구성되어 있다. 각각의 기관계 개체는 여러 개의 기관(organ) 개체들로 구성되며 각각의 기관은 조직(tissue) 개체들로 이루어져 있다. 조직은 다시 수많은 세포(cell) 개체들로 이루어져 있으며 세포 내에는 소기관들이 있고 이들 소기관은 생체 고분자들로 구성되어 있다. 생체 고분자 개체들은 분자(Molecule) 개체로 나누어지며 각각의 분자는 원자(atom)들로 구성되어 있다.

인간의 신체에 관한 학습은 활동시간 관리 매트릭스상에서 2사분면에 해당하는 활동으로서 긴급하지는 않으나 중요한 활동에 해당한다. 인간의 신체에 대해 아는 것은 우리들의 건강관리에 도움이 될 뿐만 아니라 인간을 보다 가깝게 이해할 수 있도록 해 준다. 우리들은 컴퓨터나 혹은 다른 시스템에 대해서는 상세히 알고 있으면서도 정작 우리들의 신체 구조 및 신체 동작에 대해서는 잘 알지 못하고 있는데 이는 삶의 네트워크에서 인간의 중요성을 인지하지 못하는 것과 동일하다.

인간의 몸과 마음은 별개로 동작하는 것이 아니라 서로 유기적인 기능 관계를 가진다. 신체가 건강해야 정신력도 강할 수 있고 이러한 강한 정신력으로 자신이 목표를 세운 성공 지점에 도달할 수 있는 것이다. 자신이 원하는 목표를 달성한다고 해도 그로 인해 신체가 약해져 버린다고 하면 이는 진정한 성공이 아니다. 우리가 성공하려고 하는 것은 최종적으로 행복해지려는 우리들의 꿈 때문인데 만일 신체 건강이 유지되지 못하면 성공했다고 해도 행복해질 수 없게 된다.

인간의 신체를 학습하는 것은 건강뿐만 아니라 인간의 시스템을 이해함으로써 인간의 마음을 헤아릴 수 있는 아량이 생겨나게 된다. 인간은 만물의 영장이라고 하지만 신체 개체의 기능계층에서는 다른 동물들도 큰 차이가 없다. 따라서 인간의 신체를 스스로 지키려는 데에서 생겨난 본성은 동물의 본성과 비슷하다고 말할 수 있다. 단지 본성을 지배할 수 있는 이성이 있기에 인간은 동물과 다른 것이다.

5.2. 인체의 발생과 성장

5.2.1. 세포(cell)

세포는 생물체의 구성과 기능, 유전상의 기본 단위로서 다양한 형태와 크기를 가지며 각각 독립된 기능을 수행한다. 세포 한 개는 그 자체로서 하나의 독립된 생물체 단위이지만 인간과 같은 고등동물의 세포는 고도로 분화되어 그 종류가 매우 다양하고 기능도 서로 다르기 때문에 세포들 사이에 상호 연관성이 없다면 생명을 유지할 수 없다. 인간의 신체는 75조 개의 세포로 이루어지며 인간의 세포는 세포막, 세포질, 핵 등으로 구성된다.

(1) 세포막

세포막은 맨 바깥을 싸고 있는 얇은 막으로서 원형질막이라고도 하며 2개의 어두운 층과 그 사이에 끼어 있는 밝은 1개의 층으로 구성된다. 세포막의 주요 기능은 아래와 같다.

- 구조물과 그의 외부 환경 사이에 구획을 이루고 있다.
- 대사와 성장에 필요한 물질이 이 막을 거쳐서 들어오고 또한 대사산물이 이 막을 거쳐서 외부로 나간다.
- 호르몬의 작용이나 신경의 흥분과 같은 정보를 세포 밖으로부터 받아들인다.
- 세포에 접촉하는 다른 세포가 같은 종류의 것인지 아닌지를 식별한다.
- 여러 가지 효소가 작용을 나타낼 수 있는 장소를 제공한다.

(2) 세포질

세포막과 핵 사이에 있는 세포의 기질, 즉 원형질을 말하는데 생체 기능의 기본 특성이 모두 여기에서 나타난다. 벌꿀과 같은 반유동액체 안에 여러 가지 세포소기관들, 즉 미토콘드리아(사립체), 형질내세망, 골지체, 용해소체, 리보솜, 중심체, 포함물들과 함께 원형질이 생산해 내는 물질이 떠 있다.

(3) 핵

핵은 구형 혹은 난원형으로 보통 1개의 세포에 1개씩 있으나 골격근 세포에서와 같이 여러 개가 있는 경우와 적혈구나 혈소판처럼 없는 경우도 있다. 핵의 주요 기능에는 DNA의 복제, 유전정보의 전사 및 번역 등에 필요한 RNA의 합성 등이 있다. DNA의 복제는 세포의 분열 및 증식에 필요하며 유전정보의 전사와 번역은 세포의 각종 기능에 직접적으로 관여하는 효소 단백질의 생합성에 절대적으로 필요한 과정이다. 핵은 핵막, 핵소체, 염색질, 핵형질 등으로 구성된다.

(4) 핵산

세포 내에 들어 있는 핵산은 크게 DNA(DeoxyriboNucleic Acid)와 RNA(RiboNucleic Acid)로 구분할 수 있다. 핵 속에 있는 핵산은 주로 DNA이며 세포질 속에 있는 것은 주로 RNA이다. DNA는 수많은 핵산염의 복합물로서 염색체를 구성하고 있기 때문에 일명 유전자라고도 부른다. DNA를 유전자라고 부르는 이유는 자기복제를 할 수 있고 돌연변이를 일으켜서 이를 다음 세대에 전달할 수 있으며 세포와 개체의 특성을 결정하는 정보를 저장하고 이 정보를 이용하여 세포나 개체의 활동에 필수적인 단백질 합성을 지시할 수 있기 때문이다.

핵 속의 DNA에 의해 어떤 종류의 단백질을 만들도록 명령을 받은 특수한 RNA(mRNA)가 핵 속에서 만들어지고 이것이 핵으로부터 세포질내의 리보솜으로 운반되면 리보솜은 mRNA의 명령에 따라 아미노산을 모아서 단백질을 만들어 간다.

(5) 세포 주기

모든 세포는 나름대로의 일정한 주기를 가지고 있기 때문에 수명도 다양하다. 위장관 내면의 상피세포는 2~3일에 대치되고 적혈구의 수명은 120일 정도이지만 신경세포나 심장근세포는 각 개체의 수명과 같다.

(6) 세포분열

세포의 분열 상태는 세포의 종류와 시기에 따라 다르다. 태생기에는 세포의 수가 증가해야 하므로 분열속도가 매우 빠르지만 성인이 되면 노화된 세포를 보충하기 위한 분열이 발생한다. 신경세포는 태생기를 제외하고는 일생 동안 분열이 일어나지 않는다. 세포분열에는 크게 무사분열과 유사분열로 구분되며 정자와 난자가 형성되는 과정에서는 유사분열의 특수 형태인 감수분열이 이루어진다.

(7) 물질의 이동

살아 있는 세포에서는 세포막을 통해 여러 가지 물질이 끊임없이 세포 밖에서 안으로, 세포 안에서 밖으로 이동하는데 이러한 과정에는 4가지 방식, 즉 확산, 삼투, 여과, 능동 수송 등이 있다.

5.2.2. 조직(Tissue) 및 기관(Organ)

(1) 조직

조직은 구조와 기능이 비슷한 세포들끼리의 집단을 말하며 인체에는 4가지 기본조직 유형, 즉 상피조직, 결합조직, 근육조직, 신경조직 등이 있다.

- 상피조직: 신체의 내외 표면을 덮고 있는 조직으로서 상피세포가 밀집해 층을 만들며 세포간물질, 즉 기질이 거의 없는 것이 특징이다.
- 결합조직: 인체에 가장 널리 분포되어 있는 조직으로서 다른 조직과 기관의 사이 및 내외의 빈 곳을 채우며 이들을 연결하고 보호한다. 또한 혈관, 림프관 및 신경을 인도하여 필요한 장소에 분포시키는 역할도 수행한다.
- 근육조직: 가늘고 긴 근육세포로 이루어지며, 적당한 자극을 받으면 반응하는 흥분성이 있고 이때 발생하는 수축성 그리고 수축에 이어 이완하여 원상태로 돌아가는 신축성 등의 특징을 가진다. 근육조직에는 심장근육, 민무늬근육, 뼈대근육 등이 있다.
- 신경조직: 신경조직은 신경세포와 이것을 지지하는 신경아교로 구성된다. 세포체와 돌기로 구성되는 신경세포를 뉴런이라고도 부른다.

(2) 기관

기관은 특수한 기능이나 활동을 수행하기 위해 각 조직이 적절하게 결합된 상태를 말한다. 기관은 내면이 조직으로 차 있는 실질성

기관(예: 간, 신장, 췌장 비장 등)과 속이 비어 있는 유강성 기관(예: 위, 장, 방광 등)으로 구분된다.

5.2.3. 인체의 발생

(1) 수정과 착상

수정은 성숙한 한 개의 난자와 정자가 난소에 근접해 있는 팽대부에서 합쳐져서 수정란이 되는 과정을 말한다. 수정란은 분열을 거듭하면서 세포무리를 형성하는데 이것이 마치 뽕나무 오디처럼 보인다고 하여 상실배라고 하고 이 시기를 상실기라고 부른다. 상실기를 지나면서 더욱 분열을 거듭하여 포배낭이 되는데 이 시기를 포배기라고 한다. 수정란은 분열을 거듭하면서 7일쯤에 자궁까지 운반되어 포배낭이 되고 자궁점막에 부착하게 되는데 이를 착상이라고 한다.

모체의 자궁 속에서 발생 중인 생체는 발생 8주까지는 배아라고 하고 3개월째인 발생 9주부터 출생까지는 태아라고 부른다. 태아는 모체의 자궁 내에서 양막으로 싸인 양막강 내의 양수 속에 떠 있는 상태로 성장하게 되는데 모체와의 사이에는 탯줄과 태반으로 연락되어 있다. 태반은 모체의 자궁벽에 붙어 있다.

임신 3개월째에는 체모가 생기고 외음부에 남녀의 차이가 난다. 4개월째에는 태동이 시작되지만 모체는 보통 5개월째부터 태동을 느끼게 되고 외부에서 태아의 심음도 들을 수 있게 된다. 6개월째에는 전신이 체모로 덮이며 7개월째에는 두발이 형성되고 안검이 갈라진다. 10개월이 되어 체장 50cm, 체중 3.3kg인 신생아를 분만하게 된다.

(2) 태반

태반은 모체의 자궁내막과 태아의 융모막으로 구성되며 임신 4개월 말경에 완성된다. 출산 시 태아가 태어난 후 태반은 자궁에서 떨어져 나오는데 이것을 태라고 한다. 태반과 태아는 탯줄로 연결되어 있다. 태반은 태아와 모체 사이에 있으면서 태아의 생명유지와 발육에 필요한 영양분과 산소의 공급 장소인 동시에 태아의 노폐물이나 이산화탄소가 배출되는 곳이다.

5.2.4. 인체의 성장

태아는 태어남과 동시에 신생아가 되며 외부의 환경이 크게 변동하는 것에 대응하여 체내에 격심한 변혁이 일어난다. 태반을 거치는 모체의 직접적인 영향과 보호에서 벗어나 독자적으로 입, 코, 피부를 거쳐 호흡, 영향섭취, 배설, 체온조절, 감각 등의 여러 기능을 수행하게 된다. 태어나면서 태반을 거치던 혈액순환이 정지됨과 동시에 허파호흡이 시작되어 허파를 거치는 혈액순환계가 본격적으로 이루어지며 이에 따르는 혈액순환계에 여러 가지 변동이 나타난다. 조직과 세포의 수준에서도 큰 변화가 나타나고 운동, 감각 등 동물성 기능의 발달에 따르는 신경조직도 빠르게 성장하게 된다. 태생 후의 성장기는 유아기, 소아기, 사춘기, 청년기, 성인기, 갱년기 등으로 구분된다.

5.3. 인체의 구조

5.3.1. 인체의 구성

인체의 기본적인 구성단위는 세포(cell)이다. 다세포동물은 기본적으로 수정란이 분열·증가하여서 생긴 수많은 세포와 이들 세포가 만들어 낸 세포간질(세포와 세포 사이를 연결해 주는 물질)로써 구성된다. 이들 세포는 일정한 기능을 나타내는 집단을 형성하여 조직(tissue)을 만든다. 한 종류 또는 몇 가지 종류의 조직이 일정한 규칙에 따라 모여서 일정한 형태와 기능을 나타내는 기관(organ)을 만드는데 이러한 기관의 예에는 심장, 간, 작은창자, 큰창자, 위 등이 있다. 몇 개의 기관이 어떤 목적의 기능을 이루기 위해 인체 내에서 서로 연락하고 일정한 배치를 나타내는데 이것을 기관계(organ system)라고 부른다.

세포는 조직액에 의해 둘러싸여 있으며 조직액으로부터 산소와 영양물질을 섭취하고 대사산물을 조직액내로 내보낸다. 조직액과 혈액 사이에는 모세혈관 막을 통해 물질의 교류가 일어나며 혈액은 혈액순환에 의해 전신의 혈액이 혼합되므로 인체 어느 곳에서도 동맥혈의 조성은 같으며 따라서 조직액의 조성도 거의 동일하다.

인체는 기관계들의 상호작용을 통해 항상성(homeostasis)을 유지한다. 항상성이란 외부 환경이 변하더라도 인체의 내부 환경은 변하지 않는 것을 의미한다. 대표적인 항상성의 예로서 체온조절을 들 수 있는데 외부온도가 낮아지면 땀구멍을 닫음으로써 체온을 보호하고 외부온도가 높아지면 땀구멍을 열어서 체온을 정상 수준으로 유지한다.

5.3.2. 인체의 기관계

(1) 골격계

인체의 지지장치인 뼈대는 약 206개의 뼈와 연골로 이루어져 있으며 대부분 둘 이상의 뼈는 인대 등의 결합조직으로 연결되어 있어서 관절운동이 가능하다. 인체의 뼈대는 머리뼈, 척주, 가슴우리, 팔다리뼈대 등으로 구성되고 뼈와 뼈 사이를 관절이 연결해 준다. 관절의 안쪽, 인대의 내부, 관절면의 접촉 부분에는 위치각과 운동각을 감지하는 수용기가 존재한다. 이 수용기는 관절각이라 하여 자율적이거나 타율적인 운동에 관계없이 관절의 운동을 지각하는 역할을 담당한다. 뼈대는 지지 작용, 보호 작용, 지렛대 역할, 조혈 기능, 무기질의 저장, 공기 공간 등의 기능을 갖는다.

(2) 근육계

인체의 근육계는 약 650여 개의 근육들로 이루어지며 체중의 약 40~45%를 차지하고 3가지 형태의 근육, 즉 골격근, 평활근, 심근 등으로 구분된다. 골격근은 줄무늬가 뚜렷하고 약 450개가 있으며 신체 각부에서 수축과 이완을 함으로써 여러 가지 운동을 일으키고 7개 근육군, 즉 머리 근육, 목 부분 근육, 가슴 근육, 배 근육, 등 근육, 팔 근육, 다리 근육 등으로 구성된다.

(3) 호흡기계

호흡기계는 조직에 산소를 공급하고 이산화탄소를 제거하는데 이러한 호흡은 아래와 같이 4과정을 거친다.
· 허파환기: 숨쉬기를 함으로써 공기가 허파로 드나듦에 따라 허

파꽈리 속 공기가 끊임없이 교환된다.

- 외호흡: 허파꽈리와 허파혈관 사이에서 산소와 이산화탄소가 교환된다.
- 호흡가스 수송: 산소와 이산화탄소가 혈액 내에서 혈액의 흐름에 따라 허파와 조직세포를 드나든다.
- 내호흡: 모세혈관 내 혈액과 조직세포 사이에서 공기가 서로 교환된다.

(4) 심혈관계

혈액은 호흡가스 수송, 영양물질 수송, 노폐물 수송, 세포 생산물 수송, 항상성 유지, 생체보호작용, 체액의 다량 손실 방지 등의 기능을 가진다. 심장은 근육으로 된 이중 펌프로서 정맥혈을 허파로 보내고 허파로부터 받은 동맥혈을 신체의 각 부분으로 보내는 순환작용을 일으킨다. 심장은 4개의 방으로 구획되어 있고 위치는 2/3가 정중선보다 왼쪽으로 치우쳐 있다.

(5) 림프계

림프계는 체액의 순환을 도와주는 것으로 림프관 그물들로 구성되어 심혈관계와 밀접한 관계를 가지고 있다. 림프관들은 조직의 세포와 세포 사이의 공간에 있는 여분의 체액을 혈관으로 운반하는 역할을 담당한다. 림프계의 역할은 아래와 같다.

- 혈액으로부터 유출된 액체를 되돌리는 작용
- 림프절을 비롯한 림프기관들의 림프구 생산에 의한 신체방어 작용
- 창자에서 흡수한 지방 성분의 운반 통로
- 단백질 회수 통로

(6) 소화기계

형태가 큰 음식물 성분 분자를 크기가 작은 분자로 분해하는 과정을 소화라고 하며 분해된 산물을 혈액 내로 이동시키는 과정을 흡수라고 하는데 소화기계의 기능은 물리적 및 화학적 과정을 포함한다. 이들 과정은 입에서 시작하여 항문에 이르는 약 9m 길이의 긴 관 안에서 일어나는데 이것을 소화관이라고 하며 소화관 밖에 있으면서 소화흡수 과정에 필요한 물질을 생산하여 소화관에 공급하는 기관을 소화선이라고 한다. 소화관은 입안, 인두, 식도, 위, 작은창자, 큰창자 등으로 구분되고 소화선에는 침샘, 간, 이자(췌장) 등이 있다.

(7) 비뇨기계

비뇨기계는 오줌의 생성 및 배출에 관여하는 기관들로서 콩팥, 요관, 방광, 요도 등이 여기에 속한다. 콩팥은 오줌을 만들고 이것을 배설하는 기관인데 체액의 항상성을 유지하는 기능도 함께 가진다. 콩팥은 여러 가지 대사산물과 해독된 산물 등 생체에 불필요한 물질을 배설할 뿐만 아니라 수분, 염류, 포도당, 아미노산, 비타민, 호르몬 등과 같이 생체에 필요한 물질이라도 이것이 생체에 과잉으로 존재할 때에는 오줌 등으로 이것들을 배설한다.

(8) 외피계

피부의 기능에는 신체의 보호, 체온 조절, 수분 및 지방질 등 기타 물질의 배설, 촉감, 온열감 및 통각의 감수, 약물 등의 흡수, 비타민 D의 저장 등이 있다. 외피계는 표피, 진피, 피부밑조직(피하조직), 피부의 신경종말장치, 피부의 혈관 등으로 구성된다. 피부 부속기관에는 피부샘(땀샘, 기름샘, 젖샘), 털(모발) 및 털주머니(모낭), 손톱 및 발톱 등이 포함되며 이들 모두는 진피에서 발생하고 각각 신체의 항상성을 유지시켜 준다.

(9) 생식기계

생식기의 기본적인 기능은 성세포(정자와 난자)의 생산과 성호르몬의 분비이다. 성숙한 남녀 생식기계는 현저한 차이를 나타내며 성선, 생식관, 부속선, 외생식기 등의 생식기관을 남녀 모두 가지고 있다.

(10) 내분비계

인체 내의 조직이나 기관의 기능은 신경계에 의해 통제되고 조절되며 또한 호르몬에 의해서도 조절되는데 호르몬은 특정의 세포나 기관에서 만들어지고 혈액순환에 의해 전신에 퍼진다. 호르몬을 생성하는 기관을 내분비기관이라고 하고 호르몬의 대상기관을 표적기관이라고 부른다.

(11) 신경계

모든 생명현상을 조절하고 통제하는 기구에는 내분비계와 신경계의 2가지가 있는데 내분비계는 식물에도 있으나 신경계는 동물계에만 존재한다. 신경계는 감각, 운동, 정신작용 등을 수행할 수 있는 동물 특유의 기관계로서 체내 및 체외의 여러 가지 자극을 수용하여 이것을 구심적으로 중추에 보내고 중추에서는 이를 통합 분석하여 적절한 흥분을 일으키며 반사적으로 이 흥분을 원심적으로 뼈대근육, 민무늬근육, 심장근육, 선조직 등의 효과기에 보내 신체가 외부 환경 변화에 적응할 수 있도록 하고 내부로는 각 기관의 일사불란한 연락, 조절, 통제를 수행하여 균형 있는 신체활동이 이루어지도록 한다.

인간의 정신과정과 행동을 자동적으로 통제하고 통합하는 수단은 크게 신경과 호르몬이 있는데 호르몬 신호는 내분비기관에서 혈액 속으로 분비되는 생화학적 복합물질인 반면에 신경신호는 신경계의 단위인 뉴론에 의해 생성되어 뉴론 사이에 전달되는 전기화학적 현상이다.

뉴론에는 감각뉴론, 운동뉴론, 중간뉴론 등의 3종류가 있는데 감각뉴론은 감각기관에 있는 특수세포, 즉 수용기가 탐지한 정보를 뇌로 전달한다. 운동뉴론은 운동기관을 통제하는 근육으로 뇌의 메시지를 전달하고 중간뉴론은 감각뉴론과 운동뉴론의 중간에 위치한다. 감각뉴론은 정보의 수용, 중간뉴론은 전달, 운동뉴론은 표현의 역할을 각기 수행한다.

신경세포는 뉴론이라고도 부르며 인체의 조직세포 중에서 가장 분화된 것으로 세포몸통(세포체)과 이로부터 돌출하는 돌기가 있다. 보통 신경세포 몸통에는 2종류의 돌기, 즉 축삭돌기와 가지돌기가 나오는데 축삭돌기는 세포의 흥분을 원심성으로 말초에 전도하고 가지돌기는 한 개 또는 여러 개가 있으며 흥분을 구심성으로 세포몸통에 이르게 한다. 연접(시냅스)은 신경세포와 신경세포의 접합부를 말하며 전달방식에 따라 전기적 연접과 화학적 연접으로 구분된다.

5.3.3. 인체의 감각계

감각기관은 외부로부터 들어오는 물리・화학적 자극을 수용하는 기관으로서 인체에는 크게 외피, 시각기, 평형・청각기, 후각기, 미각기 등의 5종으로 구분한다. 감각기관으로서의 독립성은 없지만 근육, 건 및 관절 등에서 전달되는 고유감각은 물론 공복감, 오심 및 장기통각 등이 느껴지는 내장장기들도 특수한 신경종말을 가지고 있다. 감각은 아래와 같이 분류된다.

- 특수감각: 시각, 청각, 평형각, 후각, 미각
- 피부감각: 촉각, 압각, 온각, 냉각, 통각
- 고유감각(심부감각): 근, 건(근육을 뼈에 부착시키는 강한 결합조직), 관절 등에서 느끼지는 감각
- 내장감각: 오심(구역) 및 공복감 등과 같이 내장에서 유래되는 감각

(1) 시각기

시각기는 주위 환경에서 일어나는 여러 정보를 감수하여 전달해 주는 기관으로 크게 안구와 부속기관으로 구성되어 있다. 안구는 양쪽 안와 속에 수용되어 있고, 부속기관에는 안근, 안검, 결막, 누기 등이 있다.

안구는 구형체로서 3층의 피막인 안구벽과 투명한 내용물인 굴절질(안방수, 수정체, 초자체)로 구성되어 있다. 안구벽은 외층의 섬유막, 중간의 혈관막, 내층의 망막 등 3층으로 구성되어 있다. 안구의 부속기관인 안근은 안구의 운동에 직접적으로 관여하는 6개의 근이며 안검은 눈꺼풀을 말한다. 또한 결막은 주머니처럼 오목하게 되어 있어서 눈으로 들어온 먼지나 작은 이물이 머물게 되며 누기는 눈물을 분비하는 누선과 눈물을 비강으로 운반하는 작은 관들을 말한다.

(2) 평형 · 청각기

귀는 측두골 안에 수용되어 있으며 청각과 평형각을 감지하는 기관으로 외이, 중이, 내이 등으로 구분한다. 외이는 이개, 외이도, 고막 등의 3부로 이루어져 있다. 음파가 외이도를 통해 고막에 닿으면

진동을 일으키고 이어서 이 진동에 의해 중이강 내에 있는 이소골이 진동하게 된다.

중이는 외이와 내이 사이에 끼어 있는 작은 공간이며 공기로 차 있고 그 모양은 매우 복잡하다. 뒤쪽은 다수의 공기 공간인 꼭지벌집에 연속되고 앞쪽은 귀인두관(이관, 유스타 기관)을 통해 인두강으로 통하고 있다. 귀인두관은 고실의 환기관 역할을 비롯하여 고막 양쪽의 기압을 동일하게 유지해 준다.

내이는 측두골 깊숙이 자리하고 있으며 형태와 구조가 매우 복잡하기 때문에 미로라고도 불린다. 중이의 이소골이 고막으로부터 음파의 진동을 받아서 내이로 전달하면 이 진동이 내이에서 림프액의 파동으로 바뀐다. 귀에서 소리 신호가 전달되는 과정은 음파→공기 진동(고막)→뼈 진동(이소골)→뼈 진동(난원창)→림프액 진동(바깥 림프)→림프액 진동(달팽이관의 속 림프)→청각신경 섬유(달팽이관의 코르티 기관) 순서이다.

청각의 전도는 2종류가 있는데 하나는 공기전도이고 다른 하나는 골전도이다. 골전도는 소리와 외이, 중이를 거치지 않고 두개골의 진동이 와우각 외림프에 직접 전도되는 방식으로 치아가 맞부딪치거나 비스킷을 씹을 때 유난히 큰 소리를 듣게 되는데 이것이 주로 골전도에 의한 소리이다.

평형감각은 5개소의 감각상피부, 즉 구형낭반과 난형낭반, 그리고 반규관의 3곳 팽대부에서 감지된다. 이들 내면에 있는 감각세포들의 털이 신체의 위치 변화나 머리의 회전운동으로 일어나는 내림프의 흐름에 따라 자극되고 그 흥분을 내이신경의 분지인 전정신경을 통해 중추신경에 전달함으로써 이루어진다.

(3) 후각기

냄새를 맡는 곳은 비강의 천장을 덮고 있는 비점막의 일부인 후부이다. 후부에는 후각세포가 지주세포 및 기저세포와 더불어 후각상피를 형성하고 있다. 이 후각상피는 생체에서 연한 황갈색을 나타내기 때문에 붉은색의 호흡부와 쉽게 구별된다. 후각세포의 끝에는 후모라고 하는 특수하게 발달된 섬모다발이 있고 이것들이 모여서 후신경을 형성하는데 사골사판의 소공을 지나 두개골로 들어간 다음에 사판 위에 있는 후구에 이른다. 이어서 후구의 후방에서 후삭이되어 뇌로 들어가 복잡한 경로를 거치며 대뇌 측두엽에 있는 후각중추에 도달하게 된다.

(4) 미각

미각의 뚜렷한 구조는 구강점막의 일부에 분포하는 미뢰이며 다른 감각기의 주요 성분과 같이 감각상피로 되어 있다. 미뢰는 미각세포, 지지세포, 기저세포 등으로 구성되어 있는데 이들은 서로 한덩어리가 되어 상피 속에 묻혀 있다. 미뢰의 중심부에 있는 미각세포의 표면에는 미모가 돌출해 있고 기저부는 신경섬유와 접해 있다.

5.4. 인간의 중추신경계

중추신경계는 신체의 모든 말초기관으로부터 구심성신경을 통해들어오는 각종 정보를 통합하고 분석한 다음에 다시 원심성신경을통해 해당 기관에 보내어 적절한 반응을 일으키고 조정한다. 중추신경계는 뇌와 척수로 구성되는데 이들은 후두골의 대공을 경계로 서로 연결되어 있다. 이들은 모두 3겹의 피막인 수막에 싸여서 보호되고 있으며 뇌의 내면에 형성된 뇌실과 척수의 내면에 있는 중심관에는 뇌척수액이 흐르고 있다.

뇌는 두개강 속에 들어 있으며 일반적으로 대뇌, 간뇌, 중뇌, 교, 연수, 소뇌 등으로 구분하지만 실용적으로는 외투, 뇌간, 소뇌로 구분한다. 이때의 외투는 대뇌피질과 대뇌수질을 말하며 뇌간은 간뇌, 중뇌, 교, 연수 등을 의미하는데 뇌간은 생명 유지에 필요한 기능과 뇌신경의 기시 및 종지핵이 있기 때문에 매우 중요한 곳이다. [그림 5-1]는 뇌의 구조를 나타낸다.

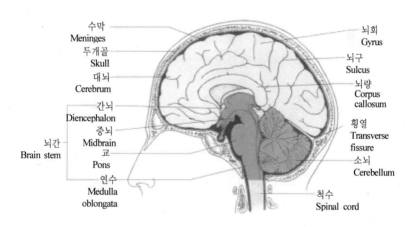

참고문헌: 노민희 외, 인체해부학, 정담미디어

[그림 5-1] 뇌의 구조

5.4.1. 대뇌

　대뇌는 뇌 전체 중량의 약 80%를 차지하며 신체의 운동과 감각은 물론 희로애락의 정서감정을 주관하고 학습과 기억, 언어활동, 사색 및 창조적 정신기능 등 고등한 정신활동이 이루어지는 곳이다. 대뇌는 정중면에 깊게 파인 정중대뇌종렬에 의해 좌우의 대뇌반구로 구분되며 내측면에 있는 뇌량에 의해 서로 연결되어 있다. 대뇌반구의 표면은 뇌구라고 불리는 도랑과 뇌구 사이의 언덕인 뇌회에 의해 많은 주름이 형성되어 있다. 대뇌반구의 내면은 신경세포가 밀집되어 있는 회백질의 대뇌피질과 그 안쪽의 신경섬유로 이루어진 백질의 대뇌수질로 구분된다. 양쪽 대뇌반구의 내부에는 뇌척수액이 들어 있는 측뇌실이 있다.

　대뇌반구는 뚜렷한 뇌구에 의해 4개의 엽, 즉 전두엽, 두정엽, 후두엽, 측두엽 등으로 구분된다. 전두엽은 대뇌의 앞부분으로서 대뇌반구 상면의 중앙에서 전하방으로 도랑을 이루는 중심구의 앞쪽을 말한다. 두정엽은 전두엽의 경계인 중심구에서 뒤쪽의 두정후두구 사이를 말한다. 후두엽은 두정엽의 경계인 두정후두구보다 뒤쪽 끝까지를 나타낸다. 측두엽은 대뇌의 옆 부분으로서 대뇌반구 저면에서 시작되는 외측구의 후하방을 말하는데 후두엽과의 경계는 명확하지 않다.

　대뇌피질의 부분마다 특징적인 기능을 수행하는 곳이 정해져 있는데 이를 대뇌피질의 기능적국재라고 한다. 즉, 특정한 기능은 특정 부위의 피질에서 이루어지므로 해당 부위를 그 기능의 중추라고 부르며 대뇌피질의 일정한 영역을 차지하므로 기능영역이라고도 한다. 대뇌피질의 기능영역에는 운동영역, 감각영역, 연합영역, 1차영역 등이 있다.

대뇌수질은 대부분 신경전도로인 유수신경 섬유로 되어 있기 때문에 흰색을 띠는 백질이다. 이러한 백질 속에 몇 개의 회백질 덩어리가 점을 이루고 있어 이를 대뇌핵 또는 기저핵이라고 부른다. 기저핵은 대뇌수질 속에 있는 미상핵, 렌즈핵, 전장, 편도체 등의 회백질 덩어리로 대뇌피질과 척수를 잇는 운동로의 중계소 역할을 하고 있다. 인체에서 이러한 기저핵들의 전도로에 병변이 생기면 근육의 긴장도 및 신체 운동에 이상을 초래하게 되는 파킨슨병이 유발된다.

변연계는 포유동물의 뇌에서 공통적으로 뇌간을 둘러싸고 있는 가장자리 피질영역을 말한다. 변연계는 계통발생상 뇌에서 비교적 일찍 발생된 원시피질과 구피질 부분으로 나중에 발달한 신피질에 의해 완전히 덮이게 되며 둥근 변연피질과 이에 연결된 피질하핵군으로 구성된다.

변연피질은 해마, 시상핵, 대상회 등으로 구성되어 있고 피질하핵군으로는 커다란 편도핵, 중격핵, 시상전핵군 그리고 기저핵의 일부가 포함되며 변연피질에 의해 둘러싸여 있다. 대뇌피질은 이성행동을 주재하지만 변연계는 본능적 행동과 정서반응을 주재하는 기구로서 행동의 의욕, 학습 및 기억과정에도 깊이 관여한다.

전두엽 하면에서 대뇌종렬의 양측에 있는 타원형의 구조물이다. 후신경은 비점막의 후상피세포에서 나와 사골의 사판을 통해 두개강에 들어가 후구로 진입한다. 사람의 후구는 후각성 포유류의 후구에 비해 작다. 후구와 후구에서 나오는 원심성 섬유가 연접결합 하는 영역을 후뇌라고 한다.

5.4.2. 간뇌

간뇌는 대뇌반구와 중뇌 사이에서 제3뇌실을 둘러싸고 있는 부분으로 대뇌반구에 의해 덮여 있다. 일반적으로 가장 큰 핵군인 시상을 중심으로 시상후부, 시상상부, 시상하부 등으로 구분되는데 이곳은 5대 감각의 중간 중추와 이들 감각에 대한 무의식적 반사운동의 중추, 자율신경계의 통합중추 및 체온과 혈당 등의 조절 중추가 있다.

시상하부의 복내측핵은 포만 중추로 작용하고 외측핵은 섭식 중추로 작용하며 시삭전핵은 체온조절 중추 역할을 담당한다. 시상하부의 주요 기능에는 자율신경계의 조절중추뿐만 아니라 정서반응과 행동 조절, 체온 조절, 수분의 균형과 갈증 조절, 수면과 각성 주기의 조절, 내분비계의 기능 조절 등이 있다.

5.4.3. 중뇌

중뇌는 전뇌(대뇌와 간뇌)와 교 및 소뇌를 연결하는 뇌간의 잘록한 곳으로 여러 전도로의 통로와 중계소가 되며 시각 및 청각의 반사중추와 안구운동과 동공수축의 운동중추가 있다. 중뇌는 앞쪽의 대뇌각, 중간부의 피개, 지붕을 이루는 뒤쪽의 중뇌개 등으로 구분되며 내부에는 중뇌수도가 있어서 제3뇌실과 제4뇌실을 연결하고 있다.

5.4.4. 교

교는 중뇌와 연수 사이에 볼록하게 튀어나온 부위로서 표면은 가로로 달리는 많은 신경섬유로 되어 있다. 교의 백질은 주로 세로로 달리는 추체로와 추체외로성인 피질교핵로 그리고 소뇌로 향하는 가로섬유인 교핵소뇌로로 이루어져 있는데 피질교핵로와 교획소뇌로를 합하여 피질교소뇌로라고 하며 이는 대뇌피질과 교핵 및 소쇄피질을 연락하는 신경로이다.

5.4.5. 연수

연수는 뇌의 종단부로서 척수와 연결되어 있는 작은 신경조직이지만 망상체가 발달되어 있으며 생명유지에 필수적인 심장·호흡 및 소화 등에 관한 중요한 반사중추들이 있다. 망상체는 연수, 교, 중뇌의 피개에 위치해 있다. 망상체는 신경섬유와 신경세포가 함께 들어가서 이루어져 있기 때문에 무질서한 모양으로 경계가 불분명하다.

5.4.6. 소뇌

소뇌는 교와 연수의 뒤쪽에 위치함으로써 제4뇌실의 지붕을 이루고 있으며 근육의 긴장 등에 관여한다. 소뇌는 신체 운동의 권고와 조정에 관여하는 대뇌의 자문기구이다. 소뇌는 소뇌각에 의해 뇌간과 연결되고 대뇌 후두엽과는 횡열에 의해 구분된다.

5.4.7. 척수

척수는 26개의 추골들이 형성한 척주관 속에 들어 있는 연한 백색 장기로서 상방은 대후두공에서 연수와 연결되고 하방은 제1, 제2 요추 부위에서 척수원추로 끝나는데 척수원추의 끝은 종사로서 미골의 후면까지 하행하고 있다. 척수는 척수신경이 나오는 31개의 척수분절로 구성되어 있는데 척수분절은 경수절, 흉수절, 요수절, 천수절 등으로 구분된다.

5.5. 인간의 말초신경계

말초신경계는 축삭 다발인 신경과 신경세포 집단인 신경절로 구성되어 있다. 말초신경계는 구심성 신경부와 원심성 신경부로 이루어지는데 구심성 신경부는 신체 각 부위의 감각기관에서 받아들인 자극을 중추신경계인 뇌와 척수에 전달하며 원심성 신경부는 구심성 신경부의 정보를 통합·조정하여 그에 대한 반응을 신체의 골격근, 내장근, 각종 선에 전달한다. 원심성 신경부는 크게 체성신경계와 자율신경계로 구분된다.

체성신경계는 인체의 골격근 운동을 지배하여 일명 동물신경계라고 불리며 뇌신경과 척수신경으로 나누어진다. 자율신경계는 내장, 혈관, 각종 선 등에 분포하여 이들 기관의 기능을 일상생활에 필요한 정도로 무의식 혹은 반사적으로 조절해 주고 있어서 일명 식물신경계라고 불리며, 교감 및 부교감신경으로 구분된다.

뇌신경은 뇌에서 직접 출입하는 12쌍의 신경으로 로마자를 붙여 구분한다. 제I(후신경), II(시신경), VIII(내이신경) 뇌신경은 감각(지각)신경, 제III(동안신경), IV(활차신경), VI(외전신경), XI(부신경), XII(설하신경) 뇌신경은 운동신경, 제V(삼차신경), VII(안면신경), IX(설인신경), X(미주신경) 뇌신경은 혼합신경으로 구분한다. 뇌신경 핵은 뇌로 들어와 정지하는 감각신경들의 종지핵, 뇌에서 나가는 운동신경들의 기시핵, 부교감신경을 내보내는 부교감신경핵 등으로 구분할 수 있다.

척수신경은 척수분절에 대응하여 척수 양측을 출입하는 31쌍의 말초신경으로 이들은 추간공을 통해서 척주관을 나오는데 경신경 8쌍(C1~C8), 흉신경 12쌍(T1~T12), 요신경 5쌍(L1~L5), 천골신경 5쌍(S1~S5), 미골신경 1쌍(C0)으로 구분된다.

자율신경계는 기능 면에서 중추신경의 의식적인 지배를 받지 않고 거의 자율적으로 활동하고 있는 것처럼 보이지만 실제로는 대뇌피질의 의식적인 지배를 받고 있다. 자율신경계는 교감신경과 부교감신경으로 구분되며 교감신경은 제1흉수~제2요수 사이의 측각에서 나오기 때문에 흉·요수부 신경이라고 하고 부교감신경은 뇌신경인 동안신경, 안면신경, 설인신경, 미주신경 등과 척수신경인 제2~4 천골신경이 섞여서 나오므로 뇌·천수부라고도 부른다.

6 _ 인간의 인지

6.1. 개요

    인간의 뇌가 컴퓨터의 하드웨어에 해당한다면 인간의 인지는 소프트웨어에 해당한다고 말할 수 있다. 하드웨어 못지않게 소프트웨어가 중요하듯이 인간의 인지를 아는 것은 우리들의 성공적인 삶에 있어서 중요한 본질임은 두말할 나위가 없다.

    인간의 인지는 인지심리학에서 연구되어 온 분야이다. 인지심리학은 인간의 사고를 지배하는 기본 기제를 밝히는 학문이다. 물리학이나 화학이 공학의 기초이듯이 인지심리학은 다른 사회과학의 기초로 발전되어 왔다.

    『인지심리학과 그 응용』존 로버트 앤더슨 저, 이영애 역, 이화여자대학교출판부에서 고대 그리스 철학자들은 모든 지식이 경험에서 비롯된다는 경험론과 아이가 이미 상당한 지식을 가지고 태어난다는 생득론에 관해 논의하였다고 서술한다. 이러한 논쟁이 150여 년 전부터 인간의 인지에 관한 심리학적인 사색으로 바뀌었다.

인간의 인지를 과학적으로 연구하기 시작한 것은 1879년 독일의 빌헬름 분트가 심리학 실험실을 만든 때부터이다. 인간의 인지에 관해서는 지각, 주의, 심상, 지식표상, 기억, 문제 해결, 전문성, 추리, 판단과 결정, 언어 이해 등이 있으나 학문적 접근보다는 실용적 이해를 통해 우리들 자신과 다른 사람들의 사고방식을 이해하는 데에 도움이 되기 바란다.

6.2. 지각

인간의 지각은 감각으로부터 얻은 신체 바깥세상을 알아차리는 것이다. 인간의 감각은 눈, 귀, 코, 혀, 피부 등의 수용기를 통해 신경섬유로 뇌의 감각기에 전달되는 과정을 나타내고 이렇게 전달된 외부의 정보를 파악하는 것이 바로 지각에 해당한다. 지각은 시각, 청각, 후각, 미각, 촉각 등의 감각기관으로부터 입력되는 정보를 처리하는 과정인데 이들 중에 시각과 언어지각에 대해 살펴보기로 한다.

6.2.1. 시각 정보 처리

뇌 지각의 50% 이상이 시각 정보 처리에 충당된다고 한다. 시각 정보 처리는 등록과 재인이라는 두 과정이 존재한다. 일산화탄소 중독으로 인한 뇌 손상 환자는 시각 정보 등록은 가능한데 시각 정보 재인을 할 수 없는 경우가 있다. 즉, 빛의 강도와 색깔을 구별할 수 있고 물체가 이동하는 방향도 식별할 수 있지만 그 물체가 무엇인지를 알 수 없는 경우가 발생한다.

눈에는 원추체와 간상체의 두 가지 광수용기가 있는데 원추체는 색채시에 관여하고 고도의 해상도와 정밀성을 나타내며 간상체는 적은 양의 빛에도 반응할 수 있지만 해상도가 낮다.

1차 시각 피질에 투사된 정보는 두 가지 경로, 즉 '어디에' 경로와 '무엇이' 경로를 따른다. '어디에' 경로를 따라 전개되는 정보는 공간 정보의 처리 및 시각과 행위의 협응을 위해 특화된 두정엽으로 가고 '무엇이' 경로를 따르는 정보는 물체의 파악과 관련이 있는 측두엽으로 간다. 측두엽이 손상되었으나 두정엽은 온전한 환자들은 문손잡이를 재인하지 못하지만 손을 뻗어서 그것을 정확하게 잡을 수는 있다.

물체의 경계 파악을 통해 물체를 지각하는 데에는 아래와 같이 형태주의 심리학자들이 주장한 형태주의의 체제화 원리에 따라 체제화된다.

- 근접의 원리: 가까운 선분들을 하나의 집단으로 묶어서 지각하려 한다.
- 유사성의 원리: 비슷해 보이는 물체들을 한 집단으로 분류한다.
- 연속의 원리: 연속된 선을 하나의 집단으로 파악한다.
- 폐쇄의 원리: 하나의 평면 도형을 하나의 집단으로 지각한다.

6.2.2. 시각 패턴 재인

(1) 물체 재인

시각 체계에서 물체들이 무엇인지를 파악하는 일이 중요한데 이것을 패턴 재인이라고 한다. 패턴 재인에는 형판 맞추기, 세부특정 분석, 물체 재인 등이 있다.

형판 맞추기는 물체의 망막상이 뇌에 충실히 전달되면 뇌는 저장된 여러 패턴, 즉 형판과 그 상을 직접 비교하여 패턴을 재인하는 이론이다. 형판 맞추기는 기계 시각에서 사용되는 방법의 하나로서 외부로부터 입력된 영상을 컴퓨터가 가지고 있는 여러 가지 패턴들과 비교를 통해 영상 물체가 무엇인지를 인식하는 방법으로 활용된다. 세부특징 분석은 물체를 재인할 때에 세부 특징의 조합을 통해 이루어진다는 이론이다. 물체 재인에서는 친숙한 물체는 성분들의 총체로 볼 수 있다고 주장한다. 예를 들어서 타조는 수평 방향의 몸통이 두 개의 긴 다리와 긴 목에 붙어 있다.

(2) 얼굴 재인

얼굴 재인에는 특수한 기제가 작용한다고 주장되었다. 인간의 측두엽 손상은 안면 실인증이라고 하는 결함을 가져오는데 fMRI를 통한 뇌 영상 연구에서 사람의 시야에 얼굴이 나타날 때에 측두엽의 방추상회가 반응한다는 사실이 밝혀졌다. 얼굴 시각의 처리가 특수하다는 증거로는 집과 같은 물체가 위, 아래로 바뀌었을 때보다 얼굴이 위, 아래로 바뀌었을 때 재인이 훨씬 쉽다는 것이 발견되었다는 사실이다. 얼굴뿐만 아니라 낯선 물체의 재인을 많이 연습하면 측두엽의 방추상회가 활성화된다고 한다.

6.2.3. 말 재인

말 재인에서 중요한 문제는 재인될 말의 분할인데 말은 인쇄된 글처럼 일정한 단위로 분리되지 않는다. 사용되는 말을 조사해 보면 단어 경계에서 감소되지 않는 소리 에너지로 나타난다. 단어 내에서도 음소의 파악이 중요하다. 음소는 말소리의 기본 어휘로서 말의 최소 단위이다. 예를 들어서 bat라는 단어는 b, a, t 등의 세 음소로 구성된다. 말 재인이 어려운 것은 말이 연속적이고 음소가 인쇄된 문자들과는 달리 분리되지 않는 것과 동시 조음 현상 때문이다.

말 재인에서도 시각 재인에서와 마찬가지로 세부특징 분석과 세부특징 조합 과정이 필요하다. 음소의 세부특징들 중에는 자음 세부특징, 유성음 여부, 조음 위치 등이 있다.

6.2.4. 맥락과 패턴 재인

물체를 지각할 때에 구성 요소로부터 전체 물체를 지각하는 방식을 상향처리라고 하고 이와 반대로 전체 물체를 우선 지각하고 구성 요소를 파악하는 방식을 하향처리라고 한다. 맥락은 하향처리 과정에서 지각하는 전체 물체를 의미한다. 예를 들어서 단어 work와 word는 문자 k와 d보다 4배의 문자가 많음에도 불구하고 실험 참여자들이 하나씩의 문자 k와 d보다 더 정확하게 판별한다고 한다. 즉, 하나의 문자 조건보다 단어 조건에서 k와 d를 더 정확하게 변별하였는데 이러한 현상을 단어 우월성 효과라고 한다.

말의 지각에서도 맥락의 영향을 보여 주는데 하나의 예로서 음소 회복 효과가 있다. 음소 회복 효과는 하나의 문장을 읽어 줄 때에 단어의 발음 중에서 하나의 음소 발음이 부정확해도 그 문장을 지각할 수 있음을 의미한다.

맥락이 지각에 미치는 극적인 예로서 변화 맹시가 있다. 변화 맹시는 참여자들이 보고 있는 장면 중에서 어느 한 곳이 자연스럽게 변화하면 이를 감지하지 못하는 것을 의미하는데 이는 사람들은 복잡한 장면에서 모든 정보를 지속적으로 추적할 수 없기 때문이다.

6.3. 주의

심리학자들은 인간의 정보 처리에 순차적 병목이 있다고 말한다. 순차적 병목은 운동 체계의 병렬성에 한계가 있음을 나타낸다. 예를 들어서 걷기와 말하기와 같이 운동 체계가 서로 분리된 행위를 동시에 수행하기는 쉽지만 오른손으로 동그라미를 그리고 왼손으로 네모를 그리는 것과 같이 손이 두 개이지만 하나의 운동 체계가 작용하는 경우에는 동시에 처리하기가 어렵게 된다. 순차적 병목 현상이 발생할 때에는 어떤 정보에 주의를 기울일 것인지 그리고 어떤 정보를 무시할 것인지를 선택해야 한다.

6.3.1. 청각 주의

실험 참여자가 헤드폰을 착용하여 양쪽 귀로 동시에 들려오는 각기 다른 메시지를 들을 때에 주의를 주지 않은 메시지에 관한 정보는 거의 처리되지 않는다는 사실이 발견되었다. 이것은 목표 지향 처리의 예로서 대화를 나누고 있는 사람의 말에만 주의를 기울이고 다른 것들은 무시하는 칵테일 파티의 상황과 유사하다고 말할 수 있다. 그러나 목표 지향 처리 중에 중요한 자극 정보는 목표를 방해할 수 있다. 예를 들어서 어떤 사람의 말을 집중해서 듣고 있는데 누군가가 자신의 이름을 부르면 화자의 말에 계속하여 주의를 기울이는 데에 어려움이 발생한다.

6.3.2. 시각 주의

시각 정보 처리에서의 병목은 청각 정보 처리에서의 병목보다 더 분명하다. 시각 주의는 안구 운동이 없이도 이동할 수 있지만 사람들은 보통 눈을 이동해서 중심와가 자신이 주의를 주고 있는 시야 부분을 처리하게 한다. 따라서 주의의 이동은 안구 운동에 선행한다. 시각 주의에서도 청각 주의에서와 마찬가지로 두 개의 비디오를 각각 따로 보여 주면 주의를 기울인 비디오는 잘 관찰할 수 있지만 다른 비디오는 여과한다. 그러나 두 비디오를 동시에 관찰하라고 하면 참여자들은 큰 어려움을 겪었으며 주요 장면을 놓치는 결과를 초래했다.

한 귀로 향한 청각 주의가 그 귀에서 오는 피질의 신호를 증강하듯이 공간의 한 위치를 향한 시각 주의는 그 위치에서 오는 시각 피질의 신호를 증강한다. 시각 주의 위치에 따라 시각 피질의 활성화 부분도 달라진다. 예를 들어서 우측 물체에 주의를 기울이면 좌뇌의 시각 피질 부분이 활성화된다.

시각 체계에는 색깔, 각도가 다른 선분, 움직이는 물체 등과 같이 여러 세부 특징에 반응하는 서로 다른 유형의 뉴런들이 있는데 물체를 지각하기 위해서는 이들 뉴런들의 정보를 결합해야 한다. 그런데 실제로 발생하지 않은 세부 특징들을 결합하는 경우가 있는데 이를 착각 접합이라고 부른다.

예를 들어서 숫자에 주의를 기울이라고 말하고 서로 다른 색깔의 숫자들을 보여 준 다음에 색깔에 대해 물어보면 착각 접합을 일으키게 된다. 이와 같이 우리는 주의를 한 물체에 기울인 경우에만 세부 특징들을 정확한 지각으로 통합할 수 있고 그렇지 않으면 세부 특징들을 지각하기는 하지만 그들의 시야에 없었던 물체의 지각으로 통합한다. 보통 사람들은 다소 특수한 상황에서 착각 접합을 일으키지만 두정엽이 손상된 환자들은 그런 착각을 쉽게 일으킨다.

6.3.3. 중앙 주의

중앙이라 함은 정보처리의 중심 제어를 의미하는 말로서 사람의 생각을 뜻한다. 사람들은 한 번에 하나의 생각 갈래를 따라갈 수 있지만 동시에 두 가지 생각을 수행할 수는 없다. 예를 들어서 더하기 셈 문제들과 곱하기 셈 문제들이 있을 때에 순서적으로 처리하는 것이 동시에 처리하는 것보다 시간이 적게 소요된다.

사람들은 한 번에 두 위치에 주의를 집중할 수 없다. 마찬가지로 말의 흐름에서도 한 번에 하나만 처리할 수 있고 손도 한 번에 한 방향으로만 움직일 수 있으며 한 번에 한 가지만 말할 수 있다. 인간은 모든 말단 과정(예, 손과 발의 움직임)에서 병목을 느끼지만 중앙 인지에서 가장 의미 있는 병목을 느끼므로 우리는 두 가지 일을 동시에 생각하는 것은 거의 불가능한데 중앙 인지에서의 병목을 중앙 병목이라고 부른다.

운전할 때에 핸드폰을 사용하는 것은 핸즈 프리 전화기라고 해도 운전에 방해를 받지만 라디오나 오디오를 듣는 것은 운전에 방해를 받지 않는데 이는 통화가 중앙 병목을 유발시키기 때문이다.

중앙 병목은 중앙 인지 성분이 길 때에 발생한다. 사람들이 많은 연습을 통해서 어떤 과제의 중앙 인지 성분을 줄여서 거의 자동적으로 그 과제를 수행할 수 있게 된다면 중앙 병목 현상을 어느 정도 피할 수 있다. 노련한 운전자들은 운전을 자동적으로 하므로 운전 중에도 어려움 없이 대화를 계속할 수 있고 라디오 채널을 쉽게 바꿀 수 있게 된다.

6.4. 심상

심상(mental image)은 외부로부터 들어온 지각 정보를 처리하는 것이 아니라 내부에 저장되어 있는 정보를 처리하는 것이다. 예를 들어서 사람들은 자신의 집에 창문이 모두 몇 개 있느냐라는 질문을 받으면 머릿속에 자신의 집을 그리고 집 안을 둘러보면서 창문을 세는데 이와 같이 사람들은 뇌 구조를 최대한 사용하여 외부로부터 시각 신호가 없어도 머릿속에 심상을 만든다.

실험 참여자에게 자기가 아는 동네의 길을 찾는 상상을 하라고 하면 두정엽, 후두엽 그리고 측두엽에서 활성화가 관찰되었는데 이는 실제로 처리할 때와 동일한 영역이 활성화되었다.

삼각형, 동그라미, 네모 등의 도형이 들어 있는 그림을 보여 주고서 여러 종류의 다른 그림들 중에서 처음에 보여 준 그림의 도형이 들어 있는 그림을 찾으라고 하면 원래 그림과 동일하게 도형이 배치되어 있는 그림을 제일 빨리 찾게 되는데 이는 실험 참여자들이 학습한 자극에 대한 심상이 공간 정보를 보존했기 때문이다.

이번에는 삼각형, 동그라미, 사각형 도형 자리에 도형 대신에 글자를 배치하고서 동일하게 실험하면 글자의 공간적 위치보다는 글자의 순서적 배치가 선형일 때에 참여자들의 판단이 더 빨랐다. 이 실험을 통해 사람은 시각 심상과 언어 심상의 처리가 다름을 알 수 있다. 즉, 시각 심상에서는 그림의 배열 정보가 중요하지만 언어 심상에서는 글자의 공간적 배열보다는 단어의 선형적인 순서가 더 중요시됨을 알 수 있다.

심상은 대부분 시각 심상(visual imagery)을 다룬다. 2차원 평면 위에서 입체 도형의 두 가지 형태를 보여 주고 이들 두 물체가 서로 방향만 틀리고 동일한 물체인지를 판단하는 실험에서 참여자들은 두 형태를 맞추어 보려고 둘 중의 어느 하나를 다른 물체와 일치할 때까지 머릿속에서 회전시킨다는 것이 확인되었는데 이것을 심적 회전이라고 한다.

시각 심상과 시지각은 어느 정도 같을까? LED 글자 2를 거울에 비추면 무슨 글자로 보이냐는 질문에 사람들은 보통 LED 글자 5라고 대답하는데 이는 심상의 물체를 판단할 때에도 눈으로 본 물체를 판단할 때와 같은 결론이 나온다는 것을 보여 준다. 그러나 심상을 처리하는 것은 실제의 자극 처리보다 더 어렵다. 그래서 선택을 할 수 있다면 사람들은 거의 심상보다는 실제의 그림을 처리하려 한다. 예를 들어서 테트리스 게임을 하는 사람들은 블록을 마음속에서 회전시키는 것이 아니라 스크린상에서 회전시킴으로써 적절한 방향을 찾고자 한다. 심상이 실제적인 지각보다 어렵다고는 하지만 심상 능력은 반복적인 훈련으로 향상될 수 있을 것이다.

심상은 공간 성분과 시각 성분 모두를 포함한다. 공간 성분은 물체의 위치를 말하며 시각 성분은 그 물체의 색과 같은 세부 특징을 나타낸다. 시각 심상의 공간 성분은 두정엽 부위가 지원하는 반면에 시각 성분은 측두엽이 지원하는데 이는 시각 체계에서 공간 정보의 처리를 위한 '어디에' 경로, 물체 정보의 처리를 위한 '무엇이' 경로 등과 일치함을 알 수 있다.

6.5. 지식 표상

지식 표상은 저장되어 있는 지식을 떠올리는 것이다. 심상은 마음 속으로 어떠한 장면을 떠올리는 것인 데 반해, 표상은 지난 일들에 관한 정보를 떠올리는 것이다. 우리들은 시간이 지남에 따라 과거 경험의 정보들 중에서 일부가 손실됨을 알 수 있는데 이때에 우리들 은 의미 있는 내용만을 떠올리고 중요하지 않은 세부사항들은 망각 하게 된다.

6.5.1. 의미 있는 정보에 관한 기억

(1) 언어 정보 기억

실험 참여자들에게 '여러분은 서울에 갈 때에 주말에는 고속버스 를 타지 말고 기차를 타고 가시오'라는 문장을 들려주고서 이와 비 슷한 문장들 중에서 들었던 문장과 동일한 문장을 선택하라고 하면 의미가 동일한 문장들 사이에서 헷갈린다고 한다. 문장의 기억에는 의미 기억과 문체 기억으로 이루어지는데 실험 참여자들은 실험 시 작하기 전에 문체를 잘 기억하라는 주의를 받지 않으면 문체 기억은 잘하지 못하고 의미 기억은 잘하는 경향을 보인다는 것이다.

(2) 시각 정보 기억

시각 정보의 기억용량은 언어 정보의 기억 용량보다 크다. 사진들 을 보여 준 후 여러 사진 중에서 보았던 사진들을 찾으라고 하면 읽 었던 문장을 찾는 경우보다 더 정확하다. 문장 기억의 성공률이 비 교적 높지만 사진 조건은 거의 완벽하다. 사진도 문장에서와 마찬가지로 사진 자체를 기억하는 것보다 사진에 대한 해석을 더 잘 기억한다. 즉, 사람들은 실제의 그림이 아닌 그림의 의미를 기억하는 경향이 있다.

(3) 세부 내용 기억과 의미 기억

사람들은 문장이나 그림을 볼 때에 처음에는 지각적 세부 내용들을 많이 약호화하지만 이런 정보들은 빨리 망각하는 경향이 있다. 아무런 의미 없는 단어들로 짝 지은 한 쌍의 단어 중에서 앞 단어를 말하면 뒤 단어를 대답해야 하는 게임이 있다고 할 때에 각 단어에 의미를 부여하여 기억하면 많은 도움이 된다. 예를 들어서 '소냄-마강'이라고 짝 지은 단어라면 '소가 화를 내니 마을버스가 강물 속으로 빠졌다'라고 각 단어를 의미 있는 해석과 함께 연합하면 기억력을 향상시킬 수 있다.

6.5.2. 명제 표상

명제는 하나의 독립된 주장을 나타내는 최소의 지식 단위, 다시 말하면 진위 판단을 할 수 있는 최소의 의미 단위이다. 예를 들어서 '조선시대 왕이었던 세종은 우수한 한글을 발명하였다'라는 문장이 전달하는 정보를 더 간단한 문장들로 바꾸면 '세종은 조선시대 왕이었다', '한글은 우수하다', '세종은 한글을 발명하였다' 등이 된다. 명제 표상은 사람들이 문장을 기억할 때에 이와 같이 그 문장에 포함되어 있는 명제들을 기억함을 뜻한다.

문장의 각 명제는 관계와 논항으로 이루어지는데 관계는 동사, 형용사, 다른 관련어 등이 해당하며 이러한 관계가 논항들을 체제화한다. 논항은 어떤 시간, 장소, 사람 및 물체를 말하며 대체로 명사가 여기에 해당한다. 어느 연구에서는 하나의 문장은 몇 개의 명제들이 서로 연합된 명제 망조직 형태로 표상된다고 주장하였다.

이와 반대로 지각 상징체계가 제안되었는데 이 가설은 모든 정보가 특정한 지각 양태에 걸맞게 지각적으로 표상된다고 주장한다. 즉, 사람들은 명제를 추상적으로 표상하기보다는 언어와 시각 부호를 조합하여 표상한다는 것이다.

6.5.3. 개념 지식

사람들은 어떤 그림을 볼 때에 구체적인 세부 사항을 기억하는 것이 아니라 그림의 의미를 기억하는데 이와 같은 의미를 범주 정보라고 한다. 사람들은 세상을 자신이 알고 있는 범주에 의해 경험할 수밖에 없다. 자신의 지식 범주를 벗어나면 알지 못한다. 예를 들어서 바다에 살면서 덩치가 크고 공기로 호흡하는 동물에 대해 이야기를 듣는다면 우리들은 고래를 생각하게 된다. 고래를 생각하게 되면 그 동물은 물을 뿜으며 숨을 쉴 것이고 바닷물 표면을 오르락내리락 하며 움직인다는 것을 예측할 수 있게 된다. 범주들은 이런 예측력을 가지므로 우리들이 정보를 표상하고 소통하는 데에 커다란 경제성을 제공한다. 그러나 범주적 지각은 고정관념을 유도하기도 하는데 예를 들어서 어느 학생이 여자라고 하면 그 학생은 수학 점수가 좋지 않을 것이라는 고정관념에 빠질 우려가 있다. 개념 지식을 표상하기 위한 표기 방법으로 의미 망조직(semantic network)과 도식(schema) 등이 제안되었다.

(1) 의미 망조직

망조직 표상은 언어에서의 명제 지식뿐만 아니라 개념 지식을 약호화하는 데에도 사용된다. 의미 망조직은 트리(tree) 구조를 갖는다. 예를 들어서 사람들이 까마귀, 타조, 상어, 연어 등과 같은 범주 정보를 트리 구조의 망조직으로 저장하고 있다는 것이다. 까마귀 범주에는 '울음소리를 낼 수 있다', '까만색이다' 등이 있고 타조 범주에는 '길고 가는 다리가 있다', '날 수 없다' 등이 있다. 까마귀와 타조는 모두 새 범주에 속해 있다. 새 범주는 '날개가 있다', '날 수 있다', '깃털이 있다' 등을 가진다.

(2) 도식

도식 표기 방법은 컴퓨터의 데이터베이스에서 유래된 개념이다. 도식은 슬롯에 따라 개념을 표상하는데 데이터베이스에서는 이것을 속성(attribute)이라고 하고 슬롯 내의 정보는 값(value)이라고 한다. 예를 들어서 집의 속성으로는 일반화 위계, 부분, 재료, 기능, 형태, 크기 등이 있는데 일반화 위계는 의미 망조직에서 상위 수준을 지칭하는 것과 유사하다. 집의 일반화 속성은 건물이며 부분 속성으로는 방이고 재료 속성에는 나무, 벽돌, 돌 등이 있다. 도식은 부분 위계라는 또 다른 유형의 구조를 갖는데 예를 들어서 벽과 방은 집의 일부로서 각자 고유한 도식 정의를 갖는다. 도식은 이와 같이 상위 세트, 부분 그리고 그 밖에 속성-값의 쌍으로 개념을 표상한다.

도식의 특성 중 하나는 특정 슬롯들이 기정치를 갖는다는 점이다. 예를 들어서 실험 참여자들에게 연구실 안을 보여 준 후 나중에 연구실에서 무엇을 보았냐고 질문을 하면 연구실에 없는 물건들이지만 연구실에 당연히 있겠지 생각하여 틀리게 회상하는 경우가 있는

데 이것은 도식에서 연구실에 대한 기정치를 갖기 때문인 것이다.

6.6. 기억정보 저장

뉴런들은 뇌 전체에 걸쳐서 경험에 따라 변화하는데 이러한 신경 가소성이 기억의 기초가 된다. 뇌 전체가 기억과 관련이 있지만 그 중에서 측두엽 안에 위치한 해마와 그 주변, 전전두 부위 등의 두 부위가 중요한 역할을 한다. 해마와 그 주변의 구조들은 새 기억의 저장에 중요한 역할을 담당하고 전전두 부위들은 새 기억의 약호화와 옛 기억의 인출 모두와 밀접하게 관련이 있다. 언어 재료는 거의가 좌반구와 연관이 있지만 그림 재료는 때로는 우반구를, 때로는 양쪽 반구 모두와 연관성이 있는 경향이 있다.

6.6.1. 감각 기억

감각 기억에는 시감각 기억과 청감각 기억이 있다. 시감각 기억 연구에서는 실험 참여자들에게 글자들이 배열된 그림을 매우 짧은 시간 동안 보여 주고서 그 글자들을 회상하라고 했더니 참여자들은 많아야 여섯 개의 글자들만 기억할 수 있었다고 한다. 시각 정보는 시감각 저장소에 저장된다.

에코 기억이라고 불리는 최단기 청각 기억을 저장하는 청감각 저장소가 있다. 어떤 소리를 제시한 후 다른 소리를 제시할 때에 그 소리가 다르다는 것을 감지할 수 있느냐는 실험에서 두 소리 사이가 10초 미만일 때에는 기억할 수 있음이 실험에서 밝혀졌다. 시감각 저장소는 1차 시각 피질 또는 그 부근으로 보이고 청감각 저장소는 1차 청각 피질 또는 그 부근으로 보인다. 이와 같이 기초 지각을 담당하는 피질 부위는 후속 처리를 위해 감각 정보를 단기간 표상하고 있다.

6.6.2. 단기 기억 이론

단기 기억 이론에 의하면 환경에서 오는 정보가 일시적 감각 기억에 잠시 머물다가 주의를 받지 못하면 사라져 버리는데 주의를 받은 정보는 중간 단계의 단기 기억으로 들어가서 암송되어야만 비교적 영구적인 장기 기억으로 들어간다고 한다. 단기 기억이 저장될 수 있는 정보의 용량을 기억폭이라고 하는데 기억폭은 즉각적으로 반복할 수 있는 정보의 수를 의미한다.

일반적으로 사람의 기억폭은 일곱 개나 여덟 개의 숫자라고 한다. 사람들이 정보를 단기 기억에 오래도록 유지할 수 없는 이유는 새 정보가 항상 들어오고 있으며 옛 정보는 한정된 용량의 단기 기억으로부터 밀려 나가기 때문이다.

단기 기억의 정보가 장기 기억으로 들어가게 하려면 어떻게 해야 하는 것일까? 단기 기억에서 시간을 더 많이 쓸수록 장기 기억 속으로 더 잘 들어간다는 주장이 있는 데 반해, 정보를 얼마나 오래 암송하는가가 아니라 얼마나 깊이 있게 처리하는가에 따라 장기 기억으로 들어갈 수 있는가가 결정된다는 주장이 있다.

6.6.3. 작업 기억

작업 기억은 과제를 수행하는 데 필요한 정보를 유지하기 위한 체계를 말한다. 23×47 계산을 암산으로 하려 하면 숫자로 쓴 곱셈 문제를 시각 심상으로 만들고 161과 같은 곱셈의 부분적 산물을 암송하게 된다.

서커스 묘기에서 첫 번째 접시를 돌린 후에 나머지 접시들을 돌리고 다시 되돌아오려면 동시에 계속 돌릴 수 있는 접시의 개수가 제한되기 마련인 것처럼 작업 기억에 정보를 유지하는 것도 이와 비슷하다. 우리가 작업 기억에 지나치게 많은 항목을 간직하려고 하면 첫 번째 항목을 다시 암송하기 위해 되돌아올 때에 그 항목은 이미 쇠잔해 버려 재암송이 어려워진다.

6.6.4. 장기 기억과 활성화

작업 기억은 외부로부터 들어오는 정보뿐만 아니라 장기 기억에서 인출해서 간직되는 정보도 포함된다. 활성화는 기억으로의 접근 가능성 및 속도와 연관이 있다. 자유 연상을 할 때에 마음에 떠오르는 생각은 장기 기억에서 현재 가장 활성화되어 있는 것들을 반영한다. 활성화 수준은 기저 수준 활성화와 연상된 개념으로부터 받는 활성화에 의해 결정된다.

기저 수준 활성화는 연상되는 개념과 상관없이 얼마나 흔한 개념인가를 나타낸다. 예를 들어서 예수는 노아보다 기저 수준 활성화가 높다고 말할 수 있다. 연상되는 개념으로부터 받은 활성화는 예를 들어서 홍수라는 단어로부터 연상되는 활성화를 나타낸다. 성경, 동물, 홍수라는 단어를 들으면 노아가 떠올려진다. 성경이라는 단어로는 예수가 떠올려지고 홍수라는 단어로는 미시시피가 떠올려지는데 이들 두 단어를 합치면 노아가 떠올려지는 것은 노아가 예수에 비해 기저 수준 활성화에서는 떨어지지만 연상 개념 활성화, 즉 동물과 홍수 항에서 연상되는 활성화 수준이 높기 때문에 노아가 떠올려지는 것이다.

6.6.5. 기억에 영향을 주는 요인

어떤 정보를 매일 연습하면 그 정보를 재인하는 시간은 연습 일수에 대해 지수함수로 감소하는데 이것을 학습의 지수함수 법칙이라고 부른다. 기억은 연습을 하면 할수록 지수함수를 형성하면서 그 강도가 증가된다. 초기 연습에서는 기억 향상의 정도가 크지만 연습을 많이 할수록 기억 향상의 정도는 감소하여 연습을 해도 효과가 나타나지 않는 부분이 생기게 된다.

기억 수행을 결정하는 유일한 변수는 기억해야 할 재료를 얼마나 많이 학습하고 연습하는가인데 중요한 것은 학습자가 학습할 재료를 어떻게 처리하는가이다. 기억을 향상시키기 위한 학습 처리 방법으로 의미 연상어와 각운 연상어가 있다. 의미 연상어는 해바라기-꽃의 쌍과 같이 의미가 연관되어 있는 것이고 각운 연상어는 부산-군산의 쌍과 같이 음이 연관되어 있는 것인데 실험에 의하면 각운 연상어보다 의미 연상어를 더 의미 있게 처리하는 경향이 있다고 한다.

정교화 처리는 기억해야 할 항목에 관련되는 추가 정보를 만드는 것이다. 예를 들어서 '의사는 변호사를 싫어했다'라는 문장과 '의사는 부정 소송 때문에 변호사를 싫어했다'라는 문장을 보여 준 후에 의사는 누구를 싫어했냐고 질문하면 두 번째 문장을 읽은 참여자들이 더 잘 기억한다는 것이다. 이는 변호사를 기억하지 못해도 소송이라는 단어로 인해 변호사를 기억할 수 있기 때문이라는 것이다.

어느 실험에서 참여자들에게 정상적인 문장들과 위아래가 바뀐 문장들을 읽게 하면 후자를 더 잘 기억하는데 이는 위아래가 뒤바뀐 문장들을 읽을 때에는 가외의 처리가 요구되므로 이러한 노력이 기억 향상의 기반이 된다고 주장했다.

기억에 영향을 주는 것은 학습 재료의 처리 수준이며 학습 의도는 기억에 영향을 주지 않는다고는 하지만 사람들은 자신에게 중요한 사건들을 더 잘 기억하는데 이러한 기억을 섬광 기억이라고 한다. 그러나 어떤 커다란 사고가 발생했을 때에 그 사고를 TV로 본 사람은 사고 현장에 있었던 사람보다 그 사건에 대한 장기 기억에 오류가 있다고 한다. 비록 커다란 사고라고 해도 TV를 통해서 본 사람은 그 사고가 정말로 섬광 기억으로 저장되지 않았기 때문이다.

6.7. 기억의 보존과 인출

6.7.1. 기억의 보존 함수

기억의 보존 함수는 보통 멱함수를 나타낸다. 기억의 재인율은 시간이 지남에 따라 멱함수 형태로 감소함을 알 수 있는데 이를 망각의 멱법칙(power law of forgetting)이라고 한다. 연습 곡선이 멱함수로 기술되는 학습의 멱법칙에서는 연습이 증가하면서 수행 향상이 감소됨을 보여 주는 반면에 망각의 멱법칙에서는 지연 기간이 길어짐에 따라 기억 손실이 감소됨을 나타낸다. 기억 흔적의 강도가 시간이 지남에 따라 단순히 쇠잔한다는 생각은 망각에 관한 일반적 설명의 하나로서 망각의 쇠잔이론이라고 부른다. 쇠잔 이론과 대치되는 이론으로서 망각의 간섭 이론이 제시되었다.

6.7.2. 망각의 간섭 이론

망각은 시간이 지남에 따라 쇠잔되지만 간섭에 의해서도 기억력이 떨어진다는 사실이 밝혀졌다. 사람들은 어떤 단어를 제시받으면 활성화는 그 단어로부터 그와 관련된 모든 연상어로 확산된다. 그러나 하나의 근원으로부터 확산되는 활성화의 양에는 한계가 있어서 그 근원이 더 많은 사실과 연합될수록 특정한 기억 구조로 확산될 수 있는 활성화의 양이 줄어드는데 이를 부채 효과라고 부른다.

간섭은 본질적으로 서로 관계가 없는 여러 내용을 학습할 때에 발생하지만 기억할 내용들에 여분의 적절한 정보가 있으면 발생하지 않는다. 여분의 적절한 정보가 있는 재료를 학습하면 표적의 기억을 간섭하지 않으며 표적의 기억을 촉진시킬 수도 있다.

6.7.3. 인출과 추론

사람들은 보통 어떤 사실을 기억해 내지 못할 때에 그것과 관련된 사실들을 인출하고 그 사실들을 기반으로 표적 사실을 추론할 수 있다. 사람들은 자신이 추론하고 있다는 사실을 자각하지 못하지만 추론을 통해 실제로 학습한 것을 회상할 수 있다. 사람들은 재료를 기억해 내려고 애쓰는 과정에서 학습했을 법한 내용을 추론하기 위해 자신들이 기억하고 있는 내용을 사용하다 보면 결과적으로 추론 오류를 내게 된다.

추론과 실제 경험을 분리하는 것이 극히 중요한데 이러한 상황들 중의 하나가 바로 목격자 증언이다. 목격자 증언의 정확성이 낮은 이유는 사람들이 사건에 관해 자기가 실제로 관찰한 것과 다른 근원에서 들은 것을 혼동하기 때문이다.

한 치료자가 어느 환자에게 그 환자와 비슷한 환경에 처했던 많은 환자들이 특정한 경험을 했다고 하면서 그런 경험을 갖고 있지 않느냐 묻게 되면 그 환자는 그러한 경험이 없었음에도 그런 경험이 있었다고 대답하는데 이러한 현상을 허위 기억 증후군이라고 한다. 사람은 경험한 것과 상상한 것을 제대로 구분하지 못한다.

6.7.4. 연합 구조와 인출

활성화 확산 이론에 의하면 특정 기억과 밀접하게 연합된 기억에 자극 단서를 제공함으로써 기억을 향상시킬 수 있다고 한다. 기억과 연합되는 단서들 중에는 기억이 형성되는 맥락에서 온 단서들이 있다. 맥락 효과를 흔히 약호화 효과(encoding effect)라고 하는데 이는 맥락이 사건을 기록하는 기억 흔적으로서 약호화되는 내용에 영향을 주기 때문이다.

맥락에는 물리적 맥락과 정서적 맥락이 있다. 물리적 맥락이란 학습할 때의 상황과 동일한 상황에서 검사를 받으면 더 높게 회상할 수 있는 맥락을 의미한다. 즉, 검사 맥락이 학습 맥락과 동일하면 회상을 더 잘할 수 있게 된다. 잠수부 교육은 땅 위에서 이루어지는데 그 교육 내용을 물속에서 회상해야 한다면 물리적 맥락이 서로 일치하지 않게 된다.

정서적 맥락은 학습할 당시의 기분과 검사받을 때의 기분이 서로 일치할 때에 기억력이 더 좋음을 뜻한다. 기분 일치 효과는 정서적 맥락에서 말하는 바와 같이 행복한 기억은 행복한 상태에서, 슬픈 기억은 슬픈 상태에서 기억하기 쉽다는 것을 의미한다.

6.7.5. 명료 기억과 암묵 기억

명료 기억은 의식적으로 회상할 수 있는 정보들에 관한 지식이고 암묵 기억은 의식적으로 회상할 수는 없지만 어떤 과제를 수행할 때에 나타나는 기억이다. 명료 기억은 해마와 전전두 피질의 역할이 크게 작용하지만 암묵 기억은 다른 어느 곳에 저장된다. 새 명료 기억이 해마에 형성되지만 경험과 함께 이 정보는 피질로 전이되어서 암묵적으로 점화되기 때문에 해마가 손상된다고 해도 손상 이전에 형성된 옛 기억이 없어지지 않는다.

암묵 기억은 과제 수행 방법에 관한 지식을 포함하는데 이런 암묵 기억의 고전적 예로 자전거 타기와 같은 절차 지식이 있다. 많은 사람들이 자전거를 잘 타지만 자신들이 배운 바를 말로 잘 표현하지 못하는데 이러한 절차 지식에 관한 기억이 기억상실증 환자들에게도 남아 있다.

6.8. 문제 해결

6.8.1. 문제 해결의 성질

인간은 다른 어느 종보다 새로운 문제를 해결하는 능력이 탁월하며 이러한 능력은 전전두 피질의 진화에 의한 것이다. 문제 해결은 보통 다양한 문제 상태로 구성된 문제 공간의 검색으로 설명된다. 하나의 상태는 문제의 해결 정도를 나타내는데 문제 해결자가 처음 당면하는 상황을 초기 상태, 목표로 가고 있는 도중의 상황을 중간

상태, 그리고 목표를 목표 상태라고 한다. 문제 해결자가 획득할 수 있는 여러 상태를 문제 공간 또는 상태 공간이라고 한다. 문제의 해결은 문제 해결자가 상태의 미로 속에서 적절한 통로를 찾는 과정을 통해 이루어진다.

6.8.2. 문제 해결 조작자

새로운 문제 해결 조작자들을 얻는 데에는 적어도 세 가지 방법, 즉 새 조작자들을 발견하는 방법, 새 조작자들에 관한 말을 듣는 방법, 다른 사람이 새 조작자들을 사용하는 것을 관찰하는 방법 등이 있다. 새 문제 해결 조작자들을 학습하는 가장 효율적인 방법은 그 조작자들에 관해 듣는 방법이지만 조작자들을 사용하는 것을 보는 것이 더 효과적인 경우도 자주 있다.

유추는 어떤 문제 해결에 사용된 조작자들을 선택해서 다른 문제의 해결에 사상하는 과정이다. 예를 들어서 이미 풀어 본 수학문제의 해결방법을 새로운 수학문제 해결에 적용할 수 있는데 이것도 유추의 하나이다. 유추를 위해서는 기존의 문제 해결 방법이 새로운 문제 해결과 동일한 방식인지를 판단해야 하는데 이것이 쉬운 일이 아니다.

유추 문제를 해결할 수 있는 능력은 인간에게 고유하다. 원숭이와 같은 하등 영장류에게는 유추 과제를 해결할 능력이 전혀 없지만 침팬지에게는 유추 능력이 다소 있다고 한다. 사람에게는 다른 사람이 문제를 해결하는 방법을 흉내 낼 수 있는 특별한 능력이 있다.

6.8.3. 조작자의 선정

하나의 상태에서 여러 문제 해결 조작자가 적용될 수 있지만 적용할 조작자 하나를 선택하는 일이 중요하다. 인간이 조작자를 선정할 때에 사용하는 세 가지 기준, 즉 후진 회피, 차이 감소, 수단-목표 분석 등에 대해 서술하고자 한다.

후진 회피는 문제 해결자가 이전 조작자들의 효과를 무효화하는 어떠한 조작자들도 취하지 않는 편향을 갖는 것을 말한다. 문제 해결에 꼭 필요한 경우에는 한 단계 물러나야 하는데 그렇지 못하는 경우가 많다. 차이 감소는 현재 상태와 목표 상태의 차이를 가장 크게 줄이는 비반복적 조작자를 택하는 경향을 말한다. 차이 감소법을 때로는 언덕 오르기라고 하는데 만일 목표가 지면에서 가장 높은 지점이라고 생각할 때에 항상 위로 올라가기만 하면 목표에 도달할 수 있을 것 같아도 실제로는 목표보다 낮은 어떤 언덕의 꼭대기에 도달할지도 모르는 것이다. 언덕 오르기는 삶의 중요한 문제를 결정할 때 주목해야 한다. 사람이 더 높은 임금을 버는 데 필요한 기술을 습득하기 위해 돈 많이 벌기라는 목표로부터 일시적이나마 이탈해야 할 필요가 있다.

수단-목표 분석이 차이 감소법보다 더 진보된 방법인 이유는 어떤 조작자가 즉각적으로 적용될 수 없어도 그것을 포기하지 않기 때문이다. 수단은 일시적으로 목표가 된다. 문제 해결자는 심사숙고하여 실제의 목표를 무시하고 수단을 가능하게 하는 목표에 집중한다. 수단-목표 분석의 일반적 특징들 중의 하나는 큰 목표를 여러 개의 하위 목표로 나누는 것인데 이들 중에 조작자 하위 목표라는 말은 조작자의 적용을 막고 있는 차이를 제거하는 것이 목적인 하위 목표를 지칭한다.

6.8.4. 문제 표상 및 갖춤새 효과

보통 부적절한 문제 표상은 학생들로 하여금 그에 대한 적절한 지식을 배웠음에도 불구하고 문제 해결에 실패한다. 예를 들어서 예제 문제 풀이를 배우고서 연습 문제를 풀 때에 예제 문제 풀이를 연습 문제 풀이에 적용 가능한지 혹은 적용 불가능한지 만일 적용 불가능하면 이들 두 문제 사이에 어느 점이 다른지를 정확하게 표상할 줄 알아야 한다.

문제 해결에서 때로는 주변 물체들을 새롭게 표상할 수 있어야 한다. 예를 들어서 펜치를 다른 기능, 즉 그릇 뚜껑을 누르는 데에도 사용할 수 있어야 한다. 펜치를 그릇 뚜껑을 누르는 도구로 사용하지 못하는 현상을 기능적 고착이라고 하는데 이는 사물을 관습적 기능에 따라 표상하는 데 굳어져서 새 기능을 표상하지 못하는 것을 뜻한다.

문제를 푸는 사람들은 각자의 경험에 따라 문제 해결에서 특정 조작자들을 선호하는 편파성을 가지고 있는데 이것을 갖춤새 효과라고 한다. 예를 들어서 10개의 문제가 주어질 때에 5개의 문제 푸는 방식이 동일하다면 나머지 5개를 풀 때에도 기존의 방식대로 풀려 한다. 그러나 사실은 다른 방식으로 풀면 더 쉽게 풀 수 있는 방법이 있을 때에도 기존의 방식을 고집하는 경우가 많다.

사람들은 흔히 어떤 문제를 여러 번 시도하여 풀려 했지만 실패를 거듭하여 그 문제를 몇 시간, 며칠, 또는 몇 주 동안 제쳐 두었다가 다시 풀면 해결책을 곧 발견할 수 있는데 이를 부화 효과(incubation effect)라고 부른다. 문제를 처음 푸는 동안에 사람들은 문제를 몇 가지 방법으로 생각하고 특정 지식 구조들을 마음에 둠으로써 스스로 갖춤새를 만드는데 이러한 초기의 갖춤새가 적절하면 문제가 풀리겠지만 적절하지 못하면 부적절한 절차에 고착될 것이다. 부화 효과는 사람들이 부적절한 문제 해결 방식들을 망각하기 때문에 발생하는 것이다. 대부분의 사람이 어떤 문제를 가지고 오랫동안 씨름하다가 그 문제를 갑자기 해결한 후 '아하'라고 외치는데 이것을 통찰이라고 한다.

6.9. 전문성

6.9.1. 기술 습득

기술 습득은 보통 세 단계, 즉 인지 단계, 연합 단계, 자동 단계 등으로 구분된다. 첫 번째 단계인 인지 단계에서는 기술의 서술적 약호화가 이루어진다. 사람들은 기술에 적합한 여러 사실을 기억하려 하는데 이 사실들은 과제의 조작자들을 정의한다. 학습자들은 그 기술을 처음 수행할 때에 이 사실들을 입속에서 암송한다.

기술 습득의 두 번째 단계인 연합 단계에서는 처음에 잘못 이해했던 오류가 서서히 탐지 및 제거되며 성공적인 수행에 필요한 여러 요소 간의 연결이 강화된다. 연합 단계의 결과는 기술의 실행을 성공적으로 절차화하는 것이다. 세 번째 단계인 자동 단계에서는 절차들이 더 자동화되고 빨라진다. 예를 들어서 자동차 운전이 자동화되면 사람들은 그들이 지나쳐 온 길의 교통 상황이 어떠했는지 기억하지 못할 정도로 대화에 빠져들게 된다.

학습의 멱법칙에서 살펴본 바와 같이 일정한 양의 연습 후에는 연습을 더한다고 해도 처리 시간이 급격히 감소하지는 않는다. 그러나

한 번 습득한 기술은 보통 매우 높은 수준의 유지를 보인다.

6.9.2. 전문성의 성질

전문성이 발달하면서 서술 지식과 절차 지식에 의존하는 정도가 크게 변한다. 서술 지식을 심사숙고하여 사용하다가 절차 지식을 패턴 주도적으로 적용하게 되는데 이러한 과정을 절차화라고 한다. 사람들은 문제들을 연습하면서 한 문제 또는 문제의 일부를 푸는 데 필요한 여러 행위를 학습하는데 이것을 책략 학습이라고 한다. 책략은 특정 목표를 달성하는 방법을 말한다.

여러 작은 문제들은 자주 반복되므로 책략 학습으로 해결할 수 있다. 그러나 크고 복잡한 문제들은 반복적이지 않고 비슷한 구조를 가지므로 전반적인 문제 해결을 체제화해야 한다. 비슷한 문제들의 일반 구조를 활용하여 주어진 문제 해결에 관한 체제화 방식을 학습하는 것이 방략 학습이다. 군대에서 책략은 소규모 전장에서의 기동 연습을 의미하고 방략은 군사 작전이라는 수준 높은 체제화를 말한다. 이와 비슷하게 책략 학습은 기술의 새로운 단편에 관한 학습을 포함하고 방략 학습은 이들을 조합하는 데 관심이 있다.

전문성을 습득하면서 문제 해결자들은 보다 효과적인 해결 절차를 적용할 수 있는 방식으로 문제를 지각하게 된다. 전문가들은 명료하게 드러나지 않는 원리들을 이해하고 이 원리들을 중심으로 문제를 표상하는 것을 배운다.

전문가들은 자신들의 전문 분야의 정보를 잘 기억하고 있다. 체스 고수들은 체스가 아닌 다른 분야에서는 특별히 머리가 더 뛰어난 것이 아니라는 사실이 밝혀졌다. 체스 게임이 진행되는 도중에 체스 말들이 배치된 모습을 5초간 하수에게 보여 주면 단지 네 개 혹은 다섯 개의 말만을 복기할 수 있지만 고수에게 보여 주면 20개 이상의 말들을 복기할 수 있는데 이는 고수의 작업 기억 용량이 크다는 증거이다.

무작위로 배치된 체스 말들을 제시하면 고수와 하수 간에 아무런 차이가 없는데 이는 고수가 개개의 말들을 기억하기보다는 패턴들을 기억한다는 것을 의미한다. 전문가들이 보여 주는 기억의 우수성은 단지 작업 기억의 이익때문만이 아니라 그 이익이 장기 기억까지도 확장된다는 점이다.

전문성은 한 분야에 적합한 패턴, 문제 해결 규칙, 그리고 문제 해결 체제화를 학습하는 데 많은 시간을 투자해야만 생긴다. 여러 분야의 천재들은 한 분야에서 10년간 종사한 후에야 자신들의 역작을 냈다는 사실이 밝혀졌다. 거의 모든 전문성이 연습량에 의해 확보되며 사실상 타고난 재능은 아무런 역할을 하지 않는다는 주장도 있다. 그러나 연습을 한다고 해서 모두 다 전문성을 기를 수 있는 것은 아니고 주도면밀한 연습을 수행해야 한다.

6.10. 판단과 결정

6.10.1. 확률 판단

사람들은 어떤 사건에 대해 판단을 내릴 때에 그 사건이 발생할 빈도수를 감안하여 확률을 예측한다. 비록 수학적으로 확률을 배우지 않은 사람들도 나름대로 어떤 사건이 얼마나 자주 발생할 것인가를 직관적으로 예측한다. 그러나 베이스 정리로 정확하게 얻은 확률과 사람들이 직관하는 확률에는 차이 값이 발생한다.

베이스 정리를 설명하기 위해 병원에서 검사를 받았는데 양성 반응이 나온 경우를 예로 들어 보기로 하자. 어떤 병이 검사에서 양성으로 나올 확률이 95%라고 하자. 그 병에 걸리지 않았는데도 양성 반응이 나올 확률은 5%라고 하자. 즉, 에러 확률이 5%인 것이다. 어떤 사람의 검사 결과가 양성이라고 판명되었다면 그 사람이 병에 걸릴 확률은 얼마일까? 대개는 95%라고 생각하는데 이것은 오류이다. 왜냐하면 기저율, 즉 사전 확률을 무시했기 때문이다. 이 병이 10,000명 중에서 1명 걸리는 병이라고 할 때에 기저율은 0.0001이 된다.

사람들은 눈으로 보고 어떤 사건의 빈도수를 말할 때에는 정확하게 말하지만 사건들을 보지 못하고 기억으로부터 회상해야 할 때에는 어느 한 종류를 너무 많이 회상하게 되어 왜곡된 판단을 하게 된다. 예를 들어서 참여자들에게 k로 시작하는 영어 단어와 세 번째 낱자가 k인 영어 단어의 비율을 추정하라고 할 때에 일반적으로 참여자들은 단어를 구성하는 여러 위치의 낱자들 중 첫 낱자로 생성되는 단어의 빈도를 과대 추정하게 된다.

동전을 연속해서 여섯 번 던질 경우 H H T H T H와 T T T T T T 중에서 어느 것이 나올 가능성이 더 높을까 물어보면 첫 번째 순서로 나올 가능성이 더 높다고 생각하지만 이들 두 순서가 나올 확률은 같다. 도박꾼의 오류라는 것이 있는데 이 오류는 만일 어떤 사건이 한동안 발생하지 않으면 '평균의 법칙'에 따라 그 사건이 이내 발생할 가능성이 클 것이라는 생각이다.

재인 추단이라는 것이 있는데 이것은 사람들이 하나는 재인하고 다른 하나는 재인하지 못하는 경우에 재인된 항목이 재인되지 않은 항목보다 더 크고 더 중요하다고 믿게끔 유도하는 것을 말한다. 예를 들어서 밤베르크와 하이델베르크 중 어느 도시가 더 크냐고 물으면 많은 사람들이 하이델베르크를 기억하므로 하이델베르크가 밤베르크보다 더 큰 도시인 줄 안다는 것이다.

6.10.2. 결정 내리기

사람들은 선택을 해야 할 때에 최고의 기댓값을 가진 선택지를 택해야 한다. 기댓값은 그 가치와 확률을 곱해서 구한다. 예를 들어서 100원 벌 확률이 1/3인 선택 A와 200원 벌 확률이 1/7인 선택 B 중에서는 선택 A의 기댓값이 100/3=33.3원이고 선택 B의 기댓값은 200/7=28.6원이므로 당연히 선택 A를 택해야 한다.

그러나 선택 A가 1억 원 벌 확률이 1이고 선택 B가 2.5억 원 벌 확률이 1/2인 경우에는 기댓값은 선택 B가 1.25억 원으로 선택 A보다 높지만 우리들은 선택 A를 택하게 된다. 이와 같이 돈에 부여하는 효용 가치는 돈의 액면가와 선형적이지 않고 개인마다 다르므로 이것을 주관적 효용이라고 부른다.

주관적 효용 함수에서는 이익의 초반에는 가치도 선형적으로 상향되지만 이익이 어느 정도 이상에서는 그에 대한 가치는 덜 상향된다. 따라서 2.5억 원 이익은 어느 정도 이상에 해당하므로 주관적 효용은 2.5억 원이 아니라 1억 원보다 20% 많은 1.2억 원으로 메겨진다는 것이다. 이럴 경우 선택 A의 기댓값은 1억 원이고 선택 B의 기댓값은 1.2/2=0.6억 원이 되므로 주관적 효용에서 보면 선택 A가 더 가치가 있어서 이를 선호하게 된다. 주관적 효용 함수에서는 이익보다 손실 영역에서 더 가파르게 감소하는 특징을 갖는다.

예를 들어서 선택 A는 10,000원 벌 확률이 1/2이고 10,000원 잃을 확률이 1/2인데 선택 B는 벌지 않고 잃지도 않는다고 하면 사람들은 선택 B를 택한다. 이는 사람들이 10,000원 이익보다는 10,000 손실에 더 큰 비중을 두기 때문이다.

사람들은 주관적 효용과 마찬가지로 사건에 객관적 확률과 일치하지 않는 주관적 확률을 연합시킨다고 한다. 이 함수에서는 매우 낮은 객관적 확률은 그보다 더 상향된 주관적 확률로 되고 높은 객관적 확률 범위에서는 그보다 더 낮은 주관적 확률이 된다. 사람들은 1%의 승산이 있는 4만 원을 2%가 있는 2만 원보다 더 선호하는데 이는 1%가 2%의 반이 아니라 그보다 더 높은 것으로 받아들이기 때문이다. 이와 같이 사람들은 여러 결정을 내릴 때에 주관적 효용과 주관적 확률로 반응한다고 한다.

6.11. 인지의 개인차

6.11.1. 인지 발달

(1) 피아제의 발달 단계

아동들이 자라면서 다양한 지적 과제들을 잘 수행해 내는 이유 중의 하나는 '더 잘 생각하게' 된다는 것이고 다른 하나는 '더 잘 알게' 된다는 것이다. '더 잘 생각하게'라는 의미는 그들이 더 많은 정보를 작업 기억에 저장할 수 있거나 정보를 더 빨리 처리할 수 있음을 뜻한다. '더 잘 알게'의 의미는 아동들이 자라면서 더 많은 사실과 방법들을 배우는 것을 말한다. 컴퓨터로 비유하자면 하드웨어가 좋아지는 것일까 아니면 소프트웨어가 더 좋아지는 것일까?

유아가 성장하면서 뉴런의 수는 감소하지만 연접 연결의 수는 첫 2년간 10배로 증가하는데 연접의 수가 2세에 정점에 도달하며 그 이후 점차 감소한다. 초기의 뉴런 가지치기와 후기의 연접 연결 가지치기는 뇌가 스스로 섬세한 조정을 하는 과정으로 생각된다. 2세 이후 뉴런이나 연접 연결은 더 이상 증가하지 않지만 다른 세포들의 증식, 특히 뉴런의 축삭 주변에 수초를 제공하는 신경교 세포가 증가하기 때문에 뇌의 신호가 신속하게 수행될 수 있다.

(2) 생득론과 경험론

생득론에서는 세상에 관한 우리 지식의 가장 중요한 측면은 유전적으로 프로그램된 발달의 일부로 나타난다고 주장하고 경험론에서는 모든 지식이 순전히 환경에 대한 경험에서 나온다고 주장한다. 몇몇 발달 이론은 인간의 기본 인지 용량이 출생부터 사춘기에 이르기까지 증가한다고 주장하는데 그의 기본 생각은 보다 높은 수준의 인지 수행을 하려면 많은 정보가 작업 기억에 유지되어야 한다는 것이다. 작업 기억이 증가하는 주된 요인은 신경 기능의 속도가 증가하기 때문이라는 것인데 연습 또한 중요한 요인으로서 사람들은 연습을 하면 할수록 심적 조작을 더 효율적으로 사용할 수 있으므로 작업 기억 용량을 그렇게 많이 요구하지 않게 된다는 것이다.

(3) 인지와 노화

사람은 나이가 들면서 많은 것을 계속해서 배우지만 사람의 인지 능력은 해가 더해 가는 만큼 획일적으로 증가하지 않는다. 어휘력과 언어 이해와 같은 언어 지능은 여러 해를 걸쳐 매우 일관성 있게 유지되지만 추리와 문제 해결과 같은 능력은 심하게 감소한다. 그러나 나이 든 성인들은 속도와 무관한 검사에서 더 잘한다. 직업과 관련된 행동일 경우에 나이 든 성인들이 젊은 성인들보다 보통 더 나은데 그들은 더 많은 지식을 축적했을 뿐만 아니라 직업의 요구에 더 성숙하게 접근하기 때문이다.

뇌 기능의 저하는 연령과 밀접한 관련이 있다. 뇌 세포들은 서서히 죽어 가고 있으며 어떤 영역들은 세포의 죽음에 특히 민감하다. 기억에 특히 중요한 해마는 10년마다 그 세포의 5%가 소멸되고 다른 세포들은 비록 죽지는 않지만 축소되거나 약화된다. 한편 해마에 남아 있는 세포들은 노화로 죽은 인접 세포들을 보상하기 위해 성장한다. 연령과 관련된 뉴런의 손실이 있기는 하지만 이것은 지적 활동이 많은 성인들에게는 별로 중요하지 않다.

사람은 60세까지 연령과 관련되어 지적 능력이 점점 떨어진다. 전문직에 종사하는 사람들(예술가, 과학자, 철학자)은 자신들의 최고 업적을 주로 30대 중반에 이루었다고 한다. 30대가 지적 수행에 있어서 정점을 이루고 40대와 50대까지 비교적 높은 지적 수행이 지속된다. 나이 든 사람들이 젊은 사람들에 비해 정보 처리 속도가 느린데 이것이 작업 기억에 정보를 유지하는 그들의 능력을 방해한다.

6.11.2. 인지 측정

(1) 지능 검사

지능 검사는 1904년 프랑스에서 보충 교육이 필요한 아동들을 선별하는 작업의 일환으로 알프레드 비네에 의해 시작되었다. 지능 지수(Intelligence Quotients: IQ)는 원래 정신 연령을 생활 연령에 관련시킨 것이었다. 만일 어떤 아동이 검사에서 평균 6세 아동들이 푸는 문제를 풀었는데 생활 연령이 5세이면 그 아동의 IQ는 100×6/5 = 120이 된다. 그러나 이 수치는 성인의 지능 측정치로 확장될 수 없는데 지능 검사상의 수행이 10대 후반에는 연령과 상관없다가 그 이후에는 하락하기 때문이다. 따라서 현재의 IQ에서는 개인의 원점수에서 그 연령 집단의 평균 점수를 빼서 그 차이를 원래의 IQ 점수에서처럼 100을 중심으로 변하는 측정치로 환산하는데 다음과 같이 표시된다.

$$IQ = 100 + 15 \times \frac{(\text{원점수} - \text{평균 점수})}{\text{표준 편차}}$$

지능이란 개념은 문화적으로 상대적이다. 어떤 문화가 지적으로 가치를 두는 것에 다른 문화는 가치를 두지 않을 수도 있는 것이다. 지능 검사의 공정성과 관련된 쟁점은 지능이 내적으로 타고난 능력인지 아니면 후천적으로 습득된 능력인지에 있다. 서로 떨어져서 성장한 일란성 쌍생아는 같은 가정에서 양육된 이란성 쌍생아에 비해 IQ가 서로 매우 비슷하다는 것을 보여 주는데 이것은 IQ에 강한 유전적 요소가 있다는 증거가 된다. 그러나 지능과 IQ는 결코 같지 않다. 지능 검사는 광범위한 환경에 걸쳐서 특히 학교에서의 성공을 예측해야 했기 때문에 지능에 기여하는 특수한 경험의 기여를 무시했다.

7_인간의 정서

7.1. 정서의 개념

『동기와 정서의 이해』, Johnmarshall Reeve 저, 정봉교 외 공역, 박학사에서 정서는 직접적으로 정의 내리기가 쉽지 않지만 4가지 차원, 즉 주관적(인지적), 생물학적(생리학적), 기능적(목적적), 표현적(사회적) 차원 등의 요소를 가지고 있다고 서술한다.

주관적 차원에서의 정서는 화나 즐거움과 같이 우리가 느끼게 되는 주관적인 자각이다. 정서는 또한 생물학적 요소로서 자율신경계와 내분비계의 활동을 통해 적응적 대처행동을 준비하고 조절한다. 사람이 화를 낼 때에 각성 상태에 놓여 있는 것은 신경생리학 활동으로 인한 것이다. 기능적 요소들은 경험된 정서가 개인에게 이익이 되는 방법에 대한 것이다.

예를 들어서 공포, 즐거움, 사랑 등의 정서가 없는 사람은 신체적으로나 사회적으로 생존이 어렵게 된다. 정서의 표현적 요소들은 사회적 특성을 가지며 의사소통과 관련되어 있다. 자세, 제스처, 발성,

얼굴표정 등을 통해 우리의 개인적 경험들이 표현되고 다른 사람들과 의사소통하게 된다.

정서는 지속 시간이 짧고 주관적-생리적-동기적-의사소통적 현상으로서 우리가 살아가는 동안 직면하게 되는 기회와 도전에 적응할 수 있도록 돕는 것이다. 정서는 실제로 존재하지 않지만 주관적·생물학적·기능적·표현적 요소들을 유발한 사건에 대한 결합된 반응으로 정리한 것이다. 예를 들어서 어떤 사람이 급경사의 바위를 타고 내려오려 할 때에 반응은 감정, 신경학적 반응, 목표 지향적 욕구, 일상적인 비언어적 의사소통들이다. 따라서 두려움을 느낀 피해자는 심장이 두근거리고(생물학적 측면), 자기보호 욕구를 강하게 느끼며(기능적 측면) 눈이 긴장되고 입 언저리를 깨문다(표현적 측면). 이렇게 동기화되고 상호 지지적인 요소들은 환경적 위험에 대한 하나의 반응 패턴을 형성하며 그것이 곧 공포라는 정서인 것이다.

정서는 동기와 관련성이 있다. 정서는 사람들이 수행하고 있는 일들이 얼마나 잘 진행되는지 혹은 나쁘게 진행되는지를 나타내기 위한 지속적인 '판독' 시스템으로서 작용한다. 예를 들어서 즐거움의 정서는 목표를 향해 나아가고 사회적 수용을 신호해 주며 혐오는 실패와 상실을 나타내 준다. 또한 정서는 동기의 한 유형이다. 모든 동기와 마찬가지로 정서들은 행동에 활력을 부여하고 방향을 결정해 준다.

7.2. 정서의 원인

정서의 원인에 대한 핵심적인 논쟁은 여러 사항이 거론되지만 생물학 대 인지라는 주제로 축약된다. 인지적 요인이 정서의 일차적이라고 주장하는 사람들은 만약 우리가 어떤 사건의 의미와 개인적 중요성을 우선적으로 평가하지 않는다면 정서적으로 반응할 수 없다고 주장한다. 생물학적 이론가들은 정서는 선행된 인지적 사건 없이도 일어날 수 있으나 선행된 생물학적 사건이 없으면 정서가 일어날 수 없으므로 정서는 인지적 요인이 아니라 생물학적 요인이라고 주장한다.

7.2.1. 생물학적 관점

3주 된 유아들은 고음의 사람 목소리에 대한 반응으로 웃으며 2달 된 유아는 고통에 대한 반응으로 분노를 표현하는데 이는 아직 인지적으로 부족한 유아들도 정서적으로 반응한다는 것을 의미한다. 정서는 뇌의 활동(예, 생화학적, 신경호르몬적 사건들)을 조절하는 유전적으로 형성된 신경 회로들에 의해 일어난다. 다른 동물들과 같이 사람들은 뇌의 분노 회로, 뇌의 공포 회로, 뇌의 슬픔 회로 등을 가진다고 한다.

7.2.2. 인지적 관점

인지적 관점과 관련한 연구자들은 인지적 활동이 정서에 대한 필수적인 선행요건이라고 주장한다. 인지적 처리를 배제시키면 정서도 사라진다. 그리고 개인적으로 관련이 없는 것으로 평가된 자극은 정서적 반응을 일으키지 않는다. 만약 차가 지나갈 때에 우리들의 안녕이 어떤 식으로든 위협을 받는다고 생각하지 않는다면 도로에서 우리들 옆을 지나치는 차는 공포를 불러일으키지 않는다. 정서를 일으키는 과정은 사건 그 자체로 시작되는 것이 아니며 그것에 대한 생물학적 반응으로 시작되는 것도 아니고 오히려 그 사건의 의미에 대한 인지적 평가에 의해 시작되는 것이다.

7.2.3. 이중 시스템 관점

이중 시스템 관점 지지자들은 인지적 정서과정과 생물학적 정서과정이 모두 옳다고 주장한다. 인류는 정서를 활성화하고 조절하는 두 가지 동시적인 시스템을 가지고 있다고 한다. 그 하나는 정서적 자극에 불수의적으로 반응하는 생득적·자발적·생리적 시스템이고 다른 하나의 시스템은 해석적·사회적으로 반응하는 경험에 근거한 인지적 시스템이다.

생리적 정서 시스템(예, 변연계)은 인류의 진화에서 먼저 발생한 반면에 인지적 정서 시스템(예, 신피질)은 인류가 점차 대뇌의 통제를 받고 사회적으로 변화됨으로써 이후에 발생한 것이다. 선행한 생물학적 시스템과 최근의 인지적 시스템 모두는 매우 적응적인 이중 정서시스템 기제를 제공하는 것으로 결합되었다.

사람들이 어떠한 환경적 사건들이 고통을 줄 것인지 아닌지를 아는 방식은 생득적 방식과 학습된 방식 모두를 가지고 있다. 생득적으로 학습된 방식은 회피 행동을 동기화시키는 데 매우 빠른 판단을 제공하지만 학습된 방식은 회피 행동을 동기화시키는 데 신중하고도 반사적인 판단을 제공한다. 이중 시스템은 인지적 처리의 유연성뿐만 아니라 생물학적 처리의 즉시성과 신뢰성 모두의 장점을 가지고 있다.

Robert Levenson(1994)은 생물학적 정서 시스템과 인지적 정서 시스템이 병렬적으로 작용하며 두 개의 시스템들이 서로 상호작용하고 서로에게 영향을 미친다고 주장한다. Panksepp(1994)는 두 범주의 정서가 존재한다고 주장하였다. 즉, 어떤 정서들은 생물학적 시스템으로부터 발생하고 다른 정서들은 인지적 시스템에 의해 발생한다는 것이다. 공포와 분노 등과 같은 정서들은 먼저 피질하 신경회로들로부터 발생하지만 다른 정서들은 피질하 신경회로들에 의해 설명되기가 어렵고 대신에 주로 개인적 경험, 사회적 모델링, 문화적 맥락들로부터 일어난다고 한다.

7.3. 기본 정서

생물학적 관점 연구자들과 인지적 관점 연구자들은 모두 수많은 정서들이 존재한다는 것에 동의한다. 생물학적 이론가들은 쾌락적으로 대립적인 뇌 과정, 고유한 뇌 시스템, 피질하의 신경전달물질 회로, 가치 있는 목표의 가능상태, 신경발화 패턴, 보편적인 얼굴 표정, 심리 진화적 기능의 구분, 정서에 근거한 동기화 시스템의 분화 등에 근거하여 각각 특정 개수의 정서를 제안하였다.

인지적 관점 연구자들은 각성 상태 동안의 정서적 인지, 각성 상태 동안의 의미 분석, 각성 상태에 대한 사회화된 반응, 사람과 환경 간의 관계 평가, 환경적 사건에 대한 의미 평가, 언어에서의 정서, 사회적 역할과 구조, 결과 등에 대한 귀인, 사회적 정체감 등으로 구분하여 정서의 개수를 주장하였는데 이들은 정서의 수가 거의 무한하다는 것이다. 이들 연구자는 아래와 같은 특성을 갖는 정서들을 기본 정서로 규정지었다.

① 획득되기보다는 생득적인 것
② 동일한 상황에서 모든 사람에게 일어나는 것

③ 독특하고 변별 가능하게 얼굴 표정으로 표현되는 것

④ 변별 가능한 생리적 반응 패턴을 유발하는 것

정서는 전 생애에 걸쳐 발달하고 변화한다. 그러나 개인적 경험과 문화적 요구에서 나타나는 차이에도 불구하고 우리는 모두 이들 기본 정서들의 정서 공통성을 공유한다. 생물학적 이론가들과 인지적 이론가들 모두로부터 나온 기본 정서 6가지, 즉 공포, 분노, 혐오, 슬픔, 기쁨, 흥미 등에 관해 설명한다.

(1) 공포

공포는 개인이 어떤 상황을 잠재적으로 위험하고 위협적인 것으로 해석할 때에 시작된다. 가장 일반적으로 공포를 일으키는 상황은 신체적 혹은 심리적인 해가 예상되는 경우에 위험에 대한 취약성 또는 그 사람의 대처 능력이 앞으로 다가올 상황들에 맞지 않을 것이라는 예상 등에 따라 일어난다.

공포는 방어를 동기화시키는데 이것은 자율 신경계의 각성을 일으키는 것으로 앞으로 다가올 신체적 또는 심리적 해에 대한 경고 신호로 작용한다. 사람은 자기 자신을 보호하기 위해서 떨고 땀을 흘리며 주위를 둘러보고 신경이 날카롭게 되는 것을 느낀다.

(2) 분노

분노는 어디에나 늘 있는 정서이다. 사람들이 가장 최근의 정서적 경험에 대해 이야기할 때에 가장 자주 떠올리는 정서가 바로 분노이다. 분노는 자신의 계획이나 목표가 외부의 어떤 힘(예, 장애물, 방해, 훼방 등)에 의해 저지되었다라고 해석할 때처럼 속박 경험에서 일어나는 것이다. 또한 분노는 신뢰가 무너지거나 퇴짜 당하거나 부당하게 비난당하거나 다른 사람들로부터 배려가 부족하거나 귀찮은 것이 누적되었을 때에 일어난다. 분노의 본질은 그 상황이 당연한 것이 아니라는 신념이다.

분노는 가장 열렬한 정서이다. 화가 난 사람은 더 강해지고 더 힘이 있어진다(싸움 또는 도주 반응에서 싸움 부분). 분노는 사람을 더 민감하게 만들고 다른 사람들이 하는 일의 부당함에 대해 마음 쓰게 하며 싸움은 불법적인 속박, 간섭, 또는 비판을 극복하거나 바로잡으려는 방향으로 나간다. 분노의 목적이 환경적 장애물을 파괴하는 것일 때에 분노는 잠정적으로 가장 위험한 정서이다.

(3) 혐오

혐오는 오염되거나 상했거나 썩은 물건이 있을 때 그 물건으로부터 멀어지거나 그것을 없애고자 하는 것과 관련된다. 유아기에는 혐오의 원인이 쓴맛 또는 신맛에 한정된다. 아동기에는 혐오 반응이 선천적으로 싫어하는 맛과 획득된 불쾌감 모두를 포함한다. 나이가 든 아동들은 공격적인 자극을 받을 때 혐오를 나타낸다.

성인에게 혐오를 일으키는 물체들로는 육체적인 더러움, 대인관계에서의 더러움, 도덕적인 더러움 등도 포함된다. 문화적 학습은 성인이 신체적·대인관계적·도덕적 더러움 등을 얼마나 고려해야 하는지를 결정한다. 대부분의 문화권 사람들이 혐오스러운 대상을 평가할 때도 마찬가지로 혐오는 여전히 생물학적 속성을 가지고 있다.

혐오의 기능은 거부이다. 혐오를 통해 각 개인은 환경의 몇몇 물리적 또는 심리적 측면들에 대해 능동적으로 거부하고 포기한다. 현상학적으로 혐오는 대상을 회피하도록 하기 때문에 사람들은 혐오를 낳는 조건들을 피하는 데 필요한 대처 행동들을 배운다.

(4) 슬픔

슬픔은 가장 부정적이면서 혐오적인 정서이다. 슬픔은 대체로 이별과 실패의 경험에서 일어난다. 이별, 사랑하는 사람의 죽음, 이혼, 논쟁 등은 우리를 괴롭게 한다. 시험이나 콘테스트에서 입상하지 못하거나 집단 구성원들로부터 거부당하는 것과 같은 실패 또한 슬픔을 낳는다.

슬픔은 매우 혐오적인 느낌이므로 그들에게 다시 그러한 일들이 일어나기 전의 상태로 돌아가고 싶은 마음이 생겨나기 때문에 슬픔을 자극하는 환경들을 완화시키는 데 필요한 행동을 동기화한다. 이별을 겪은 후에 거부당했던 연인은 깨어진 관계를 회복하기 위해 사과하게 되고 꽃을 보내거나 전화를 하게 된다.

실패를 겪은 경우에는 자신감을 회복하기 위해 연습을 하게 된다. 이별과 실패는 이전의 상태로 복귀될 수 없다. 이러한 희망이 없는 상황에서 사람들은 능동적이거나 정력적인 방식이 아니라 슬픔을 주는 상황으로부터 주로 철회하도록 만드는 수동적이면서 무기력한 방식으로 행동한다.

슬픔의 유용한 측면 한 가지는 사회 집단들의 응집력을 간접적으로 활성화시킨다는 점이다. 왜냐하면 중요한 사람들과의 이별은 슬픔을 낳게 되며 슬픔은 불편한 정서이기 때문에 이별에 대한 예상은 사람들로 하여금 그들이 사랑했던 사람들과의 응집력을 유지하도록 동기화시킨다.

(5) 기쁨

기쁨의 요인은 일의 성공, 개인적 성취, 목표달성, 원하는 것을 얻는 것, 존중받는 것, 존경받는 것, 사랑이나 관심을 받는 것, 놀랄 만큼 멋진 것을 받는 것, 놀랄 만큼 기분 좋은 일을 경험하는 것과 같이 희망했던 결과를 얻는 것이다. 기쁨의 원인은 본질적으로 슬픔의 원인과 반대된다. 슬플 때에 우리는 무기력하고 철회된 모습을 보이는 반면에 기쁠 때에 우리는 열정적이고 활기차게 느낀다. 슬플 때에는 비관적이지만 기쁠 때에는 긍정적으로 바뀐다.

기쁨의 기능은 두 가지이다. 한 가지는 기쁨이 사회적 활동에 참여하고픈 의도를 활성화시키는 것이다. 기쁨을 표현하는 것은 유아들과 엄마, 연인, 동료, 그리고 팀원들과의 관계를 밀접하게 하는 사회적인 접착제로 작용한다. 기쁨의 두 번째 이득은 부드럽게 만드는 기능이다. 기쁨은 인생을 즐겁게 만드는 긍정적인 느낌이므로 기쁨의 즐거움은 피할 수 없는 인생의 좌절과 실망, 일반적인 부정적 감정들을 중화시키며 심리적인 행복을 유지하도록 만든다. 기쁨은 괴로운 정서들의 효과를 무마시키는 수단이 된다.

(6) 흥미

흥미에는 몇 가지 수준이 항상 존재하지만 흥미는 대부분 개인의 욕구나 행복과 관련된 상황으로부터 일어난다. 신경학적 수준에서 흥미는 신경 발화율의 증가와 관련된다. 환경 조건들이 신경 발화율을 적절하게 증가시킬 때 우리의 흥미를 자극하게 되는데 이러한 것들로는 자극의 변화, 진기함, 불확실성, 복잡성, 수수께끼와 의문들, 도전, 학습에 대한 생각, 성취에 대한 생각, 발견하고자 하는 행동들이 있다.

흥미가 항상 존재하기 때문에 흥미의 증가와 감소는 일반적으로

한 가지 사건, 사고, 또는 다른 행동으로부터 관심을 이동시키는 것과 관련된다. 즉, 우리는 일반적으로 흥미를 잃는 것이 아니라 한 가지 물건이나 사건들로부터 다른 것들로 그 방향을 전환한다.

7.4. 정서의 기능

정서는 어떤 목적으로 작용하는가? 정서는 왜 필요한가 등에 대한 대답이 바로 정서의 기능에 해당한다. 정서는 환경에 적응하는 것을 돕는다고 한다. 정서의 기능에는 크게 대처 기능과 사회적 기능이 있다.

7.4.1. 대처 기능

정서는 동물들이 기본적인 일상생활을 행하는 데에 도움이 되기 때문에 진화했다. 생존하기 위해서 동물들은 환경을 탐색해야 하며 해로운 물질들을 먹지 않고 관계를 형성하고 유지하며 위급 상황에 즉각적으로 대처하고 상처 입는 것을 피하며 번식하고 싸우며 서로 돌보아야 한다. 이러한 행동들이 정서를 낳고 그 각각은 변화하는 물리적·사회적 환경에 대한 각 개체의 적응력에 도움을 준다.

Plutchik에 따르면 정서는 보호, 파괴, 번식, 재결합, 친애, 거절, 탐구, 지향이라는 8개의 두드러진 목적으로 작용한다. 그래서 보호의 목적으로 공포는 신체를 철수하거나 도피하도록 준비시킨다. 환경의 어떤 측면을 파괴시키는 분노는 공격하도록 신체를 준비시킨다. 환경을 탐구하기 위해서 호기심을 일으키고 조사하도록 신체를 준비시킨다. 모든 주요 생활과제들을 위하여 인류는 과제에 상응하는 적응적 정서 반응을 하도록 진화되었다. 따라서 정서의 기능은 기본적인 생활과제들에 대해 성공적인 방식으로 반응하도록 준비하는 것이다.

기능적 관점에서 볼 때에 나쁜 정서는 없다. 기쁨이 반드시 좋은 정서인 것은 아니며 분노와 공포가 반드시 나쁜 정서는 아니다. 모든 정서는 그들이 직면한 주어진 환경으로 주의를 돌리고 행동을 바꾸게 하기 때문에 유용한 것이다. 그렇게 함으로써 각각의 정서는 특정 상황에 대응하는 준비성을 제공하게 된다. 공포는 최선의 보호를 일으키고 혐오는 상한 음식들에 대해 거부하도록 만들기 때문에 공포, 분노, 혐오, 슬픔 그리고 모든 정서는 좋은 정서들인 것이다.

7.4.2. 사회적 기능

정서는 대처 기능 이외에도 다음과 같은 사회적 기능을 가진다.
- 우리의 느낌을 다른 사람들과 의사소통
- 다른 사람들이 우리와 상호작용하는 방식을 조절
- 사회적 상호작용에 초대하고 촉진시키는 것
- 대인관계를 창출하고 유지하며 해결하는 중추역할

사회적 맥락에서 표현된 정서들은 지식을 주며(나는 이렇게 느끼고 있다) 미리 경계하게 하고(애가 무슨 일을 할 것이다) 방향을 제시하는 기능들을(애가 무슨 일을 할 것을 바란다) 한다. 이러한 방식으로 정서적 표현은 사람들이 다른 사람들의 신념, 행동, 의도 등을 배우도록 도우며 이에 따라 상호작용을 부드럽게 하고 조정하도록 돕는다.

정서적 표현들은 사회적 상호작용을 일으키고 활성화시킨다. 사람들은 기쁨을 느낄 때에 웃지만 빈번하게 그들이 기쁘지 않을 때에도 웃는데 이는 때때로 사회적 상호작용을 활성화시키고자 원하기 때문이다.

만약 정서적 반응들의 원인이 무엇인지를 추적한다면 대부분의 정서적 반응들을 유발하는 것이 대인 관계에서의 마찰이라는 것이 발견될 것이다. 정서는 대인 관계의 본질이 된다. 또한 정서는 사람들을 함께 두도록 하거나 서로 밀어 냄으로써 사람들 간의 거리를 조정하게 되어 대인관계를 창출하고 유지하도록 풀어 나가는 데 있어서 중심적인 역할을 수행한다. 예를 들어서 기쁨은 관계의 형성을 증진시키고 슬픔은 헤어질 때에 관계를 유지하게 만들며 분노는 상처를 주는 관계를 깨는 데 필요한 행동을 동기화시킨다.

자동적이고 매우 생물학적인 정서들은 상황적으로 적합할 때에 매우 적응적으로 작용할 수 있지만 다른 상황에서는 부적절할 수도 있다. 다른 상황에서도 정서가 적응적이기 위해서는 정서들이 조절되고 통제될 필요가 있다. 현대사회에서는 호랑이가 우리를 공격하거나 사람들이 음식을 훔치거나 맹수들이 우리의 아이를 해치는 등의 일은 거의 없다. 오늘날의 위험은 더 적어졌기 때문에 옛날과 같은 방식으로 우리의 정서 시스템을 최대한 동원할 필요가 없다.

가끔씩 우리는 무르익은 정서 반응들을 통제하거나 보존할 필요가 있다. 우리의 정서 시스템을 조절하는 두 가지 주요 방식들은 인지적 평가를 통한 것과 문화적으로 적합한 표현을 걸러 내는 것이다. 예를 들어서 자신이 초행길에 길을 잘못 들어서 멈칫하는 순간에 뒤좇아 오는 자동차의 운전자는 당황해서 브레이크를 밟게 된다. 이후 그 운전자는 자신에게 화를 내며 험한 이야기를 할 때에 얼마나 화가 났으면 저럴까라는 방식으로 그 행동을 해석하여 평가할 수 있다. 정서를 조절하는 능력은 경험을 통해 향상되며 이것은 인생전반에 걸쳐 일어난다.

7.5. 정서와 기분의 차이점

정서는 중요한 생활 상황들과 이들의 중요성을 우리의 행복에 대한 기준으로 평가함으로써 나타나게 된다. 그러나 기분은 불명확하고 종종 알려지지 않은 과정들을 통해 발생하게 된다. 정서는 주로 행동을 편향되게 하고 행위의 구체적 과정들을 선택하도록 만들지만 기분은 대부분 그 사람이 생각하는 바와 인지를 편향되게 한다. 정서들은 지난 몇 초 또는 몇 분 동안과 같이 지속시간이 짧은 사건들로부터 일어나지만 기분은 몇 시간 또는 그 이상의 정신적 사건들로부터 일어나게 된다. 따라서 기분이 정서보다 더 오랜 시간 동안 지속된다.

대부분의 사람은 하루 동안에 단지 몇 분 동안만 분노, 공포, 기쁨 등과 같은 원형적인 정서를 가진다. 그러나 사람들은 지속적인 기분의 흐름을 경험한다. 비록 정서가 일상 경험에서 비교적 드물게 발생하지만 사람들은 무엇인가를 느끼고 있다. 사람들이 느끼는 것은 어느 정도는 긍정적인 감정이고 또한 어느 정도는 부정적인 감정들이다. 이러한 기분들은 종종 정서가 포함된 일화적 사건들의 여파로서 존재한다.

긍정적 감정과 부정적 감정은 서로 반대되는 방식이라기보다는 서로 독립적이다. 예를 들어서 취업 면접을 하는 동안에 사람들은 종종 긍정적인 감정과 부정적인 감정들을 동시에 느끼게 된다. 한편 긍정적인 감정은 부정적인 감정이 일어나지 않는 동안에 각 개인이 가지고 있는 수면-각성 주기에 따라 체계적으로 나타나게 된다. 긍정적인 감정 수준은 이른 아침에 깨어날 때에 매우 낮고 오전까지 빠르게 증가하다가 저녁 6시에서 9시에 최고조에 이를 때까지 점진적으로 증가하며 늦은 밤까지 빠르게 감소하여 이른 아침 수준으로 되돌아간다고 한다.

긍정적 감정을 높게 느끼는 사람은 열정을 느끼고 활력, 긴장, 긍정성 등을 경험하는 반면에 긍정적 감정을 적게 느끼는 사람은 무기력함과 함께 무감동과 지루함을 경험한다. 매우 부정적인 감정을 느끼는 사람들은 불만족, 신경질, 과민함 등을 경험하는 반면에 부정적 감정을 조금 느끼는 사람들은 침묵과 이완을 경험한다. 기쁨과 공포와 같은 전형적인 정서 상태들보다는 긍정적 감정의 정도에 따라 긴장 대 지루함, 부정적 감정의 정도에 따라 과민함 대 이완감 등을 느끼는 것이 매일 계속되는 감정적 경험의 본질이다.

긍정적 감정은 매일 낮은 수준의 일반적인 상태의 좋은 느낌을 의미한다. 음악을 듣거나 좋은 뉴스를 접하거나 더 나은 업무 진행 등과 같은 매일의 즐거운 경험들은 매우 자주 일어나기 때문에 긍정적인 감정을 가중시키게 된다. 비록 우리들은 좋은 소식, 즐거운 음악, 긍정적인 피드백 등에 초점을 맞출지라도 긍정적인 감정들 중에서 평범한 좋은 느낌들이 종종 의식하지 못하는 사이에 일어난다. 즉, 긍정적 감정은 우리의 의식 밖에 존재한다. 어떤 사람이 우리의 주의를 끌기 위해 즐거운 기분을 갖게 한다면 역설적으로 그러한 주의가 긍정적인 감정을 끝나게 만들 수도 있다.

기분 좋은 일로 인해 긍정적 감정이 생겨지면 긍정적 기분의 따뜻한 온기가 20분간 상승한다. 그러나 가끔은 어떤 경쟁되는 사건이나 방해물들이 긍정적 정서 유발 사건들에서 우리의 주의를 빼앗아 버린다. 긍정적 기분을 가졌다가도 예를 들어서 지루한 작업, 극심한 교통 체증, 나쁜 소식, 불쾌한 위험 등에 관여되면 긍정적 기분을 잃어버리게 된다.

긍정적 감정은 의사결정 과정에서 인지적 효율성을 증진시킨다. 좋은 감정은 의사결정을 수행하는 데 있어 더 빠르고 더 효율적이며 노력을 덜 기울이도록 만든다. 그러나 더 구조화되고 정확성을 위해 재검토가 필요한 과제에서는 중립적 감정을 가진 사람들보다 오류를 범할 가능성이 있는데 이는 빠르고 효과적이며 노력을 덜 들이는 의사결정 스타일이 오류를 범할 가능성을 증가시키기 때문이다.

정서라기보다는 어떤 기분이 들 때에 긍정적 감정은 기억, 판단, 문제 해결 전략과 같은 인지적 과정에 영향을 미친다. 결과적으로 좋은 감정을 가진 사람들은 행복한 생각들과 긍정적인 기억들을 받아들일 준비가 되어 있다. 우리 마음속에 행복한 생각들과 즐거운 기억들이 두드러지면 더 많은 창의성을 보여 주고 실패에 직면했을 때에 더 많은 인내를 보여 주며 효율적으로 의사결정을 수행하고 더 높은 내재적 동기를 갖게 한다.

7.6. 정서의 측면들

7.6.1. 정서의 생물학적 측면

정서는 아래와 같이 5가지의 생물학적 측면에 관여하고 있다.
① 자율신경계
② 내분비계
③ 두뇌 신경회로
④ 신경발화율
⑤ 안면 피드백

개인이 위협과 같은 중대한 상황에 직면하게 되면 신체는 신체조직의 활성화를 통해 그 위협으로부터 벗어날 준비를 하게 된다. 첫 번째로 심장, 폐 및 근육과 같은 자율신경계의 활성화, 두 번째로 분비선과 호르몬과 같은 내분비계의 활성화, 세 번째로 시상하부와 같은 변연계의 뇌신경회로 활성화, 네 번째로 신경활동과 정보처리의 활성화로 인한 신경발화율 증가, 다섯 번째로 안면 근육의 개별적인 움직임 등이 일어나면서 활성화되지 않았을 때보다 위협상황에 더욱 효과적으로 대처할 수 있게 된다.

사람들은 정서를 먼저 경험하고 곧이어 신체적 변화가 수반되는 것처럼 생각하지만 제임스-랑게 이론은 그렇지 않다고 주장한다. 예를 들어서 사람들은 순찰차의 경광등 불빛을 보고 사이렌 소리를 듣게 되면 두려움을 느끼게 되고 두려움에 의해 심장이 요동치고 손바닥에 땀이 맺히는 것이 아니라 행동적 반응이 먼저 일어나고 이후에 정서적 경험을 하게 된다고 주장하였다.

그러나 현시점에서는 단지 소수의 정서에서만 독특한 생리적 활동 패턴이 나타나고 대부분의 정서에서는 생리적 활동 패턴들이 나타나지 않는 것으로 보고 있다. 분노, 공포, 혐오, 슬픔 등의 네 가지 유형의 정서는 자율신경계의 생리적 특수성을 가진다고 알려져 있다. 이러한 자율신경계 활동 패턴이 나타나는 원인은 그것이 적응적 행동을 취할 수 있도록 도와주기 때문이다. 예를 들어서 분노가 치밀어 오른 싸움에서 심장박동율과 피부온도가 증가됨으로써 강하고 격렬한 행동을 일으키는 데 도움이 되는 것이다.

신경해부학적 연구에서는 세 가지 유형의 서로 다른 신경 회로가 뇌에 존재하며 각각의 회로는 정서 행동의 서로 다른 패턴들을 조절하고 있다고 밝혀졌다. 첫 번째로 행동적 접근 시스템은 동물들로

하여금 관심이 주어지는 환경을 탐색하고 환경과 상호작용할 수 있도록 준비시켜 주는 시스템이며 두 번째로 싸움 또는 도주 시스템은 동물들로 하여금 몇몇 위협적인 상황에서는 도피하도록 하지만 다른 위협적인 상황에 대해서는 공격적으로 방어할 수 있도록 준비시켜 주는 시스템이고 세 번째로 행동적 억제 시스템은 위협적인 상황에 직면했을 때 몸을 움직이지 못할 정도로 얼어붙게 만드는 시스템이다. 이들 세 가지 유형의 신경회로는 즐거움, 공포, 분노, 및 갈등과 같은 네 가지 정서에 근거를 두고 있다.

정서에 따라 피질 신경의 발화율이 다르게 나타난다. 신경점화는 일정한 시간 내에서 일어나는 전기적 피질 활동의 패턴을 의미한다. 이러한 신경점화에는 세 가지 기본 패턴, 즉 증가, 감소, 유지 등이 있는데 이들은 거의 대부분 환경에 의존한다.

또한 시끄러운 공연장에서 공연을 보고 있다가 조용한 장소로 이동하면 신경발화율이 감소하게 된다. 신문을 읽을 때와 같이 지속적인 인지적 노력이 요구될 때에는 신경발화율이 일정하게 유지된다. 사람들은 이러한 세 가지 기본 패턴의 신경 활동을 통해 우발적인 모든 상황에 대처하게 된다.

차별적 정서이론에서는 정서를 크게 세 종류, 즉 긍정적 정서, 부정적 정서, 중립적 정서로 구분하였다. 긍정적 정서에는 흥미와 기쁨이 포함되고 부정적 정서에는 공포, 분노, 혐오, 고통, 경멸, 부끄러움, 죄책감 등이 포함되고 중립적 정서에는 놀람이 있다.

정서에는 하나의 기본 정서에서 파생된 것들이 많이 있는데 예로서 불안은 공포에서 파생된 것이다. 정서와 관련된 용어들 중에는 기분으로 표현하는 것이 더 적절한 용어들이 있는데 그 예로서 근심과 짜증들이다. 사랑과 증오와 같이 태도로 기술하는 것이 더 적절한 용어가 있다. 적대감과 같이 성격특성으로 기술하는 것이 더 적절한 용어들이 많이 있다. 우울과 불안은 질병으로 기술하는 것이 더 적절한 용어들이다.

몇몇 정서들은 여러 가지 기본 정서들의 혼합물인데 예를 들어서 낭만적인 사랑은 흥미, 기쁨 그리고 성적 충동이 혼합된 것이다. 많은 정서 용어들은 기본적인 정서의 특정 측면들을 언급한 것인데 예를 들어서 정서를 유발시키는 것이 무엇인가의 측면으로 향수병이 있고 사람이 어떻게 행동하는가의 측면으로 쾌활함과 공격 등이 있다.

7.6.2. 안면 피드백 가설

안면 피드백 가설에 의하면 정서의 주관적인 측면은 (1) 안면 근육의 움직임, (2) 얼굴 온도의 변화, (3) 안면 피부의 분비선 활동 변화 등에 의해 야기되는 감정을 통해 일어나게 된다고 한다. 결국 정서는 얼굴에 있는 근육과 분비선의 반응에 해당한다는 것이다. 내적 혹은 외적 사건이 발생하면 신피질의 신경점화율이 갑작스럽게 증가하여 생득적으로 이미 연결되어 있는 정서-특성 프로그램, 즉 변연계의 동작에 의해 독특한 안면 표정이 나타나게 되고 말초 신경계와 내분비계에 변화가 일어나게 된다.

공포를 느끼는 안면 표정이 표출된 후 뇌에서는 100만 분의 1초 이내에 입술 양쪽 끝 부분이 일그러져 있고 안면 온도가 하강해 있으며 땀이 분비된 현상들을 근거로 안면 피드백을 해석하게 된다. 결국 안면 피드백의 이러한 특정 패턴으로 인해 공포 감정이 일어나게 된다.

안면 피드백은 정서를 활성화시키는 일을 담당하고 있다. 안면 피드백은 피질의 정서 프로그램을 활성화시키고 정서 프로그램은 정서 경험이 지속될 수 있도록 인지적·신체적 참여를 활성화시킨다. 안면 피드백에 의해 정서가 활성화되면 사람들은 안면 피드백이 아니라 심장 박동률, 호흡률, 근육긴장도 및 땀의 분비량 변화를 탐지하게 된다. 또한 자신의 자세와 몸동작을 탐지하게 된다. 이러한 신체적 변화들이 정서경험을 장기간 유지시킨다.

사람의 얼굴에는 80개의 안면 근육들이 있는데 이들 중에서 36개의 안면 근육이 얼굴 표정에 관여한다. 강한 안면 피드백 가설에서는 사람의 안면 표정을 변화시키면 거기에 해당하는 정서가 표출된다고 한다. 다시 말하면 웃는 얼굴 표정을 짓게 되면 즐거워진다는 것이다. 어떤 연구에서는 강한 안면 피드백 가설이 받아들여지지 않았다. 약한 안면 피드백 가설에서는 안면 피드백이 정서의 강도를 변화시키는 것으로 간주하고 있다. 즉, 우리들이 이미 즐거움을 느끼고 있는 상황에서 의도적으로 미소를 짓게 되면 즐거움이 한층 더 고조된다는 것이다. 약한 안면 피드백 가설은 일관되게 지지되고 있다.

즐거움에 의해 자연스럽게 유발된 미소는 의도적이며 사회적으로 동기화된 미소보다 부드럽고 더 오랫동안 지속된다. 관찰자들은 이들 두 미소 간의 차이를 구분해 낼 수 있다.

우리는 정서를 의도적으로 통제할 수 있는가? 이러한 질문에 명확한 답을 제시하기 어려운 것은 정서의 복잡한 측면, 즉 주관적 측면, 생리적 측면, 기능적 측면, 표현적 측면 때문일 것이다. 그러나 일반적인 대답으로는 몇몇 정서들이 자신의 의도와는 상관없이 자연스럽게 일어나기 때문에 통제가 불가능하다고 한다.

정서는 대부분 반응적으로 나타나기 때문에 특정 정서가 표출되기 전에 자연스럽게 반응할 수 있는 환경이 필요하다. 만약 정서가 주로 피질의 구조물에 의해 통제되는 생물학적 현상이라면 그것은 대부분의 정서가 우리의 수의적 통제를 벗어나 있다는 의미가 된다. 그러나 만약 정서가 사고, 신념, 사고방식 등과 같은 것에 의해 주로 통제되는 인지적 현상이라면 최소한 우리의 사고, 신념, 사고방식을 수의적으로 통제할 수 있는 정도까지는 우리의 정서를 통제할 수 있다는 의미가 된다.

7.6.3. 정서의 인지적 측면

인지적 정서 이론가들은 아래와 같은 두 가지 신념을 가지고 있다.
- 정서는 생활 사건들에 대한 과거의 평가(인지) 없이는 일어나지 않는다.
- 생활사건 그 자체가 아니라 평가가 정서를 일으킨다.

자신을 향해 다가오는 한 남자를 바라보고 있는 어린이의 정서 반응은 접근하는 사람 그 자체가 아니라 접근하는 남자가 자신의 안녕에 어떤 영향을 줄 것인가에 대한 어린이의 생각에 의해 결정된다. 미소를 짓고 손을 흔들면서 다가오는 사람을 보고 있는데 그 사람을 아는 사람으로 기억하고 있다면 그 어린이는 이러한 상황을 좋은 것으로 평가하게 될 것이다. 이러한 평가가 그 어린이의 정서 경험과 신체 변화를 일으킨다.

동메달을 딴 선수가 은메달을 딴 선수보다 경기 후 더 많은 행복감을 느끼게 되는 반직관적인 사실을 생각하면 어떤 일이 일어날 것인가에 대한 그들의 평가는 실제로 일어난 상황만큼이나 중요하다는 것을 보여 주고 있다. 금메달을 딸 수 있었는데 하는 아쉬움보다 마음을 비운 상태가 그들로 하여금 더 많은 행복감을 느끼게 한 것이다.

변연계의 편도체는 환경을 통해 받아들여진 감각 정보의 쾌감 정도를 자동적으로 평가한다. 그리고 대부분의 자극은 추가적인 정보처리 과정과 그로 인한 기대, 기억, 신념, 목표, 판단, 귀인 등에 의해 대뇌피질에서 평가가 이루어진다. 따라서 완전한 평가는 변연계와 대뇌피질 모두에서의 해석 및 평가로 이루어진다. 일단 어떤 대상이 좋은 것 또는 나쁜 것으로 평가되면 좋아하거나 싫어하는 경험이 즉각적이며 자동적으로 일어난다. 좋아함은 정서를 유발시키는 대상을 향해 접근하도록 하는 동기를 발생시키고 싫어함은 정서를 유발시키는 대상으로부터 회피하도록 하는 동기를 일으킨다.

평가가 이루어지고 있는 동안에 개인은 좋아하거나 싫어하는 대상을 다룰 때 취할 수 있는 여러 가지 가능한 행동 과정을 일으키기 위해 기억과 이미지에 의존하게 된다. 어떤 행동을 취할 것인가가 결정되면 해마 회로는 행동을 일으키는 운동피질을 활성화시킨다. 이러한 생물학적 시스템의 영향을 받아 정서가 행동을 일으킨다.

정서에 대한 평가는 1차 평가와 2차 평가로 이루어진다. 사람들은 어떤 상황에 놓이게 되면 먼저 신체적·정신적·사회적 안녕 차원에서 개인적인 중요성과 의미에 관해 1차 평가를 하게 된다. 개인적으로 중요한 사건은 위협, 해로움, 혹은 이득이 되는 것들 중에서 한 가지로 평가하며 이러한 평가결과 자율신경계가 교감신경계 활동 형태로 활성화된다. 이러한 교감신경계의 활성화를 통하여 개인은 자극에 대하여 적응할 수 있는 준비를 하게 된다. 역으로 교감신경계의 활동이 2차 평가를 일으키게 된다. 2차 평가는 수의적인 대처 반응들을 일으킨다. 대처 반응이 성공적이라면 그러한 정서-유발 사건은 그것의 잠정적인 위협이나 해로움의 상태를 상실한다. 만일 대처 반응이 성공적이지 못하면 자율신경계 활동은 정서-유발 사건이 사라지거나 대처반응이 성공적이거나 또는 자율신경계 활동이 모두 소진될 때까지 지속된다.

유아와 어린이들은 소수의 정서만을 이해하고 구분한다. 그들은 분노, 공포, 슬픔, 즐거움, 사랑과 같은 몇 가지 기본 정서 이름들을 배우게 된다. 사람들이 여러 가지 다른 상황들을 경험하게 되면 동일한 정서 내에서 나타나는 미묘한 차이를 구분해 내는 것을 배운다. 예를 들어서 기쁨 정서에 속하지만 미묘하게 차이가 나는 정서들에는 행복감, 안도감, 낙관, 자부심, 만족감, 고마움 등이 포함된다. 분노의 정서들에는 격분, 적개심, 복수심, 분노, 격노, 노여움 등이 포함된다. 이러한 구분이 기본 정서와 기본 정서에서 파생된 정서의 분류 체계에 인지적으로 저장되는데 이것을 정서 지식이라고 부른다.

사람들은 사건과 상호작용이 이루어지기 전(1차 평가)과 상호작용이 진행되고 있을 때(2차 평가)뿐만 아니라 사건이 종료된 후에도 평가를 하게 된다. 즉, 사람들은 자신이 해로움, 위협 혹은 도움이 되는 경험을 하게 된 원인을 평가하게 되는 것이다. 이와 같이 결과 후에 이루어지는 평가를 귀인이라고 한다.

7.6.4. 정서의 사회적 · 문화적 측면

정서의 사회적 측면을 연구하는 학자들은 상황을 변화시키게 되면 정서도 변하게 되는 것으로 보고 있다. 사람들은 특정 장면에서 일어날 수 있는 정서를 알고 있기 때문에 상황을 선택할 수 있고 그러한 상황에 맞는 특정 정서 경험을 구성할 수 있다. 예를 들어서 우리들은 즐거운 기분을 느끼고자 한다면 좋아하는 사람을 만나면 된다. 자신보다 높은 지위의 사람, 동등한 지위의 사람, 낮은 지위의 사람을 만남에 있어서 서로 다른 정서 경험을 가지게 된다. 따라서 상호작용 유형에 따라 어떠한 정서가 나타날 것인지를 알고 있기 때문에 상호작용할 파트너를 선택해서 원하는 특정 정서 경험을 구성할 수 있다.

우리들은 혼자 있을 때보다는 다른 사람들과 상호작용을 할 때에 더 자주 정서를 경험한다. 다른 사람들은 우리들의 정서에 대한 직접적인 원인이 될 뿐만 아니라 정서적 전염을 통해 간접적으로 영향을 주기도 한다. 정서적 전염이란 다른 사람들의 얼굴 표정, 말투, 자세, 움직임 등을 자연스럽게 모방하고 함께 행동하여 결과적으로 타인과 정서적으로 일치되는 경향성을 의미한다.

사회적 상호작용이 일어나고 있는 동안에 우리들은 정서적 전염 효과에 노출될 뿐만 아니라 재경험의 기회를 제공하고 과거의 정서 경험을 회상할 수 있는 대화 맥락에 놓이게 되며 이러한 과정을 정서의 사회적 공유라고 한다. 사람들이 자신들의 정서를 공유하게 되면 일어난 일에 대한 완전한 설명, 일어난 일의 의미 및 사람들이 전적으로 어떻게 느끼는지와 같은 것을 공유하게 된다. 우리의 정서를 공유할 때에 부부관계와 같은 우리 삶의 중요한 관계를 형성하고 유지한다.

정서적 사회화는 성인들 사이에서도 일어나지만 이러한 과정은 성인들이 어린이의 사회화를 목적으로 어린이와 상호작용할 때에 가장 적절하게 설명된다. 성인들은 어린이의 잘못된 행동을 규제하기 위해 혐오적인 얼굴 표정을 짓게 되며 어린이들에게 정서가 유발되는 상황, 정서가 독자적으로 표출되는 방식 및 정서의 용어와 수준에 관해 이야기해 준다. 어린이들은 기본적인 정서들이 특정 정서로 분화가능하며 특정 표정은 나타낼 수 있거나 통제할 수 있는 표정 관리를 배우고 부정적인 정서는 중립적으로 혹은 긍정적으로 정서를 바꿀 수 있는 정서 통제를 익힌다.

정서적 사회화는 스튜어디스, 헤어디자이너, 의사 등과 같은 전문가들에게 압력을 주고 있다. 이러한 압력은 대부분 사회적 요구와 개인적 적응 방식에서 혐오적인 감정에 대처하는 주제로 흔히 나타난다. 예를 들어서 의사들은 환자에게 애정이나 혐오적인 감정을 가져서는 안 되게 되어 있기 때문에 수련 과정 중에 환자에 대해 좋은 감정이나 나쁜 감정을 가지지 않도록 배워야 한다.

헤어디자이너들도 풍부하고 강렬한 감정, 동정심, 자세, 호의적인 얼굴 표정을 자주 짓고 부정적인 정서를 나타내지 않는 개방적인 의사소통 스타일을 개발할 필요성이 있다. 이러한 사회적 기술들을 개발한 헤어디자이너들은 높은 직무 만족도를 나타내지만 사회적 기술을 개발하지 못한 헤어디자이너들은 실망감에 빠져 있고 직무 만족도도 낮은 것으로 나타난다.

사람들은 일상적인 삶에서 일어나는 사건에 대해 정서적으로 반응하며 정서적 반응에 따라 행동한 사람이 어떤 유형의 사람인지를 알 수 있다. 정서 표현은 개인 정체성의 공식적 표현 기능을 가진다. 예를 들어서 울먹거림은 전통적으로 자신이 나약함을 전달하지만 웃음은 자신이 건강하다는 것을 전달하는 것이다. 여성을 얕잡아 보며 즐거워하는 남성은 남성으로서의 정체성을 부정하는 것이다.

이야기하는 사람의 정서적 표현은 추론한 정체성을 확신하거나 부정하는 신호 역할을 한다. 어떤 사람이 나쁜 행위에 가담하고도 후회하는 모습이 보이지 않으면 관찰자들은 이 사람을 정말로 나쁜 사람으로 추론하지만 나쁜 행위에 가담했어도 후회하는 모습을 보여 주는 사람은 그렇게 나쁜 사람으로 간주하지 않는 경향이 있다.

8_체력 증진

8.1. 체력의 중요성

인간이 일상생활을 평안하게 영위하고 행복한 삶을 살아가기 위해서는 육체적으로 건강해야 한다. 인간의 육체와 정신 중에서 어느 쪽이 우선시되어야 하는가라는 질문에 오늘날까지 여러 가지 의견들이 분분하지만 육체가 건강해야 정신도 건강해지는 것이 사실이다. 아무리 정신력을 강조한다고 해도 육체적으로 건강이 나빠져서 발생하는 육체적 고통은 우리들의 정신력을 연약하게 만들어 버린다.

인간의 정신 기능과 육체 기능을 각각 뇌와 몸이 담당한다고 여겨졌던 시절에는 인간의 뇌가 뇌 자체뿐만 아니라 온몸을 제어할 수 있다고 생각되었다. 그러나 실제로는 인간의 뇌는 단지 육체의 기능을 모니터링하고 정해진 규칙에 의해 제어 기능을 수행할 뿐이다.

즉, 인간의 뇌가 온몸을 자유자재로 제어할 수 없고 오히려 인간의 뇌가 몸의 상태에 의존적인 것이다. 예를 들어 인간의 몸 어느 부분에 통증이 유발되어 중추신경을 통해 뇌에 전달되면 뇌는 이를 인지하지만 특별한 조치를 내리는 기능을 갖지 못하고 있다. 따라서 아무리 의지가 강한 사람이라고 해도 육체의 고통을 일정 수준 이상으로 참아 낼 수는 없다.

체력은 성공하기 위한 요소들 중에서 가장 중요하다. 성공을 달성하기 위한 인간의 체력은 부적합과 적합으로 구분된다. 부적합이라 함은 개인이 설정한 목표를 달성함에 있어서 체력적으로 뒷받침되지 못하는 상태를 의미한다. 이러한 부적합은 여러 단계로 구분되는데 일상생활을 할 수 없을 정도의 비정상 상태와 비록 정상 상태이기는 하지만 성공 요구조건에는 만족하지 못하는 상태들이 있을 수 있다.

적합은 목표를 달성하기에 충분한 체력을 보유하고 있는 상태를 말한다. 적합이냐 부적합이냐의 판단 기준은 각 개인이 어떠한 분야를 성공 목표로 설정하느냐에 따라 달라진다. 예를 들어 스포츠 분야에서 성공하기 위해서는 육체의 강인함이 요구되지만 다른 분야에서 성공을 이루기 위해서는 인체의 모든 기관에서 병이 나지 않고 건강한 상태만으로도 적합으로 판단될 수 있다.

성공하기 위해서는 우선적으로 몸이 건강해야 한다. 건강을 잃으면 모든 것을 잃게 된다는 말이 있듯이 건강은 성공하기 위한 기본 조건뿐만 아니라 인간의 행복한 삶을 위해서도 없어서는 안 되는 필수 요소이다.

8.2. 건강의 정의

1948년 세계보건기구(WHO)는 '건강은 단순히 질병이 없거나 허약하지 않은 상태를 말하는 것이 아니라 신체적 · 정신적 · 사회적으로 완전무결한 상태를 의미한다'라고 건강에 대해 정의하였다.

『운동과 건강』, 김대경 외 저, 광림북하우스에서 건강은 매우 다양한 구성요소와 삶의 여러 측면을 포함하는 다차원적으로 규정되어야 하며 건강의 구성요소는 아래와 같다고 서술한다.

- 신체적 건강: 신체의 크기와 모양, 감각의 예민성, 질병에 대한 감수성, 신체 기능, 회복능력, 특정업무의 수행능력 등이 여기에 속한다.
- 사회적 건강: 다양한 사회적 적응능력과 사회적 기능을 수행할 수 있는 대인관계 능력이라고 볼 수 있다.
- 정신적 건강: 스트레스에 적응해 나가는 능력, 건전한 사고능력을 말한다.
- 정서적 건강: 적절한 시기에 감정을 표현할 수 있는 감정조절 능력을 의미하며 자기감정을 슬기롭게 조절하고 남을 잘 이해하며 용서할 줄 알고 이웃을 사랑하는 태도를 가진다.
- 환경적 건강: 외부환경에 대한 평가 및 환경상태를 보존, 보호, 증진하기 위한 역할이 여기에 포함된다.
- 영적 건강: 고차원적인 삶의 유형에 대한 신념 및 삶의 확고한 가치관이 수립된 상태가 여기에 속한다. 거대한 환경과의 일치감이나 환경의 의미와 가치를 감지하는 감각, 삶의 기본 목적을 표현하고 이해할 수 있는 능력, 자신을 수많은 존재 중의 한 부분으로 느낄 수 있는 능력 등이 포함된다.

상기와 같이 건강에 대한 여러 구성요소가 있으나 여기에서는 신체적 건강에 관해 서술하고자 한다. 신체적 건강은 신체의 기능이 정상적으로 동작하는 것을 나타낸다. 성장하는 시기의 아동과 청소년들은 신체의 모든 기관이 정상적으로 성장해야 건강하다고 말할 수 있다. 건강하지 못한 상태에서는 11개의 인체 기관계가 정상적인 기능을 수행하지 못할 뿐만 아니라 통증을 유발하여 정신적 건강까지 해치게 된다.

건강하지 않다는 것과 병이 있다는 것은 다른 의미이지만 우리들은 병이 없으면 건강하다고 여기고 있다. 즉, 병은 정상적인 신체가 아님을 나타낸다. 각종 병은 외부로부터 침입하는 병균, 신체 내부에서 발생하는 각종 이상 현상, 각종 사고 등으로 인한 신체 기관 이상, 노화에 따른 퇴행성 이상 등으로 발생한다. 현대의학으로 밝혀지고 있는 질환의 수는 점점 더 증가하고 있다.

이러한 질환에 대처하는 치료 방법에는 크게 양의학과 한의학으로 구분된다. 양의학에서는 질환 부분을 수술 혹은 약으로 치료하지만 한의학에서는 인체가 스스로 그 병으로부터 이겨 낼 수 있는 기력을 회복할 수 있는 약을 처방한다. 특히 한의학은 먹는 음식과 약은 그 근본이 동일하다는 식약동원(食藥同源)이라는 원칙을 건강의 원천으로 삼고 있다. 인간의 모든 병을 치료하고 건강을 유지함에 있어서 음식의 중요성을 강조하고 있다.

8.3. 질환의 종류

8.3.1. 심장·혈관 질환

(1) 고혈압

고혈압이란 혈관 속의 혈류량이 많거나 혈관이 좁아져서 압력이 높아진 상태를 말한다. 수축기 혈압이 140 이상이거나 이완기 혈압이 90 이상이면 고혈압으로 진단한다.

뇌로 이어지는 혈관이 막히거나 그로 인해 뇌혈관이 터지면 뇌졸중이 발생한다. 또한 심장으로 가는 관상동맥이 좁아지면 협심증이 발생하고 혈관이 완전히 막히면 심근경색이 발생하는데 이러한 증상들은 모두 고혈압이 결정적 원인이 된다.

혈압을 낮추기 위한 방법으로는 소금 섭취 줄이기, 천일염 사용하기, 칼륨 섭취하기, 체중 감량하기, 약물 치료하기 등이 있다.

(2) 고지혈증

고지혈증은 혈액 속에 지방 성분이 지나치게 많아서 혈관벽이 두꺼워지고 혈관이 좁아지게 하는 증세를 말하는데 심장 질환과 동맥경화를 일으켜서 생명을 위태롭게 한다. 우리나라의 고지혈증 환자들의 경우에 콜레스테롤이 높은 사람보다 중성지방이 높은 사람이 훨씬 더 많다고 한다.

『KBS 생로병사의 비밀 10년의 기록』 한국인 100세 건강의 비밀, 비타북스에서 고지혈증을 예방하기 위해서는 생활 습관을 바꿔야 한다고 서술한다.

- 술을 줄이고 적정한 체중을 유지하며 운동하고 금연하는 습관을 가진다.
- 콩으로 고혈압과 고지혈증을 개선한다.
- 탄수화물 섭취를 줄이고 대신에 단백질 섭취를 늘리며 기름을 사용해서 볶거나 튀기는 대신에 굽거나 조리는 방식으로 요리법을 바꾼다.

(3) 뇌졸중

뇌졸중과 동일한 의미로 '중풍'이 사용되고 있는데 중풍은 '바람을 맞았다'라는 뜻이다. 뇌졸중에 걸린 사람의 모습이 마치 울창한 거목이 하루아침에 벼락을 맞아 넘어지는 상황을 닮아서 만들어진 말이다. 뇌졸중은 뇌에 퍼진 혈관이 터지거나 막히는 증상으로 뇌 속에 산소와 혈액이 제대로 공급되지 않아 그 부위의 뇌세포가 죽게 되어 뇌에 큰 손상을 주게 된다.

자신의 몸을 관리하지 않고 방치할 때 생긴다고 하여 전문가들은 뇌졸중을 흔히 '후진국 병'이라고 부르는데 뇌졸중의 가장 큰 위험 요인은 고혈압이다. 특히 담배는 고혈압 다음으로 가장 큰 위험 인자인데 흡연 시 혈관을 타고 들어온 유해 물질들에 의해 생긴 혈전으로 뇌졸중이 발생되는 것이다.

8.3.2. 뼈·관절 질환

인간의 골격을 이루는 것은 206개의 뼈이지만 그 뼈가 움직일 수 있도록 하는 것은 뼈와 뼈 사이에 있는 100여 개의 관절이다. 뼈와 뼈의 끝부분을 에워싸고 있는 연골이 있고 관절을 싸고 있는 관절막 안에는 얇은 활막이 존재해 영양 공급과 충격 흡수를 하는 활액을 분비한다. 주변의 인대와 근육도 관절의 일부이다.

(1) 추간판탈출증

신경다발을 보호하는 척추는 우리 몸의 기둥과 같은 역할을 담당하며 척추 사이에는 추간판, 즉 디스크가 자리하고 있다. 디스크는 젤리 모양을 하고 있으며 뼈끼리 부딪히지 않도록 하고 충격을 흡수하는 기능을 가진다. 흔히 '디스크'라고 부르는 추간판탈출증은 이 디스크의 수핵이 뼈마디 사이에서 튀어나와 다리로 가는 신경을 눌러서 허리부터 다리까지 통증을 느끼게 된다.

(2) 척추관협착증

척추관협착증은 주로 요추에서 발생한다. 나이가 들면 척추는 디스크의 퇴행으로 불안정해지는데 이때 척추를 안정시키기 위해 인대와 척추뼈가 자라게 되고 그 결과 척추관은 좁아져서 관 안에 있는 신경이 압박을 받게 된다. 척추관협착증의 주원인은 노화로 인한 척추의 퇴행에 있다.

(3) 목 디스크

목 디스크는 뼈와 뼈 사이에서 충격 흡수와 관절 운동을 원활하게 하는 디스크가 탈출하여 신경 부분에 침투해 신경 장애를 일으키는 질환이다. 척추와 경추 질환은 바르지 못한 자세에서 비롯된다. 허리는 등뼈, 목과 동일한 축을 이루고 있기 때문에 허리를 튼튼하게 하면 결국 목도 좋아진다.

(4) 퇴행성관절염

퇴행성관절염은 나이가 들수록 연골이 점점 닳아 없어지다가 결국 뼈와 뼈가 맞닿아 통증을 일으키고 염증이 생기는 질환이다. 최근에는 노화뿐만 아니라 부상이나 과도한 사용, 무리한 압박 등 다양한 원인에 의해 연골이나 뼈, 활막 등에 문제가 발생하게 되고 이때 분비되는 염증 물질들이 연골의 분해를 촉진해서 관절염을 유발하는데 이를 골관절염이라고 부른다.

(5) 류마티스관절염

류마티스관절염은 골관절염과는 달리 관절의 활막에서 분비되는 특정 성분을 우리 몸의 면역체계가 세균이나 바이러스로 착각하고 공격을 가함으로써 염증 반응이 일어나는 일종의 자가면역 질환이다.

8.3.3. 간 질환

(1) B형과 C형 간염

B형과 C형 만성 간염은 적절한 시기에 제대로 치료하지 않으면 간경변, 혹은 간암으로까지 진행된다. B형 간염 바이러스는 혈액이나 체액으로 전염될 수 있지만 우리나라의 경우 어머니에게서 아들로 수직 감염되는 경우가 많다. 만성 간염도 고혈압이나 당뇨병처럼 평생 꾸준히 관리하면 극복할 수 있다.

(2) A형 간염

A형 간염은 입을 통해 감염되는 급성 전염병으로서 환자의 변으로 오염된 식수나 식품을 통해 옮겨진다. A형 간염에 걸린 환자들은 고열에 시달리며 식욕 감퇴와 복통, 설사 증세를 호소하지만 보통 일주일 정도 입원 치료로 회복될 수 있다. A형 간염은 단체 생활을 하는 사람들의 경우에 발병 확률이 높다.

(3) 간경변증

건강한 간은 표면이 매끄럽고 말랑말랑하며 선명하고 붉은빛을 띠지만 간의 세포가 죽거나 제 기능을 하지 못하면 딱딱해지는데 이것이 바로 간경화, 즉 간경변증이다.

술을 마시면 간에서 알코올의 독성을 없애는 분해 작용이 이루어지는데 알코올의 양이 너무 많으면 간이 미처 처리하지 못하고 알코올에 의해 간세포가 손상된다. 알코올은 지방간도 유발한다. 지방간이 심해지면 간수치가 올라가고 염증이 생기는데 이것이 반복되면 간경화가 발생한다.

간염 바이러스가 혈액을 통해 우리 몸 안으로 들어오면 바이러스는 숙주인 간을 찾아간다. 간세포의 핵 속에 자리를 잡으면 바이러스는 끊임없이 자기 증식을 한다. 우리 몸의 면역체계가 간염 바이러스를 침입자로 인식하고 공격을 시작하면서부터 자연히 간세포까지 함께 파괴되는 것이다.

8.3.4. 위 질환

뇌 안의 시상하부에는 포만중추와 섭식중추와 같이 식용을 담당하는 기관이 있는데 씹는 활동을 하게 되면 배부름을 느끼게 하는 포만중추가 자극되는 반면에 식욕을 일으키는 섭식중추가 억제된다. 이러한 원리로 천천히 씹으면 체중이 감소하게 되는 것이다.

정제되지 않은 곡류와 각종 채소류는 식이섬유가 많이 들어간 대표적인 음식이다. 이런 음식들은 그냥 삼킬 수 없기 때문에 여러 번 씹게 되어 자연스럽게 식사 시간을 늘려준다.

(1) 위식도역류증

위식도역류증이란 위에서 분비되는 위산이 식도로 역류하면서 식도점막에 염증과 궤양을 유발하는 질환이다. 가장 큰 원인은 기름기 많은 식생활인데 기름기가 많은 음식들은 위와 식도에 있는 하부식도 괄약근의 압력을 낮춰서 강한 산들이 식도 쪽으로 쉽게 이동할 수 있게 만든다.

빨리 먹는 습관도 위식도역류증의 원인이 된다. 음식물을 잘 씹지 않고 빨리 먹게 되면 천천히 먹을 때보다 더 많은 공기를 음식물과 함께 삼키게 되는데 이때 들어간 공기가 위를 급속도로 팽창시킨다. 팽창된 위는 압력을 낮추기 위해 다시 공기를 밖으로 내보내고 이때 위산이 함께 역류하는 것이다.

(2) 기능성 소화불량증

기능성 소화불량증은 위에 아무런 이상이 없는데도 복통, 속 쓰림 등을 유발하는 위 질환이다. 기능성 소화불량증은 음식을 먹었을 때 위가 제대로 수축하지 않기 때문에 발생하는데 식사 후 더부룩함, 팽만감, 복통, 속 쓰림 등 다양한 증상을 일으킨다.

기능성 소화불량증의 원인은 매우 복합적이고 명확하지 않지만 그중 스트레스는 가장 뚜렷한 요인으로 꼽힌다. 스트레스를 받으면 대뇌피질에서는 비상사태로 인식하고 스트레스호르몬이 분비되어 온몸으로 전달되는데 이때 위에 영향을 미쳐 운동 기능이 일시적으로 정지되기 때문에 소화불량을 일으킨다. 기능성 소화불량은 불규칙한 식사와 함께 기름진 음식으로도 발생한다.

(3) 궤양

궤양이란 장이나 식도, 위 등의 점막층이 손상되어 움푹 파인 것으로 가장 대표적인 것이 위·십이지장궤양이다. 음식물이 식도를 거쳐 위장으로 내려오면 위에서는 소화를 위해 위산을 내보낸다. 이때 위산이 너무 많이 분비되거나 위장 점막의 방어력이 약해지고 위와 십이지장의 점막이 손상되어서 움푹 파이는데 이것이 바로 궤양이다. 궤양이 악화되면 위출혈, 협착 등의 합병증이 발생한다.

8.3.5. 호흡기관 질환

음식이 소화가 되면 탄소 원자 형태로 혈액에 흡수되는데 탄소 원자는 몸 밖으로 나오지 않는 한 체중을 증가시킨다. 따라서 체중을 줄이기 위해서는 적게 먹거나 호흡을 더 많이 해야 한다. 사람은 태어나는 순간부터 깊고 편안한 숨인 복식호흡을 한다. 그러나 성인이 되면 가슴이 움직이는 얕은 흉식호흡을 하게 된다. 흉식호흡은 복식호흡에 비해 횡격막에 크게 의존하지 않는다. 복식호흡을 하면 부교감신경이 활성화되어 건강에 이로운 영향을 미치게 된다.

(1) 수면호흡장애

수면 시 호흡이 원활하다면 코고는 소리가 나지 않는 것이 정상이다. 코골이가 심할 경우에는 기도 전체가 막혀 호흡 정지가 오는 수면무호흡증으로 악화된다. 수면무호흡증이 있으면 인체는 자는 동안 엄청난 스트레스를 감지하게 되는데 이때 분비된 스트레스 호르몬이 혈당을 높이고 높아진 혈당을 낮추기 위해 반복적으로 인슐린이 분비되다 보면 결국에 췌장 기능까지 망가질 수 있다. 수면무호흡증에서 비만을 치료하는 것은 무엇보다도 중요하다.

그러나 수면무호흡증 환자는 수면 부족과 함께 호르몬 대사에 이상이 나타나기 때문에 살을 빼는 것 자체가 매우 어렵다. 수면이 부족하면 몸 안에 식욕을 증진하는 호르몬이 늘어나고 식욕을 억제하는 호르몬이 줄어들기 때문이다. 수면무호흡과 코골이는 기도가 좁아지며 공기의 흐름이 방해를 받는 것인데 양압호흡기를 착용하면 기도가 넓어져 호흡이 편해진다.

(2) 만성 폐쇄성 폐 질환

만성 폐쇄성 폐 질환은 폐의 능력이 떨어지면서 호흡 장애를 일으키는 병으로 증상이 악화되면 걷거나 계단을 오르는 등 간단한 일상생활도 힘들어진다. 만성 폐쇄성 폐 질환은 흡연이 가장 큰 발병 원인으로 지목되고 있다. 담배 연기에 들어 있는 4천여 종류의 유해물질은 기관지를 자극하며 염증을 일으키는데 이러한 염증이 복구되고 재발하는 과정이 반복되면서 기관지가 좁아진다. 만성 폐쇄성 폐 질환을 예방하고 치료하는 방법으로는 무엇보다도 금연이 제일 빠른 길이다.

8.3.6. 눈·귀 질환

(1) 노안

빛은 각막을 거쳐 수정체를 지나 망막에 도달한다. 정상적인 경우 수정체는 먼 곳을 볼 때 얇아지고 가까운 곳을 볼 때 두꺼워진다. 그러나 노안이 오면 수정체를 볼록하게 만드는 모양체근의 탄력이 떨어지기 때문에 먼 곳을 볼 때는 상관없지만 근거리에서는 수정체가 두꺼워지지 못해 시야가 흐려진다.

(2) 안구건조증

안구건조증은 단순히 노화로 인한 자연스러운 증상이라는 의견이 많지만 모낭충에 의해 유발되기도 한다. 모낭충은 모낭과 피지선에 기생하는 일종의 진드기로서 속눈썹 모낭과 마이봄샘에 기생하면서 눈물막의 기능을 저하시켜 건성안이나 염증 반응을 유발한다. 실제로 모낭충은 안검염과 다래끼의 원인이 되며 각막의 비정상적인 신생혈관 생성, 각막 혼탁에도 영향을 끼친다.

(3) 황반변성

시력이란 외부로부터 들어오는 빛이 초점을 맺게 되는 망막의 중심 부위, 즉 황반의 기능을 말하는데 황반변성은 시력의 중심에 장애가 생기는 질환이다. 황반변성을 예방하려면 자외선 차단용 선글라스 착용, 녹황색 채소와 등 푸른 생선 섭취, 금연, 가족력 주의, 안과 정기검진 등이 필요하다.

(4) 녹내장

녹내장은 대부분 별다른 증상은 없지만 드물게는 눈이 출혈되거나 수정체가 혼탁해지면서 동공이 뿌옇게 되거나 녹색으로 보이는 경우가 있으므로 녹내장이라고 불린다. 녹내장의 원인은 높은 안압이다. 높은 안압이 지속될수록 시신경이 파괴될 확률이 증가한다. 평소 넥타이를 조여 매거나 배변 시 힘을 심하게 주는 습관은 안압을 상승시킬 수 있다. 또한 안약을 사용하다 보면 본인도 모르는 사이에 안압이 올라가게 된다.

(5) 당뇨망막변증

당뇨병으로 인해 고혈당 상태가 5년 이상 지속되면 합병증이 발생하는데 당뇨망막변증은 망막혈관이 막히고 신생혈관이 생겨나터지면서 망막에 손상을 입히는 질환이다.

(6) 백내장

수정체에 하얀 이물질이 낀다고 하여 이름 붙여진 백내장은 동공과 눈동자에까지 하얀 백태가 끼다가 결국 수정체가 단단한 돌처럼 변하게 되는 질환이다. 백내장이 오게 되면 시야가 전체적으로 흐려지지만 수정체가 흐려지는 위치와 정도, 범위에 따라 특징적인 증상이 나타나기도 한다.

(7) 난청

정상 청력은 물소리, 낙엽소리, 새소리 등 자연의 소리를 듣는 데 이상이 없는 경우이다. 보통 대화 수준의 말소리가 잘 안 들린다면 중도난청이다. 저음의 오토바이와 고음의 전화벨 소리 모두 듣기 힘들면 고도난청에 해당한다. 공사장의 드릴 소리나 제트기 소리를 듣지 못한다면 심도난청에 해당한다.

(8) 돌발성 난청

달팽이관의 유모세포의 이상, 즉 세포가 손상되거나 망가지면 돌발성 난청이 유발된다. 돌발성 난청의 원인은 불명확하지만 환자들 대부분이 발병 당시 심한 스트레스와 만성피로 상태였다고 한다.

(9) 소음성 난청

최근 젊은 층을 중심으로 스스로 난청을 유발하는 경우가 많은데 개인용 음향기기로 인한 소음성 난청이 그것이다.

8.3.7. 신장 질환

신장 안에는 소변을 걸러내는 데에 핵심적 역할을 담당하는 사구체가 있다. 이 사구체는 미세한 혈관으로 이루어져 있는데 사구체에 문제가 생기면 소변으로 나오지 말아야 할 혈액이나 단백질 등이 빠져 나온다. 이 과정에서 사구체가 손상되고 굳어지는데 만성 신장 질환은 바로 이런 상태를 말한다. 신장은 노폐물을 배설하는 것뿐만 아니라 수분과 나트륨, 칼륨 같은 전해질을 조절하고 혈압을 유지시킨다. 또한 혈액을 만들어 내고 뼈를 튼튼하게 만들기도 한다. 이 때문에 신장이 망가지면 몸이 붓고 혈압이 오르며 빈혈과 호흡 곤란, 뼈에 이상이 생기기도 한다.

당뇨병은 혈액 내 포도당이 늘어나 혈관을 망가뜨리는 병이다. 그런데 혈액 속 포도당은 신장 동맥을 타고 사구체로 들어간다. 사구체는 미세한 혈관으로 이루어져 있어서 포도당에 의해 쉽게 손상된다. 이 때문에 당뇨병 환자의 신장은 점점 제 기능을 잃고 말기 신부전에 이르게 된다. 고혈압이 말기 신부전으로 이어지는 것은 신장이 모세혈관으로 되어 있기 때문이다. 혈압이 높아지면 모세혈관으로 만들어진 사구체도 압력을 받아 그 기능이 떨어진다.

신장 이상의 중요한 신호는 단백뇨이다. 사구체에서 단백질을 제대로 거르지 못하면 단백뇨가 나오고 단백뇨가 나오기 시작하면 신장 기능이 더욱 나빠진다.

신장 질환 환자들에게는 식이요법과 저염식이 중요시되고 있다. 신장 질환 환자들이 저염식을 해야 하는 이유는 바로 고혈압 때문이다. 혈액에 나트륨이 많아지면 수분을 끌어들이고 혈관을 수축시켜 혈압이 오른다. 일반적으로 건강에 좋다고 알려진 채소나 과일도 신장 질환 환자에게는 해로울 수 있는데 바로 칼륨이 들어 있기 때문이다.

8.3.8. 당뇨병

당뇨병은 인슐린이라는 혈당 조절 호르몬의 이상에서 생기는 병이다. 우리 몸에 들어온 음식물은 위에서 소화되어 포도당으로 변한다. 그러면 췌장은 인슐린을 분비하는데 인슐린이 포도당을 세포로 안내하는 역할을 담당한다. 인슐린이 적게 분비되거나 불량 인슐린이 만들어지면 포도당을 제대로 세포 안으로 안내하지 못하고 혈관 속에 포도당이 넘쳐나게 된다. 이렇게 되면 혈액 속의 포도당 농도가 높아지게 되고 당분으로 끈적끈적해진 혈액이 온몸의 미세혈관을 막고 결국 합병증을 일으키는 것이다.

당뇨병은 혈액 속에 포도당이 높은 질병이다. 그에 따라 혈액순환도 느려지고 성분도 독성을 띠게 되어 혈관까지 망가지게 된다. 고혈당의 피는 망막의 미세혈관에 이상을 일으켜 당뇨망막증을 일으키고 큰 혈관을 막을 경우에는 뇌졸중, 심근경색, 협심증 등 치명적인 합병증을 발생시킨다. 고혈당의 피는 신장까지 파괴하여 만성 신부전증을 일으킨다. 뇌혈관 질환에서 발기부전, 손발괴사까지 당뇨병은 결국 우리 몸의 머리부터 발끝까지 혈관이 있는 모든 곳에 합병증을 일으키는 치명적인 질병이다. 한국인은 서양인에 비해 췌장의 인슐린 분비 기능이 떨어지는 편이라서 조금만 배가 나와도 당뇨병에 걸릴 위험이 높다.

8.3.9. 면역

우리 몸은 선천적으로 외부로부터 자신을 보호하는 면역 시스템을 가지고 있다. 피부에 난 체모, 기관지의 섬모, 위장 점막의 살균 성분은 인체의 1차 방어선을 지키고 있다. 혈관 속 대식세포, T세포, B세포 역시 외부물질을 공격해 우리 몸을 감염으로부터 막아 준다. 질병은 이러한 면역 시스템의 균형이 깨지는 순간부터 시작된다. 면역력에 가장 큰 영향을 미치는 것은 생활 습관이다.

면역력을 키우기 위한 생활 습관은 아래와 같다.

① 육류를 줄이고 생선 섭취량을 늘린다.

② 섬유질이 풍부한 채소를 섭취한다.

③ 담배, 술, 설탕 등을 피한다.

④ 비타민이 풍부한 과일을 섭취한다.

⑤ 가벼운 운동을 규칙적으로 한다.

8.3.10. 감기

감기 그 자체는 그리 위험하지 않지만 문제는 2차 감염으로 인한 합병증이다. 감기에 걸리면 우리 몸이 감기 바이러스와 싸우는 과정에서 세포가 파괴되고 방어막이 뚫리면서 평상시에는 쉽게 접근하지 못했던 세균들이 대거 몰려와서 심각한 결과를 초래한다. 감기는 '건강하고 규칙적으로 생활하라'는 경고의 메시지이다.

감기는 20여 종의 바이러스가 약 200여 종의 변종을 만들어 내지만 독감은 인플루엔자라는 단 1종의 바이러스와 약간의 변이만 가진다. 따라서 독감은 효과적인 약을 개발할 수 있지만 감기는 각 바이러스의 특성이 제각각이라서 치료제 개발이 어렵다.

감기 바이러스는 일반적으로 건조한 날씨를 좋아해서 영상 5°C의 기온에 가장 활동성이 높다. 또한 차갑고 건조한 공기는 목이나 코의 점막을 자극하고 인체의 면역력을 떨어뜨릴 뿐만 아니라 목 안의 섬모 운동까지 방해한다.

어렸을 때는 감기에 잘 걸리지만 나이가 들면서 어느 정도 내성이 생겨서 감기에 걸리는 횟수가 점차 줄어드는 것이 보통이다. 운동선수들은 정상인보다 감기에 걸릴 위험성에 더 노출되어 있다. 적절한 스트레스와 운동은 면역력 강화에 도움이 되지만 최대 능력의 80% 이상의 강도로 운동을 하면 오히려 면역력이 떨어지기 때문이다.

8.3.11. 뇌 질환

(1) 치매

치매는 알츠하이머성 치매가 40%, 혈관성 치매가 35%, 그 밖의 원인으로 인한 치매가 25%를 차지한다.

뇌의 혈관이 막히거나 터져서 뇌혈류에 장애가 생기면 신경세포가 손상을 입게 된다. 이때 손상이 너무 크거나 혹은 여러 차례 반복되면 결국 치매에 이르게 되는데 이것이 바로 혈관성 치매이다. 혈관성 치매를 일으키는 주요 위험 요인은 당뇨병이나 고혈압, 고지혈증과 같은 생활습관병이다.

뇌는 약 1천억 개의 신경세포들로 구성되어 있고 세포와 세포가 서로 연결된 부분을 시냅스라고 하는데 머리를 쓰면 쓸수록 시냅스가 많이 만들어진다. 만약 신경세포가 파괴되면 시냅스 또한 손상을 입고 끊어져서 그 세포는 기능을 잃게 된다. 그러나 뇌가 활성화되어 있으면 끊어진 시냅스들은 죽은 신경세포를 버리고 다른 세포와 짝을 지어 새로운 시냅스를 만들어 낼 수 있는데 이것을 뇌의 가소성이라고 한다. 손상된 뇌신경세포의 역할을 다른 세포가 대신하는 것이다.

(2) 파킨슨병

파킨슨병이 생기는 원인은 뇌의 흑질에서 분비되는 도파민이라는 신경전달물질과 관련이 있다. 도파민의 여러 가지 기능 중에는 우리 몸이 제대로 움직이도록 만들어 주는 것도 포함된다. 그런데 알 수 없는 이유로 알파 시누클레인 단백질이 흑질의 신경세포에 쌓이게 되고 그로 인해 결국 신경세포가 죽게 되면서 문제가 생긴다. 부족해진 도파민으로 인해 뇌의 운동회로가 망가지면서 손발이 떨리고 몸이 굳고 행동이 느려지는 등의 갖가지 파킨슨병 증상이 유발되는 것이다.

8.3.12. 체중

나이가 들수록 살이 찌는 것은 자연스러운 노화 과정이다. 나잇살의 특징은 몸 전체에 골고루 살이 찌는 것이 아니라 복부에 중점적으로 살이 찐다. 남자의 경우 허리둘레가 36인치 이상, 여자의 경우 34인치 이상이면 복부비만으로 볼 수 있다.

기초대사량은 호흡이나 장기의 운동 등 최소한의 생명 활동에 필요한 에너지로서 몸에서 만들어진 에너지의 60~75%가 이 기초대사량으로 쓰인다. 기초대사량은 10년마다 3~4% 정도 감소하는데 이것은 생활의 변화가 없을 경우에 하루 100~150kcal 정도씩 칼로리 소모가 줄어든다는 뜻이다. 100~150kcal는 음식으로는 밥 3분의 1 공기, 식빵 한 조각 정도이며 운동으로는 30~40분의 유산소

운동으로 소모되는 칼로리에 해당한다.

스트레스 역시 비만과 밀접한 관련이 있다. 스트레스를 받게 되면 혈중 스트레스호르몬인 코르티코스테론이 증가하게 되고 이것이 뇌의 식이 섭취를 증가시키는 물질인 뉴로펩타이드Y, 도파민, 오피오이드 등과 같은 물질을 자극시켜서 내장지방 축적형 비만을 형성한다. 결국 이렇게 스트레스호르몬의 증가가 반복되면 비만으로 이어지게 된다.

나잇살을 빼기 위해서는 거창한 운동 계획을 세우는 것보다 엘리베이터 대신 계단을 이용하고 텔레비전을 보면서 아령을 드는 등 평소 생활 습관을 조금씩 바꾸는 것이 더 좋다. 내장지방을 줄이기 위해서는 음식에도 신경을 써야 한다. 하루 세끼를 기본으로 총 열량이 1,800kcal를 넘지 않는 식단이어야 한다. 중요한 것은 밥의 양은 줄이되 단백질 섭취를 충분히 하는 것이다.

8.4. 건강을 위한 음식 섭취

8.4.1. 영양소

영양소는 두 가지 종류, 즉 다량 영양소와 미량 영양소로 구분된다. 다량 영양소는 탄수화물, 단백질, 지방 등으로서 이들은 칼로리를 함유하고 있다. 미량 영양소는 비타민, 미네랄, 피토케미컬 등으로 칼로리가 없다. 이상적인 건강을 위해서는 두 종류의 영양소를 모두 섭취해야 한다.

『내 몸 내가 고치는 음식 습관』, 조엘 펄먼 저, 김재일 역, 북섬에서 미량 영양소가 풍부한 식품을 먹는 것은 최상의 건강을 유지하기 위해 반드시 필요하다고 서술한다. 미량 영양소를 섭취하면 14가지의 서로 다른 비타민, 25가지의 미네랄, 10,000가지 이상의 피토케미컬 등을 공급할 수 있다. 이것들은 인간의 세포 기능과 면역체계에 막대한 영향을 끼치는 식물성 중심의 화학물질이다.

미량 영양소가 풍부한 식품을 더 많이 섭취하려면 평소 섭취하는 다른 영양소의 양을 줄여야 한다. 적당하게 칼로리를 제한하면 노화를 늦추고 만성질환을 예방하며 수명이 늘어난다는 것이 사실로 밝혀졌다.

고영양 식물성 식품 섭취의 중요성은 아래와 같다.

① 식물은 건강에 결정적인 3가지 미량 영양소인 비타민, 미네랄, 피토케미컬을 함유하고 있다. 이 영양소들은 면역체계에 효과가 있고 노화와 질병 예방에 필수적이다.

② 여러 가지 색깔의 채소와 풍부한 과일 중심의 식사는 우리들로 하여금 더 많은 식품을 먹도록 만들어 준다. 다량의 고영양 식품들이 있으면 칼로리를 계산하거나 양을 제한하지 않아도 체중을 쉽게 감량할 수 있다.

③ 미량 영양소를 늘리고 칼로리를 줄이면 몸의 질병 예방에 효과가 있고 노화를 늦추어 준다.

우리는 너무 많은 저영양 식품을 섭취함으로써 과도한 칼로리만 몸에 잔뜩 쌓이게 되었다. 우유, 고기, 치즈, 파스타, 빵, 흰 쌀밥, 튀긴 식품, 설탕으로 가득한 스낵과 드링크를 중심으로 한 식사는 비만, 암, 심장질환, 당뇨병, 소화기 장애 그리고 면역질환을 발생시키는 원인이 된다.

칩과 쿠키, 빵과 파스타, 흰 쌀밥 등을 포함한 정제된 식품들은 정제 과정에서 많은 양의 영양소가 없어진다. 또한 곡물(탄수화물)을 구울 때 나타나는 갈색뿐만 아니라 플레이크나 칩으로 변환시키는 과정은 발암물질인 아크릴아마이드를 만든다. 이러한 가공 식품들은 영양소가 부족하고 건강에 문제를 일으키는 성분들을 함유하고 있다. 또한 소금, 식품 첨가제, 트랜스지방, MSG, 질산나트륨 그리고 건강에 해로운 재료들의 함량이 매우 높다.

8.4.2. 영양의 중요성

좋은 영양소를 얻으려면 잘 먹어야 한다. 많은 사람들이 영양 보충제를 먹으면 몸에 필요한 모든 영양을 채울 수 있다고 생각하지만 영양 보충제는 과일과 채소에 들어 있는 몸에 유익한 성분을 골고루 맞추거나 똑같이 복사할 수 없다. 자연 식품 안에는 아직까지 알려지지 않고 발견되지 않은 성분들이 아주 많기 때문이다. 올바른 식습관을 통해 우리는 날마다 최고의 건강 상태를 느낄 수 있다. 바이러스 감염으로 병이 생길 수는 있지만 우리 몸은 스스로 방어하며 빠르고 완전하게 회복될 수 있다. 최상의 영양은 일을 잘하고 더 잘 놀며 우아하게 나이가 들어가는 한편 젊은 활기를 유지하도록 만들어 줄 것이다.

몸의 건강을 바꾸는 기초가 되는 것이 바로 영양인데 이는 미량 영양소의 섭취를 증가시키는 것을 의미한다. 그런데 미량 영양소를 섭취하는 올바른 방법은 가능하면 칼로리를 낮게 섭취해야 한다는 것이다. 이 중요한 개념은 건강 공식이라고 부르는 간단한 수학 공식 '건강=영양소/칼로리', 즉 건강은 평소 섭취하는 식품의 칼로리당 영양소 밀도에 달려 있다고 말할 수 있다. 여기에서 영양은 다량 영양소가 아닌 미량 영양소를 의미한다. 건강해지려면 식품에 미량 영양소가 풍부해야 하고 칼로리나 다량 영양소는 높지 말아야 한다.

몸의 세포조직 안에 있는 영양밀도는 식품의 영양밀도에 비례한다. 이 공식을 늘 생각하며 필요한 식품을 선택하고 식사함으로써 우리는 칼로리당 영양소가 많은 식품은 많이 섭취하고 칼로리당 영양소가 적은 식품은 조금 섭취해야만 한다는 것을 깨달아야 한다.

8.4.3. 건강에 좋은 식사법

우리는 태어날 때부터 생존과 번성을 위한 갈망을 가지고 있으나 세월이 흘러 나이를 먹어 가면서 근본적인 의무를 잊어버린 채 살아간다. 문명이 발달한 복잡한 현대사회에서 우리는 생명을 건강하게 되살리는 습성을 이어가는 본성을 상실했다.

건강에 좋은 식사법은 아래와 같이 3단계로 구성된다.

① 영양이 풍부한 식품을 좋아하기 위해 맛에 대한 우리의 생각을 재구성한다.

② 과식으로 이끄는 습관적인 '배고픔' 증상을 제거한다.

③ 우리의 하루 식단에서 건강에 해로운 식품을 제한한다.

제1단계에서는 고영양 식품 섭취를 늘려 갈수록 건강을 해치는 영양이 낮은 식품들을 점점 멀리하게 된다. 제2단계에서는 배고픔을 관리하는 것과 과도한 칼로리를 섭취하지 않는 것을 확인한다. 제1단계와 제2단계에서 우리는 음식에 대한 우리의 생각과 입맛을 재구성하는 3가지 방법에 초점을 맞춰야 한다.

첫째, 칼로리의 주요한 원천인 지방과 단백질, 탄수화물은 덜 섭취해야만 한다. 둘째, 지방과 단백질과 탄수화물의 영양밀도가 지나치게 높다는 것을 확인해야 한다. 셋째, 자연스럽게 더 낮은 칼로리를 갈망하도록 해 주는 건강에 가장 좋은 식생활은 영양밀도의 개념을 이해하고 스스로의 입맛을 재구성하는 것이다.

8.4.4. 배고픔에 대한 올바른 이해

(1) 해로운 배고픔

해로운 배고픔은 진정으로 배고플 때와 생리적으로 칼로리를 필요로 할 때가 아니라 소화가 끝날 때마다 또다시 발생한다. 즉, 해로운 배고픔은 소화기관이 바쁘지 않을 때마다 계속해서 나타난다.

해로운 배고픔은 일종의 해독 증상으로서 미량 영양소가 아주 적게 포함되어 건강에 나쁜 식단에 중독된 것이며 일반적으로 우리가 '배가 고프다'라고 생각하는 바로 그 느낌이다. 그러나 실제로 몸에 쌓인 독성의 표시인 해로운 배고픔의 증상은 보통 두통, 허약, 위경련, 몽롱함, 식도 경련, 위에서 꼬르륵 소리가 나는 것, 과민반응 등으로 나타난다.

사람들은 종종 허전하거나 우울한 마음을 위로받으려고 과식을 한다. 그러면 아주 잠깐 동안은 즐거울 수 있다. 이처럼 식품이 고통과 인생의 불만족을 완화시키는 수단이 될 수도 있지만 약이나 알코올처럼 결코 바람직한 해결책이 될 수 없으며 단지 상황을 더 악화시킬 뿐이다.

(2) 진정한 배고픔

진정한 배고픔을 이해하는 가장 좋은 방법은 스스로 경험하는 것이며 3가지 주요한 특성, 즉 목에서 느껴지는 감정, 증가된 타액, 극적으로 고양된 미각 등을 갖는다.

진정한 배고픔을 경험하면 이상적인 몸무게에 도달할 수 있고 먹는 시간을 늦추거나 끼니를 걸러도 별로 불편하지 않을 수 있다. 진정한 배고픔을 만족시키려고 먹으면 체중이 증가하지 않는다. 진정한 배고픔은 근육을 보전하기 위해 먹으라고 우리 몸이 보내는 신호이기 때문이다. 또한 진정한 배고픔을 만족시키려고 먹으면 몸에 지방이 쌓이지 않는다. 지방이 축적되는 것은 진정한 배고픔의 요구에서 벗어나서 먹을 때 발생한다.

8.4.5. 제한해야 하는 식품

(1) 소금 섭취 제한

소금 섭취는 고혈압, 응혈, 심근경색, 위암 등과 직접적으로 연결되어 있다. 과도한 소금이 소변을 통해 빠져나갈 때 칼슘과 마그네슘 같은 미네랄이 함께 빠져나간다.

(2) 포화 지방 섭취 제한

소금이 많은 식사는 고혈압을 유발하고 포화 지방이 많은 식사는 혈중 콜레스테롤의 수치를 높이는데 이때 혈관에 플라크가 쌓일 수 있다. 그 결과 관상동맥 질환에 이르게 하고 면역체계를 억제하며 암의 발병을 증가시킨다. 포화 지방은 가공 식품, 육류, 치즈 그리고 다른 동물성 식품으로 만든 음식물에 포함되어 있다.

(3) 붉은 살코기, 유제품, 가공 식품 등의 섭취 제한

붉은 살코기와 가공 육류는 다른 동물성 식품보다 포화 지방과 트랜스 지방을 더 많이 함유하고 있다. 붉은 살코기와 가공 육류에는 해로운 질소 화합물이 많이 포함되어 있다.

유제품은 포화 지방이 가장 많은 식품으로 알려져 있다. 오늘날 치즈와 버터는 동맥을 막는 포화 지방의 주요 원인이 되고 있다. 만약 동물성 식품의 일부로 유제품을 포함시키고 싶다면 무지방 혹은 저지방 유제품만을 섭취해야 한다.

트랜스 지방은 가공 식품에 사용되는 인공 지방으로서 매우 위험하다. 트랜스 지방은 수소 첨가 지방으로 불리며 포화 지방과 동일한 화학 구조를 가진다. 트랜스 지방은 상온에서 고체 상태이며 포화 지방처럼 심장질환과 암을 촉발시킨다. 트랜스 지방은 보통 크래커, 쿠키, 냉동식품, 스낵 등에서 발견된다.

8.4.6. 건강을 위한 식생활

(1) 생채소 섭취

생채소는 모든 음식 중에서 가장 강력한 항암 성분을 가지고 있다. 생채소는 칼로리가 적기 때문에 많이 먹으면 먹을수록 살을 더 많이 뺄 수 있다.

(2) 녹색 채소 섭취

당근이나 감자와 같이 주로 탄수화물에서 칼로리를 얻을 수 있는 채소와 달리 녹색 채소의 칼로리는 단백질로부터 얻어진다. 단백질 필요량을 녹색 채소의 칼로리에서 충족하게 되면 생명을 연장시키는 결정적인 미량 영양소를 아주 많이 섭취하게 된다.

(3) 주스 섭취

모든 식물의 벽은 일종의 탄수화물인 섬유소로 된 세포로 구성되어 있다. 그런데 인간의 몸에는 섬유소를 분해하는 효소가 없기 때문에 에너지원으로 이용할 수 없다. 이러한 세포벽을 분해하여 세포 안에 있는 영양소를 피 속으로 들어가게 하는 유일한 방법은 과일과 채소를 오래오래 꼭꼭 씹어 먹는 것이다.

몸에 필요한 영양소를 효과적으로 얻을 수 있는 또 다른 방법으로는 잎채소를 녹즙으로 만들기 위해 믹서기를 사용하는 것이다. 녹즙으로 섭취하는 것은 많은 영양소가 피로 흡수되는 것을 도와준다.

(4) 신선한 과일 섭취

과일을 먹는 것은 높은 수준의 건강을 유지하기 위해 필수적인 조건이다. 과일 섭취가 몇몇 특정한 암, 특히 입과 식도에 발생하는 암, 폐와 전립선 그리고 췌장암에 대해 가장 강력한 보호 기능이 있다는 사실이 밝혀졌다.

(5) 토마토 섭취

『책으로 보는 KBS 생로병사의 비밀』, 홍혜걸 엮음, 도서출판 가치창조에서 붉은색과 노란색 위주의 채소에는 카로티노이드라는 색소가 함유되어 있는데 토마토는 카로티노이드류 식품 가운데 가장 강력한 항산화효과, 즉 노화방지 효과를 지니고 있다고 서술한다.

(6) 적포도주

적포도주는 발효시킬 때 여러 단계를 거친다. 초기 포도를 절이는 단계에서 여러 가지 화학물질이 생겨나는데 바로 이 물질들에는 폴

리페놀과 같은 강력한 항산화제가 다량 함유되어 있어 피부노화 방지에 많이 사용된다.

(7) 마늘

마늘에는 비타민 B1인 티아민이 있다. 티아민은 항피로비타민으로 불릴 만큼 피로를 이기는 데 도움을 준다. 시판되는 대부분의 드링크류에 약방의 감초처럼 티아민이 들어간다.

마늘에는 또한 알리신이 있다. 알리신은 마늘 특유의 냄새가 나는 성분이다. 마늘의 여러 가지 건강효과 중 가장 핵심적이며 중요한 역할을 맡고 있는 성분이다. 마늘은 혈액을 맑게 하며 항암효과가 있다.

(8) 녹차

녹차가 암을 예방하는 효과는 유해산소 혹은 활성산소라는 물질을 차단하기 때문이다. 유해산소는 산소 화합물이 잉여 전자를 지녀서 화학적으로 대단히 불안정한 프리래디칼의 일종이다. 인체가 산소를 통해 에너지를 얻을 때 필수불가결하게 발생하는 일종의 불순물이다.

8.5. 체력증진을 위한 운동

8.5.1. 체력의 개념

WHO는 '체력은 일정한 조건에서 근육의 활동이 요구되는 작업을 만족스럽게 수행하는 데 필요한 제반 응력'이라고 정의하였다. 체력이 약화되면 각종 질환에 시달릴 가능성이 높아지므로 체력은 건강과 직접적으로 결부된다. 특히 운동부족에서 오는 체력의 감퇴는 순환기 계통의 기능 저하를 초래하여 혈액의 순환이 원활하게 이루어지지 않으므로 산소는 물론 영양물질이 신체의 각 부위에 고르게 전달되지 못하게 된다. 따라서 피로한 상태, 나약한 모습, 어색한 행동 등이 나타나게 되며 각종 질병에 민감한 반응을 보이게 된다.

체력은 [그림 8-1]과 같이 크게 방위체력과 행동체력으로 구분된다.

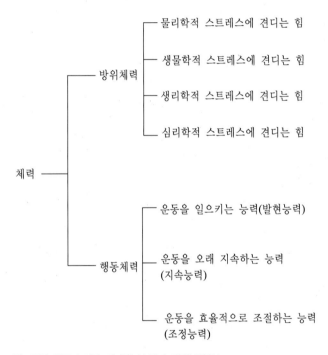

참고문헌: 운동과 건강, 김대경 외 공저, 광림북하우스

[그림 8-1] 방위체력과 행동체력의 구성요소

8.5.2. 체력 육성

체력 육성이란 정기적·규칙적으로 운동을 함으로써 현재 이상의 체력 향상을 의도적으로 행하는 것으로서 스포츠 선수만을 대상으로 하는 것이 아니다. 일상생활에서 각자의 체력 및 운동 기능의 향상, 건강 유지 증진 등에 활용할 수 있다. 체력 육성의 원리는 아래와 같다.

(1) 과부하의 원칙

어느 기관의 기능을 보다 발달시키기 위해서는 일상적인 기능 수준 이상으로 그 기능을 발휘해야 한다.

(2) 점진성의 원칙

갑자기 강한 부하를 가하면 몸이 견뎌 낼 수 없고 피로해지기 때문에 처음에는 가벼운 부하에서부터 시작해야 한다. 그러나 언제나 가벼운 부하에 머물러 있으면 기능의 발달은 그 부하와 평행한 상태에 머물게 된다. 따라서 한층 기능을 발달시키기 위해서는 점차 부하를 높여 가야 하는데 이것을 '점진성의 원칙'이라 한다.

(3) 반복성의 원칙

반복성의 원칙은 정기적으로 반복 시행함으로써 체력 육성의 효과를 얻을 수 있음을 의미한다. 산발적 혹은 일시적 운동으로는 충분한 효과를 기대할 수 없을 뿐만 아니라 때로는 사고의 원인이 되기도 한다.

(4) 개별성의 원칙

개인의 체력, 건강, 기호, 그 밖의 특수조건을 고려한다면 운동처방은 개별적 색채가 농후하게 된다. 개인에 적합한 운동이 필요한 것을 '개별성의 원칙'이라고 부른다.

8.5.3. 올바른 운동방법

(1) 운동의 종류

운동은 크게 유산소운동과 무산소운동으로 구별된다. 무산소운동과 유산소운동의 경계는 운동 강도에 따라 구분된다. 점차로 운동강도가 높아지다가 어느 한계를 넘어서면 이제 더 이상 산소를 사용하는 에너지 생성만으로는 빠른 에너지 요구를 충족할 수 없는 순간이 찾아오는데 그때부터는 무산소 상태에서 에너지를 생성한다.

유산소운동은 산소를 지속적으로 사용하여 체지방을 연소시키는 효과가 있으며 걷기, 조깅, 자전거, 수영, 줄넘기, 에어로빅댄스, 배드민턴, 테니스 등이 포함된다. 무산소운동은 역기 등의 중량운동이나 단거리 달리기와 같이 짧은 시간에 큰 힘을 필요로 하는 운동으로서 신체의 근육이 발달되는 효과가 있다.

(2) 운동의 강도

운동 강도 결정의 일반적인 기준은 최대심박수의 60~80% 정도의 심박수를 유지하는 것이다. 심박수의 측정이 곤란한 경우에는 약간 힘들다고 느끼는 정도, 호흡의 곤란을 느끼지 않으면서 알아들을 수 있게 이야기할 수 있을 정도의 강도로 운동하면 된다.

(3) 운동의 지속시간

운동의 지속시간은 운동의 종류 및 강도에 따라 결정되지만 일반적으로 목표 강도에서 15~45분간 지속하는 것이 적당하며 이 시간 중에 200~300kcal 정도의 에너지를 소비하도록 하는 것이 바람직하다. 운동 전후에 준비운동 및 정리운동을 5~10분간씩 실시하여 심장이나 근육, 관절의 적응을 점진적으로 향상시킴으로써 손상을 예방해야 한다.

(4) 운동의 빈도

일반인의 운동 횟수는 1주에 3~5회가 좋다. 주당 1~2회는 심폐기능의 증진을 기대할 수 없고 6~7회는 피로를 가중시키고 손상을 유발할 수 있다.

8.5.4. 운동 효과

우리의 신체는 사용하면 이에 적응하여 발달하게 되고 사용하지 않으면 퇴화되거나 약해진다. 따라서 적당한 운동을 지속할 때에 건강을 유지하고 신체의 여러 장기 및 정신적 안정성에 기여하는 효과를 기대할 수 있다.

(1) 심장 및 순환계에 미치는 효과

운동을 하면 심장의 탄력성 증가와 심장의 용적 증가현상으로 인해 1회 박출량이 증가하게 되며 따라서 안정 시에 필요로 하는 혈액양을 충분히 감당할 수 있게 되므로 심박수는 저하되게 된다.

(2) 호흡계에 미치는 효과

지속적인 운동은 호흡기능에 영향을 미치는데 폐포의 표면 활성을 증가시키고 폐포의 모세혈관을 발달시켜서 가스교환을 용이하게 하며 흉곽의 확장능력을 증가시키고 호흡수를 감소시키며 산소섭취량을 증가시켜 지구력을 향상시킨다.

(3) 근육에 미치는 효과

일정기간 동안 운동을 하면 운동한 부위의 근육이 발달하는데 이러한 근육은 속근과 지근으로 구분된다. 장거리운동처럼 지속적인 운동은 지근을 발달시키고 역도와 같이 짧은 시간에 큰 힘을 내는 운동은 속근을 발달시킨다.

(4) 신경에 미치는 효과

운동을 하면 첫째로 운동신경이 발달된다. 둘째로 조정력과 협응력이 향상된다. 운동을 하면 시간과 공간에 대한 지각이 발달되어 평형감각이나 리듬 및 타이밍의 느낌을 향상시켜 준다. 또한 불안하거나 덜 단련된 사람은 근육의 긴장으로 인해 행동수행이 용이하지 않지만 운동을 하면 근육의 협응작용을 향상시키고 불필요한 긴장을 제거해 줌으로써 협응력을 길러 준다. 셋째로 운동은 심장운동을 지배하는 교감신경과 부교감신경의 톤을 조절해 준다. 일상적으로 긴장을 하거나 운동을 하게 되면 교감신경의 흥분과 부신피질 호르몬인 아드레날린이 분비되어 심장박동이 촉진된다. 그러나 이때 교감신경의 흥분이 비단련자에 비해 서서히 자극을 전달하여 운동을 지속하는 데 도움을 준다.

(5) 노화 지연의 효과

오랫동안 육체적인 노동을 하면 나이보다 훨씬 노쇠하게 될 가능성이 있지만 적당한 신체 운동은 노화를 방지시켜 줘서 실제로 나이가 들어가는 것을 반전시키고 오히려 젊음을 되찾게 해 준다. 따라서 노화를 지연시키고 생활습관병을 예방하기 위해서는 적절하고 규칙적인 운동을 지속적으로 실시하는 것이 가장 이상적인 방법인 것이다.

(6) 체중 조절의 효과

인체는 크게 지방조직과 제지방(지방을 제외한 부분)조직으로 구분할 수 있는데 지방은 인체에 필수적으로 필요하지만 그 저장 정도가 남자의 경우 20%, 여자의 경우 30%를 넘게 되면 비만으로 판정된다. 그러나 규칙적으로 운동을 하면 체지방이 감소되고 제지방 조직인 근육 등을 발달시켜 체중을 조절하는 효과를 기대할 수 있다.

(7) 피로방지 및 회복의 효과

인체는 부상을 방지하기 위해 특별한 힘의 발생을 지속할 수 없는 상태인 피로를 자연스럽게 느끼도록 되어 있다. 이 피로를 국소적인 피로와 전신피로로 구분해 볼 때 국소적인 피로는 그 부위 근육의 수축과 이완 운동을 통해 해소시킬 수 있다. 전신피로의 경우는 국소적인 근육의 수축 이완 운동과 병행하여 탄수화물을 섭취함으로써 풀 수 있다. 또한 운동에 의해 혈액순환이 촉진됨에 따라 신진대사가 활성화되어 피로회복을 돕게 된다.

(8) 뇌기능 향상 및 스트레스 해소의 효과

운동은 뇌의 혈액순환을 활성화시켜 줌으로써 산소 공급이 원활해짐에 따라 맑은 정신을 갖게 하는 효과가 있다. 적당한 운동은 두통을 없애 주고 스트레스를 해소시켜 주며 깊은 수면을 돕는다. 깊은 수면 시 뇌에서 성장호르몬 분비가 증가되어 어린이들은 성장을 촉진하고 어른들은 피로 회복뿐만 아니라 손상된 조직을 치유하기도 한다. 뇌는 근육처럼 어떤 자극이나 좋은 경험이 있을 때 성장하는 것으로 밝혀졌다. 즉, 뇌신경세포도 근육처럼 커지게 되므로 운동을 통해 기능을 촉진시킴으로써 건강생활에 도움이 될 수 있는 것이다.

(9) 질환 예방과 재활의 효과

일반적으로 체력유지를 위한 운동은 질병에 대한 예방수단이 된다. 질병의 원인이 유전적이거나 정신적 및 심리적이든 상관없이 운동은 저항력을 만들고 질병에 대한 좋은 치료방법이 된다. 운동은 정신적 질환에 효과가 있는 치료수단일 뿐만 아니라 여러 가지 신체적 질환들을 예방하는 데도 도움이 된다. 운동은 요양 중 회복을 위해 기본적으로 중요한 것들 중의 하나이다.

8.5.5. 근육 운동

(1) 기초대사량과 근육

『근육 만들기』, 이시이 나오카타 저, 윤혜림 역, 전나무숲에서 기초대사량은 생명을 유지하기 위해 필요한 최소한의 에너지 양으로 서술한다. 아무런 행동도 하지 않은 상태에서도 살아 있으면 소비하는 에너지의 양이다. 실제로 우리가 매일 소비하는 열량 중에서 60% 이상은 기초대사량이다.

건강을 위한 다이어트라면 지방의 소비자인 근육을 조금이라도 늘려서 대사를 높이는 노력이 필요하다. 식사량을 줄이는 다이어트는 원하는 대로 지방을 줄일 수는 있겠지만 동시에 근육도 줄어든다. 근육이 줄어들면 기초대사량이 줄어들게 되므로 식사량 제한 다이어트는 결국 요요 현상을 불러일으키게 된다. 요요현상으로 다시 불어난 양만큼의 체중은 거의가 지방이다.

(2) 근육 운동을 통한 다이어트

유산소운동은 지방을 없앨 뿐만 아니라 심폐 기능을 높이고 말초의 혈액순환을 돕는 효과가 있다. 그러나 가벼운 유산소운동으로는 근육량이 늘어나지 않는다. 유산소운동은 운동 자체로 열량을 소비하고 지방을 연소시킬 수는 있지만 기초대사율을 높이지는 않는다. 한편 근육 운동은 지방을 전혀 쓰지 않지만 에너지의 최대 소비자인 근육의 양을 늘려 준다.

근육을 충분히 움직이면 교감신경이 활성화되면서 부신에서 아드레날린이 분비되어 지방 분해를 촉진시키고 기초대사율을 높인다. 기초대사율이 높은 상태에서는 지방 소비가 늘어난다. 따라서 먼저 근육 트레이닝을 해서 기초대사율이 높은 상태, 즉 지방이 에너지원으로 쉽게 사용될 수 있는 상태를 만든 후에 걷기나 가볍게 달리기 등의 유산소운동을 하는 것이 다이어트에 효과적이다.

(3) 근육 만들기

근육은 근섬유로 이루어져 있다. 우리 몸은 무수한 세포로 이루어져 있고 그 대부분은 매우 작으며 손상되면 곧 새로운 세포로 교체된다. 그러나 거대한 근섬유는 그렇게 쉽게 교체되지 못하고 손상을 입은 정도라면 보수 기능이 작용한다. 근육량을 늘린다는 것은 곧

근섬유를 굵게 만드는 것이다. 굵게 만들려면 보수 기능이 작용하도록 스트레스를 주어야 한다. 이것을 근육 트레이닝에서는 '부하를 준다'라고 표현한다.

근육은 조금 흰색을 띠는 속근과 조금 붉은색을 띠는 지근으로 되어 있다. 속근은 순발력에 사용되고 지근은 지구력이 뛰어나다. 속근이 발달한 단거리 달리기 선수의 체형은 큰 근육이 있는 역삼각형인 데 비해 지근이 발달한 마라톤 선수의 체형은 꽤 호리호리한 편이다. 근육의 양을 늘리려면 쉽게 굵어지는 속근을 사용하려고 노력하는 것이 현명하다. 속근의 양을 늘리려면 자신의 최대근력(1RM)을 알아야 한다.

RM은 'Repetition Maximum'의 줄임말로서 1RM은 한 번밖에 들지 못하는 무게를 나타낸다. 속근을 굵게 만들려면 80%1RM을 약 8회 반복하는 것을 1세트로 하여 이것을 3세트 이상 실시해야 한다. 부하가 너무 크면 근육량은 그다지 늘지 않고 주로 근력이 강해진다. 지근의 양을 늘리려면 40%1RM 이하의 가벼운 부하로 더 이상 할 수 없을 때까지 계속 반복해야 한다.

만약 지방의 소비나 기초대사의 향상이 목적이라면 '중심 근육'을 단련하는 것이 효율적이다. 중심 근육은 서 있거나 앉아 있기만 할 때도 사용된다. 중심 근육이 대사에 큰 영향을 미치는 이유에는 근육이 항상 힘을 낸다는 특성 외에 근육의 크기가 크다는 면도 있다. 근육이 크기 때문에 에너지가 많이 필요하다.

중심 근육을 집중적으로 단련해야 하는 또 다른 이유는 중심 근육이 나이의 영향을 쉽게 받기 때문이다. 중심 근육은 대략적으로 넓적다리, 엉덩이, 등, 배의 근육 등이다. 고령자가 딱히 위험하지 않은 평지에서도 쉽게 넘어지는 이유는 등뼈와 양다리의 시작 부위를 연결하는 근육(큰 허리근)이나 골반과 다리의 시작 부위를 연결하는 근육(엉덩근)이 감소한 데서 비롯된다. 나이가 들어서도 근육을 단련해야 하는 이유가 여기에 있다.

9_정신력 증진

9.1. 성공과 정신건강

우리가 자신이 원하는 목표달성에 성공할 수 있으려면 육체적으로 건강해야 할 뿐만 아니라 정신적으로도 강해야 한다. 인체의 기관계에 질환이 발생하여 육체적으로 건강하지 못하면 성공을 위한 각종 노력과 열정은 둘째 치고 일상생활도 제대로 수행할 수 없게 된다. 이와 마찬가지로 사람의 정신세계가 건강하지 못하면 자신의 목표달성을 위한 의지가 꺾이게 될 뿐만 아니라 삶의 슬럼프에 빠지게 되고 더군다나 부정정서를 가져오게 되어 불행하다고 느끼게 된다. 정신건강이 약화되면 성공을 위한 목표수행이 오히려 스트레스를 불러일으키는 역효과를 낳을 수도 있다.

우리가 성공하기 위해서는 정신장애로부터 벗어나서 정신건강이 강화되어야 한다. 긍정적 사고방식으로 사전에 정신장애를 예방하는 일이 중요하며 또한 상담치료와 정신과 치료를 통해 정신장애로부터 건강을 되찾아야 한다. 성공을 위한 정신적 조건으로서는 정신적 건강상태뿐만 아니라 스스로 행복을 느껴야 한다.

행복한 사람들은 학교나 직장에서 더 우수한 성취를 나타내고 다른 사람들과 더 좋은 관계를 형성하며 평균 수명도 더 길다고 한다. 또한 사람들은 긍정적인 정서를 경험할 때 지적인 기능이 향상되며 유연하고 창조적인 성향을 보일 뿐만 아니라 지능 수준은 미약하지만 행복 정도와 정적인 상관을 나타내고 있다. 긍정 심리학자에 따르면 행복은 효율적인 역할수행, 긍정적인 인간관계, 삶에 대한 목적의식, 성장의 변화인식, 자율성과 자기수용 등과 같은 다양한 구성요소로 이루어져 있다.

성공과 행복은 불가분의 관계에 놓여 있다. 우리는 어떤 일을 성취하면 행복감을 느낀다. 이러한 행복감은 또 다른 도전에 성공할 수 있도록 도움을 주게 된다. 그러나 우리는 모든 일에 성공하지는 못한다. 어떤 일에 성공하지 못할 경우 불행에 빠져든다면 이는 또 다른 일에 성공하지 못할 우려를 낳는 것이다. 따라서 설사 성공하지 못하여 불행하다고 느끼는 상태에 놓이더라도 혹은 원하지 않은 사건 등으로 인해 불행을 느낄 경우에도 행복치료를 통해 성공을 향한 열정을 간직해야 한다. 행복은 성공하기 위한 핵심 요소이다.

9.2. 정신 장애

9.2.1. 정신장애의 분류

(1) 정신분열증
정신분열증은 정적 증상과 부적 증상이 최소한 6개월 이상 지속되고 사회적 및 직업적으로 명백한 역기능을 보이며 분열정동장애나 기분장애 등으로 설명될 수 없는 장애를 말한다. 정적 증상이란 정상적인 기능이 왜곡된 것을 말하는데 왜곡된 사고의 망상, 지각의 왜곡인 환각, 언어와 의사소통의 장애, 긴장형 행동과 같은 행동조정의 어려움 등을 말한다. 부적 증상은 정상적인 기능이 감소하거나 상실된 것으로 정서표현의 강도나 범위가 위축된 것, 사고나 언어의 유창성과 생산성이 저하된 것, 목표지향행동의 시작이 어려운 것 등을 말한다.

(2) 기분장애

기분장애(mood disorder)는 일정 기간 동안 기분이 우울하거나 고양되는 정신장애를 말한다. 이러한 기분장애에는 주요 우울 일화, 조증 일화, 혼합 일화, 경조증 일화 등이 있다.

(3) 불안장애

불안장애는 위협을 받거나 스트레스를 받는 상황에 처했을 때 정서적 반응이 심하게 나타나는 경우를 말한다. 일반적으로 불안반응이란 두통, 발한, 심계항진, 가슴 압박감, 위장의 가벼운 불편감 등과 같은 자율적인 증상을 동반하고 불쾌하며 모호한 감각의 인식이라고 볼 수 있다.

(4) 성격장애

한 개인이 환경자극에 반응하는 특정한 방식을 그 사람의 성격이라고 부른다. 환경이 변해서 다른 접근방법을 요구하는 데에도 불구하고 자신의 성격 특질이나 행동양식을 수정할 수 없거나 일상적인 상황의 변화에 대해서도 적절히 반응할 수 없어서 기능상의 손상이나 주관적 혼란을 경험할 때에 이를 성격장애라고 한다.

9.2.2. 심리치료

심리치료에는 상담치료, 도구치료, 컴퓨터치료 등이 있다. 상담치료는 상담소나 혹은 병원에서 이루어지는데 상담소에서는 상담이라고 부르고 병원에서는 심리치료라는 용어를 사용한다.

상담은 이상 증상의 치료를 목표로 하지만 실제로는 증상 치료보다는 인간 자체의 치유가 핵심으로서 성장 과정에서 상처 입고 병든 자아를 회복시켜서 건강하고 성숙한 자아로 변화시켜 주는 것이다. 병원에서는 임상심리학을 바탕으로 하는 상담치료 외에도 약물을 이용한 정신과 치료방식도 활용되고 있다. 약물 치료는 인간의 뇌 기능을 지배하는 신경전달물질의 양을 조절함으로써 인간의 정서를 조절하는 방법이다.

도구치료에서 사용되는 도구라는 것은 주로 음악, 미술, 무용, 운동, 놀이 등이 있으나 이것들도 상담자가 내담자의 심리를 분석하거나 치료하기 위한 보조도구로 사용하기 때문에 넓게 보면 이러한 부류들도 결국은 상담치료에 해당한다고 볼 수 있다.

컴퓨터치료는 정보통신기술의 발달로 인하여 게임이나 로봇 혹은 인터넷을 통한 치료를 의미하는데 이들 중에서 게임이나 로봇은 도구치료와 비슷한 부류이며 인터넷 치료는 상담치료 중에서 단지 매체로 인터넷을 사용한다는 점이 다르다. 컴퓨터치료들 중에서 컴퓨터프로그램 치료는 말 그대로 부적응적인 행동을 치료할 때에 컴퓨터프로그램을 활용하여 치료한다는 의미이다. 상담자 대신에 컴퓨터프로그램이 내담자의 부적응적 행동을 치료하는 방법이지만 인간을 대신할 수 있을 정도의 지능형 프로그램 개발 여부가 관건이 되고 있다.

9.3. 행복의 정의

『긍정 심리학』, 권석만 저, 학지사에서 행복에 대한 철학적 주장은 크게 두 가지 입장, 즉 쾌락주의적 입장과 자기실현적 입장으로 구분될 수 있다고 서술한다. 쾌락주의적 입장으로서의 행복은 개인이 주관적으로 경험하는 유쾌한 상태라는 관점이다. 자기실현적 입장으로서의 행복은 성격적 강점과 덕목을 충분히 계발하고 발휘함으로써 인생의 중요한 영역에서 의미 있는 삶을 구현하는 것이다.

9.3.1. 주관적 행복

행복을 쾌락주의적 관점에서 탐구하는 연구자들은 주관적 안녕(subjective well-being)이라는 용어를 사용한다. 주관적 안녕은 개인이 자신의 삶을 긍정적으로 경험하는 주관적인 심리상태를 의미한다. 주관적 안녕은 정서적 요소와 인지적 요소로 구성된다.

주관적 안녕의 정서적 요소에는 긍정 정서와 부정 정서가 있다. 행복감, 즐거움, 환희감과 같은 긍정 정서를 자주 강하게 경험하는 반면에 우울, 슬픔, 질투감 등과 같은 부정 정서를 덜 경험할수록 주관적 안녕의 수준이 높다고 평가한다. 긍정 정서와 부정 정서는 서로 연관되어 있으나 상당히 독립적인 것으로 알려져 있다.

주관적 안녕의 인지적 요소는 개인이 설정한 기준과 비교하여 삶의 상태를 평가하는 의식적이고 인지적인 판단을 의미하며 삶의 만족도라고 지칭된다. 인간은 자신의 삶을 전체적으로 또는 영역별로 평가하고 그 결과가 긍정적일 때 만족감을 느끼게 된다.

일반적으로 정서적 반응은 단기적인 상황변화에 대한 직접적인 반응으로서 지속기간이 짧으며 무의식적 동기나 생리적 상태에 의해 영향을 받는 경향이 있다. 이에 비해 인지적 반응은 보다 장기적인 삶의 상태에 대한 의식적 평가로서 삶의 가치관이나 목표에 의해 영향을 받는다.

9.3.2. 자기실현적 행복

Seligman은 개인이 지니는 대표 강점을 발휘하며 사는 것이 진정한 행복이라고 주장한다. 대표 강점(signature strength)은 개인을 잘 나타내고 그의 독특성(개성)을 보여 주는 긍정적인 성격특징을 뜻한다. 모든 사람은 나름대로의 다양한 긍정적인 강점과 자질을 지니고 있지만 그중 어떤 것은 그들의 개성에 더 중요하고 핵심적인데 그러한 특징적 강점을 활용할 때 사람들은 더 활기찬 열정을 느끼고 '진정한 자기'가 표현되고 있다는 느낌을 갖게 된다.

Thomas Jefferson은 '행복이 삶의 목표라면 덕성은 행복의 바탕이다'라고 말한 바와 같이 개인의 긍정적 성품을 발견하고 계발하는 것은 행복한 삶을 위한 필수조건이라고 말할 수 있다. 긍정 정서에 초점을 맞추는 쾌락주의적 행복은 개인적 성장과 강점을 중시하는 자기실현적 행복과 통합되어야 비로소 진정한 행복의 모습을 갖출 수 있는 것이다.

9.4. 주관적 행복 이해

9.4.1. 긍정 정서

부정 정서는 우리에게 위험을 알리고 반응범위를 좁혀서 위험신호에 재빨리 대처하도록 하지만 긍정 정서는 안전의 신호로서 그 주요한 기능은 대처역량을 집중하는 것이 아니라 확장하고 증대시키는 것이다. 사람들은 긍정 정서를 느낄 때 다른 사람들과 더 많은 상호작용을 하게 되고 새로운 경험을 찾아 나서며 창조적인 도전을 하거나 도움이 필요한 사람을 돕게 된다.

긍정 정서를 경험하게 되면 우리의 일시적인 사고기능과 행동양식이 확장되며 그 결과로서 얻어진 학습 경험을 통해서 미래의 상황에 효과적으로 대처할 수 있는 인지적·정서적 자원을 축적하게 된다. 이러한 자원 증대로 인해 개인의 상향적 발전과 성장이 일어나며 새로운 상황에 대한 효과적인 대응으로 인해서 다시 긍정 정서를 경험하게 되는 선순환이 일어난다.

9.4.2. 긍정 경험

(1) 사랑과 친밀감

우리는 어떤 사람과 사랑이나 친밀감을 느낄 때 행복감을 느낀다. 사랑은 삶 속에서 특별하게 경험하는 강렬한 긍정적 체험이다. 또한 친구 간의 우정과 친밀함, 타인과의 신뢰감 등과 같이 인간관계에서도 다양한 긍정적 체험을 하게 된다.

(2) 몰입 경험(플로우)

창의적 예술 활동뿐만 아니라 종교의식에의 참여, 컴퓨터 사용, 교실에서 강의, 즐기기 위한 독서, 직업적 일을 즐김, 혼자만의 시간을 갖는 휴양 등을 수행할 때에 몰입 경험을 갖게 된다고 한다. 몰입 경험은 사람들이 인생을 더 즐기고 더 행복하게 살며 다양한 상황에서 더 잘 기능하도록 만든다.

(3) 여가와 안식 경험

여가는 단순한 쾌락의 추구, 스트레스 해소, 휴식의 제공과 원기 회복 등뿐만 아니라 긍정적 체험을 제공하며 행복과 삶의 만족과 밀접한 관계를 지니고 있다. 사람들은 지식을 습득하고 기술과 능력을 계발하기 위해 여가활동을 통해서 스스로 도전하기를 즐긴다.

(4) 절정 경험

절정 경험은 오랜 기간 힘든 노력을 통해 목표하는 바를 성취했을 때, 강렬한 사랑을 체험했을 때, 위대한 미술품을 보거나 음악을 듣게 되었을 때, 자연의 아름다움에 압도되었을 때, 종교적 수행이나 의식에 몰두하게 되었을 때 갑작스럽게 또는 우연하게 찾아오게 된다. Maslow에 따르면 이러한 절정 경험을 통해서 개인의 창조적 에너지가 발산되고 존재의 의미를 느끼게 되며 인생의 목표의식을 갖게 되고 조화와 통합의 느낌을 얻게 된다. 따라서 절정 경험은 치유적인 동시에 성장을 촉진하는 기능을 지닌다.

(5) 고원 경험

고원 경험은 모든 경험이 기적적이고 신비로운 것으로 여겨지면서 느껴지는 평온하고 고요한 감정 상태를 말한다. 정서적인 속성이 강한 절정 경험에 비해서 고원 경험은 어떤 깨달음을 수반하는 인지적 요소를 지니고 있다. 고원 경험은 절정 경험에 비해서 훨씬 더 의지적인 것이다. 또한 절정 경험이 우발적으로 우연하게 발생하는 반면에 고원 경험에 이르는 방법은 학습될 수 있다.

9.4.3. 행복의 심리적 요인

행복은 외부환경으로부터 주어지는 것이 아니라 개인이 스스로 만들어 나가고 발견하는 것이다. 개인의 성격적 특징은 환경과의 상호작용에 영향을 미칠 뿐만 아니라 자신과 환경에 대한 주관적 평가에도 영향을 주기 때문에 행복에 커다란 영향을 미치게 된다. 사람에게 주관적 행복을 느끼게 해 주는 심리적 요인들은 다음과 같다.

(1) 낙관성

낙관성(optimism)은 주관적 안녕을 예측하는 강력한 성격요인으로서 미래에 대해서 긍정적인 기대와 전망을 하는 인지적 경향성을 의미한다. 낙관성은 주관적 안녕의 예측요인인 자존감, 인생에 대한 통제감, 긍정적인 대인관계와도 밀접한 관계를 가지고 있다.

사람들에게 자신이 인생의 사건들을 어떻게 설명하는지 주의를 기울이게 하고 그 원인을 좀 더 긍정적인 방향으로 재귀인하는 방법을 가르침으로써 낙관성을 증진시킬 수 있는데 이를 '학습된 낙관주의'라고 한다. 낙관성은 일종의 신념이지만 잘못된 것일 수도 있기 때문에 낙관성이 장기적인 행복 증진에 기여하려면 현실적인 근거에 바탕을 두고 있어야만 한다.

(2) 자존감

자존감은 자기 자신에 대한 전반적인 긍정적 평가와 우호적 태도를 의미한다. 자존감이 높은 사람은 자신을 가치 있는 유능한 존재로 생각하며 자신에 대한 만족감을 지닌다. 자존감은 개인의 건강한 성장과 성취에 따른 결과물인 동시에 인간관계와 생산적 활동에 긍정적인 영향을 미침으로써 행복을 증진하게 된다. 반면에 낮은 자존감은 실패와 좌절의 결과로서 우울증을 비롯한 다양한 정서장애의 유발요인이 될 수 있다. 그러나 너무 높은 수준의 자존감은 오히려 주관적 안녕에 부정적인 영향을 미칠 수도 있는데 이는 지나치게 높은 자존감은 비현실적 근거에 기초하고 있거나 취약한 자존감을 보상하기 위해 과장된 것일 수도 있기 때문이다.

(3) 외향성

인간의 성격 유형을 구분하는 가장 중요한 차원은 외향성-내향성이다. 외향성은 개인의 주된 관심사가 외부환경으로 지향되는 성향인 반면에 내향성은 관심의 방향이 자신의 내면적 경험으로 향하는 성향을 의미한다. 외향적인 사람들은 사교성이 높고 활동적이며 정서적 흥분을 추구하는 경향을 지닌다. 외향적인 사람들은 다른 사람과 긍정적인 관계를 맺을 기회가 많고 그들로부터 긍정적인 피드백을 많이 얻게 되므로 행복도가 높아질 수 있다.

(4) 통제감

통제감은 개인적으로 중요한 삶의 사건들에 대해서 자신이 통제할 수 있다는 신념을 의미한다. 자신의 인생을 스스로 통제할 수 있다는 믿음은 자기 유능감, 삶에 대한 자신감, 미래에 대한 긍정적 확신을 심어 주어 행복감을 증진시킬 수 있게 된다. 반면에 이러한 믿음을 지니지 못하면 인생이 매우 힘겹고 혼란스럽게 여겨질 수 있다.

신을 믿는 독실한 종교인의 경우 신이 자신의 삶에 대한 통제권을 가지고 있다고 믿는데도, 즉 개인적 통제감을 신에게 넘겼음에도 높은 행복도를 지니고 있다. 사람들은 자신보다 강력한 존재인 타인, 조직, 이념 또는 절대자에게 의식적으로 자신의 통제권을 이관함으로써 더 강력한 어떤 존재의 관리와 보호하에 있다는 느낌을 가지게 된다.

(5) 긍정적인 인간관계

좋은 사람들과 친밀하고 지지적인 관계 속에서 살고 있다고 느끼면 자존감과 자신감이 높아질 뿐만 아니라 어려움에 적극적으로 잘 대처하게 될 것이며 심리적 장애를 나타낼 가능성이 줄어든다. 또한 긍정적인 인간관계와 행복은 상호작용적이기 때문에 행복감을 느낄 때 인간관계가 증진될 뿐만 아니라 타인과의 긍정적 관계 경험을 통해 행복감이 증진된다.

(6) 인생의 목적의식

인생의 목적의식은 실증적 연구에서 흔히 종교성으로 측정되었다. 종교는 인생에 대한 목적과 의미를 제공할 뿐만 아니라 존재론적 고독과 죽음에 대한 두려움을 이겨 내는 데 도움이 된다. 종교적 신념이 강하고 삶에 있어서 종교의 중요성이 높을수록 그리고 종교의식에 자주 참석하는 사람일수록 주관적 안녕 수준이 높은 것으로 보고되고 있다.

인생의 목적의식이 반드시 종교적 신념과 연관되는 것은 아니다. 반드시 종교적인 목표가 아니더라도 자신에게 의미 있는 다양한 목표를 적극적으로 추구할수록 행복감이 증진될 수 있다.

9.4.4. 행복의 심리적 과정

(1) 욕망충족 이론

인간은 욕망이 충족된 상태에서 행복을 느낀다는 생각이 가장 일반적이었다. 인간은 식욕, 성욕, 재물욕, 권력욕, 명예욕 등과 같은 다양한 욕망을 지니게 되고 이러한 욕망이 충분히 충족되었을 때 행복감을 느낀다고 주장하는 이론이 욕망충족 이론이다. 인간은 다양한 욕망을 지니는데 욕망은 욕구, 충동, 동기라는 용어와 혼용되고 있다.

Maslow는 인간의 욕구를 5가지의 위계, 즉 낮은 위계에서부터 생리적 욕구, 안전 욕구, 애정 욕구, 존중 욕구, 자기실현 욕구 등으로 구분하였다. 욕구는 낮은 위계의 하위욕구로부터 높은 위계의 상위욕구로 발달해 간다. 특히 하위욕구가 만족되지 않으면 상위욕구로의 발달이 이루어지지 않는다고 주장하였다.

욕망이 충족되면 행복해진다는 욕망충족 이론은 행복에 대한 쾌락주의적 입장과 종종 일치하지만 주관적 안녕에 대한 내용과는 일치하지 않는 점들이 많다. 첫째, 다양한 욕망을 충족시킬 수 있는 외부적 조건과 행복도의 상관관계는 상당히 미미하다. 둘째, 욕망의 충족상태는 일시적이어서 시간이 지나면 욕망의 요구가 반복된다. 셋째, 하나의 욕망이 충족되면 다른 욕망이나 상위의 욕망이 부각되며 그 충족을 요구한다. 넷째, 인간은 욕망이 충족되면 곧 그러한 상태에 익숙해져 행복감을 느끼지 못하는 경향이 있다. 다섯째, 개인적 욕망이 충분히 충족되어도 자신보다 더 풍요로운 상태에 있는 사람을 보게 되면 행복감이 저하된다.

(2) 목표 이론

인간은 자신이 추구하는 목표를 달성하거나 목표를 향해 진전되고 있다고 믿을 때 행복을 느낀다는 이론이다. 이 이론은 욕망충족 이론의 발전된 형태인데 왜냐하면 욕망을 좀 더 구체적인 목표로 명료화하고 목표달성과 관련된 인지적 평가를 포함하고 있기 때문이다.

추구하는 목표가 인간의 내재적 동기와 잘 부합할 때 행복감이 증가하는 경향이 있다. 자기수용, 긍정적 인간관계, 다른 사람을 돕는 것과 관련된 목표를 추구하는 사람들이 물질적 성공, 신체적 매력, 사회적 명성을 추구하는 사람들보다 행복 수준이 더 높다. 목표에는 무언가를 향해 움직이도록 동기를 부여하는 접근 목표와, 위험, 곤란, 공포 등을 피하기 위한 회피 목표가 있는데 접근 목표가 회피 목표보다 주관적 안녕과 관련성이 높다. 무엇이든 가치를 부여하는 것을 향해 나아가고 있을 때 행복은 증진된다. 이 경우 중요한 목표에 다가가는 접근 속도가 중요한데 기대했던 속도나 그보다 더 빠른 속도로 진전되는 것을 느끼게 되면 행복감이 훨씬 더 증대된다.

목표의 구체성에 따라 행복에 미치는 영향이 달라진다. 추상적 목표만을 추구하는 경우는 그 달성 가능성을 확인할 수 없으며 구체적 목표만을 추구하는 경우는 장기적인 방향감각 없이 우왕좌왕할 수 있으므로 행복에 있어서 더 중요한 것은 구체적인 목표와 더불어 추상적인 장기적 목표를 함께 지니는 것이다.

추구하는 목표가 다양하게 많은 사람들은 삶의 만족도와 긍정 정서수준이 높지만 부정 정서 수준도 높은 경향이 있다. 여러 가지 목표를 추구하는 사람은 성취의 즐거움도 많지만 이러한 목표들을 성취해야 하는 부담감뿐만 아니라 여러 목표 간의 불일치와 갈등으로 인한 스트레스도 많이 경험하기 때문이다. 따라서 행복한 삶을 위해서는 서로 조화롭게 밀접히 연결된 목표를 선택하여 추구해야 하고 경쟁적 목표들 간의 내적 갈등을 줄여야 한다.

(3) 비교 이론

비교 이론에 의하면 인간은 자신의 상태를 어떤 기준과 비교하여 그 기준과의 긍정적 차이를 인식할 때 행복감을 느낀다는 것이다. 인간은 매우 다양한 기준에 의해서 자신을 평가하지만 가장 주요한 비교기준은 다른 사람, 과거의 삶, 이상적 자기상, 지향하는 목표 등이다.

(가) 다른 사람과의 비교

우리가 자기평가를 위해 적용하는 가장 일반적인 비교기준은 다른 사람들이다. 이러한 비교는 자신과 비슷한 사람들과 비교하는 수평적 비교, 자신보다 더 나은 사람들과 비교하는 상향적 비교, 자신보다 못한 사람들과 비교하는 하향적 비교 등으로 구분할 수 있다. 행복한 사람들은 상향적 비교보다 하향적 비교를 더 많이 한다. 그러나 하향적 비교를 과도하게 적용하게 되면 우월의식이 지나쳐서 자기도취와 교만으로 변질될 수 있다. 비교 이론에 따르면 주변의 비교대상이 어려운 상황에 처해 있을수록 개인은 더 행복감을 느낀다. 그러나 암 환자의 경우 다른 암 환자가 자신보다 상태가 더 나쁘다고 해서 행복감을 느끼지는 않는다. 자신에게 도움이 될 수 있도록 적절한 비교기준을 선택하는 것은 행복한 사람들의 지혜 중 하나이다.

(나) 과거와의 비교

우리는 현재를 과거와 비교하여 긍정적인 변화를 인식할 때 행복감을 느낀다. 주관적 안녕 연구에 따르면 사람들은 수입의 절대액수

보다 수입의 증가된 변화량에 더 민감하다고 한다. 빈곤상태에서는 약간의 수입증가가 현저한 변화로 느껴지게 되지만 부유한 상태에서는 동일한 수입증가가 미미한 변화로 느껴지게 된다. 따라서 빈곤상태에서는 수입증가가 행복에 미치는 영향이 큰 반면에 부유한 상태에서는 그 영향이 저하되는 것이다.

과거와 비교할 경우에 삶의 여건이 열악한 상태에 있었던 사람들은 비교기준이 낮기 때문에 새로운 변화를 긍정적인 것으로 경험할 가능성이 높다. 불행했던 사람은 자신의 성격이나 태도로 인해서 불행을 영속화시키는 경향이 있으며 행복한 사람은 긍정적 변화를 위해 끊임없이 노력하는 경향이 있다. 삶 속에서 사소한 것이라도 긍정적 변화를 인식하고 그것을 소중하게 여기는 것이 행복한 삶을 영위하는 한 가지 비결이라고 말할 수 있다.

(다) 이상적 자기상과의 비교

자기평가에서 중요한 한 가지 기준은 이상적 자기상이다. 이상적 자기상은 자신이 지녀야 한다고 생각하는 특성들을 의미한다. 이러한 이상적 자기상에는 이상적 자기와 의무적 자기가 있다. 이상적 자기는 스스로 이상적인 것으로 여기는 자신의 특성인 반면에 의무적 자기는 부모와 같이 중요한 사람들에 의해 기대되는 자신의 모습이다. 우리는 자기평가를 할 때 이상적 자기와 더불어 의무적 자기와도 비교를 하게 된다. 실제적 자기와 이상적 자기의 괴리가 클수록 불행감이 증대된다. 예를 들어 주변 사람들과 비교하여 자신이 우월하다고 여기더라도 이상적 자기상에 미치지 못할 때는 불행을 느끼게 되는 것이다.

또 다른 비교는 실제적 자기와 의무적 자기의 비교이다. 이 괴리가 크면 불안과 부담감을 느끼게 된다. 자신이 생각하는 이상적 자기와 실제적 자기 간의 차이가 없다 하더라도 주변사람들이 기대하는 의무적 자기가 높은 사람은 불안을 느끼게 된다.

(4) 적응과 대처 이론

쾌락을 주는 동일한 자극을 반복적으로 접하게 되면 그에 대한 쾌락을 점점 덜 느끼게 되는데 이러한 현상을 적응(adaptation)이라고 한다. 인간은 변화에 예민하며 행복은 항상 주어지는 자극보다 최근에 발생한 새로운 긍정적 사건에 대한 반응이다. 그러나 인간은 그러한 긍정적 변화에 대해서 상당히 빠른 시간 내에 적응하게 된다. 커다란 행운 또는 불운을 경험한 사람들이 우리가 생각하는 것보다 자신의 삶을 현저하게 더 행복하거나 불행하게 느끼지는 않는다. 왜냐하면 현격한 삶의 변화를 겪더라도 그러한 삶에 적응하기 때문이다.

새로운 변화에 대한 적응과 관련하여 중요한 요인이 대처(coping)이다. 적응은 수동적인 과정이지만 대처는 능동적인 적응과정이다. 신경증적 대처를 하는 사람보다 성숙한 대처를 하는 사람이 유쾌한 감정을 더 많이 느낀다. 새로운 변화에 대해서 긍정적 의미를 부여하고 합리적으로 행동하며 필요할 때는 도움을 요청할 줄 알고 역경 속에서 분발하며 문제 해결적 대처를 하는 사람이 행복감을 많이 느낀다.

9.5. 자기실현적 행복 이해

9.5.1. 긍정적 성품

인간의 긍정적 성품은 자기실현적 행복과 밀접한 관계가 있다. Seligman은 진정한 행복은 자신의 가장 근본적인 강점을 찾아내어 계발하고 일, 사랑, 놀이, 자녀양육에 매일 활용함으로써 발견될 수 있는 것이라고 주장한다.

긍정 정서에 초점을 맞추는 쾌락주의적 행복은 개인적 성장과 강점을 중시하는 자기실현적 행복과 통합되어야 비로소 진정한 행복의 모습을 갖출 수 있게 된다.

9.5.2. VIA 분류체계

인간의 심리적 결함과 장애에 대해서는 DSM(Diagnostic and Statistical Manual of Mental Disorder)이라는 분류체계로 구성되어 있고 인간의 심리적 강점과 덕성에 대해서는 VIA(Virtues in Action) 분류체계를 채택하고 있다. VIA 분류체계는 6개의 핵심덕목과 24개의 강점으로 구성되어 있다. 이 분류체계에 포함되어 있는 6개의 핵심덕목은 지혜(wisdom), 자애(humanity), 용기(courage), 절제(temperance), 정의(justice), 초월(transcendence) 등이다.

Schwartz와 Sharpe는 강점들의 유사성과 상충성을 고려하여 [그림 9-1]과 같이 원형모델에 여러 가지 강점들을 배열하였다. 이 모델의 X축은 강점의 초점이 자신에게 지향된 것인지 아니면 타인에게 지향된 것인지에 대한 것이다. Y축은 지적인 억제와 관련된 지성적 강점인지 아니면 정서적 표현과 관련된 감성적 강점인지에 대한 것이다. 이 모델에서 서로 가까이 있는 강점들은 한 사람이 함께 지닐 수 있지만 거리가 먼 강점들은 함께 지닐 가능성이 낮다.

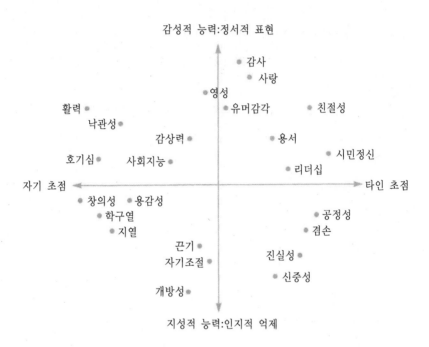

참고문헌: 긍정 심리학, 권석만 저, 학지사

[그림 9-1] 성격적 강점들에 대한 원형모델

9.5.3. 지혜 및 자애와 관련된 강점들

(1) 지혜와 관련된 강점들

(가) 창의성

창의성(creativity)은 독창적이고 적응적인 생각과 행동을 만들어 내는 개인적인 특성을 의미한다. 창의성은 자신이나 타인의 삶에 긍정적인 영향을 미치는 것이어야 한다. 창의성에는 일상적 창의성과 위대한 창의성 등이 있다. 일상적 창의성은 가정이나 직장에서의 일상적인 문제들을 독창적으로 해결하는 능력을 의미하며 그 영향력이 가정이나 직업에 한정된다. 위대한 창의성은 뛰어난 과학자나 예술가들이 나타내는 놀라운 독창성을 뜻하며 그 영향력이 광범위하다.

창의적인 사람들이 반드시 지능이 높은 것은 아니지만 낮은 지능을 나타내지는 않으며 최소한 평균 이상의 지능 수준을 보인다. 창의적인 사람들은 독립적이고 비순응적이며 비인습적일 뿐만 아니라 관심 분야가 넓고 새로운 경험에 대한 개방성을 지니며 행동적·인지적 유연성과 모험적 성향을 가지고 있다. 일반적으로 지적이고 문화적이며 심미적인 자극을 풍부하게 제공하는 가정환경은 창의성을 촉진한다. 그러나 창의성이 일상적 수준을 넘어 발휘되기 위해서는 특정한 영역의 전문적 기술을 최소한 10년간 습득해야 하는데 이를 10년 법칙이라고 부른다.

(나) 호기심

호기심은 새로운 경험과 학습을 촉진하며 내재적인 만족과 성취를 이루게 하는 긍정적인 심리적 특성이다. 우리는 새롭고 도전적인 상황에서 불안과 호기심을 함께 느끼게 된다. 불안과 호기심의 강도는 새로운 자극의 네 가지 속성, 즉 새로움, 복잡성, 불확실성, 모순성에 비례한다. 자극 수준이 낮을 경우에는 호기심이 촉발되지 않으며 자극 수준이 적당한 경우에 호기심이 생겨나면서 경미한 불안감이 동반된다. 자극 수준이 과도한 경우에는 불안감이 호기심을 압도하여 회피적인 행동을 하게 된다. 호기심은 학업성취와 업무성과에 영향을 미치므로 학교, 학원, 직장 등에서는 호기심을 증진시키는 노력이 필요하다.

(다) 개방성

개방성(open-mindedness)은 자신이 지지하는 신념, 계획, 목표에 반대되는 증거들을 적극적으로 탐색하며 그것이 적절한 것이라면 기꺼이 수용하려는 열린 마음자세를 뜻한다.

사람들은 보편적인 인지적 경향성으로 개방성이 억제될 수 있다. 그 첫째는 선택적 노출로서 자신이 믿고 싶어 하는 것을 지지하는 정보에 스스로를 노출시킴으로써 신념을 유지하려는 경향이다. 둘째는 초두 효과로서 처음에 접하게 된 정보에 더 강한 영향을 받는 현상을 의미한다. 셋째는 극단화로서 중립적 정보보다 극단적 정보가 더 강력한 영향을 미치는 현상을 말한다.

(라) 학구열

학구열은 새로운 지식이나 기술을 배우는 것에 대한 갈망과 더불어 그러한 기술과 지식을 숙달하면서 긍정 정서를 경험하는 성향을 의미한다. 배움에 대한 관심을 유지하고 발전시키는 것은 건강하고 생산적인 노화로 이어질 수 있다. 직업에서 요구하는 지식과 기술은 빠르게 변화하기 때문에 지속적인 교육과 학습이 더욱 중요해지고 있다. 따라서 학구열이 강한 사람들은 이러한 도전에 더 신속하게 대응하여 극복할 수 있게 된다.

학구열을 증진하기 위해서는 현재의 감정, 과거 경험, 잘못된 믿음, 고정관념 등을 잘 극복하는 일이 필요하다. 학생으로 하여금 학습내용을 잘 이해하도록 돕는 것이 학구열을 증진시키는 데 필수적이다. 교사는 학습내용에 따라 교습방법을 적절하게 적용하고 학습내용을 학생들의 흥미와 수준에 맞도록 조정하며 학생들로 하여금 스스로 공부할 수 있는 능력을 지원하는 것이 중요하다. 또한 교사는 학생의 재능을 발견하고 발현되도록 촉진하는 역할을 해야 한다.

(마) 지혜

지식은 사실들을 축적하는 것이지만 지혜는 그러한 사실들을 해석하고 조직화하는 것이다. 지혜는 개인과 사회를 위해 유익한 기능을 지니는 것으로서 특히 복잡하고 혼란스러운 상황에서 현명한 판단과 대응을 하게 해 주는 심리적 능력이다.

지혜는 어떻게 함양될 수 있는 것일까? 첫째, 지혜는 인생의 각 단계에서 자연적으로 겪게 되는 삶의 과업들을 적극적으로 잘 해결하는 경험을 통해서 발달하는 것으로 보인다. 둘째, 심리적 문제로 상담을 받아야 했거나 신체적 질병으로 병원에 입원해야 했던 경험의 유무는 지혜에 영향을 미치지 않고 그보다는 그러한 심리적·신체적 어려움에 어떻게 대처했느냐가 지혜 발달에 중요한 영향을 미친다. 셋째, 인생의 커다란 변화 경험은 지혜를 발달시키는 것으로 보인다. 넷째, 스트레스 경험은 지혜 발달에 도움이 된다. 스트레스 경험으로부터 의미를 발견하고 자기성장으로 통합시키는 능력을 의

미하는 자아탄력성이 스트레스의 양이나 비율에 상관없이 지혜의
발달에 중요한 것으로 나타났다.

(2) 자애와 관련된 강점들

(가) 사랑

사랑(love)은 다른 사람과 깊은 애정을 형성하고 유지할 수 있는
심리적 능력을 의미한다. 사랑하고 사랑받을 수 있는 능력은 시간과
상황을 뛰어넘어 지속되는 일종의 특질로 여겨지고 있다. 사랑하고
사랑받을 수 있는 능력은 주로 애착의 평가로 이루어지고 있다.

영유아기에 안정 애착을 형성한 아동들은 보다 적극적이고 끈기
있게 도전적 과제들을 탐색하는 동시에 필요할 때에는 도움을 요청
하고 위안을 받을 수 있는 접촉을 추구하는 모습을 보였다. 영유아
기의 안정 애착이 양호한 발달을 보장하는 것은 아니지만 이후의 삶
에서 부모, 교사, 또래와의 관계에 긍정적 영향을 미치는 것으로 나
타났다. 또한 안정 애착을 맺은 청소년과 성인들은 삶의 스트레스에
더욱 효과적으로 대처하고 신뢰와 친밀감으로 구성된 만족스러운
인간관계를 형성하는 데 더 능숙하다.

(나) 친절성

친절성(kindness)은 다른 사람의 행복을 위해서 배려하고 호의를
베풀며 선한 행동을 함으로써 보살펴 주려는 개인의 성향을 뜻한다.

친절성은 크게 세 가지 요인, 즉 공감과 연민, 도덕적 추론, 사회
적 책임감과 밀접한 관계를 지니는 것으로 알려져 있다. 첫째, 공감
과 연민은 다른 사람들을 도와주고자 하는 이타적 행동의 주요한 촉

진 요인이 된다. 둘째, 타인지향적인 도덕적 신념을 지닌 아이들이 그렇지 않은 아이들보다 친구들에게 더 많은 도움을 제공한 것으로 나타났다. 셋째, 강한 사회적 책임감을 지닌 사람은 자신이 이웃과 다른 사람들에 대해서 개인적인 윤리적 책임을 지닌다고 믿는다.

(다) 사회지능

사회지능(social intelligence)은 다른 사람들과의 관계에서 친밀감과 신뢰감을 형성할 뿐만 아니라 그들에게 영향력을 행사할 수 있는 개인적 능력을 의미한다. 사회지능은 인간관계를 원활하게 만들기 때문에 성격적 강점으로 여겨지고 있다. 지혜와 마찬가지로 사회지능도 나이와 경험이 축적됨에 따라 성숙하는 것으로 알려져 있다. 사회지능이 극히 낮은 사람들은 자기 자신이나 다른 사람의 심리적 세계를 잘 이해하지 못한다. 또한 다른 사람의 의도를 잘 파악하지 못할 뿐만 아니라 자신의 의사를 제대로 전달하지도 못한다.

일반적으로 지능은 크게 두 가지의 구성요소, 즉 유동지능과 결정지능으로 이루어진다. 유동지능은 순수한 학습능력을 의미하며 결정지능은 개인에 의해서 습득되어 축적된 지식을 의미한다. 유동지능은 외부적 개입에 의해 잘 변하지 않는 것이기 때문에 향상시키기가 비교적 어렵지만 결정지능은 지식과 경험의 축적에 따라 증진될 수 있다. 따라서 사회적 결정지능은 사회적 상호작용, 정서, 자기 이해에 대한 지식을 축적함으로써 향상될 수 있는 것이다.

9.5.4. 용기 및 절제와 관련된 강점들

(1) 용기와 관련된 강점들

(가) 용감성

용감성(bravery)은 위험하고 위협적인 상황에서 두려움을 이겨 내고 그 상황을 극복하기 위한 적절한 행동을 자발적으로 하는 능력을 의미한다. 용기는 두려움을 모르는 것이 아니라 두려움을 이겨 내는 것이다. 용기는 크게 세 가지, 즉 육체적 용감성, 도덕적 용감성, 심리적 용감성 등으로 구분된다. 육체적 용감성은 신체적 손상과 죽음의 공포를 이겨 내기 위한 것으로서 신체적 손상이 초래될 수 있는 다양한 상황에서 유발된다. 도덕적 용감성은 사회적 무시와 비난을 비롯하여 따돌림, 경제적 곤란, 직업 상실, 명예 손상 등의 두려움에도 불구하고 자신이 옳다고 믿는 것을 행하는 것이다.

심리적 용감성은 정신적 안정을 잃는 것에 대한 두려움과 관련되어 있다. 예를 들어 자신의 심리적 문제나 약점을 인정하는 일 그리고 이러한 문제를 극복하기 위해 스스로 노력하거나 도움을 요청하는 일은 심리적 용기를 필요로 한다. 도덕적 용감성이 자신의 윤리적 신념과 양심을 지키기 위한 것이라면 심리적 용감성은 자신에 관한 진실을 직면하고 성장과 성숙을 추구하기 위한 것이라고 말할 수 있다.

(나) 끈기

끈기는 여러 가지 난관과 좌절에도 불구하고 목적지향적인 행동을 자발적으로 지속하는 능력을 말한다. 용기와 다르게 끈기를 통해서 이겨 내야 하는 것은 공포가 아니라 권태와 좌절의 고통이며 다른 한편으로는 쾌락과 나태의 유혹이다.

끈기는 다양한 이익과 혜택을 제공한다. 첫째, 성취하기 어려운 목표를 달성할 가능성을 높여 준다. 둘째, 인내를 통해 얻게 되는 성공적 결과를 즐길 수 있게 된다. 셋째, 끈기를 통해서 기술과 역량이 향상될 수 있다. 넷째, 끈기는 자기 효능감을 향상시키게 된다. 역경을 견뎌 내며 무언가를 완수한 경험은 무엇이든 성취해 낼 수 있다는 자신감을 키워 준다. 끈기는 대부분의 경우 이롭지만 때로는 실패를 초래할 수 있다. 불가능한 일에 집착하는 것은 단지 노력과 시간의 낭비가 될 수 있다. 끈기는 적절한 판단에 의해서 효과적으로 사용될 때만 이로운 것이다. 성공의 열쇠는 끈기가 아니라 지속할 때와 그만둘 때를 아는 능력이다.

(다) 진실성

진실성(authenticity)은 자신의 내면적 상태, 의도, 행위를 사적으로든 공적으로든 정확하게 드러냄으로써 자신에게 솔직해지려고 노력하는 인격적 특질을 의미한다. 진실성은 정직성 또는 성실성과 유사한 개념이다. 진실성은 진정한 자기이고자 하는 심리적 진솔성과 깊이를 의미하지만 정직성은 사실을 있는 그대로 전달하는 대인관계에서의 솔직성을 뜻하며 성실성은 도덕적 의미의 진실성과 더불어 자기 통일성을 함축하고 있다.

진실성은 거의 모든 사람이 동의하는 기본적인 인격적 덕목이다. 진실성은 대인관계에 있어서 신뢰의 바탕이 된다. 진실해지기 위해서는 대가를 치러야 하는 경우가 많다. 진실성이 용기와 관련된 강점으로 분류된 이유는 대가를 기꺼이 치르고자 하는 용기가 필요하기 때문이다.

진실성은 진정한 자기가 어떤 존재인가 하는 물음에 대한 자기성찰과 자기수용의 깊이를 반영하는 강점이라고 말할 수 있다. 인간은 자신의 내면적 상태를 자발적으로 진실하게 표현하고자 하는 심리적 욕구를 지니고 있기 때문에 진실성은 주관적 행복을 증진시킨다. 진실성은 긍정 정서, 삶의 만족도, 경험에 대한 개방성, 공감, 자기실현 등과 정적인 상관을 나타낸다.

(라) 활력

활력(vitality)은 활기차고 적극적으로 살아가는 동시에 생동감과 행동력을 지니고 삶과 일에 대하는 태도를 의미한다. 다른 말로는 열정에 해당되는데 이것은 추구하는 목표를 향해 열의를 지니고 강렬하게 추진하는 태도를 뜻한다. 활력은 동양사상에서 말하는 기(氣)와 관련된 개념이다. 기는 생명력을 유지하는 신체적·심리적 에너지로서 막힘없이 원활하게 유통될 때 활기찬 삶을 누리게 된다.

활력은 최적의 기능 상태를 반영하는 지표일 뿐만 아니라 행복과 밀접한 관계를 가지고 있다. 우선 활력은 신체적 건강과 밀접한 관계가 있으며 신체적 증상, 육체적 질병이나 장애, 면역력 저하 등과 부적인 상관을 지닌다. 운동과 식사조절은 활력을 증가시킨다. 특히 자연과 접촉하는 것은 활력을 증가시킨다. 예를 들어 등산, 암벽등반, 스키, 수영 등과 같이 자연과 만날 수 있는 다양한 야외활동은 활력을 증가시킨다. 또한 심리적 갈등과 장애를 극복하는 동시에 자기 존중감과 자기 통제감을 향상시키면서 미래에 대한 낙관성과 희망을 강화하는 것은 활력을 증가시키는 데 커다란 도움이 된다.

(2) 절제와 관련된 강점들

(가) 용서

용서(forgiveness)는 공격이나 상처를 받은 피해자가 가해자에게 나타내는 긍정적인 심리적 변화를 의미한다.

원한을 해소하고 보복행위를 하지 않는 용서와 자비는 개인에게 많은 노력을 요구한다. 원한은 매우 고통스러운 것이기 때문에 사람들은 복수를 통해 해소하려고 한다. 그러나 보복행동을 통해 원한의 감정을 충분히 충족시켰을 때 사람들은 오히려 공허감을 느낀다. 이미 지나간 일은 조금도 돌이킬 수 없기 때문이다. 자신에게 아무런 소득이 없을 뿐만 아니라 상대방의 분노나 보복을 예상해야 한다.

다른 사람의 입장을 고려하는 공감과 조망능력이 용서를 촉진하는 것으로 알려져 있다. 용서하기 위해서는 상대방의 관점에서 사건을 이해하거나 그들을 불쌍하게 여기는 마음이 필요하며 어떤 수준 이상의 인지적·정신적 능력을 요하기 때문에 아동은 성인에 비해서 불가피하게 용서의 능력이 떨어지는 것으로 추정된다. 사람들은 범죄가 심각한 결과를 초래할수록 그리고 범죄자가 실수이기보다 의도적으로 그러한 결과를 초래할수록 용서를 잘 하지 않는 경향이 있다.

(나) 겸손

겸손(humility)은 자신의 장점이나 성취에 대해서 절제된 평가를 하는 일반적 태도를 말한다. 일반적으로 현대사회에서는 자신에 대한 긍정적 평가를 반영하는 자긍심과 자기주장적 표현을 강조하는 경향이 있어서 겸손과 같은 덕목의 가치가 상대적으로 경시되고 있다. 겸손의 핵심은 한계와 장점을 지닌 자신을 있는 그대로 정확하게 보려는 비방어적인 태도라고 말할 수 있다.

자기정체감의 발달이 겸손의 필수적 조건으로 여겨지고 있다. 따라서 정체감 형성을 촉진하는 요인들, 즉 안정된 애착의 형성, 자기감의 발달, 독립성의 발달, 새로운 경험에 대한 개방성, 의사결정 경험, 삶을 돌아보고 통합하는 것 등은 겸손을 촉진하는 것으로 보인다.

(다) 신중성

신중성(prudence)은 선택을 조심스럽게 함으로써 불필요한 위험에 처하지 않으며 나중에 후회할 말이나 행동을 하지 않는 능력을 말한다. 신중성은 언행을 사려 깊고 조심스럽게 할 뿐만 아니라 자신이 추구하는 장기적 목표가 효과적으로 성취되도록 체계적으로 접근하는 태도를 말한다. 신중성은 아무런 활동도 하지 않는 마비상태가 아니라 현명한 방식으로 목표를 이루기 위해 언행을 절제하는 인격적인 강점이다.

신중성은 자기관리 차원에서 욕망을 조절하는 것이지만 그 이상의 덕목이다. 첫째, 신중성은 현재의 욕망통제를 넘어서서 거시적인 안목으로 미래의 계획까지 고려한 선행적이고 목표지향적인 태도이다. 둘째, 신중성은 지속적인 자기억제나 완고한 자기부정을 의미하지 않으며 오히려 절도 있고 유연한 자기관리의 방식이다. 셋째, 신중성은 단순히 충동을 조절하는 능력이 아니라 실천적 이성 혹은 지혜의 한 형태라고 말할 수 있다. 신중성의 근본적 속성은 극단적인 것들 가운데서 중용을 찾는 것이다.

(라) 자기조절

자기조절(self-regulation)은 지향하는 목표나 기준에 도달하기 위해서 자신의 생각, 감정, 충동, 행동을 조절하고 통제할 수 있는 능력을 의미한다. 자기조절 행동은 어떤 것을 하지 않도록 억제하는 경우가 많지만 추운 겨울 아침에 졸음을 떨치고 잠에서 깨야 하는 경우처럼 어떤 것을 하도록 촉진하는 경우도 있다.

자기조절 실패는 거의 모든 개인적·사회적 문제의 핵심이다. 즉, 약물 중독과 남용, 범죄와 폭력, 성적으로 옮겨지는 질병들, 학교에서의 낮은 수행, 개인 부채, 분노와 적대감, 규칙적인 운동의 실패, 과식 등은 자기조절의 문제이다. 생활의 대부분이 규칙적인 활동이나 습관처럼 자동적인 과정으로 이루어지게 되면 심리적 자원의 투여가 감소되므로 자기통제 능력이 잘 유지될 수 있다.

일관성 있는 분명한 목표는 자기통제를 촉진하는 반면에 불분명하거나 상반된 목표는 자기통제를 약화시킨다. 서로 상충되는 다양한 목표를 지니게 되면 주의가 분산될 뿐만 아니라 목표성취를 위한 심리적 자원을 고갈시킬 수 있다. 자기조절은 훈련을 통해서 향상될 수 있다.

9.5.5. 정의 및 초월과 관련된 강점들

(1) 정의와 관련된 강점들

(가) 시민정신

시민정신(citizenship)은 공동선(common good)에 대한 사명감과 동질감을 의미한다. 이러한 강점을 지닌 사람들은 강한 의무감을 지니고 자신의 이득보다 집단의 이익을 위해 일하며 동료들에게 충실하고 자신의 역할을 다하려고 노력한다. 이들은 공동체의 훌륭한 구성원으로서 자원봉사, 사회운동, 환경운동 등에도 적극적이다.

건강한 시민정신은 조직에 대한 맹목적 충성이나 무비판적 복종과는 다르다. 조직의 공동이익을 위해 자신의 임무와 책임을 다하려는 자세로서 이에는 조직의 부당한 방침과 운영에 대한 비판과 저항을 포함하고 있다.

(나) 공정성

공정성(fairness)은 모든 사람을 편향된 개인적 감정의 개입 없이 동등하게 대하는 태도를 의미한다. 도덕적인 갈등 상황에서 사람들이 공정성을 판단하는 주요한 기준은 정의(justice)와 배려(care)이다. 정의 추론은 공정성을 도덕적인 옳고 그름에 따라 내리는 판단인 반면에 배려 추론은 다른 사람에 대한 돌봄과 자비를 중요한 가치로 여기는 판단이다. 일상생활에서 사람들은 정의 아니면 배려에 따른 판단방식을 주로 사용하는 경향이 있지만 대다수의 사람은 두 가지 방식 모두를 적용한다.

(다) 리더십

리더십(leadership)은 집단 활동을 조직화하고 그러한 활동이 진행되는 것을 파악하여 관리함으로써 집단을 이끌어 나가는 능력을 말한다. 개인적 자질로서의 리더십은 집단 속에서 리더의 역할을 추구하고 유지하며 성공적으로 수행하려는 동기와 능력을 말한다. 리더십은 크게 두 가지 기능을 지닌다. 그 하나는 집단구성원들이 각자의 역할을 잘해 내도록 하는 것이고 다른 하나는 구성원들을 고무시켜 좋은 관계를 창출해 내고 유지하여 사기를 진작시키는 것이다.

리더십은 어려서부터 형성되어 성인기까지 지속되는 것으로 알려져 있다. 어린 시절 부모와의 상호작용을 통해서 리더십은 향상될 수 있다. 특히 부모가 어린 자녀에게 사교적이고 믿음직한 행동의 본보기를 보이고 실제 생활에서 리더의 행동과 역할을 보여 주며 수행 목표를 높게 설정하여 넓은 안목을 갖도록 하는 양육방식이 자녀의 리더십을 향상시킬 수 있다.

(2) 초월과 관련된 강점들

(가) 감상력

감상력은 아름답고 탁월한 것을 추구하고 인식하며 그러한 것들로부터 즐거움을 느낄 수 있는 심미적 능력을 말한다. 감상력을 통해서 긍정적 감정을 느끼게 되는 대상에는 세 가지가 있다. 첫째, 물리적 아름다움으로서 외부대상의 시각적 아름다움뿐만 아니라 모든 감각적 아름다움을 포함한다. 둘째, 사람들이 나타내는 탁월한 기술이나 재능이다. 여러 분야의 달인들뿐만 아니라 일반인들이 나타내는 출중한 기량이나 뛰어난 능력을 접하면서 경탄과 경외감을 느끼게 된다. 셋째, 도덕적 가치나 미덕으로서 사람들이 나타내는 도덕적 행위나 강점을 말한다.

감상력이 유전적 영향을 받는 것으로 여겨지고 있지만 다양한 증진 프로그램을 통해서 함양될 수 있다. 자연을 대상으로 한 프로그램(예: 야외 떠나기), 예술을 대상으로 한 프로그램(예: 음악 연주 감상 및 해설하기), 깨달음을 대상으로 하는 프로그램(예: 피정, 산사에서의 수행 체험) 등이 실시되고 있다.

(나) 감사

감사(gratitude)는 자신에게 베풀어진 다른 사람의 수고와 배려를 인식하고 고마움을 느끼는 능력을 의미한다.

감사는 행복과 밀접한 관계를 지니는 성격적 강점으로 알려져 있다. 감사의 특질을 지닌 사람들은 그렇지 않은 사람들에 비해서 긍정 정서, 삶의 만족, 활력, 낙관주의에서 더 높은 수준을 나타냈으며 우울과 스트레스에서는 더 낮은 수준을 나타냈다. 감사는 부정 정서를 줄이는 효과보다 긍정 정서를 증진하는 효과가 더 큰 것으로 여겨진다.

감사 성향이 높은 사람들은 성격 요인 중 개방성, 성실성, 외향성, 우호성 등이 높고 신경증 성향이 낮은 것으로 나타났다. 감사는 영성 또는 종교성과도 상관이 있다. 감사 성향이 높은 사람들은 정기적으로 영적인 활동(명상, 기도, 종교의식 등)에 참여하고 모든 생명의 상호 연결성과 다른 생명체에 대한 책임감을 느끼는 경향이 있다.

(다) 낙관성

낙관성 또는 낙관주의(optimism)는 미래에 대한 긍정적인 태도를 의미한다. 소망하는 일들이 미래에 실현될 것으로 기대하는 희망적인 태도로서 긍정 정서와 활기찬 행동을 통해서 목표지향적 생동을 촉진하게 된다. 낙관주의는 인지적 기대를 강조하는 반면에 희망은 정서적 측면을 강조한다.

낙관성을 지닌 사람들은 인생의 밝은 면을 보게 되고 어려움 속에서도 용기와 희망을 잃지 않으며 목표를 위해 적극적으로 노력한다. 낙관적으로 생각하면 적극적인 행동을 하게 되고 그 결과 성공적인 성과를 유발하게 된다. 이런 점에서 낙관성은 매우 가치 있는 성격적 강점이라고 말할 수 있다.

기질적 낙관성은 다른 성격적 기질과 마찬가지로 유전적인 영향을 상당히 받는 것으로 여겨지고 있다. 유전적 영향을 받는다고 해서 낙관성이 불변한다는 의미는 아니다. 낙관성은 다양한 생활사건이나 후천적 훈련에 의해서 변할 수 있다.

(라) 유머감각

유머감각(humor)은 인생의 역설적인 측면을 예리하게 포착하여 즐기면서 다른 사람들로 하여금 웃게 만드는 능력을 의미한다. 유머감각은 자신의 인생을 즐겁고 유쾌하게 만들 뿐만 아니라 주변사람들을 즐겁게 만듦으로써 친화적인 인간관계를 촉진한다. 또한 인생의 역경을 좀 더 의연하고 즐거운 태도로 극복하도록 돕는다. 성격적 강점으로서의 유머감각은 선의적인 의도로 유머를 이해하고 만들어 내는 능력을 말한다.

잘 웃는 사람들은 근골격계, 심혈관계, 내분비계, 면역계, 신경계 등에 긍정적인 변화를 주어 궁극적으로 건강을 증진하는 것으로 여겨지고 있다. 유머감각이 있는 사람들은 인간의 한계와 불완전함을 잘 알고 있을 뿐만 아니라 이를 수용하고 용서할 줄 안다. 이런 점에서 진정한 유머는 이 세상에 완전한 것은 아무것도 없다는 지혜에 근거를 두고 있는 진지한 특질이라고 말할 수 있다.

(마) 영성

영성(spirituality) 또는 종교성은 인생의 초월적 측면에 대한 관심과 믿음, 그리고 수행 노력을 의미한다. 즉, 궁극적인 것, 절대적인 것, 영원한 것, 성스러운 것을 추구하는 태도이다. 이러한 태도를 통해서 인생의 의미와 목적의식을 느끼고 충만한 삶을 살게 된다. 영성이나 종교성을 지닌 사람들은 종교행사에 자주 참여하고 종교적 경전이나 서적을 즐겨 읽으며 기도와 명상을 자주 하고 인생의 궁극적 의미나 절대자를 추구한다.

종교성이 특정한 전통적 종교의 믿음과 행동체계를 수용하고 실천하는 성향이라면 영성은 특정한 종교와 무관하게 인생의 궁극적 의미나 초월적 경험을 추구하는 성향이다. 영성과 종교성은 인간의 삶에 방향성과 목적의식을 심어 줄 뿐만 아니라 심리적 안정과 더불어 강렬한 초월 경험을 제공한다. 또한 역경을 이겨 낼 수 있는 심리적 강인함을 얻을 수 있고 인생과 세상에 대한 다양한 의문을 해소하는 데에도 도움을 준다.

종교성은 특히 인간관계에 상당히 긍정적인 영향을 미친다. 종교성이 높은 부부들은 부부갈등이 적고 배우자에 대한 이해가 높으며 자녀양육에서 지지적이고 일관성이 있었다. 아울러 종교성은 용서, 친절, 연민 등과 같은 덕목들과도 연관되는 것으로 보고되고 있다.

9.6. 행복하기 위한 필요 요소

9.6.1. 긍정적 인간관계

긍정적 인간관계는 자존감과 정신건강을 증진시킬 뿐만 아니라 육체건강에도 중대한 영향을 미친다. 인간관계의 결여는 흡연보다도 더 강력한 수명 단축요인으로 알려져 있다. 중요한 사람과의 갈등이나 이별은 우울증, 외로움, 자기 파괴적 행동을 초래하는 중요한 원인이 된다. 고통스러운 인간관계는 신체적 건강에도 해로운 영향을 끼쳐서 면역기능을 저하시킨다. 이처럼 인간관계는 우리의 행복과 불행에 심각한 영향을 미치는 매우 중요한 삶의 영역이라고 말할 수 있다.

(1) 인간의 관계 욕구

인간은 가장 무력한 상태로 태어나는 동물이다. 신생아가 일어서서 걷기까지 적어도 1년 이상의 시간이 필요하며 스스로 자신의 몸을 자유롭게 움직이기까지 2~3년이란 세월이 필요하다. 인간은 태어날 때부터 타인의 보호와 도움을 필요로 하는 의존적 존재이므로 부모나 양육자의 보호본능을 자극하기 위한 잡기반사와 배내 웃음 등의 선천적인 행동을 하게 된다. 또한 인간은 생물학적으로 매우 나약한 존재이기 때문에 약육강식의 환경 속에서 생존할 수 있는 유일한 방법은 서로 힘을 합치는 협동적인 생활방식을 택하는 것이다. 인간관계는 이러한 관계 욕구의 충족을 통해서 행복과 만족감을 경험하는 주요한 삶의 영역인 것이다.

(2) 인간관계에서의 긍정 경험과 부정 경험

우리는 긍정적 인간관계를 통해서 행복과 만족을 얻지만 부정적 인간관계에서는 고통과 불행을 느끼게 된다. 인간은 긍정 정서보다 부정 정서에 더 많은 관심을 갖는다. 가족 내에서 표출되는 강렬한 부정 정서는 가족 간의 역기능을 나타내는 징표일 뿐만 아니라 정신장애를 유발하는 원인으로 여겨지고 있다. 인간관계의 갈등은 악순환 과정을 통해 증폭되는 경향이 있어서 불행과 파국으로 치닫게 되는 경우가 흔하다.

관계 욕구는 다른 사람과 친밀한 관계를 맺고 그 속에서 긍정 정서를 경험함으로써 충족되는 것이지 부정 정서를 회피하는 것과는 무관하다.

(3) 행복에 중요한 사람들

만족스럽고 행복한 삶을 위해서는 네 가지 종류의 동반자가 필요하다. 첫째, 가족 동반자로서 부모, 형제자매, 가까운 친척과 같이 가족애를 나눌 수 있는 혈연적 동반자를 뜻한다. 둘째, 낭만적 동반자로서 사랑을 나눌 수 있는 연인 또는 애인을 말한다. 셋째, 사교적 동반자로서 교우관계를 통해 우정을 느낄 수 있는 친구를 뜻한다. 넷째, 작업적 동반자로서 함께 일하는 동료를 뜻한다.

(4) 사랑과 친밀감

Sternberg는 사랑의 삼각형 이론에서 사랑이 친밀감, 열정, 투신이라는 세 가지 요소로 구성되어 있다고 주장한다. 첫째, 친밀감은 사랑의 '따뜻한' 측면으로서 가깝고 편하게 느낌, 서로를 잘 이해함, 함께 공유함, 원활한 의사소통, 긍정적인 지지 등을 의미한다. 그러나 친밀감은 어느 정도 이상의 높은 친밀 수준에 이르면 더 이상 증가하지 않으며 서로 친밀하다는 것을 의식하지 않게 되는 상태로 발전한다. 둘째, 열정은 사랑의 '뜨거운' 측면으로서 연인들을 생리적으로 흥분시켜 들뜨게 하고 사랑하는 사람과 함께 있고 싶고 일체가 되고 싶은 강렬한 욕망을 불러일으킨다. 셋째, 투신은 사랑의 '차가운' 측면과 함께 인지적 측면을 나타내며 사랑하는 사람과의 사랑을 지키겠다는 책임의식이다.

다른 사람과의 친밀감을 느끼기 위해서는 세 가지 조건이 필요하다. 첫째 조건은 자신의 중요한 측면(특히, 감정)을 상대방에게 내보

이는 것이다. 둘째는 상대방이 자신과 자신의 욕구를 잘 알고 있다
는 인식이 필요하다. 세 번째 요건은 상대방으로부터 이해, 인정, 그
리고 보살핌을 받고 있다고 느끼는 것이다. 이러한 요건들이 충족되
면 그 대상이 누구이든 친밀감을 느끼게 된다.

9.6.2. 직업적 성취와 만족

Freud는 인생에서 가장 중요한 두 가지 활동을 일(work)과 사랑
(love)이라고 보았다. 직업적 활동은 긍정적 인간관계를 의미하는 사
랑과 더불어 행복의 주요한 요소가 된다. 직업인들은 자신의 일에
관하여 세 가지 방식, 즉 생계유지를 위해 소득을 얻는 생업(job),
사회적 성공과 연결된 경력(career), 사회적으로 유용하고 의미 있는
일이라고 생각하는 소명(calling) 등으로 여기고 있다고 한다. 이처
럼 자신의 직업을 바라보는 세 가지 관점에 따라서 직업을 통해 얻
게 되는 의미도 달라질 것이다.

(1) 직업 만족도
직업만족도는 일을 통해서 개인의 욕구가 얼마나 충족되고 자신
이 추구하는 가치가 얼마나 실현되는가에 따른 정서적 반응이다. 직
업만족도에 영향을 미치는 요인들로는 개인적 요인과 직업적 요인
으로 구분할 수 있다. 개인적 요인으로는 흥미, 적성, 가치, 성격 등
이 있으며 직업적 요인으로는 직업의 업무특성, 필요한 능력과 자질,
보상체계 및 미래의 전망 등이 있다. 이러한 두 가지 요인이 서로 부
합되는 직업을 선택하는 것이 바람직하다.

(2) 직업 활동과 몰입

몰입은 평소와 다른 독특한 심리적 특성을 나타낸다. 첫째, 몰입 상태에서는 현재 과업에 대한 흥미와 즐거움으로 인해 자발적으로 강렬한 주의집중이 일어난다. 둘째, 몰입상태에서는 행위와 인식의 융합이 일어난다. 따라서 자아의식도 사라지게 되어 흔히 이러한 상태를 '무아지경'이라고 부른다. 셋째, 몰입상태에서는 자기와 환경의 구분이 거의 사라질 뿐만 아니라 시간의 흐름도 망각하게 된다. 넷째, 몰입상태에서는 현재 수행하고 있는 활동을 장악하고 있는 것 같은 강력한 통제감을 느끼게 된다. 다섯째, 몰입 경험은 그 자체가 즐거운 것으로서 자기 충족적인 속성을 지닌다. 몰입하고 있는 활동은 다른 목적을 위한 것이 아니라 그 자체를 위한 내재적 동기에 의해 일어난다.

(3) 직업과 자기실현

Maslow는 자기실현을 '개인이 잠재적으로 지니고 있는 것을 충분히 발현하려는 경향'이라고 정의했다. 자기실현은 결핍을 채우기 위한 욕구가 아니라 성장을 추구하는 욕구로서 개인의 포부와 야망을 성취하는 데 기여한다.

인간은 자기실현 성향이 차단되거나 봉쇄될 때 불행을 느끼며 때로는 심리적 장애를 나타내게 된다. 반면에 자기실현을 하고 있는 사람은 진정한 자기 자신이 되며 자신의 잠재능력을 계발하고 삶에 도전함으로써 의미 있고 풍요로운 인생을 지향하며 살아간다.

9.6.3. 사회적 기여 및 여가활동

(1) 사회적 기여와 공헌

(가) 후속세대의 양성과 후원

인생의 의미는 일(성취), 친밀감(관계), 영성(종교), 초월(생산성)이라는 네 가지 주제를 가진다고 한다. 여기에서 초월 또는 생산성(generativity)이란 개인적 이익을 초월하여 다른 사람과 후속세대를 위해 기여하고 헌신하는 생산적 활동을 의미한다.

생산성은 크게 두 가지의 목표를 지닌다. 첫째는 후속세대를 양육하는 것이다. 보살피고 가르치고 안내하고 도와주고 지원하면서 그들이 성장하고 행복하도록 헌신하는 것이다. 둘째는 후속세대의 행복에 도움이 될 수 있는 성과물을 만들어 내는 것이다. 이러한 성과물로는 직업 분야에서의 창의적 업적이나 자녀를 위한 많은 유산 등이 해당된다.

(나) 자원봉사

자원봉사(volunteering)는 도움이 필요한 사람들에게 아무런 대가나 영리적 목적 없이 자발적으로 도움을 주는 활동을 의미한다. 다른 사람을 돕는 일에 참여하는 것은 청소년의 성격, 지식과 능력, 사회적 기술 등을 발달시킬 뿐만 아니라 자신을 이타적인 사람으로 내면화하는 데 도움이 될 수 있다. 또한 이타행동을 통해서 기분이 좋아지고 만족감을 느끼게 된다는 것을 체험적으로 배우게 된다. 청소년들의 경우에 자원봉사활동은 비행이나 바람직하지 못한 행동을 억제하는 효과를 지닌다.

(2) 여가활동

여가(leisure)는 의무적인 일이나 직업적인 업무를 떠나 한가하게 즐기는 휴식이나 취미활동을 의미한다. 편안한 마음 상태에서 휴식을 취하고 좋은 음식을 즐기며 취미활동에 참여하는 것은 행복감을 단기적으로 증진시키는 효과를 지닌다. 휴가기간 동안에 사람들은 긍정적 기분을 많이 느끼게 된다. 특히 취미활동을 집단적으로 하는 경우에 만족도가 더 높은 경향이 있다.

여가활동은 여러 가지 긍정적 효과를 가져오는데 첫째, 직업적 업무와 달리 의무감으로부터 해방된 편안함 속에서 휴식과 재미를 줌으로써 긍정적 기분을 느끼게 해 준다. 둘째, 여가활동을 통해서 자율성, 유능성, 관계성 등의 내재적 욕구를 충족시킬 수 있다. 셋째, 여가활동은 대인관계를 촉진한다. 집단적인 여가활동은 정서적 교감, 협동적 활동, 소속감 등의 사회적 욕구를 잘 충족시켜 줄 수 있다. 넷째, 여가활동은 개인의 정체감 형성에도 도움을 준다. 취미와 관련된 특정한 행위에서 각별한 묘미와 의미를 공유하는 사람들만의 세계가 존재한다.

(3) 향유하기

향유하기(savoring)는 긍정적인 경험을 충분히 느낌으로써 행복감이 증폭되고 지속되도록 의도적인 노력을 기울이는 것이다. 대처하기(coping)는 부정적 경험에 대응하기 위한 노력이지만 향유하기는 긍정적 경험에 대응하기 위한 노력이라고 할 수 있다. 음식, 음악, 가족, 오락, 독서, 자연, 사랑, 성생활, 유머 등은 우리의 삶에서 즐거움을 주는 것들이다. 향유하기는 이러한 즐거움의 원천을 접하면서 현재의 장소와 순간에 머물며 긍정적인 감정에 주의를 집중하는 것이다. 또한 현재의 긍정적 경험뿐만 아니라 과거에 경험한 긍정적 사건과 미래에 일어날 긍정적 사건에 대해서도 향유할 수 있다.

9.6.4. 인생의 의미 및 영적 추구

(1) 인생의 의미의 중요성

(가) 인생의 의미

인생의 의미와 목적의식은 우리 삶의 방향을 제시해 줄 뿐만 아니라 우리 삶이 소중하다는 가치감을 제공해 준다. 인생에 대한 목적의식과 방향감각을 지니고 살아가는 것은 행복의 필수적 요소로 여겨지고 있다. 의미의 본질은 연결이라고 한다. 서로 다른 두 개를 연결하여 관련성을 부여하는 것이다. 그 연결성은 물리적 세계 속에 존재하는 것이 아니라 인간의 마음에 의해서 부여되거나 인식된 것이다.

의미의 수준이 달라짐에 따라 인간의 행동과 경험도 변한다. 낮은 수준의 의미는 즉각적이고 특수한 내용을 반영하지만 높은 수준의 의미는 장기적이고 포괄적인 내용을 포함한다. 낮은 수준의 의미는 구체적이고 세부적인 것에 초점을 맞추지만 높은 수준의 의미는 긴 시간에 걸쳐서 커다란 목표를 향한 연결감을 제공한다. 낮은 수준의 의미를 부여하며 살아가는 사람들은 외부적인 변화에 쉽게 영향을 받지만 높은 수준의 의미를 부여하며 살아가는 사람들은 외부적인 변화가 발생하더라도 자신의 가치와 원리에 따라 지속적인 삶의 방향을 유지한다.

인생에서 난관에 부딪히게 되면 사람들은 부여하는 의미의 수준을 낮추는 경향이 있는데 이는 낮은 수준의 의미가 문제를 해결하고 변화를 시도하는 데에 유리하기 때문이다. 반면에 모든 것이 순탄하게 잘 흘러갈 때는 의미부여 수준이 높아지는 경향이 있다. 이처럼 상향적인 의미 부여를 하게 되면 상황이 긍정적인 것으로 여겨져서 즐거움과 만족감이 증가하게 된다. 또한 상향적인 의미 부여는 고통을 극복하는 데 도움이 된다. 순교자들은 자신이 세운 높은 수준의 의미를 위해서 고통을 순순히 인내하고 생명을 희생하는 것이다.

(나) 의미 부여하기

인간의 행복은 물리적 상황 자체보다 그에 부여한 심리적 의미에 의해서 결정된다. 인간은 의미를 부여함으로써 세상을 심리적으로 구성한다. 의미부여(meaning-making)는 삶 속에서 경험한 사건들을 새로운 관점에서 재구성하여 이해하는 능동적인 과정이다. 의미부여는 외형적으로 전혀 관계가 없는 듯이 보이는 사건들을 서로 연결하고 그로부터 소중한 가치를 발견하는 과정이다. 이처럼 여러 사건을 연결하여 해석하고 더 높은 수준의 의미를 구성하는 능력은 인간의 선천적 기능이라고 할 수 있다.

고통은 의미부여 욕구를 자극하는 경향이 있다. 사람들은 고통스럽고 불행한 일을 접하게 되면 나름대로 의미를 부여함으로써 대응한다. 사람들은 고통과 불안에 대해서 세 가지 방식으로 의미를 부여한다고 한다. 첫째는 그것으로부터 어떤 목적을 발견하고자 한다. 둘째는 그러한 상황에 대한 통제감을 다시 회복하려는 노력을 한다. 셋째는 고통과 불운 앞에서 자기가치감을 유지하려고 노력한다. 이러한 세 가지 방식은 각각 방향감, 효능감, 자기가치감을 얻기 위해 의미를 추구하는 동기를 충족시키기 위한 것이라고 볼 수 있다. '아픈 만큼 성장한다'는 말이 있듯이 고통과 역경은 우리의 삶을 긍정적으로 변화시키는 기회가 될 수 있다.

자전적 글쓰기는 인생의 의미와 가치를 발견하는 데 매우 유용하다고 한다. 자전적 글쓰기를 통해서 그동안 간과해왔던 인생의 중요한 측면을 발견할 수 있고 그 의미를 전환시킬 수 있을 뿐만 아니라 가치를 부여할 수 있다. 때로는 이러한 글쓰기를 통해서 자신의 인생을 새로운 관점에서 재구성하여 소중한 의미와 가치를 부여할 수 있다.

의미 부여는 고통을 완화할 뿐만 아니라 행복을 증진하는 데에도 중요하다. 의미는 행복의 필수적인 구성요소이다. 의미 있는 인생은 그 자체로도 매우 긍정적인 것이다. 인생에서 의미를 발견하는 것은 의미가 삶의 고통을 감소시킨다는 점 이상으로 중요한 의미를 지닌다. 고통이 완전히 없어지더라도 삶의 의미를 발견하지 못한다면 결코 행복할 수 없을 것이다.

(2) 종교생활 및 영적 추구

(가) 종교의 심리적 기능

종교가 행복에 미치는 순기능은 크게 다섯 가지로 나누어 볼 수 있다. 첫째, 종교는 인생의 의미와 목적을 제공한다. 종교는 인생을 크고 넓은 관점에서 이해할 뿐만 아니라 예기치 못한 불행한 사건들을 이해할 수 있는 인지적 체계를 제공한다. 둘째, 종교는 건강한 생활방식을 제시한다. 도덕적이고 건전한 삶의 방식들을 구체적으로 제시함으로써 심리적·신체적 건강을 증진한다. 셋째, 종교는 인생의 고통과 역경에 대한 독특한 대처방법을 제공한다. 기도, 명상, 경전읽기, 찬송하기 등의 종교행위는 이러한 종교적 대처의 한 형태로 이해될 수 있다.

넷째, 종교는 사회적 지지를 제공한다. 동일한 종교적 신념을 지닌 사람들과 함께 교제하고 종교 활동에 참여하는 것은 만족감과 집단적 정체감을 줄 수 있다. 다섯째, 종교는 심리적 성숙과 통합을 증진한다. 종교는 개인으로 하여금 자신의 내면세계를 성찰하도록 촉진하고 내면적 갈등의 해결을 지원하기 때문에 자기이해와 성격통합이 증진될 수 있다.

(나) 종교와 행복의 관계

종교는 행복과 정신건강에 도움이 된다. 종교 활동에 적극적으로 참여하고 종교심이 깊은 사람일수록 정신적으로 더 건강한 경향을 보인다. 종교를 대하는 주된 동기에 따라 내재적 종교심과 외현적 종교심으로 구분된다. 외현적 종교심은 종교를 개인적 이익, 심리적 위안, 사교적 활동, 지위 향상 등을 위한 수단으로 접근하는 종교적 태도를 뜻한다. 반면에 내재적 종교심은 어떠한 이해관계와 무관하게 인생의 의미와 목적을 추구하기 위해 접근하는 종교적 태도를 의미한다. 내재적 종교심은 긍정적 정신건강과 관련성이 있으나 외현적 종교심은 편견, 독단적 태도, 죽음에 대한 두려움과 상관을 나타내며 이타심과 상관을 보이지 않는다.

기독교인 경우 하나님을 어떤 존재로 인식하느냐에 따라 행복과의 관계가 다르다. 하나님을 사랑이 많고 관대하며 따뜻한 존재로 인식하는 사람들은 행복도가 높다. 반면에 하나님을 엄격하고 처벌적인 두려운 존재로 인식하는 사람들은 심리적 스트레스의 정도가 높다. 또한 하나님을 문제 해결 과정의 반려자로 인식하는 사람들은 하나님이 문제를 해결해 줄 것으로 여기는 수동적인 태도를 지닌 사람들보다 더 긍정적인 정신건강 수준을 나타낸다.

그러나 종교는 인간의 삶에 부정적인 영향을 미칠 수도 있다. 종교생활에 과도하게 몰두하는 사람은 자녀양육이나 직업 활동을 소홀히 할 수 있다. 또한 종교는 과도한 죄책감을 심어 주는 등 정신건강에 부정적인 영향을 미칠 수도 있다.

(다) 영적 추구

인간은 세속적인 것들보다 좀 더 성스럽고 영원하며 절대적인 것을 갈망하고 개체적인 자아를 넘어서 무언가 좀 더 가치 있는 커다란 것과 연결되기를 원한다. 이러한 노력이 바로 영적 추구이다. 영적 추구는 종교를 통해 이루어지는 경우가 흔하지만 반드시 종교를 통해서만 이루어질 수 있는 것은 아니다.

영성의 본질을 '성스러운 것'에 대한 추구라고 하는 의견이 있다. 성스러움은 흔히 신이나 초월자와 연관되지만 반드시 그런 것은 아니다. 거대한 산이나 바다와 같은 자연환경, 성자나 위인과 같은 실제적 인물, 위대한 사상이나 이론과 같은 지적 이념, 직업이나 자녀양육과 같은 사회적 역할, 음악이나 문학과 같은 문화적 활동, 민족이나 국가와 같은 사회적 조직체 등에 대해서 성스러움을 느낄 수 있다.

영적 추구가 항상 행복을 증진하는 것은 아니다. 영적 추구가 실패하거나 좌절에 부딪힐 수도 있기 때문이다. 이런 경우에는 사람들이 우울감이나 불안감을 느끼게 된다. 또한 신성하게 여기는 것이 훼손될 경우에는 분노를 느끼고 공격적 행동을 나타낼 수도 있다. 그러나 영적인 추구를 통해서 성스러움을 접하게 되면 자기가치감이 향상되고 다른 사람과의 관계가 더 원만해지며 초월적인 존재와의 연결감을 느끼게 된다. 성스러운 존재와의 관계를 형성하고 유지하는 영적인 방법에는 기도, 명상, 암송, 사경, 헌신, 이타행동, 일상생활에서의 영적 의미 발견 등이 있다. 가장 대표적인 방법인 기도(prayer)는 성스러운 존재와의 상상적 또는 실제적 만남 속에서 의사소통하는 경배행동을 뜻한다.

(라) 명상

개인의 종교적 입장이나 신의 존재에 대한 입장을 넘어서서 이루어질 수 있는 영적 추구 방법이 명상이다. 명상(meditation)은 주의를 한곳에 집중하여 마음을 청정하게 만들고 나아가서 삶에 대한 통찰에 이르게 하는 영적인 수행방법이다.

10_성공을 위한 외부 정보 이해

10.1. 개요

삶의 네트워크에서 우리는 수많은 개체들과 직접 혹은 간접적으로 연결되어 있고 이들은 우리들의 모든 일상생활뿐만 아니라 우리들의 목표달성에도 커다란 영향을 주고 있다.

우리들이 행복한 삶을 살아가고 또한 성공을 달성하기 위해서는 우리 주변의 모든 개체의 개념 계층과 함께 기능 계층들을 이해할 수 있어야 한다. 어떤 개체의 개념과 기능은 대부분 변하지 않는 것들이지만 때와 장소에 따라 시시각각 변화하는 것들도 존재한다. 개체의 고정적인 콘텐츠들은 지식 학습, 인터넷 검색, 독서 등을 통해 이해할 수 있으나 개체마다 고유의 특성을 가지면서 변화하는 콘텐츠들은 학습 활동뿐만 아니라 수많은 경험축적이 요구된다. 예를 들어서 야구에서 투수의 공의 종류(예, 직구, 커브, 슬라이더, 체인지업, 포크볼 등)는 사전 학습을 통해 이해할 수 있으나 실제로 타자가 투수의 공을 보고 있는 순간에 어느 공인가를 이해하는 것은 여간 어려운 일이 아니다.

우리들이 외부의 정보를 이해하기 위해서는 우선 감각기관을 통해 데이터를 센싱해야 하며 지각과정을 통해 데이터를 정보로 인지한 후에 정보의 이해 과정이 시작된다. 외부 정보의 대상, 즉 외부의 개체는 동일한 것이 존재하지 않는다. 비록 쌍둥이라고 할지라도 지문이 서로 다르며 성격과 함께 자신들의 학습 내용이 다르다. 우리들이 외부의 고유 개체에 관한 정보를 이해할 때에 개념 계층과 기능 계층을 활용하는 것은 그만큼 이해 속도를 빨리 수행하기 위해 필요한 것이지만 실제로는 각 고유 개체마다 특성과 상황이 다르므로 잘못 이해하는 경우도 많을 수 있다. 예를 들어서 증권에 대해 개념 계층과 기능 계층을 확실하게 이해하고 있다고 해도 오늘 오후 3시 정각의 코스피 지수를 이해하는 것은 또 다른 어려움이 존재한다.

특히 사람의 경우는 더욱 세심한 주의가 요구된다. 상대방도 나와 같은 사람이므로 나의 생각과 비슷할 것으로 여기지만 실제로는 상대방의 성격, 경험, 상황 등에 따라 제각기 다르므로 인간이라는 개체에 관한 개념 계층 및 기능 계층 이해와 함께 상대방을 이해하기 위해 세심한 노력을 기울이지 않으면 안 된다.

10.2. 지각 과정

우리가 외부 정보를 이해하기 위해서는 우선 우리들의 감각기관으로 들어오는 외부 정보를 지각해야 한다. 주위 세상의 개체에 대한 지각은 자동으로 일어나는데 이러한 과정을 지각 과정이라고 부

르며 세부적으로는 환경 자극→수용기상의 자극→변환→신경처리→
지각→재인→행위 등의 단계를 거친다.

(1) 환경 자극

환경 자극은 우리가 지각할 수 있는 주변의 모든 대상을 가리킨
다. 환경 자극들 중에서 우리가 주의를 기울인 자극들만이 지각 과
정 단계를 거치게 된다. 우리가 눈을 돌릴 때마다 주의를 기울인 자
극은 달라지기 마련이다.

(2) 수용기상의 자극

우리들이 주의를 기울인 자극 개체를 똑바로 보게 되면 그 개체와
주변에 있는 물체들의 상이 우리들의 망막에 있는 수용기에 맺히게
된다. 예를 들어서 나무에 있는 나방을 우리가 주의를 기울여서 본
다면 '나무에 있는 나방'에서 '망막에 맺힌 나방의 상'으로 변형되는
것이다. 즉, 환경 자극에서 수용기상의 자극으로 옮겨지는 것이다.

(3) 변환

변환은 어느 형태의 에너지가 다른 형태의 에너지로 바뀌는 것을
말한다. 빛 에너지, 기계적 압력, 화학 에너지 등과 같은 환경 에너
지가 신경계통에서 전기 에너지로 바뀌는 것을 변환이라고 한다. 예
를 들어서 망막에 맺힌 나방에서 나온 빛의 패턴이 수천 개의 시각
수용기에서 전기 에너지로 바뀌게 된다.

(4) 신경처리

망막은 외부의 정보를 전기 에너지로 바꾸어 주는 역할을 한다. 이

렇게 변환된 신호들은 신경세포들로 구성되는 신경다발을 통해 뇌로 전달되어 지각이 일어나게 된다. 대부분의 정보는 망막으로부터 시상의 외측슬상핵으로 전달되고 10%의 정보는 상구로 전달되어 이후 시각피질로 전달된다. 망막 신호의 반은 뇌의 반대쪽으로 전달된다.

(5) 지각

지각(perception)은 의식적인 감각경험을 뜻한다. 외부의 나방을 표상하는 전기 신호가 우리의 뇌에서 변형되어 우리가 나방을 본다는 것을 경험하게 되면 지각이 일어나는 것이다.

지각은 상향처리와 하향처리로 이루어진다. 상향처리는 수용기에서 수용된 정보에서 시작되는 처리이고 하향처리는 지식에 기반을 두는 처리를 의미한다. 지식은 우리가 자각하지 못하지만 지각에 자주 관여한다. 우리가 어떤 글자를 보면 처음에는 상향처리를 시작하지만 그 글자들을 해독하는 데에는 과거 경험 등을 이용한 하향처리도 사용된다.

(6) 재인

재인(recognition)은 우리가 어떤 개체를 의미를 갖는 특정 범주로 배정하는 능력을 의미한다. 실인증 환자는 물체의 부분들을 볼 수 있지만 전체 물건을 재인하지 못한다. 예를 들어 장갑을 보여 주고서 무엇이냐고 물으면 '무엇인가를 담는 물건으로서 크기가 다른 다섯 가지 동전들을 담는 주머니 같은 것'이라고 답한다.

(7) 행위

행위(action)는 머리나 눈을 움직이거나 주의를 돌아다니는 것과 같은 활동을 가리킨다. 동물의 진화 초기에는 시각처리의 주된 목적이 먹이를 잡고 장애물을 피하고 천적을 탐지하는 것과 같이 생존에 결정적인 기능을 도와주는 것이었다. 편의상 사람들이 지각하는 과정을 환경자극에서부터 시작해서 지각, 재인, 행위로 끝나는 일련의 단계로 나타냈지만 지각과정 전체는 어디가 출발점이고 어디가 종착점인지 알 수 없는 역동적인 과정이다. 즉, 지각이 행위를 유도하지만 행위 또한 지각을 이끄는 것이다.

10.3. 지각의 종류

10.3.1. 시지각

우리가 환경 속의 물체를 볼 수 있는 것은 그 물체에서 반사된 빛이 우리 눈으로 들어와서 망막에 상이 맺혀지기 때문이다. 상을 구성하는 빛은 시각 수용기인 간상체와 추상체를 자극한다. 이들 수용기 속에는 시각색소라는 화학물질이 들어 있고 빛에 민감한 이 화학물질은 빛에 대한 반응으로 전기적 신호를 내놓는다.

뇌로 전달된 전기적 신호는 뇌의 측두엽에서 물체가 변별되고 두정엽에서 위치가 변별된다. 즉, 뇌의 측두엽 경로는 무엇 경로이며 두정엽 경로는 어디에 경로이다. 뇌는 단원성(modularity)을 가지는데 이는 뇌의 각 영역은 각자의 기능만을 수행하는 것을 의미한다. 각각의 영역은 서로 다른 물체마다 활성화 정도가 다르지만 지각을 위해서 이들 영역은 서로 연합된다. 지각에는 주의가 필수적이다. 주의를 기울이지 않는 정보는 지각되기 어렵다.

주의를 기울여 물체를 본다고 해도 그 물체가 무엇인지를 지각하기 위해서는 과거 경험을 바탕으로 판단하기 위한 지능이 필요하다. 사람이 컴퓨터보다 물체 지각을 더 잘하는 이유는 바로 지능 때문인 것이다.

색체 지각은 한 물체를 다른 물체와 구분하는 것을 크게 촉진시키는데 특히 들판에서 꽃을 찾는 경우나 군중 속에서 친구를 찾는 것과 같이 다양한 배경 속에서 물체를 보는 것이 크게 촉진된다.

망막 상의 영상은 2차원인데 우리들이 물체들의 거리를 알 수 있는 3차원 지각이 가능한 것은 '깊이 지각의 단서접근'을 활용하기 때문이다. 세상을 3차원적으로 경험할 수 있는 3가지 단서는 눈 운동(눈의 위치와 눈 근육의 긴장을 감지하는 능력에 기초한 단서), 단안(한쪽 눈만으로도 작동하는 단서), 양안(두 눈에 의존하는 단서) 등으로 나눌 수 있다.

움직임 지각은 세상을 살아가는 데 필요한 매우 기본적인 능력이다. 깊이 및 거리 지각이 어설프거나 색을 잘 지각하지 못하는 동물은 있어도 운동 지각 능력이 없는 동물은 없다. 운동 실인증 환자들은 컵에 커피나 차를 따르는 일이 매우 어렵게 되는데 이는 액체가 얼어붙은 것처럼 보이기 때문에 컵에 물이 차오르는 것을 지각할 수 없어서 언제 따르는 일을 멈춰야 하는지 잘 모르기 때문이다.

10.3.2. 청지각

볼 수 없는 사건을 들을 수 있는 능력은 동물과 인간 모두에게 중요한 신호 기능이다. 숲에서 사는 동물에게 나뭇잎들이 바스락거리거나 잔가지가 꺾이는 소리는 습격자의 접근을 신호할 수 있다.

소리 자극은 물체의 운동이나 진동이 공기, 물 혹은 물체 주변의 다른 탄성 매체에 압력 변화를 일으킬 때 생긴다. 공기 압력의 변화는 초당 약 340m(물속에서는 초당 1,500m)의 속도로 공기 속을 통과하는데 이것이 바로 음파이다. 청각은 주로 음파로 만들어지는 경험이다. 음파의 진폭은 음량, 즉 청 감각의 크기로 나타난다. 음파의 주파수는 음고, 즉 소리가 높다 혹은 낮다는 경험과 연관이 있다. 인간이 들을 수 있는 음파의 주파수는 약 20~20,000Hz 사이에 있다. 소리에 대한 지각경험의 두 가지 기본적 특성, 즉 음량과 음고가 같아도 다른 소리가 날 수 있는데 이는 기초 주파수 음의 고차 배음들(harmonics)이 서로 다름에서 발생하는 음색의 차이 때문이다.

청각계는 첫째, 소리 자극을 수용기로 전달해야 하며, 둘째, 이 자극을 압력 변화로부터 전기 신호로 변환해야 하고, 셋째, 전기 신호를 처리해서 음고, 음량, 음색, 음의 위치 등을 나타내야 한다. 외부의 소리 자극은 청각계의 외이를 거쳐 중이의 고막을 진동시킨다. 고막의 진동은 중이의 소골들을 진동시켜서 내이로 전달한다. 내이는 액체로 채워진 달팽이관을 가지고 있으며 이 관 안에는 코티 기관이 있는데 이곳의 융모세포가 청각의 수용기이다. 융모세포는 신호들을 청신경 섬유로 보내는데 음의 주파수에 따라 서로 다른 신경 섬유가 흥분한다는 가설이 청각의 장소설이다.

시각에서 무엇과 어디의 두 흐름이 존재하듯이 청각에서도 '무엇'의 흐름은 측두엽에 있는 일차 청각 수용영역의 앞부분에서 시작하여 전전두 피질로 확장되고 '어디에'의 흐름은 일차 청각 수용역역의 뒷부분에서 출발하여 두정엽과 전전두 피질로 확장된다. '무엇' 흐름은 소리를 식별하는 것을 담당하고 '어디에' 흐름은 소리의 위치를 파악하는 것을 담당한다.

뇌의 시각 영역이 시각 자극을 사용하는 훈련에 의해 조형되듯이 청각 영역은 청각 자극을 사용하는 훈련에 의해 조형된다. 예를 들어 음악 훈련이 피아노 음에 반응하는 청각 피질의 영역을 확대시키는 것이다.

청각계가 소리 위치를 파악하는 위치단서에는 두 귀 단서와 한 귀 단서가 있다. 두 귀 단서에는 두 귀 간 시간 차이와 두 귀 간 수준 차이 등의 두 종류가 있는데 이는 왼쪽 귀와 오른쪽 귀에 도달하는 소리 신호를 비교해서 나온 단서들이다. 한 귀 단서는 머리와 귓바퀴의 영향으로 음원의 위치에 따라 주파수의 패턴이 다르게 되는 스펙트럼 단서를 말한다. 두 귀 단서에서 양쪽 귀의 중앙에서 발생하는 음원은 스펙트럼 단서로 위치를 파악하게 된다.

말소리 지각에서는 음소가 기본 단위가 되며 이것이 바뀌면 단어의 의미가 바뀌게 된다. 우리가 말소리 자극을 지각하는 단서에는 불변 음향단서(특정한 음소와 연합되어 있고 음소가 상이한 맥락에서 나타나거나 상이한 화자가 말할 때에도 일정하게 남아 있는 음향 신호의 세부특징), 범주적 지각(광범위한 음향 신호를 제한된 수의 소리 범주로 지각되는 현상), 다중양상성(말소리 지각은 여러 개의 상이한 감각에서 오는 정보에 의해 영향을 받을 수 있는 특성) 등이 있다. 인지적 차원에서는 의미를 아는 소리들은 분절이 용이하며 또한 음소뿐만 아니라 단어를 지각하기가 쉽다. 또한 화자 특성을 통해 우리들은 말소리를 보다 용이하게 지각할 수 있다. 즉, 음향 신호가 제공하는 상향 정보뿐만 아니라 청자가 가지고 있는 하향 정보 둘 다 말소리 지각에 활용된다.

10.3.3. 촉지각

피부 자극으로부터 느끼는 촉감 지각의 많은 부분은 표피와 진피에 위치한 네 종류, 즉 메르켈 수용기, 마이스너 수용기, 루피니 수용기, 파시니 수용기 등을 통해 이루어진다. 메르켈 수용기는 섬세한 세부에 반응한다. 마이스너 수용기는 피부에서 떨리는 자극에 반응하며 도구를 쥐고 다루는 데 필요한 파악을 제어하는 데 관련된다. 루피니 수용기는 자극의 뻗음에 반응하는데 큰 물체를 붙잡거나 기타 혹은 피아노를 연주할 때에 손가락을 뻗을 때 반응한다. 파시니 수용기는 표면을 가로질러 손가락을 움직일 때 느끼는 것과 같은 빠른 진동과 섬세한 결에 반응한다.

피부의 수용기에서 시작된 신경섬유는 말초신경이라고 하는 다발이 되어 이동하는데 이것은 배근을 통해 척수로 들어간다. 척수로 들어간 후 신경섬유는 두 개의 주요 경로, 즉 내측 모대 경로와 척수 시상 경로를 따라 올라간다. 내측 모대 경로는 촉지각과 관절 위치 감지 등과 관련된 신호를 전달하며 척수시상 경로는 더 작은 섬유들로 이루어져 있고 온도와 통증에 관한 신호를 전달한다. 두 경로의 섬유들은 시상으로 상향하는 도중에서 신체의 반대편으로 교차한다.

시상에서 신호는 피질의 두정엽에 있는 일차 체감각 수용 영역으로 가는데 이차 체감각 피질로도 갈 수 있다. 체감각 피질의 중요한 특성은 그것이 몸의 위치에 상응하는 지도로 조직되어 있다는 것이다. 피부의 특정 영역에 대한 자극을 증가시키면 해당 피부 영역으로부터 신호를 받는 피질 영역이 확장된다고 한다.

촉감 지각에서는 물체를 식별할 때에 감각계(촉감, 온도 및 결 등의 피부감각과, 손가락 및 손의 운동과 위치 등을 탐지함), 운동계(손가락과 손의 움직임에 관여함), 인지계(감각계와 운동계가 제공하는 정보에 관해 생각함) 등을 통합적으로 활용한다. 사람들은 수동적 촉감을 피부에서 경험되는 감각과 관련짓는 경향이 있는 반면에 능동적 촉감을 접촉되는 물체와 관련짓는 경향이 있다. 피질 신경세포들은 물체의 속성들뿐만 아니라 지각자가 주의를 주는지 아닌지에 의해서도 영향을 받는다.

통증에는 위해적 통증, 염증 통증, 신경병적 통증 등의 세 가지 유형들이 있다. 위해적 통증은 피부의 위해수용기 활동에 의해 발생되며 열, 화학물질, 극심한 압력 및 냉기에 반응하는 각각의 위해수용기가 있다. 염증 통증은 조직의 손상과 관절의 염증 혹은 종양세포에 의해 유발된다. 신경병적 통증은 신경계의 절제나 다른 손상에 의해 유발된다.

통증의 감각적 및 정서적 성분 모두가 최면의 영향을 받을 수 있다는 사실은 통증 지각이 피부에 있는 신경세포들의 자극뿐만 아니라 중추적인 영향에도 달려 있다는 사실을 나타낸다. 피가 흐르는 부상을 당할 때에 통증을 못 느끼다가 피를 보고서부터 통증을 느끼는 것은 통증이 중추적인 영향을 받는다는 것을 보여 주는 것이다.

엔도르핀은 통증을 감소시키는 신경전달물질이다. 그런데 위약이 엔도르핀을 방출한다고 한다. 사회적 상실의 통증이 신체적 통증으로 활성화되는 뇌 영역의 일부를 활성화시킬 수 있다고 한다. 즉, 사회적 통증은 신체적 통증과 매우 다른 자극에 의해 유발되긴 하지만 이 두 유형의 통증이 어떤 생리적인 기제를 공유한다는 것이다.

10.3.4. 후지각

많은 동물들은 생존을 위해 후각을 사용한다. 그들은 공간에서 정위를 잡기 위한 단서로 후각을 이용하며 영토를 표시하는 일에도 후각을 이용한다. 특정 장소 및 다른 동물을 찾아갈 때도, 먹이가 있는 곳을 찾아갈 때도 후각을 이용한다. 많은 종의 경우 교배 행동을 유발하는 것도 후각이기 때문에 후각은 번식에도 중요하다.

많은 동물들이 후각 예민 존재로 분류되는 데 반해 인간은 후각 둔감 존재로 분류된다. 이와 같이 다른 것은 인간의 후각 수용기가 약 1천만 개 정도인데 개의 후각 수용기는 약 10억 개 되기 때문이다. 사람들이 변별할 수 있는 냄새의 가짓수는 10만 가지가 넘는데도 각 냄새의 구체적인 정체를 파악하기는 매우 어렵다. 예를 들어서 사람들은 커피 냄새, 바나나 냄새, 엔진오일 냄새가 서로 다르다는 것은 쉽게 알아차리지만 그 냄새를 풍기는 물체가 무엇인지를 인식할 확률은 50% 정도에 불과하다. 이것은 후각체계의 결함 때문이 아니라 냄새의 실제 이름을 기억에서 인출하는 능력이 없기 때문이다.

취기제는 공기를 따라 콧속으로 들어가서 후각점막의 후각 수용기에 닿으면 감각 신경에 전기적 신호가 생성된다. 이 신호는 후각구에 있는 사구체라는 구조물로 전달되고 각각의 사구체는 많은 감각신경으로부터 들어오는 신호를 조합하여 대뇌피질의 서너 곳으로 보내는데 그중 한곳이 일차 후각피질이고 또 한 곳은 전두엽의 안구 가까이에 위치한 이차 후각피질이다. 후각신호는 측두엽 내부에 위치하며 정서반응에 관여하는 편도체로도 전달된다.

'냄새의 조합형 부호'라는 개념에서는 취기제의 차이점이 후각 수용기들의 상이한 조합으로 부호화된다고 주장한다. 그러나 하나의 수용기가 여러 가지 취기제를 부호화하는 일에 관여할 수 있으므로 인간이 가진 350개 정도의 수용기만으로도 거의 무한정에 가까운 취기제를 변별할 수 있게 된다. 각각의 취기제는 여러 후각 수용기의 반응양상의 차이로 부호화되며 동일한 수용기는 여러 가지 취기제에 반응한다. 시각과 후각의 차이는 시각에는 수용기가 세 가지이지만 후각의 수용기는 350개가 넘는다는 데 있다.

구조가 비슷한 분자라고 해도 냄새는 다를 수 있는데 이는 화학물질에 대한 인식 프로파일이 서로 다르기 때문이라고 한다. 후각구에서 뇌로 보내지는 신호는 피질의 여러 영역으로 전달된다. 후각구의 경우에는 수용기에 따라 활성화되는 영역이 분명하게 차이가 나는데 반해 피질에서는 이런 차이가 나지 않는데 이는 복합적인 냄새를 지각하는 데 관여하는 기제가 있을 것으로 예상하게 만든다.

10.3.5. 미지각

대부분의 맛은 그 특성에 따라 다섯 가지 기본 맛, 즉 짠맛, 신맛, 단맛, 쓴맛, 유마미(화학 조미료 맛) 등으로 분류되고 있다. 미각 과정은 자극이 혀에 있는 미각 수용기를 자극할 때에 시작된다. 혀의 표면에는 유두라는 구조물 때문에 많은 융기와 골이 형성되어 있다. 유두에는 네 종류, 즉 섬유형 유두(혀 표면 전체에 널려 있어 혓바닥의 대략적 외모를 결정함) 균상 유두(혀의 끝과 양 옆), 잎 모양 유두(혀의 양 옆을 따라 겹겹이 접혀 있음), 성벽형 유두(혀의 뒷부분) 등이 있다.

섬유형 유두 이외의 모든 유두에는 10,000개의 미뢰가 있고 각각의 미뢰에는 50~100개의 미각세포가 들어 있다. 미각세포에서 생성된 전기 신호는 여러 가지 신경을 따라 혀에서 빠져나가서 뇌간에 있는 고속로 핵에서 접합을 이루고, 거기에서 다시 시상을 통해 전두엽의 두 영역, 즉 뇌섬엽과 이마덮개 피질 등으로 전달된다. 미각에 기여하는 신경섬유는 후각 신호를 받아들이는 안와전두 피질로도 신호를 보낸다.

감각 부호화는 두 가지 유형의 부호화, 즉 구체적 부호화와 분산적 부호화 등의 개념을 가진다. 구체적 부호화 개념에서는 일정한 특성은 그 특성에만 반응하도록 고안된 특정 신경세포들의 활동으로 신호된다고 주장한다. 분산적 부호화 개념에서는 어떤 특성이 널리 흩어져 있는 여러 신경세포의 활동 양상에 의해 신호된다고 주장한다. 미각을 제외한 다른 감각에서는 일반적으로 분산적 부호화의 경향을 보이고 있으나 미각의 경우에는 확실하지 않으며 두 가지 부호화를 선호하는 주장이 제기되고 있다.

향미는 코와 입이 자극되었을 때 경험하게 되는 전반적인 느낌이다. 우리들이 음식을 먹을 때에 향미를 느끼는 것은 음식물 속의 냄새 자극이 입에서 코 인두를 통해 비후 통로를 따라 후각점막에 도착하기 때문이다. 코를 막으면 음식의 정체를 알 수 없게 되는데 이는 코 인두를 통과하는 공기의 순환이 없어져서 증발물이 후각 수용기에 도달할 수 없기 때문이다. 후각의 영향을 받지 않는 물질이 있는데 예를 들어서 인공조미료는 코를 막거나 막지 않거나 거의 같은 향미를 가진다. 따라서 이 경우에는 미각이 지배적이라 말할 수 있다. 음식에 관한 감각경험은 미각과 후각뿐만 아니라 자극을 실제로 입에 넣고 씹으며 삼키는 행위와 결합된 촉감 등의 영향을 받는다고 말할 수 있다.

10.4. 이해 과정

우리들이 외부 정보들을 지각할 수 있는 5가지 감각 기능은 동물들도 보유하고 있다. 그러나 외부 정보를 지각하여 이해하는 과정은 대뇌 기능이 발달된 인간이 다른 동물들보다 뛰어나다. 인간은 외부 정보를 이해할 때에 주로 시각과 청각을 활용한다. 시각 형태의 외부 정보로는 현장 장면, 사람 얼굴 표정, 제스처 등과 같이 가공하지 않은 정보가 있지만 주로 글, 이미지, 동영상 등과 같이 인간이 가공한 정보들이 존재한다. 청각 정보는 현장 소리 및 사람 목소리 등과 같은 미가공 정보와 더불어 말, 음악, 동영상 말 등과 같은 가공 정보들도 포함된다.

우리들이 외부 정보를 이해하기 위해서는 그 정보가 육하원칙, 즉 누가, 언제, 어디서, 무엇을, 어떻게, 왜 등으로 정리되어야 한다. 정리되어 있지 않은 외부 정보들은 우리들 스스로가 머릿속으로 정리하기 마련이다. 이해 과정은 지각→개념 파악→기능 파악→분석→통합→이해→행위→지각 등으로 순환된다.

외부 정보에는 우리들이 이해하기 쉬운 정보와 어려운 정보가 있다. 이해하기 쉬운 정보는 우리들의 선입관을 활용하여 신속하게 처리한다. 선입관으로 인해 때로는 잘못 이해하는 경우도 존재하지만 우리들의 뇌 기능은 선천적으로 선입관을 활용하도록 구성되어 있다. 어려운 정보는 우리들의 과거 경험과 학습 지식을 활용하여 이해하도록 애를 쓰는데 때로는 도저히 이해할 수 없는 전문지식들이 존재한다. 또한 상대방의 마음이나 태도 등도 이해할 수 없어서 심적으로 곤경에 빠져들 때도 종종 있기 마련이다.

(1) 개념 파악

외부의 정보들은 개체들의 집합 형태로 이루어져 있다. 개념 파악 단계에서는 각 개체의 개념 계층을 중점적으로 처리한다. 이 단계에서는 6하 원칙에서 주로 '누가'와 '무엇을' 등의 개체를 파악하게 된다. 원숭이, 인간, 학생, 바위 등은 일반 개체에 해당하며 원숭이 1, 인간 2, 학생 8, 바위 3 등은 이 세상에 하나밖에 존재하지 않는 고유 개체에 해당한다. 개념 파악 단계에서는 이와 같은 개체에 관한 개략적인 정보를 파악하게 된다.

(2) 기능 파악

기능 파악 단계에서는 각 개체의 내부 특성과 함께 개체들과의 상호작용을 파악하게 된다. 이 단계에서는 각 개체의 동작뿐만 아니라 여러 개체의 상호 유기적인 동작 등을 파악하게 되므로 육하원칙들 중에서 언제, 어디서, 어떻게 등에 관한 정보를 처리한다. 기능 파악 단계에서는 각 개체의 동작을 머릿속에 표상하게 된다.

(3) 분석

분석 단계는 육하원칙의 '왜'에 해당한다. 이해의 대상은 자연과학, 인문과학, 사회과학 등의 전문 분야뿐만 아니라 일상생활 속에서 상대방의 태도나 마음 등도 해당한다. 논리적 사고가 요구되는 대상을 이해하기 위해서는 심도 있는 분석 단계가 요구되며 미적 표현이나 혹은 설명 등에 대해서는 전체적인 흐름을 분석할 수 있어야 한다.

인간관계에서는 상대방 말의 전체적인 흐름이 무엇인지 알아내야 할 뿐만 아니라 상대방의 의도, 즉 왜 상대방이 그런 말과 태도를 표현하는지를 분석해야 한다.

(4) 통합

인간관계에서는 상대방의 말을 육하원칙에 의해 충분히 분석한 후 상대방의 의도를 파악했다고 해도 이해 단계에 도달할 수 없는 경우가 종종 생기는데 이는 상대방의 감정 상태 파악이 부족했기 때문이다. 통합 단계에서는 상대방의 말을 이해하기 위한 인지 결과와 상대방의 기분을 파악하기 위한 정서 결과를 하나로 통합하는 과정이다. 인지적으로는 동일한 내용일지라도 상대방의 상황이나 감정 상태를 함께 통합하지 않으면 상대방을 충분히 이해하지 못하고 오해할 소지가 있는 것이다.

(5) 이해

이해는 인간의 이성적 능력 때문에 가능하다. 이해한다는 것은 이해 대상에 속한 개체들의 개념과 기능들을 알아야 할 뿐만 아니라 개체들 간의 상호 관계 등도 파악해야 한다. 따라서 우리들이 어떤 사항을 이해하기 위해서는 개념파악에서 시작하여 관련 개체들의 유기적 내용들을 충분히 조사 분석해야 한다.

모르는 내용을 이해하게 되면 우리들의 마음이 후련해진다. 우리들이 학습하는 것도 결국은 모르는 것들을 이해하기 위해서이다. 우리들은 살면서 모든 것을 이해하려 하지는 않는다. 수험생들의 경우에는 학습 내용을 충분히 이해하려 애를 쓰지만 일반인들은 꼭 필요한 사항들만을 선택하여 이해하려 노력한다.

우리들이 일상생활에서 상대방을 진심으로 이해한다는 것이 쉬운 일이 아니다. 평상시에는 굳이 이해할 것까지 없는 말들이 오고 가지만 서로 간에 갈등이 생기면 상대방을 이해하는 것은 여간 어려운 일이 아니다. 이성적으로는 이해할 수 있으나 감정적으로는 이해하기 힘든 상황이 종종 생기므로 화를 내기도 하고 싸움까지 번지는 경우도 있다.

상대방을 이해하지 못하는 것은 어찌 보면 당연한 것이다. 우리들은 동일한 인간 개체에 속하지만 육체뿐만 아니라 정신세계가 다르며 또한 경험과 학습이 다르다. 우리들의 인생관과 인생 목표도 다르고 우리들 주변 상황도 서로 동일하지 않으며 날마다의 감정상태도 다른 것이다.

상대방을 이해하기 위해서는 우리들 나름대로의 노력을 게을리하지 않으면 안 된다. 앞에서 설명한 이해 과정에서처럼 상대방의 개념 및 기능 파악, 상대방의 말 분석, 통합 과정 등을 면밀히 수행해야 할 뿐만 아니라 상대방과 공감대를 형성해야 한다. 상대방을 이해할 수 없을 때의 답답함보다 어떠한 노력을 해서라도 이해하는 편이 자신의 정신건강에 커다란 도움이 될 것은 분명하다.

10.5. 상대방 이해

10.5.1. 자기 자신에 대한 이해

인간관계에서 성공하기 위해서는 상대방을 이해하려고 여러 가지 노력을 아끼지 말아야 한다. 사람들은 누구나 어떠한 상황에 처해 있을 때에 다른 사람들이 자신과 똑같이 반응하고 응답하며 동일한 방법으로 결론 내리기를 기대한다. 사람들은 모두 동일한 대상에 반응하는 것이 아니라 자신의 정신 이미지에 반응한다. 따라서 동일한 현상을 경험하여도 서로 다른 가치관으로 인해 서로 다르게 행동하기 마련이다.

상대방이 실수를 하거나 자신에게 불편을 끼쳐도 상대방에게 악의적으로 행동하기보다는 상대방의 입장을 잘 이해할 수 있어야 한다. 상대방을 잘 이해하기 위해서는 자신에 대한 이해가 선행되어야 한다. 자신으로부터 밖으로 나와서 자신을 냉철하게 분석하고 자신의 오류와 실수를 찾으려 애를 써야 하며 자신의 어떠한 행동이 상대방으로 하여금 오해를 산 것인지 혹은 화를 내게 한 것인지도 함께 파악해야 한다.

우리들은 자신의 육체적·정신적·상황적 상태 등을 진솔하게 이해할 줄 알아야 한다. 이러한 이해를 위해서는 평소에도 자신을 지속적으로 관찰할 필요가 있다. 우리들이 상대방에게 저지른 잘못은 이미 이전에도 누군가에게 그와 비슷한 행동을 한 적이 있는 것이다. 우리들은 머릿속에 생각하고 있는 것들이 습관적으로 표출되기 마련인데 상대방과의 다른 생각은 다른 행동을 낳게 됨으로써 상대방의 기분을 상하게 할 수도 있다.

자기 자신을 이해하려다 보면 자존감이 떨어질 우려도 있다. 사람은 자신의 성격이나 가치관을 이해하고는 있지만 이러한 것들을 상대방에 맞추기 위해 쉽게 바꿀 수는 없다. 자신의 행동이 상대방으로부터 이해를 받지 못하면서 계속적으로 반복되면 상대방의 불편함 표시로 인해 자존심이 상할 뿐만 아니라 이윽고 자존감마저 상실할 우려도 있다. 따라서 우리들의 자존감을 지키면서 상대방의 입장을 이해하기 위해서는 솔직한 대화가 필요하다. 진솔한 대화야말로 서로 간의 신뢰성을 유지할 뿐만 아니라 즐겁고 발전적인 인간관계가 형성되는 것이다.

10.5.2. 상대방에 대한 이해

우리들은 같은 사람이면서도 다른 사람들이 우리와 다르다는 사실을 인정해야 한다. 사람은 누구나 유전적으로 타고난 성격과 함께 지금까지 살아오면서 체험한 각종 경험들, 학습 내용, 가치관 등을 나름대로 가지고 있다. 상대방이 우리 자신에게 보여 주는 행동은 이와 같은 상대방의 내적 상황과 함께 우리 자신에 대한 외적 상황 등이 함께 어우러진 결과인 것이다. 따라서 상대방이 우리 자신에게 보여 준 행동의 일부는 우리들의 몫도 포함되어 있다고 말할 수 있다.

동일한 사람이라도 상황에 따라 전혀 다른 사람인 것처럼 보일 때가 있는데 이는 그 사람의 감정 상태에 따라 행동이 달라질 수 있기 때문이다. 누구나 자신이 기분 좋을 때와 기분 나쁠 때 상대방에 대한 태도는 다르게 표출된다. 상대방을 이해하기 위해서는 그 사람의 감정 상태를 파악해야 한다. 감정 상태는 감정 지수라는 파라미터로 표현할 수 있다. 이러한 감정 지수는 상대방의 감정 지수와 더불어 우리들 자신에 대한 감정 지수와 관련이 있다. 상대방이 우리들을 기분 나쁘게 했다면 이는 그 사람이 우리들에 대한 감정 지수가 낮아 있다는 의미이다. 왜 감정 지수가 낮아져 있는가에 대한 원인을 파악함으로써 상대방을 이해하려고 노력해야 한다.

상대방이 완전히 틀리는 경우도 있을 수 있지만 상대방은 자신이 틀렸다고 생각하지 않는다. 상대방이 완전히 틀렸더라도 상대방을 비난하지 말아야 하며 상대방을 이해하려고 노력해야 한다. 상대방이 그렇게 생각하고 행동하는 데에는 나름대로 이유가 있기 마련이다. 그 숨겨진 이유를 찾아내면 그의 행동도 이해할 수 있고 그의 성격까지도 이해할 수 있게 된다. 상대방은 그의 입장에 따라 행동도 달라질 수 있다. 누구라도 어느 단체의 회원일 때의 행동과 리더일 때의 행동은 달라질 수밖에 없다. 리더가 되고서 행동이 달라졌다고 하여 그 사람 자체가 변한 것은 아니니만큼 리더의 입장을 이해함으로써 상대방을 이해해야 한다.

10.5.3. 경청

(1) 공감적 경청

커뮤니케이션은 일상생활에서 가장 중요한 행동들 중의 하나이다. 커뮤니케이션의 형태에는 읽기, 쓰기, 말하기, 듣기 등이 있다. 우리는 읽고 쓰는 방법을 배우는 데에 수년을 보냈고 말하는 법을 배우는 데에도 여러 해를 보냈다. 그러나 듣기 방법은 그러하지 못했다. 우리가 상대방을 진정으로 이해하기 위해서는 경청하는 능력을 키워야 한다.

우리는 보통 남들에게 이야기하여 그들로부터 이해받고 싶어 한다. 또한 대부분의 사람은 이해하려는 의도를 가지고 듣는 것이 아니라 대답할 의도를 갖고 듣는다. 따라서 사람들은 대개의 경우 말을 하고 있거나 말할 준비만 하고 있다. 그들은 자신의 패러다임을 통해 모든 것을 여과시키고 다른 사람들의 생활 속에 자신의 경험을 심어 주고자 한다.

다른 사람의 말을 듣는 우리의 태도는 다섯 가지 중의 하나에 속한다. 첫 번째로는 그 사람의 말을 무시하는 경우로 이때에는 상대방의 말을 전혀 듣지 않는다. 두 번째로는 맞장구를 치면서 듣는 체하는 것이다. 세 번째로는 선택적 청취로 대화에서 어떤 특정한 부분만 듣는 경우이다. 네 번째로는 집중적 경청으로 상대방이 말하는 이야기에 주의를 기울이고 그 말에 총력을 집중하여 듣는 것이다. 다섯 번째로는 공감적 경청으로 가장 고차원적 청취 태도이다.

공감적 경청은 다른 사람이 가진 준거틀의 내면에 들어가서 상대방을 이해하려는 의도를 가지고 경청하는 것을 말한다. 다른 사람의 관점을 통해서 사물을 보고 그들이 세상을 보는 방식에 입각하여 세상을 보는 것이다. 이때 우리는 그들의 패러다임과 감정을 이해하게 된다.

공감은 동감과 다르다. 동감은 합의의 한 형태이고 판단의 한 형태이다. 사람들은 자주 동감에 의지하게 되는데 이는 사람들을 서로 종속적으로 만든다. 공감적 경청의 본질은 우리가 누군가에게 동의하는 것을 의미하는 것이 아니라 그 사람을 감정적으로는 물론 지적으로 완전하게 깊이 이해하는 것을 말한다.

육체적 생존 다음으로 우리들에게 가장 큰 욕구는 심리적 만족이다. 이는 타인으로부터 이해받고 신뢰받으며 인정받고 존경받는 것을 의미한다. 우리는 다른 사람의 말을 공감적으로 경청할 때에 그 사람에게 심리적 만족을 주게 된다. 이와 같이 절대적인 욕구를 충족시키고 난 다음에야 비로소 우리는 그 사람에게 영향을 미치거나 문제를 해결하는 일에 착수할 수 있다.

(2) 경청 기술

경청 기술은 네 가지 발달단계를 가진다. 첫 번째 단계는 효과 면에서 약하지만 '내용을 흉내 내는 것'이다. 내용을 흉내 내는 것은 상대방의 입에서 나오는 말을 듣고 반복하면 되는 쉬운 일이다. 내적 성품 및 인간관계적 바탕이 없다면 이 기법은 종종 다른 사람을 모욕하고 나아가 마음의 문을 닫게 되는 원인이 되기도 한다. 그러나 이 기법은 우리로 하여금 일단 말하는 것이 무슨 얘기인지 듣게 해 주기 때문에 초기 단계의 기술에 해당한다.

경청의 두 번째 단계는 '내용을 재구성하는 것'이다. 이 단계는 물론 약간은 더 효과적이지만 그래도 여전히 언어적 커뮤니케이션에 머문다. 세 번째 단계는 오른쪽 뇌를 작동하는 것으로서 '감정을 나타내는 것'이다. 이 단계에서는 상대방이 느끼고 있는 것에 대해서 주의를 기울이지만 말하고 있는 내용에 대해서는 많은 주의를 기울이지 않는다. 네 번째 단계는 두 번째와 세 번째 단계를 모두 포함하여 '내용을 재구성하고 감정을 나타내는 방식'이다. 이 단계에서는 두 가지 측면, 즉 상대방이 말하는 내용과 상대방의 감정 모두를 이해하기 위해 왼쪽 뇌와 오른쪽 뇌를 동시에 사용하는 것이다.

　사람들이 상처받고 있을 때에 그를 진정으로 이해하려는 욕구를 가지고 진실로 경청해 주면 이들이 마음을 무척이나 빨리 연다는 사실에 놀라게 된다. 우리들이 상대방에 대해 진정으로 이해를 추구할수록, 내용을 재구성하고 감정을 나타낼수록, 상대방에게는 심리적 만족을 불어넣어 주게 되는 것이다. 우리가 진정으로 이해하고 싶은 진지한 욕구를 가지고 있다는 사실에 대해 상대방이 믿음을 갖게 되면 상대방의 마음속에 있는 생각과 우리들에게 이야기하는 내용 사이의 장벽은 사라지게 된다. 이것은 마음과 마음의 교류에 물꼬를 터주는 것이다.

11_성공을 위한 사고 혁신

11.1. 개요

성공하기 위해서는 우선적으로 정신자세가 중요하다는 사실을 우리들은 거의 진리로 받아들인다. 어떤 일을 추진하기 전에 어딘가 실패할 것 같다는 느낌을 가지게 되면 실패할 확률이 높아지고 성공할 것 같은 예감이 든다고 스스로 생각하면 그만큼 성공할 가능성이 높아지기 마련이다. 우리나라 옛말에 '말이 씨가 된다는' 격언이 있는데 이는 그 말을 하면서 머릿속으로 앞일을 상상하기 때문에 미래의 행동도 거기에 따라가게 되어 그 말대로 이루어진다는 뜻인 것이다.

우리는 삶의 네트워크에서 학습이나 경험을 통해 개체를 이해하게 된다. 개체를 이해함에 따라 그 개체를 이룩하고 싶은 욕구가 생김으로써 목표 설정의 동기를 가지게 된다. 우리가 설정한 목표를 달성하기 위해 계획을 수립하고 그 계획에 따라 차근차근 활동(activity)을 수행해 나아간다. 그런데 욕구가 발현하여 목표달성을 위한 활동을 전개해 나갈 때에 생각지도 못했던 어려움에 봉착하거나 진척 정도가 너무 늦다고 판단할 때에 우리는 중도에서 포기하려는 생각이 들기 시작한다.

특히 목표달성에 실패했던 기억들이 저절로 떠올려지면서 우리들은 자신감을 상실하게 된다. 우리들 사이에 자신감의 강약에 차이를 가지고 태어나지는 않았을 것이다. 그러나 어린아이 시절부터 체험해 본 경험들이 우리들의 기억 속에 저장되기 시작하면서부터 성공에 대한 자신감이 강해지는 사람도 있고 반대로 점점 더 약해지는 사람도 존재하기 마련이다. 인간은 어떤 일에 성공한 기억보다 실패한 기억을 더 오래 간직하며 살아간다. 실패한 일과 관련이 있는 새로운 일을 계획할 때에는 그 일도 실패할 것으로 미리 짐작하여 두려움을 가지게 된다.

성공하기 위해서는 자신의 기억 바탕에 늘 저장되어 있는 자신에 대한 이미지(image)를 성공할 수 있다는 이미지로 바꾸어야 한다. 잠재의식 속에 내재되어 있는 자아 이미지를 목표달성을 위한 이미지로 세트시켜야 한다. 또한 성공하기 위해서는 우리들의 독특한 능력인 상상력을 바탕으로 성공을 향한 행동 지도를 머릿속으로 그려보는 창조시스템을 가동해야 한다.

11.2. 성공 메커니즘

인간의 행동은 무의식적 행동과 의식적 행동으로 구분된다. 의식적 행동은 우리가 어떠한 행동을 수행할 때에 더 작은 행동 개체들로 나누어서 각각의 행동 개체를 수행할 때마다 머릿속으로 생각하는 과정을 거친다. 이에 반해 무의식적 행동은 의식적 행동을 반복하면서 획득된 경험을 바탕으로 어떤 행동을 작은 행동 개체들로 나누지 않고 단번에 수행하는 동작이다.

무의식 행동은 무의식 데이터를 바탕으로 수행하게 되는데 이를 자동 시스템(automatic system)이라고 한다. 읽기, 쓰기, 말하기, 듣기, 걷기, 먹기 등과 같은 대부분의 일상생활은 이러한 자동 시스템에서 수행된다. 생명을 지닌 모든 개체들은 자동 시스템을 가지고 태어나는데 하등 생명체는 고등 생명체와 비교하여 후천적 기능이 보강되지 못한다. 하등 생명체의 자동 시스템은 주로 번식할 때까지 살아남아서 종을 보존하는 목적으로 구조화되어 있다. 동물들은 적이나 위험물을 피하거나 물리치며 종을 보존하기 위해 번식하고 먹을 것과 은신처를 찾는 능력 등이 자동 시스템에 프로그램화되어 있다.

고등 동물의 자동 시스템은 선천적 기능에 후천적 기능, 즉 경험을 통해 획득된 자동화 프로그램 등을 보유하게 된다. 고등 동물들은 주변 환경으로부터 새로운 데이터와 새로운 프로그램들을 기억시키면서 자동 시스템을 유지 성장시킨다.

인간의 자동 시스템은 위험을 피하고 극복하는 능력과 종족 보존을 위한 성적 본능 외에도 생존과 밀접하게 연관되어 있거나 보다 만족스러운 삶을 살기 위한 여타의 활동 과정에서 획득한 지식과 경험을 바탕으로 기존 프로그램이 수정되거나 새로운 프로그램이 추가되기도 한다. 인간의 자동 시스템에는 새로운 일의 수행과 관련된 데이터도 저장되어 있는데 만일 그 데이터가 일의 추진을 소극적인 방향 혹은 부정적인 방향으로 유도한다면 그 새로운 일을 성공적으로 마칠 수 있겠는가?

동물과 인간은 둘 다 자동 시스템을 가지고 태어나지만 인간은 동물에게는 존재하지 않는 창조 시스템을 선천적으로 가지고 태어난다.

창조 시스템은 상상력을 바탕으로 자동 시스템의 무의식 데이터를 바꾸거나 혹은 새로운 의식 데이터를 개척해 나간다. 무의식 데이터에는 두 가지의 생각 틀, 즉 자신에 관한 생각 틀과 세상을 바라보는 생각 틀이 있다. 전자를 자아 이미지라고 부르며 후자를 패러다임이라고 말한다. 성공하기 위한 사고 혁신이라는 것은 창조 시스템을 바탕으로 자아 이미지와 패러다임을 바꾸는 것이라고 말할 수 있다.

11.3. 자아 이미지 바꾸기

자아 이미지는 우리들의 자동 시스템에서 사용하는 무의식 데이터의 하나로서 잠재의식 속에 자세히 내재되어 있다. 자아 이미지가 형성되고 나면 사람들은 의식적으로 그것으로부터 벗어나서 행동하려 해도 실패해 버린다. 삶의 네트워크는 모든 개체로 이루어져 있는데 자기 자신에 대해서도 개념 개체와 기능 개체로 인식하고 있다. 자신에 대한 개념 개체는 나는 한마디로 어떠한 사람인가를 나타내는 방식이고 기능 개체는 나 자신의 특성 및 동작 능력 등을 표현한다.

그런데 자신에 대한 개념 개체와 기능 개체, 즉 자아 이미지를 자신의 일에 일치시키지 않으면 그 일은 실패로 돌아가게 된다. 성공과 실패는 자아 이미지에 의해 좌우된다. 자아 이미지와 일치하지 않는 개념은 거부되거나 받아들여지지 않으며 행동으로 옮겨지지도 않는다. 예를 들어서 영어 시험에서 나쁜 성적을 받은 학생이 '나는 영어에 소질이 없구나'라는 자아 이미지를 가지고 있다면 그 학생은 자신의 영어 성적 향상에 스스로 자신감을 잃게 되어 결국 실패로 돌아가게 된다. 모든 것은 자신의 머리에 달려 있는 것이 아니라 머릿속에 각인되어 있는 무의식 데이터인 생각의 틀에 달려 있는 것이다.

예수는 헌 옷에 새 천 조각을 덧대는 일이나 낡은 부대에 새 포도주를 담는 일은 기존의 틀에서 벗어나지 못하는 어리석은 일이라고 경고했다. 우리들이 성공하기 위한 조건으로 흔히들 말하는 '긍정적 사고'는 옛것의 자아 이미지에 새로운 천 조각을 덧대는 방식으로는 성공적으로 작동되지 않는다. 부정적인 자아 이미지를 지니고 있는 사람이 특정 상황에서 긍정적인 생각으로 바꾸는 일은 불가능하다. 수많은 실험을 통해 알 수 있는 바와 같이 일단 자아 이미지가 변하면 새로운 자아 이미지와 일치하는 다른 일들도 손쉽게 성취된다.

맥스웰 몰츠는 그의 저서 『성공의 법칙』에서 자아 이미지를 바꾸면 누구나 성공할 수 있다고 주장한다. 성형외과 의사인 그는 환자 얼굴에서 결점이 사라지면 그 사람의 성격이나 인격에도 갑작스러운 변화가 생긴다는 사실에 놀랐다고 한다. 성형수술을 통해 멍청해 보였던 소년이 민첩하고 똑똑하게 변했고 센스와 신념을 잃어버린 어느 세일즈맨은 자신감의 표본이 되었다고 한다. 그러나 성형수술은 성공뿐만 아니라 실패 사례로 발생했다고 한다.

성형수술을 통해 가족들도 잘 알아보지 못할 정도로 아름답게 변화한 어느 여성은 자신은 실제로 어떤 변화도 일어나지 않았다고 부인한 예도 있었다고 한다. 이 여성은 자신의 외모에 스스로 만족을 느끼지 못하고 상상 속에서 불만을 느끼고 있는 것이다. 이 여성은 성형수술을 통해 외모 이미지는 바꿀 수 있었지만 자신의 자아 이미지는 바꾸지 못해서 스스로 행복하기를 거부했다고 말할 수 있다.

자아 이미지는 훈련을 통해 변화시킬 수 있다. 자신의 잠재 능력보다 훨씬 작은 크기로 자기 능력을 한계 짓는다면 실제로 그 한계를 뛰어넘지 못하게 된다. 그러나 우리는 자신이 생각하는 능력, 즉 자아 이미지를 크게 키움으로써 자신의 잠재능력에 가까울 정도까지 자신의 능력을 키울 수 있게 되는 것이다.

11.4. 자동 시스템

우리들의 자동 시스템은 우리들에게 편리함, 효율성, 신속성 등을 제공한다. 아무리 복잡한 미로라고 해도 몇 번 반복하여 미로 찾기에 성공하다 보면 우리는 어느새 그 길에 익숙하게 되어 깊게 생각하지 않고서도 자동적으로 미로를 빠져나올 수 있게 된다. 인간의 뇌와 컴퓨터의 뇌가 다른 점이 바로 학습이다. 컴퓨터는 스스로 학습하지 못하고 모든 프로그램과 데이터를 밖에서 입력해 주어야 하지만 인간은 스스로 학습할 수 있는 능력이 있고 더군다나 동일한 내용은 학습을 거듭할수록 실행 속도가 빨라지고 또한 새로운 방법을 모색할 수 있는 경지에도 이르게 된다.

컴퓨터에서 동작되는 모든 프로그램은 자동 프로그램에 해당한다. 컴퓨터는 자율성을 가지고 스스로 행동하는 것이 아니라 인간이 설정해 놓은 프로그램을 따라 스텝 바이 스텝으로 진행하므로 컴퓨터는 인간의 입장에서 자동 시스템인 것이다. 컴퓨터에서는 동일한 조건이라면 항상 동일하게 프로그램이 수행되고 수행결과도 항상 정확하다. 그러나 인간의 자동 시스템은 정확하지 않다. 예를 들어서 날마다 걸어 다니는 길도 우리들은 가끔 헷갈릴 때가 있으며 때로는 길에서 넘어질 때도 있다. 인간의 자동 시스템은 이와 같이 정확하지 않지만 컴퓨터와는 달리 우리들 스스로 자동 시스템의 프로그램과 데이터를 바꿀 수 있는 장점이 있다.

인간의 자동 시스템은 반복적인 경험을 바탕으로 자동 프로그램과 함께 자동 데이터를 형성하는 것이다. 자동 시스템의 자동 프로그램과 자동 데이터는 우리 삶 속에서 늘 우리들과 함께 존재한다. 인간이라면 누구나 가질 수 있는 자동 시스템의 기능이 있는가 하면 자신의 노력으로 새로운 기능을 추가 발전하게 되어 사람마다 자동 프로그램과 자동 데이터가 서로 다르게 된다. 이와 같이 사람마다 독특한 자동 시스템을 개성이라고 부른다.

자동 프로그램을 수행하는 상태를 무의식이라 부르고 무의식 상태에서 사용되는 데이터를 무의식 데이터라고 부른다. 무의식 데이터는 우리들 뇌 속에 저장되어 있는 개체의 개념과 기능들로 구성되어 있다. 이러한 개체들은 우리 자신에 관한 것들과 우리들의 외부에 관한 것들이 있는데 우리 자신에 관한 개념을 자아 이미지라 하고 우리 외부 개체들에 대해서는 패러다임이라고 부른다.

11.4.1. 성공의 자아 이미지

우리들의 자동 시스템은 무의식 데이터를 근거로 동작하고 있다. 우리들이 어떤 목표를 달성하기 위한 모든 행동도 자동 시스템에서 참고하는 무의식 데이터에 근거하여 제대로 수행될 수도 있고 그렇지 않을 수도 있는 것이다. 앞에서 말한 바와 같이 우리들의 자동 시스템에는 여러 종류의 자동 메커니즘들이 존재한다. 이들 중에서 일정한 목표를 달성하거나 주어진 문제를 극복할 수 있도록 올바른 길로 방향을 잡아 주는 자동 메커니즘을 '길잡이 자동 메커니즘'이라고 부르자.

우리의 길잡이 자동 메커니즘은 두 가지 유형으로 구분된다. 첫째는 대상이나 목표 또는 해답을 알고 있을 때 그것에 도달하거나 성취하는 유형이고, 둘째는 대상이나 해답을 알지 못할 때 그것을 발견하거나 위치를 알아내는 유형이다.

첫 번째 유형의 예에는 우리가 산의 정상에 오르는 일이다. 등산할 때에 우리들의 감각 기관들은 산의 정상으로 이어지는 올바른 길인지 아닌지에 관한 정보를 길잡이 자동 메커니즘에 전달한다. 우리들의 감각기관들은 올바른 길일 경우에는 긍정적인 피드백 정보를 제공하고 코스를 이탈할 경우에는 부정적인 피드백 정보를 전달해 준다. 길잡이 자동 메커니즘은 긍정적인 피드백의 경우에는 가던 길을 계속해서 걷게 하지만 부정적인 피드백 정보를 받으면 가던 길을 멈추게 하고 올바른 길로 유도해 준다.

갓난아기가 앞에 보이는 딸랑이를 잡을 때에 손을 이리저리 움직이고 동작을 수정하며 목표물에 도달하는데 일단 그러한 방법을 배우고 난 뒤에는 수정 자세도 점점 더 정교해지고 세밀해진다. 우리들이 어떤 일을 올바르고 성공적으로 마치게 되면 그것은 미래에 다시 사용하기 위해 우리의 뇌에 기억된다. 성공은 기억하고 실패는 잊어버리면서 우리는 습관처럼 성공적인 행동을 반복하게 된다. 이러한 이유 때문에 어떤 분야에서 성공한 사람들은 그다지 힘들지 않고 성공한 것처럼 보이는 것이다.

두 번째 유형은 우리 내부의 검색 엔진과도 같은 것이다. 처음으로 대해 보는 퀴즈 문제를 풀 때에 우리들의 길잡이 자동 메커니즘은 그 문제의 해답에 도달하기 위한 방법들을 탐색한다. 탐색 과정에서 틀린 방법은 버리고 다른 방법들을 대입해 가면서 해답으로 가는 올바른 길을 끝까지 찾아내게 된다. 순간적으로 잊어버린 이름을 회상할 때에도 우리 두뇌 속의 스캐너는 올바른 이름이 떠오를 때까지 저장된 메모리를 찾아 돌아다닌다.

우리의 길잡이 자동 메커니즘은 자동 성공 메커니즘 혹은 자동 실패 메커니즘이 될 수 있다. 그것은 길잡이 자동 메커니즘이 우리 자신의 자아 이미지를 데이터로 사용할 때에 어떤 데이터를 받아들여서 어떻게 프로그래밍 하느냐에 달려 있다. 따라서 우리들은 자신이 설정한 목표지점에 성공적으로 도달하기 위해서는 성공의 자아 이미지를 지니고 있어야 한다.

그러기 위해서는 첫째로 우리 자신에게 적합하고 우리 자신이 신뢰하며 믿을 만한 자아를 발견해야 한다. 둘째로 건강한 자존심을 지녀야만 한다. 셋째로 부끄럽지 않고 감추는 것이 없이 창의적이며 자유롭게 자신을 표현할 수 있는 자아를 지니고 있어야 한다. 넷째로 자신의 강점과 약점 모두를 알고 있어야 하며 그것들에 대해 솔직해야만 한다. 자신의 자아 이미지는 이와 같이 합리적인 수준의 자기 자신이 되어야 한다.

자아 이미지가 적절하고 스스로 자랑스럽게 생각된다면 자신감을 느끼게 된다. 우리는 자유롭게 자기 자신을 느껴야 하며 표현할 수 있어야 하고 최선의 상태에서 능력을 발휘해야 한다. 자아 이미지가 부끄러운 존재로 느껴질 때에는 사람들은 그것을 표현하기보다는 숨기려는 경향이 있다. 이렇게 되면 타인에 대해 적대적으로 변하고 함께 어울려 살아가기도 힘들어진다. 얼굴에 난 흉터를 성형 수술로 고친다고 해도 흉터로 손상된 자아 이미지를 수정하지 않는다면 수술로 인한 심리적 변화는 별로 크지 않을 것이다.

비정상적인 사람들을 주로 상대하는 심리학자나 정신과 의사들은 인간의 위대함에 대해서 비관적으로 생각하는 경향이 있다. 일반 대중들이 이들의 관점으로부터 너무 많은 영향을 받음에 따라 미움이나 파괴 본능, 죄의식, 자책감 등과 같은 비정상적인 인간의 정신적 요소를 정상적인 인간의 그것들과 혼동하는 것이다. 우리들은 이러한 모든 부정적인 힘에 맞서서 건강과 행복을 얻기 위해 오로지 자신의 나약한 의지만으로 싸워야 한다고 생각할 때에 자신을 한없이 무기력한 존재로 느끼곤 한다.

그러나 우리 마음속에는 생명 본능이라는 것이 있으며 그것은 건강과 행복, 그리고 보다 나은 삶을 지향하는 모든 것을 간절히 원하고 있다. 우리의 생명 본능은 길잡이 자동 메커니즘을 통해서 우리 자신을 위해 활동하고 있다. 우리 내부에 있는 이러한 길잡이 자동 메커니즘은 인격을 갖추고 있지 않으며 성공과 행복 또는 불행과 실패 등 우리가 설정한 삶의 목표에 따라 자동적이고 비인격적으로 작동한다. 우리가 성공을 목표로 설정하면 자동 성공 메커니즘이 스스로 작동할 것이고 만일 부정적인 목표를 설정하면 자동 실패 메커니즘으로 작동할 것이다.

길잡이 자동 메커니즘은 우리가 이루고자 하는 목표가 자아 이미지와 일치하는지의 여부를 판단하여 만일 일치하지 않으면 그 목표를 거부하거나 변경시킨다. 따라서 성공과 행복을 성취하기 위해서는 자아 이미지를 바꾸는 방법을 발견하고 그 방법을 실행에 옮김으로써 스스로 설정한 목표와의 갈등을 끝낼 수 있어야 한다. 무의식 데이터인 자아 이미지를 성공의 자아 이미지로 바꾸는 기능은 창조시스템에서 담당한다. 우리들은 누구나 자동 시스템과 마찬가지로 창조 시스템을 가지고 있는데 성공하지 못하는 사람들은 이러한 사실을 알지 못하므로 창조시스템 기능을 활용할 생각마저도 하지 못하는 것이다.

설정된 목표를 성공적으로 달성하기 위해서는 길잡이 자동 메커니즘을 적절하게 작동시켜야 한다. 비록 자아 이미지가 긍정적으로 설정되었다고 해도 길잡이 자동 메커니즘이 잘못 동작하면 엉뚱한 방향으로 진행될 수도 있다. 길잡이 자동 메커니즘 프로그램도 자아 이미지와 마찬가지로 우리들 노력으로 얼마든지 수정될 수 있다. 길잡이 자동 메커니즘을 자동 성공 메커니즘으로 동작시키기 위해서는 우리는 생각하고 상상하며 기억하고 행동하는 새로운 습관을 배우고 연습하며 경험해야 할 필요가 있다. 자아 이미지와 길잡이 자동 메커니즘은 데이터와 프로그램의 관계와 같이 서로 영향을 줌으로써 수정되고 보완되며 변화해 나가기 때문에 우리들이 성공을 이루기 위해서는 이들 둘을 올바르게 관리해야 하는 것이다.

11.4.2. 성공의 패러다임

패러다임은 그리스어에서 유래된 말로서 원래는 과학용어였으나 오늘날에는 모델, 이론, 혹은 준거틀 등의 의미로 더 많이 통용되고 있다. 일반적인 의미로 패러다임은 우리가 세상을 보는 방식을 말한다. 패러다임은 일종의 지도에 해당한다. 지도는 실제적인 땅의 지점 자체가 아니라 그 지점에 대한 설명만을 나타낸다. 이와 같이 패러다임이란 어떤 것 자체가 아니라 그것에 관한 의견이나 해석이며 모양을 나타내는 모델인 것이다. 올바른 지도를 가지고 있지 못하면 우리는 우리의 행동이나 태도와는 상관없이 길을 잃고 헤매게 된다.

삶의 네트워크에서 우리들 외부의 수많은 개체들은 개념 개체와 기능 개체들로 표현되는데 이러한 표현에는 객관적 서술과 주관적 판단으로 이루어진다. 외부 개체에 관한 객관적 서술은 객관적 사실에 근거하기 때문에 누구나 공감할 수 있는 내용들이다. 외부 개체에 관한 주관적 판단은 그 개체에 대한 의미를 부여하는 것으로서 우리들의 내적 성품, 학습, 경험 등이 서로 다르기 때문에 모든 사람이 동일할 수 없는 것이다. 우리는 외부 개체들을 볼 때에 있는 그대로를 본다고 생각하는 경향이 있지만 실제로는 객관적이 아닌 주관적 입장에서 본다. 우리들이 바라보는 외부 개체에 관한 설명은 우리 자신의 패러다임인 것이다. 만일 다른 사람들이 우리 자신의 의견에 동의하지 않으면 우리는 즉각 그들이 뭔가 잘못되었다고 생각한다.

길잡이 자동 메커니즘은 외부 개체를 바라보는 우리 자신의 패러다임에 따라 동작하게 된다. 우리가 외부 개체를 보는 방식, 즉 우리의 패러다임은 사고하고 행동하는 방식의 근원이 되는 것이다. 따라서 우리들의 패러다임을 바꾸지 않으면 길잡이 자동 메커니즘은 여전히 낡은 사고와 행동을 유도할 것이며 이는 성공으로 이끌지 못하고 실패의 결과를 초래하게 된다.

외부 개체를 과거와 다르게 보기만 해도 우리들의 행동 변화는 자연스럽게 나타난다. 그런데 우리는 이것을 모르고 자신의 태도와 행동만을 변화시키기 위해 오랜 시간을 소모한다. 삶에서 비교적 작은 변화를 원한다면 태도나 행동을 적절하게 조정함으로써 그 목표를 달성할 수 있을 것이다. 그러나 중대하고 커다란 변화를 원한다면 자신이 가지고 있는 기본적인 패러다임을 고쳐야 할 필요가 있다.

우리는 무의식 데이터인 패러다임을 의식 상태에서 바꿀 수 있는 창조 시스템을 누구나 가지고 있다. 창조 시스템은 인간을 동물과 구별하는 가장 중요한 요소이다. 창조 시스템은 누구나 공감할 수 있는 획기적인 패러다임을 만들어 낼 뿐만 아니라 우리 자신의 낡은 패러다임을 새롭게 바꿀 수 있는 기능을 가지고 있다. 따라서 우리들은 우리 내부의 창조 시스템을 활용하여 성공의 패러다임을 구축할 수 있는 것이다.

11.5. 창조 시스템

11.5.1. 창조 시스템 개요

인간은 자신의 부모로부터 유전 형질을 받고서 태어난다. 이러한 유전 형질과 함께 환경적 요소 등을 바탕으로 성장해 가면서 우리 자신의 독특한 개성이 만들어진다. 인간의 개성은 사람마다 가지고 있는 개념 개체와 기능 개체들, 그리고 이들 개체와의 연결 등으로 나타난다.

갓난아기는 자신의 개념 개체와 기능 개체들을 인식하지 못할 것이다. 그러나 갓난아기 양육자는 자신의 아이가 다른 아이들과 비교하여 신체적 외모와 정신적 특성들이 서로 다름을 알 수 있게 된다. 갓난아이들은 자신의 감각 기관들을 최대한 활용하여 주변 환경을 이해하고 경험하며 또한 무언으로 양육자와 대화를 시도한다. 인간에게 있어서 성장하는 환경이 중요한 것은 이와 같이 외부로부터 받아들인 정보가 내재적 정보로 변환되고 이는 다시 자아 이미지와 더불어 패러다임을 형성하기 때문인 것이다.

앞에서 서술한 바와 같이 인간은 누구나 무의식 상태에서 동작하는 자동시스템과 의식 상태에서 작동하는 창조시스템을 가지고 태어난다. 창조시스템은 크게 세 가지 기능을 가진다.

첫 번째로는 새로운 외부 정보를 이해하는 것이다. 외부 정보는 우리의 감각기관들을 통해 입력되므로 인지 데이터와 함께 정서 데이터도 포함되어 있다. 이러한 외부 데이터는 반복적으로 활용되거나 혹은 우리들에게 강한 자극으로 입력될 때에 무의식 데이터로 저장되어 자동시스템이 활용하게 된다. 무의식 데이터는 의식 상태에서 동작하는 창조시스템에 의해 조성되는 것이다. 동일한 유전 형질로 태어난 쌍둥이도 학습과 경험이 서로 다르기 때문에 각자의 창조시스템 동작에 의해 무의식 데이터가 서로 다르게 된다.

두 번째로 창조시스템은 이미 저장되어 있는 무의식 데이터를 바꾸는 기능을 수행한다. 무의식 데이터는 의식 데이터보다 저장 강도가 훨씬 강한 편이다. 무의식 데이터는 저절로 바꿔지지 않고 우리들이 능동적인 교체 의지가 있어야 변화된다. 사실 의지만으로는 부족하다. 우리가 어떤 행동에 자신감이 없는 것은 그 행동에 관한 오랜 경험을 통해 저장되어 있는 무의식 데이터의 내용 때문이다. 외부 정보에 대한 자신의 행동이 외부로 표출되고 이것은 다시 또 다른 외부 정보 형태로 우리 자신에게 전달되는데 이러한 반복적인 행동들의 결과로 저장되어 있는 것이 무의식 데이터이다. 자신의 경험적인 무의식 데이터들이 개념적으로 저장되는 형태가 바로 자아 이미지이다. 자아 이미지는 창조시스템으로 얼마든지 바꿀 수 있는데 이것은 인간이 가지고 태어난 능력들 중의 하나이다.

세 번째로 창조 시스템은 창의적 기능을 가진다. 인간은 외부 정보를 이해하는 데에 그치지 않고 이러한 이해를 바탕으로 새로운 아이디어를 창출한다. 원시시대부터 오늘날까지 인류문명을 발달시켜 온 것은 바로 인간이 창의적 기능을 수행하는 창조시스템을 가지고 태어나기 때문이다. 독창적인 예술작품, 문학작품, 기술상품 등을 창안함으로써 우리들은 성공과 행복한 삶에 한 걸음 다가설 수 있는 기회를 가질 수 있게 된다.

11.5.2. 자아 이미지 창조

　자아 이미지는 우리 내부의 자동 시스템이 사용하는 무의식 데이터로서 이것이 부정적 내용으로 저장되어 있으면 자신감을 상실하고 실패의 길로 접어들게 된다. 자동 시스템의 무의식 데이터는 의식 상태에서 작동하는 창조 시스템이 만들어 낸 데이터이다. 자아 이미지 창조는 전지전능하고 오만하며 이기적이고 자신이 가장 중요한 사람이라고 착각하는 허구적인 자아를 만드는 것이 아니다. 이러한 자아 이미지는 열등한 자아 이미지처럼 부적절하고 비현실적이다.

　자아 이미지를 창조하기 위해서는 우선적으로 진정한 자아를 발견하는 것이다. 심리학자들에 의하면 대부분의 사람들은 자신을 과소평가하거나 업신여기고 있다고 한다. 실제로 우월감 콤플렉스와 같은 것은 존재하지 않는다. 우월감을 지니고 있는 것처럼 보이는 사람들도 실제로는 열등감 때문에 괴로움을 느낀다.

　어린 시절에 학교 선생님으로부터 수학을 잘하지 못한다는 말을 듣고서 수학에 정말로 소질이 없다고 생각하는 학생들이 종종 있다. 수학에 소질이 없다고 믿어 왔던 어느 학생이 어느 날 칠판에 나와서 어려운 수학문제를 풀려 하자 선생님과 아이들은 그를 비웃었지만 그 학생은 그 문제를 풀어서 사람들을 깜짝 놀라게 했다. 그 후부터 그 학생은 자신의 능력에 자신감을 가지고 계속 노력하여 수학을 잘할 수 있었다고 한다. 이와 같이 수학성적이 나쁘다고 하여 수학에 전혀 소질이 없다고 단정 지을 수는 없는 것이다.

　성적이 나쁜 대부분의 학생은 자아 개념과 자기 정의가 원인이라고 한다. 학생 스스로 어떤 과목을 잘하지 못한다는 자기 정의 때문에 그들은 자신의 말과 행동을 일치시키기 위해서라도 나쁜 성적을 얻을 수밖에 없다. 그들은 무의식적으로 나쁜 성적을 얻는 것을 도덕적이라고 생각하게 된다.

열등감은 사실이나 경험에 근거하는 것이 아니라 사실이나 경험에 대한 자신의 평가에 근거하는 것이다. 의식 상태에서 외부 정보를 받아들이면서 자기 자신이 스스로 열등감을 느끼게 하는 자아 이미지를 자동 시스템의 데이터로 저장하는 것이다. 우리들은 유명한 프로야구 선수나 프로축구 선수처럼 야구나 축구에서 뛰어나지 못하지만 그렇다고 이것이 우리들을 열등한 사람으로 만들지는 않는다. 마찬가지로 그들도 우리 자신들이 잘할 수 있는 일들을 못한다고 하여 열등한 사람이 되는 것은 아니다. 어떤 기술이나 지식 면에서 다른 사람보다 열등하다고 하여 모두가 열등감을 느끼고 그로 인해 삶을 방해받는 것은 아니다.

사람들은 보통 자신의 규범이나 기준으로 자신을 판단하거나 평가하는 것이 아니라 다른 사람들을 기준으로 자신을 판단한다. 다른 사람의 기준에 들어맞아야 한다고 생각하기 때문에 스스로 비참함과 열등감을 느끼면서 자신에게 무엇인가 잘못된 점이 있다는 결론을 내린다. 이렇게 잘못된 판단을 근거로 내리는 결론은 자신에게 그만한 능력이 없으며 따라서 성공이나 행복을 누릴 만한 자격이 없다고 생각하기 쉽다.

열등감을 가진 사람은 대부분 우수함을 추구함으로써 실책을 만회하려 한다. 자신이 열등하다는 사실이 기분이 나빠서 우월감을 느끼기 위해 노력하는 과정에서 문제가 발생하고 이를 통해 보다 크게 좌절하게 되며 때로는 전에 없던 노이로제까지 겪기도 한다. 결과적으로 그 사람은 더욱더 비참해지고 더 많이 노력할수록 점점 더 비참해진다.

그러나 우리는 결코 열등하지 않다. 우리는 우월하지도 않다. 우리는 그저 우리 자신일 뿐이다. 한 개인으로서의 나는 이 세상 전체에서 나와 같은 사람을 발견할 수 없으므로 다른 개인과 경쟁 관계에 있는 것이 아니다. 나는 단 하나뿐인 개인이며 독특한 존재이다. 나는 나 외의 다른 사람이 아니며 다른 사람처럼 될 수도 없다. 다른 사람 또한 나처럼 될 수 없다.

새로운 자아 이미지를 창조하기 위해서는 무의식 데이터인 자신의 자아 이미지를 창조 시스템으로 되돌려야 한다. 무의식 데이터로서 저장된 자아 이미지는 긴장감이나 의지력 훈련 없이 신체적인 긴장 완화 상태에서 형성된 것이다. 따라서 자아 이미지의 형성 시와 동일한 과정, 즉 신체적인 긴장 완화 상태에서 의식적이며 반복적으로 새로운 자아 이미지를 형성해 나가야 한다.

무의식 데이터는 과거의 인지적 경험뿐만 아니라 정서적 경험 등도 포함되어 있다. 창조 시스템이 이들 둘 요소로 뭉쳐진 자아 이미지를 의식 상태로 되돌리는 과정에서 그동안 깊숙이 묻어 두었던 과거의 쓰라린 상처와 함께 생각지도 못한 다른 형태의 열등감이 솟아날 수도 있다. 사람들은 이것이 불안하고 두려워서 무의식 데이터를 의식 데이터로 옮기기를 꺼려하는 것이다. 그러나 상상력 훈련을 통해 우리는 우리 자신의 무의식 데이터를 우리가 원하는 데이터 형태로 교체할 수 있다.

11.5.3. 상상력 훈련

상상력 훈련을 통해 무의식 데이터로 저장되어 있는 부적절한 자아 이미지를 버리고 적절한 자아 이미지를 형성할 수 있다. 이는 의식 상태에서 작동하는 창조시스템을 활용하여 자신이 바람직하다고 생각하는 자아 이미지를 반복적으로 상상함으로써 무의식 데이터에 저장시키는 방법이다.

맥스웰 몰츠는 그의 저서 『성공의 법칙』에서 자아 이미지 형성을 위한 상상력 훈련으로 자신에 대한 영화를 상상하는 방법을 서술하였다. 대형 영화 스크린 앞에 앉아서 자신이 영화를 보고 있다고 상상한다는 것이다. 이때 우리의 정신적 이미지를 가능한 한 실제 경험에 근접시켜야 한다. 그러기 위해서는 세부적인 사항, 시각, 소리, 물체 등에 주의를 기울여야 한다. 세부적인 묘사는 이러한 훈련에서 가장 중요한 요소가 되는데 이는 실제적인 목적을 위해 실제 경험을 만들어 내야 하기 때문이다.

다음으로는 성공적이며 이상적으로 행동하고 반응하는 자신을 상상하는 것이다. 어제 어떻게 행동했는지는 중요하지 않으며 또한 내일은 이상적인 방법으로 행동하겠다는 신념을 가질 필요도 없다. 훈련을 지속함에 따라 우리의 신경 시스템은 자연스럽게 그것에 주의를 기울이게 될 것이다. 이미 자신이 원하는 유형의 사람이 되었다고 생각한 후에 그러한 자신이 어떻게 느끼고 있는지 상상해 본다. 만일 수줍음이 많고 소심한 성격의 사람이라면 사람들 사이에서 편안하고 침착하게 행동하는 모습을 상상한다. 만일 특별한 어떠한 상황에서 두려움을 느끼거나 걱정을 느낀다면 자신감과 용기를 가지고 행동하면서 차분하고 신중하게 행동하는 자신의 모습을 상상한다.

그리고 이러한 행동 때문에 개방적이고 자신감 넘치는 모습으로 변한 자신의 모습을 즐겨 본다. 이러한 훈련은 창조 시스템에서 사용하는 의식 데이터를 무의식 데이터로 옮기면서 새로운 자아 이미지를 구축할 수 있게 도와준다. 반복적으로 이와 같은 훈련을 하면

의식적으로 노력하지 않더라도 자동적이고 자발적으로 이전과 다르게 행동하는 자신의 모습을 발견하게 될 것이다. 이는 자동 시스템이 사용하는 무의식 데이터, 즉 자아 이미지가 상상력 훈련을 통해 새로 형성되었기 때문이다.

11.5.4. 이미지 훈련

운동선수들이 수행하는 훈련은 의식 상태에서 반복 연습을 통해 자신의 기량을 무의식 데이터에 저장시키는 과정이다. 그런데 실제적인 훈련이 아니라 상상력을 동원한 이미지 훈련으로도 기량 훈련이 가능하다고 한다. 우리의 신경 시스템이 실제 경험과 우리가 생생하게 상상한 것의 차이점을 구분할 수 없기 때문에 가능하다. 가수가 어떠한 자세로 공연을 하고 있다고 상상하면 그는 거의 실제로 공연을 하는 것과 동일한 체험을 할 수 있다. 이와 같이 이미지 훈련은 실제 훈련보다 훨씬 효과가 크다. 현재 많은 운동선수들은 일상적으로 이미지 훈련을 수행한다. 예를 들어서 골프 선수가 골프 시합을 할 때마다 항상 머릿속에 정확한 그림을 그린 후에 그 이미지를 실제 상황으로 바꾸어 줄 스윙을 한다면 이것이 바로 이미지 훈련에 해당하는 것이다.

상상력을 통한 이미지 훈련은 운동선수의 기량 향상에 국한되지 않는다. 이러한 정신적 훈련은 상대방과의 대화에서 자신감 넘치게 말하는 것, 비즈니스 미팅에서 자신의 의견을 활발하게 주장하는 것, 세일즈맨이 잠재 고객 앞에서 직접 상품을 판매하는 것과 같은 행동 등등 어디에나 적용할 수 있다.

입사 면접을 준비할 때에도 '리허설 훈련법(rehearsal practice)'이 활용된다. 이 방법에서는 먼저 인터뷰에 대한 계획을 세우고 모든 유형의 예상 질문을 머릿속에서 검토한 후에 예상 답변에 대해 생각한다. 그다음에는 마음속으로 자신이 인터뷰 받는 광경을 떠올리면서 예행연습을 하면 자신감이 강해지는 놀라운 효과를 얻을 수 있다.

프로 및 아마추어 운동선수, 세일즈맨, 기업인, 학교 선생님, 의사, 학생, 가정주부 등 어떤 사람이든 성공하기 위해서는 날마다 정신적인 훈련을 실시하는 것이 무엇보다도 중요하다. 성공의 순간을 하나의 뚜렷하고 생생한 이미지로 떠올릴 수 있다면 어떠한 의심, 두려움, 불안감, 염려 따위도 물리칠 수 있게 된다. 이를 바탕으로 우리의 길잡이 성공 메커니즘은 우리가 원하는 방향으로 끌고 갈 수 있다.

11.5.5. 스트레스 탈피

사람은 누구나 남들과 비교하여 우위의 위치에 있고 싶어 한다. 무한경쟁 시대에 살고 있는 우리들 대부분은 경쟁에서 살아남기 위해 갖은 노력을 게을리하지 않으며 살아간다. 또한 여가를 즐기거나 개인적으로 원기를 회복할 만한 시간을 충분히 갖지 못한 채 살고 있다. 매일 혼잡한 출퇴근 전쟁을 겪어야 하고 훨씬 빠르고 방대해진 정보의 흐름과 더욱 복잡해진 환경에 적응해야 함에 따라 스트레스와 불안감에 시달리며 살고 있다.

그러나 우리가 살아가면서 끊임없는 압박감과 스트레스에 시달릴 필요는 없다. 우리는 무한한 잠재력을 가진 창조적 메커니즘을 통해 사회와 기술의 변화에 손쉽게 대처할 수 있다. 그러나 사람들은 우리의 창조적 메커니즘의 능력이 무한하기 때문에 과중한 업무에 시달리거나 스트레스를 받지 않아도 된다는 사실을 모르고 있다. 문제를 제시하고 그것을 검증하는 일은 의식이 맡고 있지만 우리의 의식만으로 모든 문제를 처리하려고 애를 쓰기 때문에 스트레스가 쌓이는 것이다. 의식 상태에서 의식 데이터로 저장되어 있는 문제 해결 정보들을 창조 시스템에 넘기면 창조 시스템은 이 데이터를 자동 시스템의 영역에 자리 잡은 무의식 데이터로 옮기게 됨에 따라 길잡이 자동 메커니즘이 작동되어 우리는 스트레스로부터 어느 정도 탈피할 수 있다.

오늘날 사람들은 너무 긴장하고 있고 결과에 대해 지나치게 걱정하며 염려에 사로잡혀 살아가는 편이다. 일단 결정이 내려지면 일의 진행은 순서에 따르면 된다. 모든 책임감을 떨쳐 버리고 결과에만 주의를 기울여야 한다. 즉, 자아 이미지를 형성해 내는 창조 시스템의 상상력을 통해 길잡이 성공 메커니즘에 권한을 위임하면 당면한 어떤 문제라도 해결할 수 있으며 스트레스에서 완전히 벗어날 수 있을 것이다.

11.5.6. 창의적 사고

창조 시스템은 창의적 사고의 기능을 가지고 있다. 창의적인 아이디어를 떠올리는 것은 작가나 예술가, 발명가 등 소위 말하는 창의적인 부류에게만 한정되어 있는 것이 아니다. 가정주부, 학교 선생님, 학생, 세일즈맨, 기업가 등 우리가 무슨 일을 하든지 누구나 창의적인 일을 하는 사람이다. 창의적이라는 개념은 전혀 새로운 아이디어를 만들어 내는 것만을 뜻하지 않는다. 기존의 개체들을 이해하고 이들 간의 관계를 분석해 냄으로써 새로운 아이디어를 생각해 낸다면 이것도 창의적 발상에 해당하는 것이다.

창의적인 아이디어는 문제에 대한 예비적이고 의식적인 사고 없이 아무렇게나 생겨나지는 않는다. 영감이나 직감을 얻으려면 먼저 특정한 문제를 해결하거나 해답을 구하는 데 몰두해야 한다. 또한 무엇보다도 문제를 해결해야겠다는 강렬한 욕망이 있어야 한다. 그러나 생각의 틀 내에서만 문제를 해결하려다 보면 다람쥐가 쳇바퀴 도는 것처럼 기존의 아이디어만 자동적으로 떠올려지게 된다. 창의적인 아이디어 창출을 위해서는 우리 내부의 창조 시스템을 활용해야 한다. 창조 시스템은 상상력을 통해 수많은 의식 데이터들 중에서 기존의 틀을 깨는 새로운 데이터 조합을 가능하게 도와준다.

창의적 사고를 위해서는 우선적으로 문제 해결을 위한 정보들이 많이 저장되어 있어야 한다. 자신의 의식 데이터에 외부 정보들을 이해하고 분석할 수 있는 데이터가 존재하지 않으면 새로운 아이디어를 만들어 내는 것은 거의 불가능하다고 말할 수 있다. 따라서 창의적 사고를 위해서는 보다 많은 학습과 경험이 요구된다. 우리의 상상력을 통한 창의성 아이디어 발굴에는 초조함이나 걱정 따위는 도움이 되지 않고 오히려 방해만 될 뿐이다. 새로운 아이디어를 창조하기 위해서는 우리들의 의식 데이터에 저장되어 있는 학습 정보를 바탕으로 하여 편안한 마음으로 상상력을 동원한 후에 자동 시스템의 잠재력을 발휘하면 길잡이 성공 메커니즘이 창의적 사고로 유도해 준다.

창의적 사고에서는 발상전환이 필요하다. 이러한 발상전환에는 기존의 생각 틀을 벗어나서 전혀 생각하지 못했던 형태와 기능을 고려해 보는 것이다. 예를 들면 라면 국물은 의례히 빨간색이어야 한다는 생각 틀에서 벗어나서 하얀색 국물의 라면 스프를 만들어 내는 것도 발상전환인 것이다. 기존 아이디어를 바꾸는 것 못지않게 서로 다른 기능 개체들을 조합함으로써 새로운 기능 개체를 만들어 내는 융합도 창의적 아이디어 창출에 많은 도움이 되고 있다.

11.6. 합리적 사고

합리적이고 논리적이며 의식적인 사고는 자동 시스템의 무의식 데이터에 커다란 영향을 미친다. 우리의 자동 시스템은 전혀 인격을 가지고 있지 않다. 그것은 일종의 기계장치로서 작동하며 그 자체에는 아무런 의지가 없다. 우리의 자동 시스템은 항상 우리에게 적절한 느낌을 제공하며 우리가 의식 상태에서 설정한 목표를 성취하려고 노력한다.

이러한 무의식적 기계장치를 조종하는 장치가 바로 우리의 의식적인 사고이다. 우리의 무의식적 기계가 의식적인 사고에 의해서 부정적이고 부적절한 반응 패턴을 만들어 냈다면 의식적이고 합리적인 사고에 의해 자동 반응 패턴 또한 변경시킬 수 있는 것이다.

11.6.1. 과거의 실수로부터 탈피

우리의 무의식 데이터에는 불쾌하고 고통스러운 경험과 함께 과거의 실패에 한 아픈 기억이 포함되어 있다. 그러나 우리의 인격을 변화시키기 위해 반드시 그것을 찾아내고 파헤쳐서 조사할 필요는 없다. 우리의 자동 시스템은 원래 과거의 잘못에 대한 기억과 실패, 고통스럽고 부정적인 경험 등에 관한 무의식 데이터를 가지고 있다. 이러한 부정적인 경험은 부정적인 피드백처럼 적절하게 활용된다.

또한 자신이 원하는 긍정적인 목표에서 벗어난 것으로 여긴 나머지 우리에게 방해가 되는 것이 아니라 우리의 모든 학습 과정에서 중요 요소로 기여한다.

그러나 실수가 잘못으로 인식되어 진로의 수정이 이루어지면 그러한 실수는 의식적으로 잊어야만 하며 성공적인 시도만이 기억되고 남아 있어야 한다. 이와 같은 실패의 기억은 우리의 의식적 사고와 주의력이 앞으로 성취할 목표에 초점이 맞추어져 있으면 아무런 해가 되지 않는다. 과거에 집착하고 그것으로부터 해방되기 위해 상상 속에서 반복하여 생각하며 과거의 실수를 가지고 계속적으로 자신을 비난하는 사람이야말로 참으로 불행한 이다. 지나간 과거를 일일이 조사하지 않고도 감정과 자아 이미지를 통세하는 해결 지향 요법을 개발해야 한다.

11.6.2. 비합리적인 생각으로부터 탈피

우리들은 합리적인 순간과 비합리적인 순간 사이를 번갈아 오가며 만족해서는 안 된다. 비합리적인 것에 대해 검토할 때에는 그 내용을 존중하거나 그러한 내용에 지배되지 않는다는 마음가짐으로 임해야 한다. 어리석은 생각이나 감정이 일어나더라도 그것을 철저히 따져 본 다음에 거부하도록 한다. 결단성 없는 사람처럼 절반은 이성의 힘으로 대하고 절반은 유치하고 어리석은 행동에 휩쓸려서는 안 된다.

대부분의 사람들은 어린 시절에 믿었던 잘못된 사고방식을 피상적으로 떨쳐 냈을 때에 이제 더는 할 일이 없다고 생각한다. 그러나 이전의 생각들이 여전히 마음속 어딘가에 잠복해 있다는 사실을 깨닫지 못한다. 합리적인 확신에 다다랐을 때에는 그것을 곰곰이 생각하고 결과를 따라야 한다. 우리는 자신이 합리적이라고 믿는 것에 대해서 단호해야 한다. 그리고 비합리적인 생각이 아무런 이의 없이 통과되거나 우리 자신을 지배하게 해서도 안 된다.

국제 공인 재무설계사로 성공한 어느 사람은 자신이 싫어하는 일을 하면서 생계를 유지할 필요가 없다는 합리적인 결론에 이르렀다고 한다. 그는 자신이 하고 싶지 않은 일들을 목록으로 정리한 후에 목록에 없는 일들 중에서 호감이 가는 직업이나 사업을 찾기 위해 그의 상상력을 동원했다. 오랜 고민 끝에 그는 통신 판매 사업 수행을 결심했다. 그는 동료들의 성공과 좌절 사례를 꼼꼼히 분석한 후에 제품을 판매하는 데 필요한 지식을 습득했으며 통신 판매 자체에 대해서도 많은 관심을 기울이며 학습했다. 그리고 다양한 방법으로 진로를 수정하면서 마침내 엄청난 성공을 거두었다.

11.6.3. 해결할 수 있다는 믿음

우리의 행동과 느낌은 언제나 믿음에 바탕을 두고 있다. 만일 어떤 일을 할 수 없다는 믿음을 가지고 있다면 믿음에 대한 합리적인 이유의 유무, 믿음에 대한 오류 여부, 동일한 상황에서 다른 사람도 동일한 결론을 내릴까에 대한 의문, 믿음에 대한 타당성이 없는데도 불구하고 왜 그것이 마치 사실인 것처럼 행동하고 느끼는가에 대해 자신에게 물어볼 필요가 있다.

사실이 아니라 비합리적이고 잘못된 믿음으로 인해 스스로를 속이고 과소평가하는 자신을 발견한다면 이를 분개하고 화를 내야 한다. 분개와 화는 잘못된 생각으로부터 자신을 해방시켜 준다. 다른 사람들로부터 자신이 능력 없다는 말을 들을 때에 가슴속에서 무엇인가 울컥하고 올라오는 화를 느낀다면 자신과 다른 사람들에게 분개해야 하고 반드시 성공할 것이라고 결심해야 한다.

걱정에 사로잡히는 것에서 벗어나서 먼저 우리가 원하는 미래의 결과나 목표를 상상 속에서 아주 생생하게 그려 보아야 한다. 이때 우리의 노력이나 의지는 필요하지 않다. 단지 최종적인 결과에 대해 계속적으로 생각하기만 하면 된다. 그것에 대해 계속 생각하고 곰곰이 느끼면서 그것을 자신의 모습이라고 생각한다. 앞으로 일어날 결과를 생각하면서 그것을 즐기도록 한다.

우리의 자동 시스템은 무의식 데이터의 내용에 따라 자동 성공 메커니즘 혹은 자동 실패 메커니즘으로 작용한다. 무의식적으로나 부지불식간에 부정적인 태도를 유지하거나 습관적으로 실패를 떠올리게 되면 우리의 무의식 데이터는 실패라는 개체가 저장되어 버린다. 우리의 자동 시스템은 우리가 제공하는 데이터에 대해 따지거나 의문을 제기하지 않는다. 자동 시스템은 단순히 정보를 처리하고 그것에 적합하게 반응할 뿐이다. 우리는 합리적인 사고를 바탕으로 의식 상태의 창조 시스템을 활용하여 무의식 데이터를 목표에 도달하는 방향으로 관리해야 한다.

11.7. 성공의 신념 구축

11.7.1. 과민 반응 자제

집 안에 앉아서 조용히 책을 보고 있는 중에 전화벨 소리가 울리면 우리는 벌떡 일어나 전화를 받으러 달려간다. 외부 자극은 이와 같이 우리를 움직이게 한다. 그러나 우리는 전화벨 소리를 완전히 무시할 수 있다. 선택 여부에 따라 전화벨 소리에 응답하지 않고 계속 편안하고 조용하게 앉아서 원래의 태도를 유지할 수 있다. 전화벨 소리에 자동적으로 복종하는 행동과 마찬가지로 우리는 주변 환경으로부터 들어오는 다양한 자극에 어떤 방식으로든 반응하도록 조건화되어 있다.

이반 페트로비치 파블로프(Ivan Petrovich Pavlov)의 조건 반사 실험에서 벨 소리를 개에게 들려주고 난 뒤 얼마 후에 먹이를 주면 그 개는 벨소리만 듣고서도 먹이를 예상하고 미리 침을 흘리게 된다. 우리는 이 세상의 복잡한 환경 속에서 수많은 벨소리와 자극에 시달리며 살고 있다. 이에 대한 반응은 우리의 감정과 아무 상관없이 조건 반사에 따라 습관적으로 일어난다.

그러나 우리는 그렇게 무의식적으로 조작되고 통제되는 상태로 살아갈 정도로 열등하거나 우둔한 개체는 아니다. 우리는 개처럼 반응하기를 원하는지, 우리 자신이 직접 결정하기를 원하는지, 통제받기를 원하는지, 아니면 스스로 통제하기를 원하는지 여부를 결정해야 한다. 우리는 긴장 완화 훈련을 통해 조건 반사적인 행동을 없애 버릴 수 있다. 우리가 진정으로 원한다면 전화벨이 울리더라도 조용히 앉아서 그것을 무시하는 훈련을 수행할 수 있다.

반응을 잠시 뒤로 미루면 자동적인 조건 반사적 행동을 멈추거나 지연시킬 수 있다. 화가 날 때에 열까지 세는 것도 동일한 원칙에 기초하고 있다. 화가 나면 근육이 긴장한다. 근육이 완전히 이완되면 화를 내거나 두려운 감정을 느낄 수 없게 된다. 따라서 10초 동안만 화가 나는 감정을 진정시키고 반응을 뒤로 미룬다면 우리의 자동적인 조건 반사적 반응을 없앨 수 있다.

반응이란 긴장을 의미한다. 반응이 없거나 작은 상태가 바로 긴장 완화이다. 근육이 긴장하는 것은 행동을 준비하는 단계이지만 근육이 완전히 이완되면 분노, 적대감, 두려움, 불안감 등을 절대로 느낄 수 없다. 근육을 이완시키면 정신적으로 긴장이 완화되어 평화스럽고 느긋한 기분에 빠지게 된다. 따라서 긴장 완화는 자연스러운 정신 안정제라고 말할 수 있다.

11.7.2. 마음 안정

트루먼 대통령은 제2차 세계대전이 막바지에 이르렀을 때에 이전의 다른 대통령보다 훨씬 심한 스트레스와 긴장 속에서 직무를 수행하는데도 전혀 늙어 보이지 않고 생기가 넘쳐났다고 한다. 왜냐하면 그는 자신의 마음속에 참호를 하나 파 두었기 때문이다.

우리가 설정한 목표를 달성하기 위한 활동들을 전개하다 보면 목표 관련한 일들뿐만 아니라 다른 일들 때문에도 심한 스트레스와 긴장 속에 빠져들 때가 있다. 이러한 긴장들로부터 벗어나기 위해서는 우리들 마음속에 참호를 파 둘 필요가 있다. 군인들이 위험을 피해 휴식을 취하고 기력을 회복하기 위해 가끔씩 참호 속에 들어가는 것처럼 우리들 마음속에 평온을 유지하기 위한 자신만의 참호를 준비해 둘 필요가 있는 것이다.

마음속의 평온한 방에서 휴식을 취하는 것은 현실 도피에 해당한다. 그러나 비가 올 때에 우산을 가지고 다니는 것이나 휴가를 떠나는 것도 일종의 현실 도피이다. 우리의 신경계는 어느 정도의 현실 도피가 필요하다. 우리의 신경계는 외부 자극의 지속적인 충격으로부터 자신을 보호하고 자유로워질 수 있어야 한다. 우리의 신체가 머무를 수 있는 집이 필요하듯이 우리의 마음과 신경계도 외부 자극으로부터 보호를 받고 휴식과 회복을 얻기 위한 방이 필요하다.

걱정, 불안, 긴장 등을 조성하는 또 다른 부적절한 반응의 유형은 상상으로만 존재하는 대상에 대해 감정적으로 반응하는 것이다. 우리는 실제 환경에서 일어나는 대수롭지 않은 자극에 과민 반응할 뿐만 아니라 상상 속에서 허수아비를 만들어 내서 감정적으로 우리 자신의 정서적 이미지에 반응한다. 실제로 우리는 주변에서 일어나는 좋지 않은 사건에다가 자신만의 부정적인 이미지를 덧붙인다. 우리는 걱정에 사로잡혀 무엇이 존재하고 무슨 일이 일어날지에 대해 온갖 이미지를 만들어 낸다. 그러고 나서 마치 그런 부정적인 일이 실제로 일어날 것처럼 지레 부정적으로 반응한다. 우리의 신경계는 실제 경험과 상상 속에서 만들어진 것을 구별할 수 없다는 사실을 명심해야 한다.

11.7.3. 실현할 수 있다는 관점

우리의 창조 시스템은 목표를 달성할 가능성이 너무 분명해서 뇌와 신경계에 실제로 존재하는 것처럼 느껴져야 무의식 데이터의 내용을 성공으로 형성한다. 너무 진짜 같아서 그 목표가 이루어졌을 경우에 느껴질 감정과 동일한 감정을 이끌어 낼 수 있어야 한다.

지나치게 실패에 연연하거나 스스로에게 지속적으로 실패를 상기시켜서 우리의 신경계가 실제 상황으로 착각할 정도라면 우리는 이런 가상 실패에 따르는 감정뿐만 아니라 육체적 반응까지도 체험하게 된다. 이와 반대로 긍정적인 목표를 항상 마음에 새겨 두거나 실제로 성취된 사실처럼 느낄 정도라면 우리는 승리감을 누릴 수 있다. 즉, 만족스러운 결과가 이루어질 것이라는 자신감, 용기, 신념 등을 갖게 된다.

성공의 느낌이나 승리감 자체가 일을 성공적으로 수행하게 하지는 않는다. 그것은 우리가 성공할 수 있다는 신호나 징후에 불과하다. 이는 마치 자동 온도 조절기가 방 안을 따뜻하게 만들어 주는 것이 아니라 온도만 측정하는 역할을 담당하는 것과 동일한 이치이다. 그러나 승리감을 체험할 경우에 우리의 창조 시스템이 무의식 데이터의 내용을 성공으로 설정한다는 사실을 명심해야 한다.

승리감은 골프를 잘 치는 모든 사람의 비밀이라고 한다. 승리감이 있으면 공을 원하는 방향으로 날아가도록 할 수 있다. 운동선수들은 이러한 승리감을 무아지경에 들어갔다고 표현한다. 즉, 아주 여유만만하고 결과에 대해 자신할 수 있는 시간, 공간, 감정 상태에 빠졌음을 의미하는 것이다.

11.7.4. 승리감의 효과

과거의 성공적인 유형을 재생할 경우에 승리감 역시 재생된다. 그 승리감을 다시 포착할 수만 있다면 그것과 함께 승리를 가져온 모든 행동을 되살릴 수 있다. 기억에 근거한 상상 속의 행동은 느낌을 낳고 이 느낌은 행동을 낳는다.

미식축구 팀의 코치는 공격을 지휘하는 쿼터백에게 자신감을 심어 주기 위해서 성공률이 비교적 높은 쉬운 작전을 지시한다고 한다. 비록 대단한 플레이는 나오지 않을지라도 성공의 느낌이나 리듬감을 심어 주기 위해서이다. 즉, 승리감을 자극하려는 것이다. 최고의 세일즈맨은 하루 일과의 거래처 방문을 시작할 때에 맨 처음 들르는 한두 군데는 항상 아군 지역이 되도록 스케줄을 조정한다. 그는 환영해 줄 것이라는 확신이 드는 고객을 맨 처음 방문한다. 그런 다음에 환대는 기대할 수 없는 잠재적인 새 거래처로 발길을 옮기거나 상대하기 힘든 거래처를 방문한다. 그는 작은 승리가 큰 승리를 불러온다고 하는 신념을 가지고 있는 것이다.

목표로 하는 결과가 틀림없이 이루어질 것이라고 생각한 다음에 그 결과가 과연 어떠할지를 상상해 본다. 이를 자신에게 반복적으로 상영한다. 머릿속의 장면들이 계속 반복되면서 점점 더 구체화되면 이와 어울리는 감정들이 일어나기 시작하게 된다. 이번에는 장면과 어울리는 감정이 신념, 자신감, 용기 등의 모습으로 드러내거나 이 모든 것이 한데 뭉쳐서 다가올 것이다. 이것이 바로 승리감이다.

이미 기록된 내용이나 기억의 흔적은 활성화시키거나 재생하면 할수록 더욱 강력해진다. 기억의 영구성은 신경 세포들을 효율적으로 연결하는 시냅스 효과에 기인하며 시냅스 효과는 사용하면 할수록 향상되며 쓰지 않으면 감소한다. 이를 근거로 성공이나 행복과 관련된 기억의 흔적은 강화하고 실패나 불행과 관련된 것은 약화시킬 수 있다. 성공의 흔적을 반복적으로 기억하며 승리감을 고취시키면 우리가 원하는 목표를 충분히 달성할 수 있는 것이다.

12_성공을 위한 행동 혁신

12.1. 개요

삶의 네트워크에서 모든 개체는 에너지를 가지고 있어서 주변 개체들에게 힘을 발휘하고 있다. 뉴턴의 만유인력 법칙에서는 무게가 큰 개체가 무게가 작은 개체보다 상대적으로 에너지를 많이 가지며 그에 따라 주변 개체들에게 영향을 미치는 힘도 크다. 개체들 사이에 영향을 주는 힘의 세기는 거리에 반비례하므로 개체들 사이의 거리가 멀면 멀수록 서로 간의 영향력은 그만큼 감소하게 된다.

사람의 경우는 어떠한가? 사람도 신체의 무게가 있으므로 뉴턴의 만유인력 법칙에 따르지만 이러한 힘은 단지 사람 개체의 물리적 특성에 해당한다. 삶의 네트워크에서 사람이 외부 개체들에게 영향을 줄 수 있는 에너지는 자산이다. 각 개인의 자산 크기에 따라 외부 개체들에게 영향을 줄 수 있는 최대 힘의 세기, 즉 '영향력의 폭'이 결정된다. 영향력의 폭이라는 것은 영향력을 발휘할 수 있는 최대 크기를 의미한다. 수도관을 예로 들면 수도관의 직경이 영향력의 폭에 해당하고 실제로 흐르는 수돗물의 양이 영향력에 비견될 수 있다. 각 개인의 에너지인 자산이 많으면 많을수록 외부 개체들과의 인터페이스에서 영향력의 폭이 커지지만 실제로 매 순간 미치는 힘의 크기, 즉 영향력은 상황과 조건에 따라 달라진다.

사람의 자산에는 네 가지 종류, 즉 물질적 자산, 재정적 자산, 인적 자산, 내적 자산 등이 있다. 물질적 자산은 우리가 가지고 있는 시설, 설비, 도구, 주변 환경 등을 의미한다. 우리가 지식을 넓힐 수 있는 독서를 위해서는 '책'이라는 물질적 자산이 필요하며 회사 출근시간 단축을 통한 업무효율을 높이기 위해서는 회사로의 교통이 편리한 집이 필요한데 이것도 물질적 자산 중의 하나이다. 자식이 교육을 위해 세 번 이사했다는 맹모삼천지교는 맹자 어머니가 맹자에게 교육환경이란 물질적 자산을 확보해 줬다는 것을 뜻하는 것이다.

재정적 자산은 각 개인이 소유하고 있는 부의 양을 말한다. 재정적 자산은 우리 인간이 삶을 살아가는 데 있어서 없어서는 안 될 자산이며 행복 원천의 중요한 요소라고 말할 수 있다. 경제활동이라는 것은 우리들의 네 가지 종류의 보유 자산으로 재정적 자산 수입을 증가시키는 활동인 것이다. 재정적 자산은 외부 개체에게 가장 크게 영향력을 행사할 수 있는 자원일 수도 있다.

인적 자산은 우리 자신과 교류할 수 있는 사람들의 집합이다. 사람은 누구나 혼자 살아갈 수 없으며 누군가와 친화적인 관계를 유지하려는 욕구를 가지고 있다. 인적 자산은 자신과 연락할 수 있는 사람의 수만을 의미하지 않는다. 서로 간에 영향력을 주고받을 수 있는 사람이 인적 자산에 포함되며 영향력의 구체적 개체는 네 가지 종류의 자산(물적 자산, 재정적 자산, 인적 자산, 내적 자산)이다. 재정적으로 지원을 받을 수 있는 사람은 재정적 관계의 인적 자산이고 만나면 즐거운 사람은 내적 관계의 인적 자산이며 물적 자산을 교류할 수 있는 사람은 자신에게 있어서 물적 관계의 인적 자산이다. 다른 사람을 연결시켜 줄 수 있는 사람은 자신에게 인적 관계의 인적 자산인데 그 사람은 자신의 휴먼 네트워크의 일원에 해당하는 것이다.

성공을 위한 행동 혁신이라는 것은 우리가 가지고 있는 네 종류의 자산을 우리 목표달성에 맞도록 성장시키는 활동이다. 그런데 자산을 확충하는 일이 결코 쉬운 일은 아닐 것이다. 오로지 행동 혁신을 통해서만이 성공으로 가는 조건에 부합할 수 있는 자산을 형성할 수 있는 것이다.

12.2. 영향력 증강을 위한 자산 투자

삶의 네트워크에서 모든 개체는 물리계층, 심리계층, 영적 계층마다 서로 영향을 주고받는다. 실체적 개체들 사이의 물리계층은 비실체적 개체들 사이에는 논리계층으로 존재한다. 동물 이외의 개체들에게는 심리계층이나 영적 계층이 존재하지 않는다. 특히 사람에게는 물리계층에서보다는 심리계층과 영적 계층에서의 영향력이 훨씬 중요시되고 있다. 이러한 영향력의 폭은 자산의 크기에 비례한다.

영향력의 폭이라 함은 영향력을 발휘할 수 있는 통로의 크기를 의미한다. 각 개인이 외부의 특정 사람에게 발휘하는 영향력은 이러한 영향력의 폭을 넘을 수 없게 되어 있다. 영향력의 폭은 상대방의 허락으로 결정된다. 상대방이 영향력의 폭을 결정할 때에 판단 요소로는 과거의 에피소드, 신뢰성, 현재의 상황, 혜택, 믿음 등이 적용될 것이다. 상대방의 허락 없이 영향력의 폭을 넘기면서 영향력을 발휘하려는 것은 상대방으로부터 반발만을 받게 된다.

영향력의 폭은 고정되어 있지 않고 시시각각 변하기 마련이다. 따라서 우리들은 외부 개체에게 영향력을 발휘하기 위해서는 우선적으로 그 개체와의 영향력의 폭의 크기가 어느 정도인지부터 진단해야 할 필요가 있다. 외부의 개체에 대해 영향력의 폭을 늘리기 위해서는 투자를 통해 우리 자산의 크기부터 증가시켜 놓아야 한다. 우리 자산의 크기와 비교하여 더 큰 영향력을 외부 개체에 행사하려는 것은 그 개체와의 관계가 악화될 뿐만 아니라 우리 자신에게도 손해만 끼치는 결과를 낳을 수 있다. 예를 들어서 부부 사이에 상대방으로 향하는 영향력의 폭이 어느 정도 크기인지 잘 모른 상태에서 상대방에게 영향력을 발휘하려는 것은 화를 불러일으키게 된다.

외부 개체에 대한 영향력은 결과적으로 우리 자신의 가치로 평가된다. 우리들이 올바른 방향으로 외부 개체에 영향력을 줄 수 있다는 것은 곧 우리 자신의 가치가 그만큼 높게 형성되어 있다는 뜻이다. 그러나 영향력에 대한 지나친 집착은 우리의 건강을 해칠 수 있고 외부 개체들과의 상호 관계를 파괴시킬 우려가 있다. 자신의 가치를 개선하기 위해서는 계속해서 자신의 자산 증식에 투자를 해야 하며 만일 투자를 하지 않는다면 자신이 할 수 있는 활동 범위를 크게 줄이는 셈이 되는 것이다. 우리의 자산, 즉 물적 자산, 재정적 자산, 인적 자산, 내적 자산들 중에서 내적 자산 투자에 관하여 다루어 보기로 한다.

12.3. 내적 자산 투자

12.3.1. 내적 자산 투자의 필요성

우리는 태어나면서부터 다른 사람들과 모든 면에서 서로 다르다. 신체적 조건은 물론이고 내적 성격도 모두가 다르다. 자신이 내적으로 안고 태어난 자산은 물론이고 우리들은 물적 자산, 재정적 자산, 인적 자산 등의 측면에서도 공평하지 않은 상태로 태어났다. 자신의 출신지나 부모에 따라 어느 정도는 물적 자산, 재정적 자산, 인적 자산 등이 결정되어 있는 셈이다.

그러나 태어날 때부터 모든 것이 이미 결정되어 있다고 하여 우리 자신에게 투자를 하지 않는다면 우리의 미래가 어떻게 밝게 전개될 수 있겠는가? 네 종류의 자산 중에서 내적 자산은 우리들의 적극적인 활동으로 얼마든지 발전시켜 놓을 수 있다. 이러한 내적 자산의 투자는 다른 자산들에게도 직접 혹은 간접적으로 투자효과가 발생함에 따라 외부 개체들에 대한 우리들의 영향력의 폭은 그만큼 확대되어 나갈 수 있는 것이다.

(1) 신체적 자산 투자

신체적 자산은 우리 자신을 보호하고 여러 가지 활동들을 펼치는 데 있어서 기본적이고 필수적인 요소이다. 신체적 자산 투자는 우리 몸을 효과적으로 돌보는 활동으로서 영양가 있는 음식 섭취, 충분한 휴식과 긴장 이완, 규칙적인 운동 등을 포함한다. 우리들은 먹을 음식을 선택할 때에 맛만을 고려하는 경우가 있다. 그러나 맛있는 음식이라고 하여 모든 음식이 우리 몸에 좋은 것은 아니다. 기호 식품이지만 우리 몸에 나쁜 영향을 주는 음식도 우리는 섭취한다. 술과 담배가 우리 몸에 나쁘다는 사실을 인지하고 있음에도 우리는 습관적으로 혹은 사회적으로 그만두지 못하고 있다. 몸에 좋다는 영양식품을 섭취하기보다는 몸에 나쁜 술과 담배를 끊는 일이 무엇보다도 중요할 것이다.

우리들은 대부분 시간을 내지 못하여 운동하지 못한다고 말한다. 그러나 운동은 우리들 실생활 속에서도 얼마든지 해낼 수 있다. 엘리베이터 대신에 계단으로 오르는 것도 운동이 되며 지하철이나 버스에서 발 하나로 몸을 지탱하는 것도 운동 효과가 있는 것이다. 무엇보다도 자동차를 이용하지 않고 걷는 일도 유산소 운동에 많은 도움이 된다. 주말에는 집 안에서 TV를 시청하는 대신에 옥외로 나가서 30분 정도의 걷기나 조깅을 하면 우리들의 건강을 충분히 지켜줄 수 있는 효과적인 운동이 될 수 있다.

운동은 우리들의 신체적 자산을 유지관리해 줄 뿐만 아니라 정신적 자산에도 커다란 도움이 된다. 신체적 운동을 통해 자율신경이 활발해짐에 따라 우리 뇌 속에 묻혀 있는 스트레스를 없앨 수 있다. 신체적 운동은 우리들에게 자신감을 높여 준다. 이러한 신체적 운동을 규칙적으로 수행할 때에 이 운동에 관한 정보 데이터가 우리의 창조시스템에서 자동시스템으로 옮겨 저장됨으로써 어렵고 힘든 상황 속에서도 운동은 반드시 해야 하는 것으로 생각하게 된다.

(2) 지적 자산 투자

지적 자산은 우리의 인지력에 관한 요소이다. 인지력은 외부 개체들에 관한 정보를 받아들여서 올바르게 해석하고 지혜롭게 처리하는 능력을 의미한다. 이러한 능력은 학습과 경험으로부터 축적되는 것이다. 학습의 정도를 객관적으로 평가하는 기준이 바로 학력이고 경험의 수준을 판단하는 데에는 우리 자신의 경력 사항이 적용된다.

우리가 외부 개체들에게 영향력을 보다 크게 발휘할 수 있기 위해서는 각 개체에 맞는 학력이 필요한 것이다. 개인 일이나 기업 일을 수행하기 위해서는 거기에 필요한 전문 지식이 요구될 것이므로 우리 자신이 어떤 특별한 직업을 갖고자 원한다면 미리부터 우리의 지적 자산 증식에 투자해야 한다. 또한 자신의 경력 관리도 중요하다. 자신이 남들로부터 전문가로 인식받을 수 있기 위해서는 동일한 분야에서 지속적인 경험을 축적해야 할 필요가 있다.

지적 자산은 학력과 경력만으로 투자되는 것이 아니고 독서를 통해서도 얼마든지 우리의 지식을 증가시킬 수 있으며 이에 따라 삶의 지혜도 향상시킬 수 있다. 우리는 학교 교육을 마친 후에는 더 이상 진지한 독서를 하지 않으며 종사하고 있는 분야 밖의 새로운 것들을 탐구하지 않는다. 대신에 여유 있는 시간이 생기면 TV 시청을 즐길 뿐이다. TV 시청할 바에는 우리의 정신적 자산에 도움이 되는 프로그램을 선택하여 즐거운 시간을 갖는 것이 바람직하다. 예를 들어서 단순한 오락 프로그램이 아닌 교양 프로그램들은 우리들의 지적 자산 향상에 커다란 도움이 될 수 있다.

그러나 우리의 지적 자산을 축적하는 데에는 무엇보다도 독서가 으뜸이다. 자기 스스로를 교육시키기 위해서는 때때로 외부 강좌를 택하거나 체계적인 훈련 프로그램에 참가하기도 하지만 여러 가지 정보를 얻고 마음을 넓히기 위해서는 규칙적으로 좋은 책을 읽는 습관이 중요하다. 성공을 위한 행동 혁신 중에서 독서야말로 오늘날뿐만 아니라 과거 위대한 인물들과의 대화를 통해 우리의 내적 자산을 탄탄히 쌓을 수 있는 가장 좋은 활동이라고 말할 수 있다.

(3) 감정적 자산 투자

감정적 자산이라 함은 우리 자신의 내면적 안정감을 의미한다. 삶의 네트워크에서 우리는 외부의 다른 개체들과 물리적·심리적·영적 관계를 유지하며 살고 있다. 우리의 감정적 삶은 주로 사회에서의 대인관계를 통해 드러난다. 우리가 지적으로 아주 높은 수준에 도달해 있다고 해도 감정적으로 불안정하다면 다른 사람과 원만한 인간관계를 구축하기 어려워진다.

감정적 자산은 사회 활동과 밀접한 관계가 있다. 자신의 내면적 안정을 유지하기 위해서는 상대방으로부터 감정적 공격을 받지 말아야 한다. 그런데 상대방의 감정적 공격은 우리들이 상대방에게 보여 준 감정 표현에 대한 결과물이다. 즉, 상대방의 감정 표현은 우리들의 감정 표현의 거울인 셈이다.

자신의 감정적 자산을 증가시키기 위해서는 연습이 필요하다. 감정적 자산을 투자하는 데에는 다른 자산 투자보다 어렵지 않지만 그렇다고 하여 결코 쉬운 활동은 아니다. 원활한 대인 관계를 위해 자신의 나쁜 습관을 고쳤다고 해도 우리 자신의 내면에 자리 잡은 패러다임과 일치하지 않을 경우 한순간에 자신의 감정이 불안한 상태로 빠져 버린다.

내면적 안정은 자신의 가슴속 깊이 자리 잡고 있는 정확한 패러다임과 올바른 원칙에서 나온다. 우리의 행동이 우리의 패러다임과 원칙에 일치할 때에 우리의 가치관을 반영해 주며 또한 내면적 안정감을 가져오게 되는 것이다. 자신이 가진 준거를 포기하지 않고 이것을 출발점으로 한 발 나아가서 다른 사람을 진정으로 깊이 이해할 수 있을 때에 내면적 안정이 이루어진다. 우리가 다른 사람과 상호 작용을 할 때에 진지하게 생산적으로 그리고 협조적인 상호 의존적 습관을 경험할 때에야 비로소 내면적 안정이 나타난다.

(4) 영적 자산 투자

영적 자산은 영혼의 맑음 정도이다. 자신의 영혼이 흐려진 상태에서는 내적 만족도가 떨어질 뿐만 아니라 내적 불안감이 조성되어 우리가 바라는 활동을 제대로 수행해 내지 못하게 된다. 영적 자산은 우리의 내적 자산 중에서 가장 높은 위치에 자리하고 있다. 영적 자산이 부족하게 되면 감정적 자산은 물론 지적 자산과 신체적 자산까지 악영향을 받을 우려가 있다. 따라서 우리의 영적 자산 투자에 심혈을 기울여야 함은 두말할 나위가 없는 것이다.

영적 자산 투자는 사람마다 제각기 다른 방법으로 수행하고 있다. 어떤 사람은 자연과 대화하는 방식을 통해 영적 자산 투자를 실행한다. 자연에 빠지고 몰두하는 사람들은 자연으로부터 축복을 받는다. 도시의 소음과 복잡함을 떠나서 자연의 조화와 리듬에 빠지게 되면 우리는 원기를 회복한다. 어떤 사람은 불경을 읽거나 사찰을 찾아서 기도를 하면서 영적 자산을 끌어올리고 어떤 사람은 성서를 읽고 묵상하면서 영적 쇄신을 수행한다. 위대한 문학이나 음악에 심취하는 것도 역시 영적 자산 투자의 방법에 해당한다. 명상도 영적 자산 투자의 한 방법으로 활용되어 오고 있다.

12.3.2. 내적 자산 투자의 균형

내적 자산 투자에 있어서 우리는 네 가지의 자산, 즉 신체적·지적·감정적·영적 자산 등을 반드시 균형 있게 성장시켜야 한다. 각 자산의 투자가 개별적으로도 중요하지만 우리는 네 가지 자산 모두를 현명하고 균형적인 방법으로 다루어야 비로소 가장 적합하고 효과적인 결과를 도출해 낼 수 있다. 우리가 어느 한 분야라도 무시한다면 이것은 나머지 분야에도 부정적인 영향을 미치게 된다.

예를 들어서 신체적 자산 없이는 그 어떤 투자 활동도 진행할 수 없게 된다. 그러나 부족한 신체적 자산 투자에만 집중하다 보면 나머지 세 가지 자산은 오히려 감소할 우려가 생기기 마련이다. 따라서 신체적 자산을 보충하는 과정에서도 나머지 자산들에 대한 관심은 늘 간직하고 있어야 한다.

균형적 투자는 최적의 시너지 효과를 낼 수 있다. 우리가 어느 한 자산에서 강력한 투자가 이루어지면 서로 간에 밀접한 관계를 가지고 있는 다른 자산들에게도 긍정적인 영향을 미치게 된다. 신체적 건강은 지적 자산과 감정적 자산에 영향을 주고 영적 자산은 감정적 능력에 영향을 준다. 우리가 한 가지 자산을 향상시키면 다른 자산에서도 우리의 능력이 향상된다.

12.4. 주도적인 삶

12.4.1. 비주도성

삶의 네트워크에서 모든 개체는 주변 개체들에게 서로 영향을 주고받는다. 동물들은 자신의 어미로부터 물려받은 육체적 특성을 활용하여 자신의 환경 속에서 생존하기 위한 갖가지 활동을 추구한다.

오로지 본성만이 그들을 지배한다. 동물들에 있어서 제일 중요한 활동은 삶을 보존하고 후대에게 자신의 유전자를 물려주는 일이다.

그러나 인간은 동물들과 다르게 본성뿐만 아니라 이성을 가지고 있다. 이성의 특성 중에서 우리 자신의 경험뿐만 아니라 다른 사람의 경험을 평가하고 학습할 수 있는 능력이 있는데 이는 우리가 자아의식을 가지고 있기 때문이다. 자아의식은 우리가 자신으로부터 한 걸음 물러나서 자신을 바라보는 방식을 검토하게 해 준다. 자신을 바라보는 방식은 우리가 자신에 대해 가지고 있는 패러다임인데 이러한 패러다임은 우리의 태도나 행동뿐만 아니라 다른 사람을 바라보는 방식에까지도 영향을 미친다. 그러나 우리 자신의 패러다임을 스스로 검토하지 않고 다른 사람들이 우리 자신을 바라보는 방식에 따라감으로써 우리의 잠재의식이 위축되고 다른 사람들과의 좋은 관계를 맺을 수 있는 능력을 엄청나게 제한한다.

현재의 사회적 패러다임은 주위의 환경과 조건에 의해 물들어 있고 조절되고 있다. 우리 자신의 모습이 어떻게 결정되는가에 관한 이론은 아래와 같이 세 가지가 거론되어 오고 있다.

① 유전적 결정론: 기본적으로 조상이 우리를 결정했다고 말한다. 조상이 급한 기질을 가졌으면 우리의 유전인자(DNA) 속에 그 기질이 들어 있어 우리도 그 기질을 물려받는다는 것이다.

② 심리적 결정론: 기본적으로 부모가 우리를 결정했다고 말한다. 양육된 방식과 어린 시절의 경험이 개인적 성향과 인격구조를 결정한다는 것이다. 만약 집단 앞에 나서기를 두려워한다면 그 이유는 부모가 우리를 키운 방식 때문이라고 보는 것이다.

③ 환경적 결정론: 현재 나의 모습이 기본적으로 내가 모시는 상사, 배우자, 동료 또는 말 안 듣는 십대 자녀 때문이라고 말한

다. 그리고 경제적 여건이나 국가정책 때문에 우리가 그렇게 되었다고 주장한다.

상기의 결정론적 패러다임은 주로 쥐, 원숭이, 개 등의 동물에 대한 연구와 정신병 환자를 대상으로 연구한 결과에서 나왔다. 그러나 인류의 역사와 우리의 자아의식 이론에 맞추어 보면 전혀 설득력이 없다. 인간이 동물과 달리 자극과 반응 사이에서 선택할 수 있는 자유 권한이 있다는 것을 유태인 빅터 프랭클(Victor Frankl)의 사례로서 알 수 있다.

빅터 프랭클(Victor Frankl)은 유태인으로서 정신과 의사였는데 나치독일의 유태인 수용소에 갇혀 있을 때 상상조차 할 수 없도록 비참한 일들을 경험하였다. 나치는 그의 주변 환경 전체를 통제하고 원하는 대로 그의 육체를 다루었지만 그는 자신의 상태를 관찰자의 입장에서 바라볼 수 있는 자아의식을 가진 존재였다. 그는 기본적으로 자기 정체성을 손상받지 않을 수 있었다. 그는 자신에게 일어나는 자극과 그것에 대한 반응 사이에서 반응을 선택할 수 있는 자유, 즉 권한을 가졌다.

그는 기억력과 상상력을 이용하여 정신적·감정적·도덕적인 각종 자기훈련을 통해 처음에는 겨우 싹튼 정도에 불과했던 작은 자유를 점점 크게 만들어 마침내 그를 수감하고 있던 나치 감시자들보다 더 많은 자유를 얻게 되었다. 나치에게는 프랭클보다 더 많은 육체적 자유와 환경의 선택권이 있었지만 프랭클은 이들보다 더 많은 참된 자유와 선택을 마음대로 행사할 수 있는 보다 큰 내적인 힘까지 가질 수 있었다.

우리는 자아의식과 더불어 상상력을 가지고 있다. 상상력은 처해 있는 현실을 뛰어넘어 마음속에 무엇인가를 창조해 낼 수 있는 힘으로 작용한다. 우리는 또한 양심을 가지고 있다. 양심은 옳고 그른 것에 대한 깊은 내면적 자각으로서 행동을 지배하는 원칙이다. 나아가 이것은 생각과 행동이 원칙과 조화를 이루고 있는 정도를 말한다. 그리고 우리는 독립의지를 가지고 있다. 독립의지는 다른 모든 영향력을 무시하고 오직 자아의식에 따라 행동하는 능력이다. 파블로프가 실시한 개의 실험에서와 같이 동물들은 자신들에게 들어오는 자극에 대해 반사적으로 반응할 뿐이지만 사람에게는 자아의식, 상상력, 양심, 독립의지 등이 있어서 외부로부터 들어오는 자극에 대해 선택의 자유를 가지고 있다.

동물들은 본능과 훈련에 의해 프로그램 되어 있지만 자신의 프로그램을 수정할 수 없다. 그러나 인간은 본능과 훈련 등으로부터 완전히 별개인 새로운 프로그램을 짤 수 있는데 이것이 바로 인간의 능력이 동물과 달리 무한하다고 말하는 이유이다.

12.4.2. 주도성

프랭클은 자아의식이라는 인간의 천부 능력을 사용하여 인간의 본질에 대한 기본원리를 발견하면서 정확한 자신의 패러다임을 구축하였다. 이때부터 그는 어떠한 환경 속에서도 성공적인 사람이 가지는 가장 중요하고 기본적인 습관, 즉 주도적인 삶의 습관을 개발하기 시작했다. 주도성(proactivity)은 단순히 솔선하여 삶을 살아가는 것 이상을 의미한다. 주도성은 스스로의 삶에 대해 책임을 져야 한다는 뜻이다.

우리의 행동은 자신의 의사 결정에 의한 것이지 결코 주변 여건에 좌우되는 것이 아니다. 책임감(responsibility)은 주변으로부터 들어

오는 반응에 대해 선택할 수 있는 반응 능력(response-ability)을 말한다. 주도적인 사람들은 이와 같은 책임을 인정한다. 이들은 자신들의 행동에 대해 분위기와 주변 여건 등으로부터 무슨 영향을 받았다는 식의 핑계를 대지 않는다. 주도적인 사람들은 가치관에 기초하여 스스로 의식적으로 자신의 행동을 선택하며 이때에 기분에 좌우되고 주변 여건에 영향을 받지 않는다.

비주도적인 사람들은 반사적으로 행동하며 종종 물리적인 환경에 영향을 받는다. 그들은 날씨가 좋으면 기분이 좋다고 느끼고 날씨가 좋지 않으면 그들의 태도나 수행능력에 영향을 미친다. 주도적인 사람들에게는 비가 오든 햇빛이 나든 날씨 자체는 별로 중요하지 않다. 이들은 가치관에 따라 행동하며 자기의 가치관이 양질의 일을 수행하는 것이라면 날씨에 상관없이 자신의 일을 주도적으로 수행한다.

비주도적인 사람은 주위 사람들이 자기에게 잘 대해 줄 때에 기분이 좋아진다. 그러나 만일 주위 사람들이 자신에게 잘 대해 주지 않으면 방어적이고 자기 보호적이 된다. 주도적인 사람도 역시 외부 자극, 즉 물리적·사회적·심리적 자극에 영향을 받지만 이들의 반응은 의식적이든 무의식적이든 가치관에 입각하여 선택하고 반응한다.

우리가 고통스럽게 느끼는 것은 일어난 사건 그 자체 때문이 아니라 그것에 대한 반응 방식 때문인 것이다. 우리가 육체적으로나 경제적으로 해를 입음으로써 슬퍼질 수도 있지만 우리가 겪은 힘든 경험들은 자신의 성품을 형성하고 내면적인 힘을 개발해 주는 시련이다. 이는 또한 장차 닥칠 어렵고 힘든 여건을 다스리는 능력뿐만 아니라 다른 사람들에 대한 인내력도 키워준다.

우리의 주변에는 매우 어려운 여건 속에서도 굳건히 살아가는 사람들이 많다. 또한 불치의 병을 앓거나 심한 신체적 장애에도 불구하고 놀라울 정도로 강인한 마음을 가지며 살아가는 사람도 있다. 고통을 이겨 내고 어려운 여건들을 극복하여 삶을 의미 있게 하며 또한 자신을 향상시키는 가치관을 지닌 사람들이야말로 우리들에게 깊은 감명을 준다.

12.4.3. 적극적 행동

우리가 가진 기본적인 습성은 남의 행동에 의해 끌려가는 것이 아니라 스스로 주체가 되어 행동하는 것이다. 적극적 행동이라는 것은 무모하게 밀어붙이고 다른 사람을 공격적으로 불쾌하게 하는 것이 아니라 우리가 어떤 일을 완수할 책임을 인식하는 것이다.

우리는 더 나은 직업을 가지려면 적극적이 되어야 한다. 이는 흥미검사 및 적성검사를 해 보고 관심 있는 산업 분야를 연구하며 경우에 따라서는 조직이 직면하는 문제까지도 조사하는 것이다. 또한 면접에서 자신이 그 조직에 들어가면 조직의 문제를 해결할 방안이 있음을 설명할 수 있는 적극성을 가져야 한다. 그러나 많은 사람들은 이러한 사실을 알고는 있지만 필수적인 단계인 행동하는 것, 즉 적극적인 실행을 하지 못한다. 많은 사람들은 저절로 좋은 일이 주어지거나 누군가가 자신을 돌보아 주기를 기다리지만 좋은 직장을 가지는 사람은 문제를 해결하는 주도적인 사람이지 그들 스스로가 문젯거리인 비주도적인 사람이 아닌 것이다.

사람들에게 책임감을 인식시켜 주는 것은 그들의 인격을 무시하는 것이 아니라 존중해 주는 것이다. 주도성은 인간 본성의 일부로서 경우에 따라서 밖으로 드러나 있지 않지만 내면에 잠재되어 있는 것은 분명한 사실이다. 우리는 다른 사람들이 가지고 있는 주도성의 본성을 지지해 주고 기회를 포착할 수 있는 분위기를 만들어 줌으로써 점차 자신 있게 문제를 해결할 수 있도록 도와줄 수 있다.

12.4.4. 주도적인 말

우리가 가진 패러다임은 우리의 태도와 행동에 영향을 미친다. 가령 우리가 쓰는 말을 살펴보면 자신이 얼마나 주도적인 사람인가를 알 수 있는 측정 기준이 된다. 스티븐 코비는 그의 저서 『성공하는 사람들의 7가지 습관』에서 비주도적인 말과 주도적인 말을 아래와 같이 구분하였다.

비주도적인 말	주도적인 말
내가 할 수 있는 방법이 없다. 그가 나를 미치도록 화나게 한다. 그 사람들이 허락해 주지 않을 거야. 나는 어쩔 수 없이 그것을 해야만 해. 나는 할 수 없어. 만일 할 수만 있다면	자, 대안을 찾아보자. 나는 나의 감정을 조절한다. 나는 효과적으로 설득할 수 있다. 내가 적절한 반응을 선택한다. 내가 선택한다. 내가 할 것이다.

비주도적인 말, 즉 반사적인 말을 하는 사람들은 자신의 운명이 이미 결정되었다는 패러다임을 굳게 믿고 이러한 믿음을 입증하기 위해서 그에 맞는 증거를 만들게 된다. 그 결과 자신의 인생이나 운명에 대한 책임을 잃게 될 뿐만 아니라 점차 피해 의식을 갖게 되고 스스로에 대한 통제력을 상실하게 된다. 이와 같이 비주도적인 사람

들은 자신에 처한 상황 및 여건을 다른 사람, 주위 환경, 심지어 하늘의 별과 같은 외부의 영향력 탓으로 돌린다.

위대한 문학작품에서는 사랑을 행동하는 동사로 본다. 그런데 비주도적인 사람들은 사랑을 느끼는 감정으로 보고 감정의 노예가 된다. 만일 감정이 우리의 행동을 통제한다면 그것은 자신의 책임을 포기하고 감정으로 하여금 그렇게 하도록 내버려 뒀기 때문이다. 주도적인 사람은 사랑을 동사로 만든다. 사랑은 자신을 희생하고 자신을 주는 것이다. 만일 우리가 사랑을 공부하고 싶다면 다른 사람을 위해 희생하는 사람들에 대한 연구를 수행해야 한다. 그들은 사랑을 받고서도 모욕을 주거나 사랑을 되돌려 주지 않는 사람들까지도 사랑한다.

12.4.5. 관심 영역과 통제 영역

삶의 네트워크에서 우리는 수많은 개체들과 직접 혹은 간접으로 연결 구성되어 있다. 이러한 개체들은 크게 두 종류, 즉 우리 자신이 관심을 가지는 개체들의 집합인 관심 영역과 이들 집합을 제외한 무관심 영역으로 구분된다. 예를 들어서 관심 영역에는 자신의 건강, 직장, 자녀, 사랑, 용서 등 여러 가지가 있을 수 있다.

관심 영역 안에 들어 있는 개체들은 다시 두 종류, 즉 통제 영역과 비통제 영역으로 구분할 수 있다. 주도적인 사람은 통제 영역 내의 개체들에 대해 자신의 노력을 집중한다. 이들은 자신의 영향력이 미치는 일을 중점적으로 수행한다. 이들은 통제 영역에 자신의 에너지를 집중하면서 이 영역의 범위를 긍정적이고 적극적으로 증가시킨다.

이와 반대로 비주도적인 사람은 자신의 노력을 관심 영역 내의 비통제 개체들에 집중한다. 이들은 자신의 영향력이 미치지 못하는 다른 사람의 약점, 환경 상의 문제, 주변 여건 등에 집중한다. 비주도적인 사람은 이와 같은 개체들에 관심을 집중함으로써 비난하는 태도, 반사적인 말, 피해의식의 증대 등과 같은 결과를 초래하게 된다. 이와 같은 대상에 집중하면 부정적, 즉 소극적 에너지가 나타나게 되고 또한 정작 자신의 통제 영역 내에 있는 개체들에 대해 무관심해지기 때문에 결국에는 통제 영역의 범위가 축소되기 마련이다.

자신의 통제 영역을 관심 영역의 밖으로까지 확대하는 사람들이 있다. 이들은 자신을 감정적인 근시안으로 만들 뿐만 아니라 천박하고 경솔한 통제력을 행사하려 한다. 이들은 자신이 관심 있는 개체들에 대해 무절제하고 이기적으로 행동한다. 주도적인 사람들은 우선순위를 가지고 통제력을 행사하며 효과직으로 행사하기 때문에 통제 영역이 관심 영역을 넘어서지 않도록 한다.

통제 영역 내의 개체들은 직접적인 통제와 간접적인 통제 형태로 나누어진다. 직접적으로 통제할 수 있는 개체에 관한 문제는 우리의 자산들(물적 자산, 재정적 자산, 내적 자산)을 활용하여 해결할 수 있다. 간접적으로 통제할 수 있는 개체에 관한 문제는 우리의 인적 자산을 활용하여 영향력을 행사함으로써 해결 가능하게 된다.

비통제 영역의 개체에 관한 문제는 우리가 해결할 방도가 없으므로 웃으면서 진지하고 편안하게 받아들이고 싫더라도 기꺼이 인정해 가면서 사는 방법을 배울 필요가 있다. 이렇게 하면 비통제 영역의 문제들로 인해 우리가 영향을 받지 않게 된다.

직접적 통제, 간접적 통제, 비통제 문제들에 대한 해결의 첫 단계는 모두 우리 자신의 손에 달려 있다. 이것은 우리가 자신의 자산을 활용하고 간접적으로 영향력을 행사할 수 있는 방법을 강구하며 비통제 문제를 보는 관점을 바꿈으로써 해결할 수 있게 됨에 따라 이들 모두는 우리의 통제 영역 안에 둘 수가 있다.

12.4.6. 통제 영역의 확대

스티븐 코비는 우리가 어떤 상황에 대한 반응을 선택이라도 하면 그것만으로도 그 상황에 강력한 통제력을 미칠 수 있다고 말한다. 창의적이고 재능이 있으며 총명한 사람인데 관리방식이 독재적인 최고경영자 밑에서 일하는 임원들이 최고경영자에 대해 이런저런 불만을 토로하고 있을 때 그중 한 사람은 감정이 아닌 가치관에 따라 움직이는 사람으로 주도적으로 행동하였다. 그는 예측을 하고 입장을 바꿔 생각하고 또 상황을 파악했다. 사장의 결점을 모르는 것은 아니었지만 그것을 헐뜯는 대신 보완해 주었다. 그러면서 사장의 강점인 비전, 재능, 창의력 등을 회사 발전에 활용하였다. 이 임원은 자신의 통제 영역에 노력을 집중하였다. 다른 사람과 마찬가지로 그도 사장으로부터 하찮게 취급당하기는 마찬가지였다.

그러나 그는 사장이 잔심부름꾼으로부터 기대하는 것보다 훨씬 더 많은 일을 했다. 우선 사장이 필요한 것을 사전에 파악했을 뿐만 아니라 사장이 우려하는 사항에 대해 공감하며 사장 입장에서 생각해 보았다. 그래서 사장에게 보고할 때도 자신이 분석한 것과 자신의 분석에 기초한 대안을 함께 제시했다.

그 후 사장은 다른 임원들에게는 명령하는 방식으로 일관했지만 이 사람에게만은 예외였다. 이 임원에게는 '당신의 의견은 어떠합니까?'라고 물었던 것이다. 즉, 그의 통제 영역이 점차 커지기 시작한 것이다. 이 임원은 다른 사람들에 대해서도 역시 주도적이었으므로 다른 임원들에 대한 통제 영역도 점차 커지기 시작했다. 이러한 현상은 점차 더 확대되어 마침내 조직 안에서 그의 개입과 승인 없이는 사장을 포함하여 어느 누구도 중요한 결정을 내릴 수 없을 정도까지 되었다고 한다.

관심 영역은 '집을 살 때 빌린 돈을 모두 갚을 수 있으면 좋겠다'와 같이 기대적인 표현으로 가득 차 있다. 이에 반해 통제 영역은 결의를 표현한다. 예를 들어 '나는 참을성을 기를 수 있다'와 같이 초점을 내적 성품과 결의에 맞춘다. 주도적인 접근 방법은 '내면에서 외부로' 향하여 변화하는 방법이다.

다시 말하면 외부에 있는 것들을 긍정적으로 변화시키기 위해 우리 자신이 뭔가 달라져야 한다는 것이다. 구약성서의 요셉은 주도적인 사람이었다. 그는 17세의 나이로 형제들에 의해 이집트에 노예로 팔려갔지만 기대보다 결의에 집중했다. 그 결과 얼마 안 가서 보디발의 가사를 돌보는 관리자가 되었고 큰 신망을 얻어 보디발의 모든 재산을 관리하게 되었다.

우리에게 행동을 선택할 자유는 있지만 그 행동이 가져오는 결과를 선택할 자유는 없다. 결과는 자연법칙에 의해 지배되므로 관심 영역 내에 속한다. 그 예로 달리는 기차에 뛰어들기로 결정할 수는 있지만 기차가 우리를 덮쳤을 때 우리에게 무슨 일이 일어날지를 결정할 수는 없다.

우리의 행동은 원칙에 의해 지배된다. 원칙을 따르는 행동은 긍정적인 결과를 낳고 원칙에 위배되는 행동은 부정적인 결과를 가져온다. 우리는 어떠한 상황에서도 우리의 행동을 선택할 자유가 있다. 그러나 거기에 뒤따르는 결과도 선택하게 된다. 항상 자신의 선택에 대해 뒤늦게 후회하는 사람은 과거의 실수도 관심 영역 내에 속한다는 사실을 깨달아야 한다. 우리는 실수를 취소할 수도 없고 원상태로 되돌릴 수도 없으며 그것으로 인해 나타난 결과를 통제할 수도 없다. 실수에 대한 주도적인 해결방법은 실수를 즉시 인정하고 수정해서 그로부터 교훈을 얻는 것이다. 이렇게 하는 것은 실패를 성공으로 바꾼다.

통제 영역에서 가장 중요한 것은 약속을 하고 그 약속을 지킬 수 있는 능력이다. 자신 및 다른 사람에게 약속을 하고 이를 성실하게 지키는 것이야말로 주도성의 본질이자 명확한 표현이다. 우리가 자신의 생활을 직접적으로 통제하는 데는 두 가지 방법이 있다. 첫째로 약속을 하고 그것을 지키는 것과 둘째로 목표를 설정하고 이를 달성하는 것이다. 아주 작은 약속일지라도 항상 그것을 실천한다면 자기 통제의 장점을 깨닫게 하는 내적인 성실성을 갖추게 된다. 또한 인생에 대해 책임질 수 있는 능력과 용기를 갖게 된다. 우리가 자신과 다른 사람에게 약속을 하고 이를 지키면 자신의 신용과 명예는 감정이나 기분보다 점차 더 중요해진다.

12.5. 독서

12.5.1. 책의 개념

마쓰오카 세이고는 그의 저서 『독서의 신』에서 책은 오랜 시간에 걸쳐서 세상의 모든 것을 삼켜 온 미디어라고 서술하였다. 과거 신화에서부터 현대 전쟁까지, 카이사르부터 노무현까지, 라면부터 건축까지, 금융 위기부터 축구까지 삶의 네트워크에서 모든 개체가 책 안에 들어 있다. 무한한 책의 세계는 모든 진정한 독자들에게 각각 다른 모습으로 보이며 개개의 독자는 그 속에서 자기 자신을 추구하며 경험한다. 책은 마치 울창한 숲을 가로질러 수천의 길이 수천의 목적지로 우리를 인도하지만 그 어떤 목적지도 최종은 아니며 그 너머마다 광활한 세계가 또다시 새롭게 펼쳐진다.

어떤 민족에게나 개체에 이름을 지어 붙이는 것이나 글을 쓰는 것은 마력을 지닌 행위, 즉 정신을 통해 자연을 정복하는 신비한 행위여서 글자는 어디서나 신이 내린 선물로 칭송받아 왔다. 대부분의 민족에게 읽기와 쓰기는 사제 계층만 점유했던 신성한 비술이었다. 그 당시 정신이란 지금에 비해 더 보기 드문 것이었던 만큼 더 고귀하고 신성했다. 계층 구분이 엄격하고 귀족주의적 질서체계를 가진 문화에서 온통 문맹인 민중들 가운데 글자라는 비밀에 통달했다는 것은 상상할 수 없을 정도로 대단한 의미를 가졌다.

그런데 지금은 겉으로 보기에 완전히 달라진 듯하다. 오늘날 글을 읽고 쓰는 것이 더 이상 특정 계급의 전유물이 아니고 인쇄술의 발명 이후 책은 엄청난 양으로 유포되어 일용품이자 기호품이 되었다. 또한 영화나 방송이 등장하면서 대중들에게 책은 더더욱 가치와 매력을 상실한 듯이 보인다. 헤르만 헤세는 그의 저서 『독서의 기술』에서 정신의 법칙은 자연의 법칙과 마찬가지로 쉽게 바뀌지도 않고 일거에 철폐시킬 수도 없기 때문에 책의 마력은 지금도 온전히 존재하며 지성은 여전히 엄격한 서열 속에서 소수의 특권층만 누리는 비밀이라고 서술하였다.

음악과 영화를 비롯한 많은 정보들이 아날로그에서 디지털로 모습을 바꿔 가고 있고 스마트폰으로 읽는 스마트폰 소설까지 등장했지만 책은 아날로그의 보루로서 그 명성이 여간해서는 무너지지 않을 것이다. 우쓰데 마사미는 그의 저서 『수만 가지 책 100% 활용법』에서 책은 경쟁사회에서 만인이 이용하는 만인의 도구이며 일반인의 성공을 후원해 주는 가장 믿을 만한 성공의 도구라고 서술하였다.

독자가 울창한 책의 세계에서 길을 잃고 압도될지 혹은 제대로 길을 찾아서 자신의 독서체험이 진정으로 스스로의 경험과 삶에 소용되도록 만들지는 각자의 지혜나 운에 달려 있다. 책세계의 마법을 전혀 알지 못하는 사람들은 마치 음악의 문외한이 음악에 대해 생각하는 것과 비슷하여 독서란 살아가는 데 있어서 쓸모없는 병적이고 위험한 열정이라고 비난하는 경향이 있다. 그러나 눈이 밝은 독자는 수천 년이 넘도록 무수히 많은 언어와 책들로 짜인 천 겹의 직물에서 놀랍도록 고귀하고 초월적인 모습의 키메라를 찾아볼 수 있을 것이다.

책은 무엇을 위해 존재하는가? 마치 스포츠뉴스나 강도 살인 사건처럼 한동안 누구나 읽어서 대화의 소재가 되었다가 이내 잊어지는 존재가 아니다. 책은 진지하고 고요히 음미하고 아껴야 할 존재이다. 그럴 때에야 책은 그 내면의 아름다움과 힘을 활짝 열어 보여 주는 존재인 것이다.

12.5.2. 독서의 개념

독서는 사람과 사람 사이에서 수행되는 커뮤니케이션의 하나이다. 책을 지은 저자가 송신자가 되고 책을 읽는 독자가 수신자에 해당한다. 마쓰오카 세이고는 저자와 독자 사이에는 어떠한 형태의 '커뮤니케이션 모델', 즉 '글쓰기 모델'과 '읽기 모델'이 교환되는 것이라고 서술한다. 그는 저자와 독자 사이의 이러한 상호작용을 편집 모델이라고 불렀다.

정보통신 이론의 '섀넌-위버 모델'은 발신자의 메시지가 기호로 변환되어 전송 선로를 거쳐서 수신자에게 에러 없이 전달되는 모델을 뜻한다. 이 모델에서는 통신 메시지가 전송 선로를 이동하는 동안에 약해지거나 변질되지 않아야 한다는 점을 불가결한 조건으로 내세우고 있다. 그러나 인간과 인간 또는 인간과 미디어의 관계는 이러한 정보통신 모델만으로는 성립될 수 없다.

인간 사회에서는 커뮤니케이션 도중에 그 내용이 변하는 경우가 보통이다. 사람은 자신의 생각을 상대방에게 미디어를 통해 전달하지만 원래의 생각대로 전달되지 못한다. 즉, 사람은 상대방의 말을 기억할 때에 말 자체를 그대로 기억하는 것이 아니라 말의 의미만을 기억하는 것이다. 따라서 인간 사이의 커뮤니케이션은 메시지를 전달하는 것이 아니라 의미를 교환하기 위해서 '지각 구성 모델'을 작동하는 것이다.

인간의 뇌 속에는 약 1,000억 개의 뉴런들이 시냅스를 통해 서로 연결 구성되어 있다. 컴퓨터는 각각의 데이터를 서로 다른 메모리 셀에 분리 독립하여 저장하지만 인간의 뇌에서는 하나의 데이터가 수많은 뉴런들의 집합으로 연결 구성되어 저장된다. 인간의 학습이나 경험은 다섯 가지 감각기관들을 통해 지각되며 이러한 지각들은 수많은 뉴런들로 구성되는 지각 패턴을 형성하게 된다. 지각 구성 모델이라는 것은 인간이 경험하는 말, 글, 음악, 미술, 미각, 촉각, 후각 등의 지각들을 자신의 뉴런 패턴에 추가하여 새로운 지각 구성을 수행하는 형태를 의미한다.

지각 구성은 동일한 미디어 사이에서도 수행되지만 서로 다른 미디어 사이에서도 진행된다. 예를 들어서 새로운 독서를 통한 지각 경험은 이전에 축적된 독서 경험에 추가될 뿐만 아니라 음악 감상을 통한 지각 경험과도 서로 연결 구성되기 마련이다. 이는 물론 인간의 지각은 한 종류만이 체험되는 것이 아니라 동시에 여러 지각이 한꺼번에 체험되어 우리 뇌 속에 저장되기 때문인 것이다.

사람은 뇌 속에서 수행된 지각 구성의 결과로 의미를 이해하게 된다. 글을 읽을 때나 이미지를 볼 때에 사람의 뇌는 이를 지각하고 각각의 신택스(syntax)를 연결 구성하여 의미를 받아들인다. 의미는 또 다른 의미들과 연결 구성되어 짧은 스토리, 즉 단화(短話)가 구성되고 이들 단화가 연결 구성되어 긴 스토리, 즉 장화(長話)가 만들어지는 것이다. 외부로부터 받아들인 각각의 개체는 이와 같이 점점 더 커다란 의미들과 결부되어 생각으로 받아들여지게 된다. 독서는 저자가 쓴 글자를 지각한 후에 의미를 연결 구성함으로써 저자의 생각을 받아들이는 과정이다.

우리들은 독서를 통해 오늘날 함께 살고 있는 사람들뿐만 아니라 역사 속의 훌륭한 사람들과 만나서 그들의 생각을 더듬어 볼 수 있다. 독서를 통해 그들의 생각에 대한 경의, 이해하고자 하는 인내, 수용하고 경청하는 겸손함 등을 가짐으로써 우리는 스스로를 도약하고 정신적으로 성장해 나갈 수 있게 된다. 독서는 단순히 지각 구성을 통해 의미 있는 지식을 받아들이는 것만 아니라 외부로부터 받아들인 지식을 바탕으로 하여 창조적인 지혜를 쌓을 수 있는 것이다.

헤르만 헤세는 무료한 시간을 재미로 때우기 위해서, 교양을 쌓기 위해서, 자신과 자신의 일상을 잊기 위해서 책을 읽어서는 안 된다고 역설하였다. 이와는 반대로 더 의식적으로, 더 성숙하게 우리의 삶을 단단히 부여잡기 위해 책을 읽어야 한다는 것이다. 그는 또한 우리가 책을 향할 때에는 알프스를 오르는 산악인이나 전쟁터에 나가는 군인이 무기고 안으로 들어설 때의 마음가짐을 가져야 한다고 역설하였다. 비록 적은 양의 책을 읽어도 이러한 독서는 우리를 더욱 행복하고 풍족하게 만들어 준다고 한다.

12.5.3. 독서와 성공의 관계

책을 많이 읽은 사람은 성공할 확률이 높을까? 책을 많이 읽었다
고 하여 자신의 목표를 달성하고 행복한 삶을 살아가는 것은 아닐
것이다. 그런데 성공한 사람들 중에는 책을 안 읽는 사람이 드물다
고 한다. 성공한 사람들은 책으로부터 도움을 받았기에 성공할 수
있었던 것일까? 독서와 성공은 어느 정도 비례의 관계에 놓여 있을
것으로 보인다.

성공하는 과정에서 우리들은 여러 가지 생각하지도 못했던 어려
움에 봉착하기도 하고 때로는 슬럼프에 빠져서 헤어 나오지 못하는
경우도 종종 있기 마련이다. 누가 특정의 어려움을 잘 해결할 수 있
느냐 하면 그전에 그 문제를 풀어 본 경험이 있는 사람일 것이다. 경
험자는 미경험자에 비해 훨씬 용이하게 해당 문제를 풀어 낼 수 있
게 된다. 그러나 우리들은 시간과 공간의 제약으로 인해 모든 경험
을 직접적으로 체험할 수는 없다.

우리가 가고자 하는 목표점에 도달하기 위해서는 단지 그 길만을
헤쳐 나가는 일만 존재하는 것이 아니라 여러 가지 일을 동시 다발
적으로 수행해야 한다. 예를 들어서 집에서는 부모로서의 역할이 있
고 직장에서는 직장인으로서의 할 일이 쌓여 있으며 사회에서는 사
회인으로서 수행해야 할 일들이 놓여 있다. 우리가 독서를 통해 얻
는 것은 단순히 지식을 넘어서 저자의 생각을 받아들이고 나의 생각
에 덧붙여서 새로운 생각을 만들어 낸 삶의 지혜이며 태도이다.

우리의 태도는 몇 권의 책을 읽었다고 하여 쉽게 바뀌지 않는다.

저자의 생각으로부터 자극을 받고 태도를 바꾸기 위해서는 우리 자신이 스스로 변화의 노력을 기울여야 한다. 태도의 변화는 우리 뇌 속의 무의식 데이터를 바꿔야 하는데 이를 위해서는 의식적인 데이터 바꾸기 행위를 반복적으로 수행함으로써 가능해진다. 이러한 의식적인 데이터 바꾸기에 가장 적합한 방법들 중의 하나가 바로 독서이다. 왜냐하면 독서는 올바른 길을 가 본 사람들의 행적과 생각을 우리 자신의 것들과 비교하여 새로운 정보를 만들어 가는 의식적인 과정들 중의 하나이기 때문이다.

자신이 가 본 적이 없는 분야에서 성공하기 위해서는 그 분야에서 성공한 사람들로부터 많은 이야기를 듣고 질문과 토의를 수행하는 방법이다. 그러나 우리가 관심을 가지고 있는 분야에서 성공한 사람들을 직접 만나기가 쉽지 않고 더군다나 그 사람들에게 궁금한 사항들을 상담하기 위해 별도의 시간을 내 달라고 하는 것은 더욱 곤란한 일이다.

따라서 성공한 사람들이 저술한 책을 통해 그 사람들의 체험, 생각, 태도 등을 간접적으로 배우는 것이야말로 우리들에게는 가장 편리하며 효과적인 방법인 것이다. 독서를 통해 삶의 지혜를 습득하여 성공한 사람들 중에는 다독을 권면하는 사람들도 있고 자신에게 맞는 책을 여러 번 읽는 것이 좋다고 말하는 사람들도 있다. 자신이 성공하고자 노력하고 있는 분야를 고려하여 자신에게 적합하다고 여겨지는 독서법을 선택해서 이를 실천해야 한다.

독서는 저자들로부터 무엇인가를 배우겠다는 호기심, 겸허한 태도, 열정 등을 요구한다. 단순한 흥미 위주의 독서는 우리들의 의식에 풍성한 지각 패턴을 만들어 주지 못한다. 우리의 태도를 변화시켜서 성공의 길로 무난하게 항해하기 위해서는 틈이 나는 대로 깊이 있고 끈기 있는 독서에 온 정성을 기울여야 한다.

13_성공을 위한 인간관계

13.1. 인간관계의 개요

삶의 네트워크에서 우리는 주변의 수많은 개체들과 상호 영향력을 주고받는다. 파란 하늘 위에 하얀 뭉게구름을 보고서 평안함을 느끼는 경우도 있고 때로는 외로움이나 고독을 느낄 때도 종종 있다. 날씨에 따라 우리들은 기분이 좋아지기도 하고 짜증나기도 한다. 집에서 키우는 애완견으로부터 위로를 받을 때도 있고 기쁨과 행복감을 느낄 수도 있다.

그러나 우리는 주변 사람들로부터 가장 큰 영향을 서로 주고받는 것이 사실이다. 인간은 사회적 동물로서 혼자 살아갈 수 없는 존재이다. 더불어 살아가는 과정에서 우리는 상대방으로부터 마음의 상처를 입기도 하고 때로는 우리도 모르는 사이에 주변사람들에게 감정 상하게 하는 언사를 보일 때도 있다. 우리는 주변사람들에게 도움을 청할 때도 있고 서로 협조 활동을 통해 우리들이 원하는 업무를 추진해야 할 경우도 있다. 성공하는 데 요구되는 인적 자산은 곧 우리들의 인간관계의 결과물이기도 하다.

스티븐 코비는 인간관계를 형성할 때에 가장 중요한 요소는 무엇을 말하느냐, 어떻게 행동하느냐보다는 우리의 사람됨이라고 서술하였다. 우리의 말이나 행동이 깊은 내면에서가 아니라 피상적인 인간관계 기법에서 나온다면 상대방도 우리의 이중성을 감지하게 된다. 대인관계에 있어서 정말로 중요한 기법은 독립적인 성품으로부터 자연스럽게 나오는 것이라야 효과가 있게 되는 것이다.

효과적인 인간관계는 오직 진정한 독립성의 기반 위에서만 이루어질 수 있다. 독립성이 자리 잡지 못한 사람도 평탄한 삶 동안에는 어느 정도 성공을 거둘 수 있겠으나 어려운 일이 닥치면 모든 것을 지탱해 주는 기초를 찾지 못해 쉽게 무너져 버린다. 개인 자산의 구축이 대인관계의 구축에 선행한다. 사람들이 성숙함, 즉 내적 성품의 강점을 미리 갖추지 않고는 효과적인 인간관계를 형성할 수 없다. 대인관계에서 성공하기 위해서는 먼저 자기 자신을 계발해야 한다.

다른 사람과 인간관계를 형성하기 시작하는 출발점은 자신의 내면이다. 우리가 독립적으로 되어서 주도적이고 올바른 원칙에 중심을 두며 가치 지향적이고 생활에서 소중한 것부터 우선적으로 계획하고 성실하게 실행할 때에야 비로소 다른 사람들과의 관계를 풍부하고 생산적이며 지속적으로 유지해 나갈 수 있다. 우리는 내면에서 출발하여 통제력의 영역 내에 있는 사람들과의 원만한 인간관계를 구축해 나가면서 인적 자산에 대한 통제력의 영역을 관심의 영역까지 확장해 나아가기 위해 노력을 게을리하지 말아야 한다.

13.2. 감정지수

13.2.1. 감정지수 개념

우리는 인간관계를 통해 각각의 사람에 대한 감정 경험이 다르기 마련이다. 누군가와는 좋은 일이 있을 수 있고 또 다른 사람과는 나쁜 인연이 기억되기도 한다. 동일한 사람이라고 해도 그 사람에 대한 느낌은 사람마다 각각 다를 수 있다. 처음으로 사람을 대할 때에는 첫인상이 중요하겠지만 다양한 인간관계를 통하여 그 사람에 대한 신뢰성이 마이너스로 떨어지기도 하고 플러스로 향상되기도 한다. 감정지수라는 것은 우리가 상대방에 대한 신뢰의 정도를 표현한 것으로서 우리가 다른 사람에 대해 가지는 안정감을 의미한다.

삶의 네트워크에서 서로 가까운 사이일수록 영향력의 폭이 넓을 수 있지만 이는 어디까지나 단시간 내에 영향력을 증대시킬 수 있다는 의미인 것이지 결코 신뢰의 정도가 높음을 나타내는 것은 아니다. 예를 들어서 회사의 상사와 부하의 관계라든지 혹은 부모와 자식의 관계에서는 영향력의 폭이 넓기 때문에 한마디의 말이나 행동이 상대방에게 전달되는 영향력의 크기는 클 수 있지만 메시지의 의미에 따라 상대방의 감정지수는 감소 또는 증가하는 것이다.

우리가 다른 사람에 대해 공손하고 친절하며 정직하고 약속을 지킨다면 그 사람은 우리에 대한 감정지수를 증가시키게 된다. 그러면 그 사람이 우리에 대해 갖는 신뢰가 높아지기 때문에 우리는 필요할 때마다 그러한 신뢰에 의지할 수 있게 된다. 우리가 실수를 할 때에는 감정지수가 낮아지겠지만 증가된 감정지수가 있기 때문에 이것으로 실수를 상쇄할 수 있다. 감정지수가 높게 유지되어 있으면 의

사소통은 쉽고 즉각적이며 효과적이 된다. 감정지수를 임계값 이상으로 유지하기 위해 우리는 다른 사람들에게 신뢰받을 수 있는 말과 행동을 보여 주어야 한다.

십대 아들과 일상적으로 잔소리만 오고 갈 경우에는 감정지수가 지속적으로 감소하여 마이너스 값을 유지하게 된다. 이때 그 아들이 자신의 인생에 커다란 영향을 미칠 중대한 결정을 하려 할 때에 아들은 부모에 대한 신뢰 수준이 너무 낮기 때문에 부모로부터 조언을 구하지 않을 것이다. 부모는 그를 도울 지식과 지혜를 가지고 있을지 모르지만 자신에 대한 감정지수가 너무 낮기 때문에 자녀에게 긍정적인 영향력을 미칠 수 없게 된다. 따라서 자녀는 장기적으로 보아 부정적 결과를 초래할지도 모르는 단기적이고 감정적인 관점에서 의사결정을 하게 될 것이다.

자녀가 가지고 있는 부모에 대한 감정지수를 높이기 위해 부모가 자녀에게 친절을 베풀 수 있을 것이지만 가장 중요한 방법은 자녀가 말을 할 때에 미리 판단해서 충고하지 말고 자녀가 하는 말을 경청해야 한다. 자신에 대한 자녀의 감정지수를 높이기 위해서는 부모가 자녀에 대해 관심을 가진다는 것과 함께 자녀를 한 사람의 인격체로 받아들이고 있음을 느끼게 해야 한다. 인간관계를 구축하고 회복시키는 데에는 시간이 걸리기 마련이다. 만약 자녀의 무응답이나 배은 망덕한 행동에 참을성을 잃고 화를 낸다면 감정지수는 크게 떨어질뿐만 아니라 지금까지 공들인 것이 쓸모없이 될 것이다.

13.2.2. 감정지수 증가 방법

감정지수를 증가시키는 방법에는 아래와 같이 6가지가 있다.

(1) 상대방을 이해하기

우리 자신에 대한 상대방의 감정지수를 올리기 위해서는 우선적으로 우리들이 상대방을 이해할 수 있어야 한다. 상대방의 감정을 이해하지 않은 상태에서 우리의 행동을 취하는 것은 오해의 소지를 불러일으킬 수 있을 뿐만 아니라 상대방으로 하여금 좋지 못한 감정을 유발할 우려가 있는 것이다. 따라서 상대방을 이해한 후에 거기에 적합한 행위를 해야 감정지수를 증가시킬 수 있다.

어느 사람에게 중요한 일이 다른 사람에게는 사소한 일일 수 있다. 감정지수를 높이기 위해서는 그 사람이 중요하게 생각하는 것을 우리도 중요하게 생각해야 한다. 마태복음 7장 12절에 '남에게 대접을 받고자 하는 대로 너희도 남을 대접하라'라는 말이 있는데 이는 상대방을 한 사람의 인격체로 깊이 이해해 주고 자신이 이해받고 싶은 것과 똑같은 방법으로 이해해 주며 상대방을 대하라는 의미인 것이다.

(2) 사소한 일에도 관심 갖기

인간관계에서의 커다란 손실은 사소한 것으로부터 비롯된다. 약간의 친절과 공손함은 감정지수를 높일 수 있지만 작은 불손, 작은 불친절, 하찮은 무례 등은 막대한 감정지수 감소를 가져온다. 사람들은 매우 상처받기 쉽고 내적으로 민감한데 이 점은 나이나 경험과는 별로 상관이 없다. 비록 외적으로 대단히 거칠고 냉담하게 보이는 사람도 내적으로는 민감한 느낌과 감정을 가지고 있다.

(3) 약속 이행

어떤 사람에게 중요한 약속을 해 놓고서 어기는 일보다 더 큰 감정지수 감소 행위는 없다. 약속을 어겨서 감정지수가 감소하고 나면 다음에 약속을 해도 상대방이 믿지 않는다. 사람들은 대개 약속에 대한 기대가 크기 마련이며 더군다나 약속이 기본 생계와 연관되는 경우에는 더욱 그렇다. 만일 우리가 약속을 항상 지키는 습관을 갖는다면 우리와 상대방 사이에는 이해의 간격을 이어 주는 신뢰의 다리가 놓임으로써 감정지수가 올라가게 될 것이다. 감정지수가 올라가 있는 상태에서는 상대방에게 해 주는 충고를 상대방이 받아들일 것이다.

(4) 기대의 명확화

대인관계에서 나타나는 대부분의 어려움은 역할과 목표에 대한 갈등과 애매한 기대 때문에 발생한다. 대부분의 기대는 노골적이 아니기 때문에 기대는 분명하게 언급되거나 공표되지 않는다. 그럼에도 불구하고 이러한 기대는 특수한 상황을 초래하는데 예를 들면 결혼을 할 때에 남녀는 서로 상대방의 역할을 은연중에 기대한다.

기대가 명확하게 논의되지도 않고 심지어 있다는 것조차도 모르고 있지만 기대에 부응하는 것은 감정지수를 높이는 결과를 낳고 기대를 어기는 것은 신뢰의 감정지수를 감소시키게 된다. 따라서 우리는 새로운 상황에 직면할 때마다 자기에게 부과되는 기대를 파악해야 한다. 감정지수를 증가시키기 위해서는 처음부터 기대를 명확히 해야 가능하다. 기대를 분명히 하는 것은 때때로 많은 용기를 필요로 한다.

(5) 언행일치

언행일치는 정직 그 이상의 의미를 갖는다. 정직은 사실대로 말하는 것으로서 우리가 하는 말을 사실 그 자체와 일치시키는 것이다. 자신이 한 말을 지키지 못할 경우 정직은 솔직하게 안 지켰다는 말로써 충분하다. 그러나 언행일치는 사실을 우리의 말에 일치하여 행동,

즉 실현시키는 것으로 약속을 이행하고 기대를 충족시키는 것이다.

언행일치는 성실성의 외적 표현이다. 성실성 있는 사람은 현재 자리에 없는 사람을 비방하지 않는다. 그렇게 함으로써 우리는 바로 앞에 있는 사람의 신뢰를 얻게 된다. 자리에 없는 사람을 공격한다면 현재 함께 있는 사람의 신뢰도 잃게 마련이다. 모든 사람에게 동일한 원칙을 가지고 대해야 하며 그렇게 할 때에 사람들은 우리를 신뢰하게 된다. 상대방이 처음에는 언행일치와 정직함으로 인한 대항적 태도를 좋아하지 않을지 모른다. 그러나 만약 우리가 상대방에게 솔직하고 개방적이며 친절하다면 상대방은 우리의 성실함을 받아들이고 우리를 신뢰하며 존경할 것이다. 신뢰를 얻는 것은 사랑받는 것보다 더 큰 가치가 있다.

(6) 진정으로 사과하기

우리가 감정지수를 감소시켰다면 상대방에게 진정으로 사과해야 한다. 진지한 사과는 신뢰를 쌓음으로써 떨어졌던 감정지수를 끌어올릴 수 있다. 그러나 반복되는 사과는 불성실한 사과와 동일하게 받아들여져서 신용에 대한 마이너스 효과를 가져오게 된다. 또한 평소 어떤 관계였는가에 따라서 사과는 감정지수를 올릴 수도 있고 반대로 끌어내릴 수도 있다. 자신에 대한 감정지수가 극도로 나쁠 경우에는 사과 자체만으로 더욱 악영향을 미칠 수 있게 될 것이다. 따라서 평소에 자신에 대한 상대방의 감정지수를 임계치 이상으로 유지할 수 있도록 꾸준한 노력이 필요하다.

13.3. 상호 승리의 인간관계

스티븐 코비는 인간관계에는 여섯 가지 패러다임, 즉 승-승적 사고, 승-패적 사고, 패-승적 사고, 패-패적 사고, 승적 사고, 상호 승리 아니면 무거래 사고 등이 있다고 서술했다.

13.3.1. 인간관계의 여섯 가지 패러다임

(1) 승-승적 사고(상호 승리 사고)

승-승적 사고는 나도 이기고 상대방도 이기는 상호 승리의 사고이다. 대부분의 사람들은 이분법적 관점에서 사물을 보는데 예를 들어서 강하느냐 약하느냐, 올라가느냐 내려가느냐, 이기느냐 지느냐 하는 식으로 모든 것을 본다.

이에 반해 승-승적 사고방식은 모든 사람에게 돌아갈 정도로 모든 것이 넉넉하게 있다고 보는 패러다임에 근거를 두고 있다. 한 사람의 성공이 다른 사람의 실패를 초래하거나 다른 사람의 성공 기회를 박탈하지 않고 이루어진다는 원칙에 바탕을 두고 있다. 승-승적 사고는 제3의 대안이 있다고 믿는 데서 출발하는데 우리 방식이나 상대방 방식이 아닌 더 나은 방식, 더 높은 차원의 방식을 찾는 것이다.

(2) 승-패적 사고

대부분의 사람은 어릴 적부터 승-패적 사고에 깊이 물들게 된다. 부모가 다른 아이와의 비교를 통해 사랑을 베풀고 거두어들이기도 할 때에 어린이는 승-패적 사고방식에 젖어들기 시작한다. 어린아이는 다른 아이와 비교하여 상대적으로 우위에 있어야만 자신의 부모로부터 사랑을 받는 승리감을 느낄 수 있는 것이다.

학교 교육은 승-패적 사고를 더욱 강화시킨다. 상대평가 방식의 성적 시스템에서는 누군가가 C 학점을 받았기 때문에 우리 자신이 A 학점을 얻었다는 것을 나타낸다. 이러한 사고방식에서는 개인의 내재적 가치는 아무런 인정을 받지 못하고 모든 사람은 외부적인 기준에 따라서 평가받는다. 경쟁이 심하고 신뢰감이 결여된 상황에서는 승-패식 사고방식이 지배적일 수 있지만 인생살이는 경쟁만이 능사가 아니다. 매일매일 배우자, 자녀, 동료, 이웃, 친구들과 경쟁을 하면서 살 필요는 없다. 가까운 사람들 사이에서는 누군가 이길 수는 없다. 둘 다 이기지 않으면 둘 다 지는 결과가 되기 때문이다.

(3) 패-승적 사고

패-승적 사고를 가지는 사람들은 보통 남을 기쁘게 하거나 양보하기 일쑤이다. 이 같은 사고유형은 인정 많은 사람이라고 비쳐진다. 그러나 패-승적 유형의 사람은 자신의 많은 감정을 그대로 묻어 두었다가 나중에 더 나쁜 형태로 나타나는 문제점이 있다. 정신적 혹은 신체적 질병들, 특히 호흡기나 신경 계통, 순환기 계통의 병들은 패-승적 사고방식에 의해 억제되고 축적된 분노, 실망, 환멸 등에 의해 나타나는 경우가 많다.

(4) 패-패적 사고

승-패적 사고방식을 가졌을 뿐만 아니라 둘 다 자존심이 강하고 완고한 두 사람이 서로 만나면 그 결과는 패-패로 끝나게 된다. 적 중심의 패러다임을 가지는 사람은 다른 사람의 행동에 너무 집착하기 때문에 자신을 망쳐서라도 어떻게 하면 상대방을 패배시킬까 하

는 욕망 외에는 다른 것을 볼 수 없게 된다. 패-패의 사고방식은 적
대적인 갈등의 철학으로서 내면에 아무런 방향을 갖지 못하는 매우
의존적인 사람이 갖는 사고방식이다. 이들은 스스로 비참하게 느끼
며 다른 모든 사람도 자신처럼 그래야 마땅하다고 생각한다.

(5) 승적 사고

승적 사고의 사람은 단지 이기는 것만 생각하며 다른 누군가가 반
드시 패배해야 한다고는 생각하지 않는다. 이들은 남의 일에 관심이
없고 중요하게 생각하는 것은 자신이 원하는 것을 얻는 것이다. 승
의 사고방식을 갖고 사는 사람은 자기목적에 입각하여 모든 일을 생
각하고 다른 사람도 그렇게 하도록 내버려 둔다.

(6) 승-승 아니면 무거래의 사고

'승-승 아니면 무거래'는 서로 동의할 수 있는 해결방안에 도달하
지 못할 때에 적용되는 패러다임이다. 무거래는 두 사람에게 이익이
되는 해결방안을 찾지 못한다면 서로의 의견이 다르다는 점에 동의
하여 거래를 하지 않는 것을 의미한다.

무거래 사고를 하나의 대안으로 마음속에 둔다면 오히려 자유로
움을 느낄 수 있다. 이는 상대방을 설득해야 하거나 자신의 계획을
강요하거나 자신이 원하는 방향으로 상대방을 몰고 갈 필요가 없기
때문이다. 또한 우리는 개방적으로 서로의 입장 밑바닥에 깔려 있는
보다 심각한 문제점을 이해해 보려고 시도할 수 있다.

승승 아니면 무거래 방식은 친한 사람들의 관계를 감정적으로 무척
자유롭게 만든다. 예를 들어서 친한 사람들 모두가 한 가지 식사 메뉴
에 동의하지 않고 몇몇 사람들이 동의하지 않는다면 그 메뉴를 포기하

고 다른 메뉴를 함께 결정하는 '무거래'를 할 수도 있는 것이다.

승-승 아니면 무거래 방식은 어떤 사업관계나 기업의 초기 단계에서 현실적인 방안이지만 계속적인 사업관계에서는 무거래가 바람직하지 않을 수도 있다. 특히 친구와 동업으로 시작한 사업인 경우에는 심각한 문제를 야기할 수도 있다. 이러한 경우를 대비하여 일종의 구매/판매 합의서를 미리 작성해 둠으로써 인간관계는 영구적으로 유지하면서도 사업은 계속 번창할 수 있는 방안을 강구하는 것이 바람직하다.

13.3.2. 상호 승리를 위한 필요사항

인간관계의 여섯 가지 패러다임은 그때그때의 상황에 따라 서로 다른 효과를 나타낸다. 어떤 사람과의 관계 자체를 소중히 여기고 현재의 안건은 그다지 중요한 것이 아니라면 패-승의 상황으로 이끌어 가는 경우도 있다. 실제 상황을 정확하게 파악하여 승-패적 사고나 그 밖의 고정된 사고방식을 모든 상황에 일률적으로 적용하지 않는 것이 무엇보다도 중요하다. 그런데 대부분의 상황은 상호 의존적 현실이므로 승-승의 대안이야말로 항상 활용할 수 있는 유일한 것이다.

승-패의 사고를 가지고 상대방의 대결에서 내가 승리한 경우에 나에 대한 상대방의 감정과 태도, 그리고 우리의 관계는 큰 영향을 받으므로 이러한 사고는 좋은 방식이 아니다. 상호 의존적인 관계에서 승-패적 방식은 장기적으로 패-패가 된다. 패-승의 대안에서는 당장에는 상대방이 원하는 것을 제공하는 것처럼 보일지 모른다. 그러나 이것이 상대방과 함께 사업하고 계약을 이행하는 나의 태도에 어떤 영향을 미칠 것인가를 생각해 보아야 한다. 나는 더 이상 상대방을 기쁘게 해 주고 싶어 하지 않을는지 모른다. 또한 상대방 회사에 대한 의견을 동일 산업 분야의 다른 회사들에 퍼뜨릴지 모른다. 이렇게 되면 다시 패-패의 관계로 돌아가게 되는 것이다.

상호 승리를 위해서는 다섯 가지의 필요사항, 즉 내적 성품, 인간관계, 합의, 시스템, 원칙 등이 요구된다.

(1) 내적 성품

내적 성품은 상호 승리 사고의 토대로서 모든 것이 이 바탕 위에 세워진다. 이러한 내적 성품으로는 성실성, 성숙도, 풍요의 사고 등이 있다.

① 성실성

성실성이야말로 신뢰를 쌓는 기반이고 초석이다. 확실하게 정립한 자신의 가치관을 바탕으로 하여 일상생활을 주도적으로 계획하고 행동으로 옮김으로써 자아의식과 독립의지를 개발할 수 있다. 이러한 개발은 약속과 결의를 하고 이를 지킴으로써만 가능하다. 신뢰하는 바탕이 없으면 승-승적 사고는 비효과적이며 피장석인 기법에 지나지 않는다.

② 성숙도

성숙도는 '용기와 배려 간의 균형'을 의미한다. 다른 사람의 감정과 신념을 배려하면서 자기의 감정과 신념을 용기 있게 표현할 때에 우리는 성숙해진다. 많은 사람들은 이것 아니면 저것이라는 이분법적 관점을 가지고 있다. 즉, 사람들은 우리가 관대하다면 강인한 사람은 아니라고 생각한다.

그러나 승-승적 사고방식은 관대하면서도 강인한 것이다. 승-승적으로 되기 위해서는 타인에 대해 관대하면서도 용기가 있어야 하며 공감적이면서도 자신감을 가지고 있어야 한다. 또한 사려 깊고 분별력이 있어야 한다. 용기와 배려 간의 균형을 이루고 있다면 경청하며 공감하고 이해하면서도 용기 있게 대결할 수 있다.

③ 풍요의 사고

승-승적 성품 특성은 풍요의 사고이다. 이 세상에는 사람들을 위해서 모든 것이 풍부하게 존재한다고 생각해야 한다. 대부분의 사람은 '부족의 사고', 즉 인생이란 모든 것이 부족한 생활이라는 패러다임을 가지고 있다. 이 세상에는 오직 한 개의 파이만 있어서 만일 누군가가 큰 조각을 얻으면 다른 사람들은 그만큼 덜 갖게 될 수밖에 없다고 생각한다. 이러한 생각은 인생을 제로섬의 패러다임으로 보는 것이다. 이러한 '부족의 사고'를 가진 사람은 다른 사람이 불행을 당하기를 은근히 희망하는데 이때의 불행은 가혹한 것이 아니라 어느 정도 견딜 만해서 그들이 그냥 제자리를 지키고 있는 정도의 것이다. 이들은 항상 자신을 남과 견주어 보며 경쟁의식을 가지고 있다.

이와 반대로 '풍요의 사고'는 개인적인 가치의식과 안정감에 바탕을 둔다. 이 사고에서는 세상은 풍요로우며 모든 사람이 나누어 가질 만큼 충분하다고 생각한다. 대인관계의 승리는 다른 사람들을 이기는 것을 의미하지 않고 함께 일하고 함께 대화하는 것을 말하며 개별적인 힘으로는 이루지 못할 일도 힘을 합하면 해내는 것이다. 대인관계의 승리는 풍요의 사고라고 하는 패러다임이 낳은 부산물인 것이다.

(2) 인간관계

감정지수가 충분히 안정적이고 두 당사자가 승-승적 사고에 깊이 젖어 있는 인간관계는 막대한 시너지를 가져올 수 있는 이상적인 출발점이 된다. 이러한 인간관계는 문제를 보다 현실적이고 중요하게 다룰 수 있으며 지속적인 견해의 차이도 가질 수 있다.

승-패적 사고방식을 가지고 있는 사람을 대할 때에도 인간관계는 여전히 중요하다. 이때는 우리가 그 사람뿐만 아니라 그가 가진 다른 관점을 존중해 주고 인정해 줌으로써 우리들에 대한 상대방의 감정지수를 증가시킨다. 이를 위해서는 조금 더 많이 경청하고 조금 더 깊이 경청해야 한다. 더 큰 용기를 가지고 자신의 견해를 피력할 필요가 있다.

모두에게 이익을 줄 해결책을 우리가 진정으로 원하고 있음을 상대방이 깨달을 때까지 계속 노력해야 한다. 이러한 행동을 통해 우리는 상대방의 감정지수를 대폭적으로 증가시킬 수 있는 것이다.

우리가 더욱 강해질수록 상대방에 대한 우리의 영향력은 더욱 커진다. 여기에서 더욱 강해진다는 것은 우리의 성품이 더욱 순수해지고 주도적 수준이 더욱 높아지며 진정으로 승-승의 사고에 몰입하는 것을 의미한다.

(3) 합의

합의는 상호 승리에 대한 명확한 한계의 방침을 알려 주는 것으로서 때때로 이행합의 또는 협력합의라고 부른다. 이것은 종속관계로부터 대등관계로, 상사가 감독하는 것으로부터 스스로를 감독하는 것으로, 지위를 내세우기보다 성공적인 동업자가 되는 것으로 바뀌는 것을 의미한다.

상호 승리의 합의에는 아래의 다섯 가지 요수들이 명시되어야 한다.

① 기대성과: 일하는 방법이 아니라 일이 마치고서 언제 무엇이 이루어져야 하는가를 명백히 한다.

② 실행지침: 달성해야 할 성과의 기준(원칙, 정책 등) 및 범위를 명시한다.

③ 가용자원: 결과를 달성할 수 있도록 도와주는 활용 가능한 인적·재정적·기술적·조직적 자원을 밝혀 준다.

④ 책무확인: 평가기준 및 평가시기를 설정한다.

⑤ 손익결과: 평가를 통해 좋다 나쁘다 또는 자연적이다 논리적이다 등으로 구체화하여 어떠한 손익이 있을 것인가를 명시한다. 관리자가 통제할 수 있는 손익결과에는 금전적 결과(소득, 주식배당, 수당 혹은 벌금 등), 정신적 결과(표창, 승인, 존경, 신임, 혹은 이들의 상실 등), 기회(교육훈련, 자기계발, 각종 혜택, 기타 복지) 등이 있다.

우리는 처음부터 위의 각 요소에 대해 서로 확실하게 이해하고 동의함으로써 맡은 일의 성공 여부를 평가할 수 있는 기준을 만들 수 있다. 사람들로 하여금 자신을 스스로 평가하게 만드는 것이 남에게 평가받게 하는 것보다 훨씬 그들의 품위를 높여 주고 자존심을 세워 준다. 신뢰가 높은 분위기에서는 이 방법이 훨씬 정확도가 높다. 자기 자신에 의한 평가가 간접적인 관찰이나 측정보다 훨씬 더 정확할 때가 많다.

(4) 시스템

조직 내에서 승-승의 전략이 적용되기 위해서는 시스템이 이를 지지해 주어야 한다. 회사는 승-승의 패러다임을 지향하도록 시스템과 조직구조를 정렬해야 한다. 이러한 과정에 회사는 평사원들을 참여시키고 이들의 근무 동기를 높여 주는 시스템을 개발해야 한다. 또한 이들이 서로 협조하고 시너지를 창출할 수 있도록 지원해야 하며 가능한 한 많은 사람들이 자신에게 맞춰져서 설계된 이행합의에 따라 기대성과를 달성할 수 있도록 해야 한다.

경쟁의 개념은 판매시장에서 혹은 지난해의 성과와 비교할 경우 도일할 수 있다. 또한 특별한 성호의존성이 없거나 협력이 필요하지 않는 영업소나 개인 사이에서는 경쟁을 할 수 있다. 승-승의 정신은 경쟁과 시합을 조장하는 조직 환경에서는 실현되기 어렵다. 승-승의 정신을 활성화시키기 위해서는 거기에 맞는 제도가 반드시 수립되어야 한다. 훈련 제도, 기획 제도, 커뮤니케이션 제도, 예산 제도, 정보 제도, 보상 제도 등 모든 것이 승-승의 원칙에 입각하여 확립되어야 한다.

유능한 사람들을 나쁜 제도하에서 일하게 한다면 나쁜 결과를 얻게 된다. 사람들로 하여금 진정으로 승-승의 사고를 받아들이게 하려면 그러한 사고의 활성화 방법을 창조할 수 있고 강화할 수 있는 시스템을 만들어야 한다. 그러면 사람들은 불필요한 경쟁적 상황을 협력적 상황으로 바꿀 수 있고 생산과 생산능력을 모두 구축함으로써 그들의 효과성에 큰 영향을 미칠 수 있다.

(5) 원칙

승-승적 협상에 도달하기 위해서는 원칙에 근거하여 사람을 문제로부터 분리시켜야 한다. 입장을 주장하기보다는 이해관계에 초점을 맞추고 서로가 이득을 볼 수 있는 대안을 찾아내며 객관적인 기준, 즉 서로가 수용할 수 있는 외부적 기준이나 원칙을 의미한다.

13.4. 인간관계 행동

13.4.1. 인간관계의 기본 행동

우리는 하나의 개체로서 우주 만물과 상호작용을 이루며 일상생활을 영위하고 우리 자신들의 꿈을 실현하기 위해 나름대로 부단한 노력을 기울이며 살고 있다. 이러한 삶의 네트워크에서 혼자의 힘만으로는 우리들의 목표를 달성하기에 역부족인 경우가 많으므로 다른 사람들과의 협조를 바탕으로 시너지 효과를 창출할 필요가 있다.

인간관계는 우리들의 목표 지점에 성공적으로 도착하기 위해 필요할 뿐만 아니라 사회적 관계 속에서 마음의 상처를 받지 않고 기쁨과 행복을 얻기 위해서도 반드시 습득해야 할 행동 지침인 것이다. 올바른 인간관계를 위해서는 우리들 자신의 내적 성품이 무엇보다도 중요하지만 상대방에 대한 우리들의 생각을 제대로 행동으로 옮기지 못한다면 원만하고 평온한 관계로부터 벗어나서 사소한 오해로 인한 불신으로까지 악영향을 줄 우려가 있다. 따라서 우리들의 성공적인 목표달성뿐만 아니라 마음의 평안과 행복한 삶을 가질 수 있도록 올바른 인간관계의 행동 규칙을 배우고 익혀야 할 것이다.

데일 카네기는 그의 저서 『인간관계론』에서 인간관계의 기본 테크닉들로 사람에 대한 비난 삼가, 진솔한 칭찬, 상대방의 관점 이해하기 등을 제시하였다.

(1) 사람에 대한 비난 삼가

대부분의 사람은 비록 자신이 큰 잘못을 저질렀다고 하더라도 자신의 잘못을 인정하지 않는다. 교도소에 복역 중인 죄수들 중에서 자신이 나쁜 사람이라고 여기는 죄수는 거의 없다고 한다. 그들은 스스로를 합리화하고 변명거리를 만들어 내어서 형무소에 갇힐 이유가 없다는 생각을 버리지 않는다.

비판은 쓸데없는 일이다. 비판은 타인으로 하여금 방어적이 되게 하며 또한 일반적으로 자신을 정당화하기 위해 안간힘을 쓰게 만들기 때문이다. 우리가 상대방을 비난하면 상대방은 스스로를 정당화할 뿐만 아니라 오히려 거꾸로 우리에게 비난을 퍼부을 것이라는 것을 명심해야 한다.

상대방을 대할 때에 상대방이 논리의 동물이라고 생각하면 이는 큰 오산이다. 상대방은 감정의 동물로서 편견으로 가득 차 있고 자존심과 허영심에 따라 움직인다는 사실을 명심할 필요가 있다. 비판은 상대방의 자존심이란 화약고에 폭발을 일으키기 쉬운 불씨에 해당한다. 사람을 비판 혹은 비난을 하거나 불평이나 잔소리를 해대는 일은 바보라도 할 수 있다. 그러나 이해하고 용서하는 일은 뛰어난 품성과 자제력을 갖춘 사람만이 할 수 있다.

(2) 진솔한 칭찬

우리 자신의 가치를 인정받고 싶은 욕망은 인간과 동물을 구분해 주는 중요한 차이점들 중의 하나이다. 우리 인간들이 인정받는 존재가 되고 싶은 욕구가 강하지 않았다면 오늘날의 문명이란 불가능했을 것이다. 사람들이 명품을 걸치고 외제차를 타고 다니며 자식 자랑에 열을 올리는 것도 바로 이러한 욕망에 기인한 것이다. 전문가들의 의견에 따르면 사람들은 각박한 현실에서 자신의 존재 가치가 부인되면 환상의 세계에서라도 인정받는 존재가 되기 위해 실제로 미칠 수도 있다고 한다.

칭찬은 아첨과 다르다. 아첨은 웬만큼 분별력이 있는 사람들에게는 통하지 않는다. 아첨은 얄팍하고 이기적이며 진심이 담겨 있지 않기 때문에 실패해야 하고 실제로 대개 실패한다. 칭찬에는 진심이 담겨 있지만 아첨에는 진심이 담겨 있지 않다. 칭찬은 가슴 깊은 곳에서 우러나오지만 아첨은 입술 끝에서 나올 뿐이다. 우리들 자신이 가지고 있는 장점이나 단점에 대한 생각을 멈추고 다른 사람들의 장점을 찾아내려고 노력해야 한다. 아첨은 잊어버리고 상대방에게 진솔한 칭찬을 해 주는 것이야말로 인간관계의 기본 행동이다.

(3) 상대방의 관점 이해하기

우리들은 우리 자신들이 원하는 것에 관심을 기울이지만 다른 사람들은 우리들의 관심사에 대해 알고 싶어 하지 않는다. 사람들은 자신이 원하는 것에만 관심을 기울인다. 그러므로 상대방을 움직일 수 있는 유일한 방법은 그가 관심을 가지고 있는 것에 대해 이야기를 해 주고 그것을 어떻게 얻을 수 있는지 실제로 보여 주는 것이다.

헨리 포드는 '성공을 위한 비결들 중의 하나는 상대방의 관점을 이해하고 내 관점뿐만 아니라 상대방의 관점에서 사물을 보는 능력이다'라고 말했다. 어떤 세일즈맨이 자신의 서비스나 제품에 우리들의 문제를 어떻게 해결해 줄 수 있는지를 실제로 보여 준다면 그는 굳이 우리들에게 자신의 상품을 팔려 애쓰지 않아도 될 것이다. 고객은 자신이 판매의 대상이 아니라 구매의 주체가 되기를 원한다.

정말로 멋진 아이디어가 떠올랐을 때 다른 사람이 그 아이디어를 사용하도록 만들어야 한다. 그러면 그는 자신이 아이디어를 만들어 냈다고 생각할 것이며 그 아이디어를 좋아하게 되고 어쩌면 그 아이디어를 실제로 구현할는지 모를 일이다.

13.4.2. 상대방으로부터 호감 얻기 위한 행동

우리가 다른 사람들에게 영향력을 미치기 위해서는 우리들의 힘이 상대방에게까지 도달하도록 만드는 방법과 반대로 우리들의 매력이 상대방에게 전달되어 상대방으로 하여금 우리들의 영향력을 스스로 받아들이게 하는 방법이 있다. 후자의 방법을 위해서는 우선적으로 상대방으로부터 호감을 얻어야 한다. 상대방으로부터 호감을 얻기 위한 방법들로는 상대방에 대한 진정한 관심, 미소, 상대방 이름 기억하기, 경청과 대화 유도, 상대방의 관심사에 관해 이야기하기, 상대방이 인정받고 있다는 느낌 갖기 등이 있다.

(1) 상대방에 대한 진정한 관심

우리들은 우리들에게 관심을 갖는 사람들에게 관심을 갖기 마련이다. 사람들의 호감을 사고 싶으면 다른 사람들에게 진정한 관심을 가져야 한다. 데일 카네기는 친구들의 생일을 알아내기 위해 친구에게 생일이 성격이나 기질과 관련성이 있다는 이야기를 믿느냐고 물어본 뒤에 상대방에게 태어난 날을 알려 달라고 하고 상대방이 자리를 뜨는 순간에 자신의 수첩에 상대방의 이름과 생일을 기록해 놓았다고 한다. 그는 매년 초에 친구들의 생일을 달력에 표시해 놓고서 친구의 생일이 오면 축하편지를 보냄으로써 친구로부터 관심을 샀었다고 한다.

친구를 만들고 싶다면 다른 사람을 위해 무엇인가를 해 주려고 노력해야 한다. 여기에는 시간과 정력, 이타심, 신중함 등이 필요하기 마련이다. 외국 친구를 만들기 위해서는 상대방의 언어로 대화를 나누기 위해 그 나라 언어를 배울 필요가 있다. 친구를 만들고 싶다면 활기 넘치고 적극적인 태도로 사람들을 맞이해야 한다. 전화를 받을 때에도 '여보세요'라는 한마디로 상대방의 전화를 받게 되어 얼마나 기뻐하는지를 표현해야 한다.

(2) 미소

때로는 행동이 그 어떤 말보다 더 많은 것을 전달한다. 그중에서도 미소는 '당신을 만나서 기쁘다. 당신을 좋아한다'라는 뜻을 전한다. 강아지들은 주인을 보면 반가워서 어쩔 줄 모르는데 이러한 행동이 주인으로 하여금 강아지들을 좋아하게 만드는 것이다.

거짓 웃음은 기계적이라는 것을 알아차릴 수 있기 때문에 조금도 반갑지 않다. 우리들이 상대방에게 보여 줘야 할 것은 진짜 미소, 즉 마음을 따뜻하게 해 주는 미소, 마음속으로 우러나오는 미소 등이다. 그러나 때로는 우리들의 기분이 좋지 않아서 도저히 웃을 수가 없을 수 있다.

웃고 싶은 생각이 들지 않을 때에는 억지로라도 웃으려고 스스로 노력해야 한다. 주위에 아무도 없는 곳에서는 콧노래를 부르든가 휘파람이라도 불어 보도록 한다. 또한 우리들이 이미 행복한 사람인 것처럼 행동하는 것이다. 그러면 저절로 행복해질 것이다. 유쾌함이 사라졌을 때 유쾌해지기 위한 최고의 자발적인 방법은 유쾌한 마음을 가지고 이미 유쾌한 것처럼 행동하고 이야기하는 것이라고 한다. 옛날 중국인들의 속담에 '웃는 얼굴이 아니면 가게를 열지 말라'라는 말이 있다. 사람들로부터 호감을 사려면 웃어야 한다.

(3) 상대방 이름 기억하기

사람들은 누구나 자신의 이름을 자랑스럽게 여기기 때문에 자신

의 이름을 영원히 남기고 싶어 한다. 사람들이 이름을 기억하지 못
하는 이유는 이름을 기억하는 데 필요한 시간과 정력을 기울이지 않
기 때문이다. 사람들이 너무 바쁘다는 이유를 대지만 이것은 핑계에
불과하다.

어린 시절에 제대로 교육받을 기회도 없었는데 성공한 어느 미국
정치인은 성공의 비결이 무엇이냐는 질문에 대해 5만 명의 이름을
외우고 있다고 대답했다고 한다. 그는 누군가 새로운 사람을 만나면
그 사람의 이름과 가족 관계, 직업, 정치적 성향 등을 파악해서 그
사람의 얼굴과 함께 기억해 놓았다고 한다. 1년이 지난 뒤에라도 그
사람을 만나서는 부인과 아이들은 잘 지내는지, 뒷마당에 있는 장미
꽃이 시들지 않았는지 등을 물어볼 수 있었다고 한다.

(4) 경청과 대화 유도

상대방의 말을 잘 들어주는 것은 그 사람으로 하여금 신 나게 말
하도록 해 준다. 경청이야말로 상대방에게 관심을 표명하며 상대방
의 기분을 좋게 해 주는 행동이다. 잭 우드포드는 '상대방의 이야기
를 열중해서 들어주는 것은 거의 모든 사람이 좋아할 수밖에 없는
은근한 아부이다'라고 말했다.

남북전쟁이 한창이던 때 링컨은 옛 친구에게 편지를 보내 상의할
것이 있으니 워싱턴으로 와 달라고 부탁했다. 친구가 백악관에 도착
하자 링컨은 노예해방 선언을 하는 것이 적절한가에 대해 몇 시간 동
안이나 이야기를 했다. 또한 그러한 움직임에 대한 찬반 의견을 검토
하고 신문에 실린 기사와 의견들을 읽어 주었다. 몇 시간 동안 이야
기를 한 뒤 링컨은 악수를 하고 잘 가라며 옛 친구를 집으로 돌려보
냈다. 링컨은 친구의 의견을 물어보지도 않았다. 링컨 혼자만 계속

이야기했던 것이다. 링컨이 필요로 한 것은 조언이 아니라 자신이 짐을 벗을 수 있도록 편안하게 공감하며 들어줄 사람이었을 뿐이다.

우리가 어떤 문제에 부닥쳤을 때에도 필요한 것은 바로 이런 것이고 대부분의 화난 고객, 불만에 찬 종업원, 상처를 받은 친구가 원하는 것도 이것이다. 사람들로부터 호감을 사고 싶다면 잘 듣는 사람이 되어야 한다. 또한 상대방이 스스로에 대해 말하도록 이끌어야 한다.

(5) 상대방의 관심사에 관해 이야기하기

시어도어 루스벨트 대통령은 손님이 온다는 말을 들으면 그 전날 밤 늦게까지 손님이 관심을 가지고 있는 주제에 관해 독서를 했다고 한다. 그는 '상대방의 마음을 여는 열쇠는 상대방이 가장 소중하게 생각하는 것에 대해 이야기하는 것'이라는 사실을 알고 있었던 것이다.

어떤 회사로부터 사업권을 따내기 위해서는 그 회사의 책임자가 어떤 분야에 관심을 가지고 있는지를 파악하여 그러한 내용에 관해 이야기를 나누어야 한다. 책임자에게 아무리 열정을 가지고 사업에 관해 이야기해도 실패했던 사람이 책임자가 골프를 좋아한다는 사실을 알고부터 골프에 대한 이야기를 시작으로 자신도 골프를 잘 치고 싶다느니, 시간 있을 때에 함께 골프를 치자고 제안함으로써 사업권을 따낼 수 있었다고 한다. 따라서 사람들로부터 호감을 사려면 상대방의 관심사에 관해 이야기해야 한다.

(6) 상대방이 인정받고 있다는 느낌 갖게 하기

상대방으로 하여금 자신이 인정받는다는 느낌을 갖게 하는 것이야말로 인간관계 성공의 열쇠이다. 다른 사람들로부터 인정받고 싶어 하는 욕망은 인간 본성에서 가장 깊은 충동이다.

우리들은 주변 사람들로부터 인정을 받고 싶어 하고 그들이 우리들의 진가를 알아주기를 원한다. 가식적인 싸구려 아부가 아니라 진정 어린 칭찬을 갈망한다. 거의 모든 사람이 자신을 매우 중요한 존재로 여긴다. 그것은 국가의 경우도 마찬가지이다. 모든 국가는 다른 나라들보다 자기 나라가 우월하다고 생각한다. 여기에서 애국심이 생겨나게 되고 전쟁도 일으키게 된다.

모든 사람은 자신에게 남보다 우월한 부분이 있다고 생각한다. 그러므로 상대방의 마음을 사로잡는 확실한 방법은 적어도 그의 자그마한 세상에서는 가장 중요한 사람이라는 것을 우리들이 진심으로 받아들이고 또한 우리들의 그러한 생각을 상대방으로 하여금 은연중에 알게 하는 것이다.

13.4.3. 상대방 설득 방법

데일 카네기는 12가지의 상대방 설득 방법을 제시하였다. 우리는 어떤 문제 해결에 대해 상대방과 다르게 생각하기도 한다. 상대방이 우리들의 뜻대로 따라주기를 바라지만 이러한 생각은 상대방도 마찬가지이니 처음에는 사소한 차이로 출발하다가도 어느새 종잡을 수 없을 정도로 상대방과의 의견 차이는 더욱 더 커지기도 한다. 이러한 상황에서 우리들은 상대방을 어떻게 설득할 수 있을까?

인간관계를 통해 자신의 인적 자산을 늘릴 뿐만 아니라 상대방과 부딪치는 일들을 슬기롭게 해결하기 위해서는 다양한 설득 방법들, 즉 논쟁 회피, 상대방의 의견 존중, 잘못 인정, 우호적 행동, 긍정 대답 얻어 내기, 상대방이 더 많이 이야기하도록 유도, 협력 이끌어 내기, 상대방의 입장 이해, 상대방의 생각에 대한 공감, 상대방에게 고

상한 동기로 호소하기, 우리들의 생각을 극적으로 표현하기, 도전 의욕 고취 등을 습득하여 생활화하여야 한다.

(1) 논쟁 회피

논쟁에서 이기는 방법은 논쟁을 피하는 것밖에는 없다. 논쟁은 언제나 양측 참가자 모두가 이전보다 더 확실하게 자신이 옳다고 생각하는 것으로 끝난다. 논쟁으로는 상대방을 이길 수 없다. 만일 우리들이 상대방 논리의 허점을 공격하여 상대방을 꼼짝 못하게 하면 우리들의 기분이야 좋겠지만 상대방에게 열등감을 느끼게 하고 상대방의 자존심을 짓밟아 버리는 결과가 된다. 상대방은 우리들의 승리에 대해 되받아쳐 줄 계획을 갖게 될 것이다.

상대방과 논쟁할 때에 우리들이 완벽하게 옳은 경우도 있을 수 있지만 상대방의 마음을 돌리는 일은 옳고 그른 것과는 전혀 상관이 없다. 석가모니는 '미움은 결코 미움으로 해결할 수 없다. 사랑으로만 해결할 수 있다'라고 말했다. 오해 또는 논쟁은 상대방과의 입씨름으로 풀리지 않는다. 상대방의 심정을 헤아려 적절하게 대응하고 상대를 위로하면서 상대방 관점에서 보고자 할 때에야 풀리게 되어 있다.

(2) 상대방의 의견 존중

우리들은 상대방이 틀린 내용을 이야기해도 절대로 상대방에게 이를 표현해서는 안 된다. 만일 상대방이 틀렸다는 사실을 우리들이 말로써 증명하려 한다면 이는 상대방의 생각이 우리들 생각보다 나쁘니 생각을 바꾸라고 하는 뜻으로 들리게 된다. 이것은 대립을 만들어서 상대방으로 하여금 우리들과 싸우고 싶은 마음을 가지게 한다. 아무리 우호적인 상황 속에서도 상대방의 마음을 바꾸기란 여간 어려운 일이 아니다.

무엇인가를 증명하고 싶다면 아무도 눈치 채지 못하게 해야 한다. 교묘하고 기술적으로 처리하여 아무도 우리들이 하는 일을 알지 못하게 해야 하는 것이다. 영국의 시인 알렉산더 포프는 '가르치지 않는 듯이 가르쳐라. 상대방이 이미 알고 있는 내용인 것처럼 알려주어라'라고 말했다. 또한 체스터필드 경은 자신의 아들에게 '다른 사람보다 현명한 사람이 되어라. 그러나 내가 더 현명하다고 상대방에게 말하지 마라'고 훈계하였다고 한다.

만일 우리들이 보기에 상대방이 틀린 발언을 하더라도 '내가 틀릴 수도 있다. 사실을 살펴보자'라는 말로 시작하는 것이 나을 것이다. 논리적인 사람은 거의 없다. 대부분의 사람은 선입견과 편향된 생각을 가지고 있다. 우리 자신들이 가지고 있는 관념, 질투, 의심, 공포, 시기, 자부심 등이 우리들의 눈을 가리고 있다. 그리고 대부분의 사람은 자신의 종교, 헤어스타일, 좋아하는 연예인 등에 대한 생각을 바꾸려 하지 않는다.

우리는 가끔 아무런 저항이나 동요 없이 우리들의 생각을 바꾸려다가도 남으로부터 틀렸다는 이야기를 들으면 그 지적에 반감을 품고서는 우리들의 생각이 더 굳어진다. 우리는 신념의 형성과정에는 믿을 수 없을 정도로 무신경하다가도 누군가가 그 신념을 빼앗으려고 하면 그 신념에 쓸데없이 집착하게 된다. 우리가 소중히 여기는 것은 사고 그 자체가 아니라 위기에 처해 있는 우리의 자존심이다.

우리는 다른 사람의 감정에 정면으로 반박하는 것은 물론이고 내 감정을 적극적으로 주장하는 것도 삼가야 한다. 말을 할 때에 고정된 의견이라는 뜻을 암시하는 말이나 표현, 예를 들어 '확실히', '의심할 바 없이' 등의 말을 삼가고 그 대신에 '네 생각에는', '추측하기로는', '현재 상태에서는' 등의 말을 사용하는 편이 나을 것이다.

(3) 잘못 인정

상대를 설득하고 싶으면 우리가 잘못을 했을 경우에는 빨리 그리고 분명하게 잘못을 인정해야 한다. 우리가 옳을 경우에는 은근하고 교묘하게 상대방이 우리에게 동의하도록 만들려고 노력해야 하지만 틀린 경우에는 우리의 실수를 빨리 인정해야 한다. 우리가 어떠한 잘못을 하여 비판받을 상황이라면 다른 사람이 나서기 전에 우리가 스스로를 비판하는 편이 더 낫다. 먼저 선수를 쳐서 상대가 하고 싶은 이야기를 우리가 먼저 말해 버려야 한다. 그러면 상대가 관대하고 너그러운 태도로 우리들의 실수를 사소한 것으로 만들어 줄 가능성이 높아지는 것이다.

(4) 우호적 행동

누군가 우리에 대한 반감과 악감정을 품고 있다면 이 세상의 어떤 논리로도 그 사람을 설득할 수 없다. 야단치는 부모, 윽박지르는 상사, 잔소리하는 아내들은 자신들의 생각을 바꾸고 싶어 하지 않는다. 억지로 몰고 가거나 강제적으로 설득하려 해도 그들의 의견이 우리들의 의견과 같아지지 않는다. 오히려 우리가 언제까지고 상냥하고 다정하게 대할 때에 그들이 의견을 바꿀 가능성이 높아진다.

사업가들은 파업자들에게 우호적으로 대하는 것이 더 이익이라는 것을 몸소 깨닫는다. 임금인상을 요구하며 파업을 일으킬 때에 회사 사장이 화를 내거나 비난, 협박하면서 독재나 공산주의를 들먹이지 않고 오히려 평화적으로 파업에 돌입한 것에 대해 찬사를 보낸다면 파업은 그다지 오래 가지 않을 것이다.

상대방이 두 주먹을 불끈 쥐고 우리들에게 다가오면 그 순간 우리도 두 주먹을 불끈 쥐고 상대방을 맞상대하게 된다. 그러나 상대방이 우리에게 와서 함께 상의해 보자라든가 서로 다른 의견이 있으면 왜 서로 다른지, 차이가 무엇인지 한번 알아보자고 말해 주면 우리는 서로 의견 차이가 크지 않고 차이점보다 공통점이 더 많으며 화합하고자 하는 의지와 솔직함, 그리고 인내만 있으면 화합할 수 있다는 것을 알게 된다.

친절, 우호적 행동, 칭찬 등은 세상 어떤 비난과 질책보다도 더 쉽게 사람들의 마음을 바꾸어 놓을 수 있다. 상대방을 설득하고 싶으면 우호적 행동을 보여 줘야 한다.

(5) 긍정 대답 얻어 내기

상대방을 설득하고 싶으면 상대방이 선뜻 '예'라고 대답할 수 있도록 만들어야 한다. 누군가 '아니오'라고 대답하면 그의 분비기관, 신경, 근육 등의 유기체가 집결하여 거부의 상태를 만들어 낸다. 즉, 신경과 근육의 전 체계가 수용에 대한 거부태세를 취하게 된다. 또한 누구든지 일단 '아니오'라고 말해 버리면 자신의 모든 자존심이 일관성을 지키도록 요구하게 된다. 그가 나중에 '아니오'라는 대답이 잘못된 것이라고 느낀다 해도 이미 소중한 자존심이 걸린 문제가 되어 버려서 '아니오'라는 대답에 집착하지 않을 수 없다.

이와 반대로 '예' 하고 대답하면 위축 반응이 나타나지 않는다. 유기체는 전향적이고 수용적이며 개방적인 자세를 취하게 된다. 그러므로 시작하면서 '예'라는 대답을 많이 끌어낼수록 최종적인 제안으로 상대방의 관심을 유도할 수 있는 가능성이 높아진다. 그러므로 상대방을 설득하기 위해서는 상대방이 긍정적인 방향으로 시작하도록 유도하는 것이 가장 중요하다.

(6) 상대방이 더 많이 이야기하도록 유도

상대방의 말에 동의하고 싶지 않은 마음이 들 때마다 우리들은 중
간에 말대꾸를 하고 싶은 유혹을 느끼게 된다. 그러나 이러한 행동
은 위험한 것이다. 상대방이 하고 싶은 말이 많이 있으면 우리들에
게는 조금도 관심을 기울이지 않을 것이다. 그러니 참을성 있게 그
리고 열린 마음으로 듣고 있어야 한다. 상대방이 자신의 생각을 충
분히 표현할 수 있도록 이끌어 줘야 한다.

우리는 겸손해야 한다. 우리들은 대단한 존재들이 아니다. 자기 자
랑일랑 그만두고 상대방이 이야기하도록 이끌어야 한다. 앞으로 100
년쯤 지나고 나면 우리들은 모두 죽어서 사람들의 기억에서 완전히
사라지고 없을 것이다. 얼마 되지도 않는 업적 자랑으로 다른 사람들
을 지겹도록 만드는 것으로는 우리 인생이 너무 짧다. 상대방을 설득
하고 싶으면 나보다도 상대방이 더 많이 이야기하게 해야 한다.

(7) 협력 이끌어 내기

남의 아이디어가 아무리 우수해도 우리들이 전혀 참여하지 않은
아이디어라면 우리들 자신이 애써 발견한 아이디어보다 신뢰감이
떨어지기 마련이다. 따라서 우리들의 아이디어를 다른 사람에게 억
지로 받아들이도록 애쓰는 것은 잘못된 판단이다. 약간의 힌트만을
제시하고 상대방이 스스로 결론에 도달하도록 유도하는 것이 훨씬
현명한 행동이다.

대통령이 중요한 자리에 인사가 있을 경우 반대자 그룹에게 추천
을 부탁하면 처음에는 별 볼 일 없는 정치인을 추천하겠지만 몇 번

이고 다시 부탁하면 그 자리에 적합한 사람을 추천하게 될 것이다. 이때에 대통령은 그 사람을 그 자리에 임명하고 나서 훌륭한 사람을 그 자리에 임명하게 된 것은 반대자 그룹 덕분이라고 공을 돌림으로써 정치적 협력관계를 이끌어 갈 수 있는 것이다.

(8) 상대방의 입장 이해

상대방이 완전히 틀린 경우에도 상대방은 자신이 틀렸다고 생각하지 않는다. 상대방이 완전히 틀렸더라도 절대로 상대방을 비난해서는 안 된다. 대신에 상대방을 이해하려고 노력해야 한다. 상대방이 그렇게 생각하고 행동하는 데는 이유가 있기 마련이다. 그 숨겨진 이유를 찾아내면 상대방의 행동도 이해할 수 있고 어쩌면 그의 성격까지도 이해할 수 있게 된다. 사람을 잘 다루고 못 다룸은 상대방의 입장을 얼마나 잘 이해하느냐에 달려 있다.

우리들이 언제나 상대방의 입장에서 생각하고 우리들 자신과 상대방의 관점 둘 다를 가지고 사물을 보려는 경향이 늘어난다면 그것은 우리들의 앞날에 커다란 이정표가 될 것임에 틀림없다. 상대방의 기분을 상하지 않고 상대를 변화시키려면 상대방의 입장에서 사물을 보려고 진정으로 노력해야 한다.

(9) 상대방의 생각에 대한 공감

상대방과의 논쟁을 그치게 하고 반감을 없애 주며 호의를 불러일으키게 하려면 '상대방이 그렇게 생각하는 것에 대해 당연하다'라는 말부터 시작해야 한다. 우리들은 잘나서 지금의 우리들이 된 것이 아니다. 우리에게 화를 내며 고집불통인 사람들도 그렇게 된 데는 이유가 있기 마련이다. 불쌍하게 여기는 마음을 가져야 한다. 동정하는 마음을 가져야 한다. 이해하는 마음을 가져야 한다. 우리들이 만나는 사람들 중 3/4은 공감에 굶주리고 목마른 사람들이다. 우리들이 그들에게 공감하는 모습으로 다가가면 그들은 자연히 우리들을 사랑하게 된다.

상대방이 화를 참지 못하고 무례한 행동을 보일 때에도 우리들은 꾹 참아야 한다. 상대방의 적대감을 호의로 바꿔 놓는 것을 하나의 게임으로 생각하며 상대방에게 사과부터 시작하고 상대방의 입장을 공감하면 상대방도 우리들에게 사과하고 우리들 입장에 공감하게 된다. 상대방을 설득하고 싶으면 상대방의 생각에 공감해야 한다.

(10) 상대방에게 고상한 동기로 호소하기

사람들이 어떤 행동을 하는 데에는 대개 두 가지 이유, 즉 그럴듯해 보이는 이유와 진짜 이유가 있다고 한다. 인간은 자신의 진짜 이유를 고려하기 마련이지만 모든 인간은 마음으로는 이상주의자이기 때문에 그럴듯해 보이는 이유도 고려하고 싶어 한다. 그러므로 상대방을 변화시키고 싶으면 그럴듯하게 고상한 동기에 호소해야 한다.

상대방에게 어떤 말을 전달할 때에 직접적인 이유보다는 그럴듯한 이유를 대면서 상대방을 설득해야 한다. 예를 들어서 자신이 공개하고 싶지 않은 사진이 신문에 실렸을 경우에 그 사진을 빼 달라고 이야기하는 것보다는 어머님이 좋아하지 않으니 그 사진을 더 이상 사용하지 말아 달라는 부탁이 훨씬 효과적인 것이다. 사람이면 누구나 지니고 있는 어머니에 대한 존경과 사랑에 호소하는 것이 훨씬 좋은 결과를 낳는 것이다. 따라서 상대방을 설득하고 싶으면 상대방에게 고상한 동기로 호소해야 한다.

(11) 우리들의 생각을 극적으로 표현하기

상대방을 설득하고 싶으면 우리들의 생각을 극적으로 표현해야 한다. 그냥 단순하게 우리들의 생각만을 상대방에게 전달해서는 우리들의 진심을 전달할 수 없는 경우가 있다. 예를 들어서 상대방이 우리들의 어떤 부분에 대해 의심을 하고 있다고 생각되면 그 부분뿐만 아니라 그 부분과 관련되어 있는 모든 부분을 상대방에게 공개할 필요가 있다. 또한 소비자들이 우리들의 회사에 대해 나쁜 인상을 가지고 있다면 극적으로 표현하여 그들로부터 신뢰를 받을 수 있어야 한다.

현대는 연출의 시대이다. 단순히 사실을 말하는 것만으로는 부족하다. 사실을 생생하고 재미있게 극적으로 제시해야 한다. 쇼맨십을 사용하지 않으면 안 되는 경우도 있는 것이다. 영화나 라디오, TV, 인터넷 등에서도 그렇게 하고 있다. 관심을 끌고 싶으면 우리들도 그렇게 하지 않으면 안 된다.

(12) 도전 의욕 고취

성공한 사람이라면 게임, 자기표현의 기회, 자신의 가치를 증명하고 싶어 하며 남보다 앞서고 이길 수 있는 기회 등을 좋아한다. 도보 경주나 고함지르기 시합, 짜장면 빨리 먹기 대회 등이 열리는 이유가 바로 여기에 있다. 남보다 앞서고자 하는 욕망, 남에게 인정받고자 하는 욕망을 고려하여 여러 가지 대회가 개최되는 것이다. 그러므로 다른 사람, 그중에서도 용기 있는 사람, 정렬적인 사람을 설득하고 싶으면 도전 의욕을 불러일으켜야 한다.

13.4.4. 상대방을 변화시키기 위한 방법

우리들은 혼자서 일할 때도 있지만 주변사람들과 협동하여 업무를 수행할 때도 있고 상대방으로부터 도움을 구해야 할 때도 있다. 그런데 상대방의 행동은 우리들의 의도와 일치하지 않을 때가 종종 있다. 우리들이 기분에 따라 일에 대한 의욕이 떨어지거나 의기소침하여 일하고 싶은 생각이 사라질 때가 있으며 주변사람들과 대화마저도 귀찮게 느껴질 때가 있다. 이러한 태도는 상대방에게도 마찬가지로 일어난다. 상대방을 변화시키기 위한 방법에는 어떤 것들이 있을까?

(1) 칭찬과 감사의 말로 시작하기

사람은 자신의 장점에 대해 칭찬을 받고 나면 안 좋은 소리를 훨씬 편안하게 들을 수 있게 된다. 아랫사람이 우리들을 대신하여 보고서를 작성해 왔는데 그 보고서 내용이 마음에 들지 않을 경우라도 아랫사람에게 칭찬과 감사의 말을 건네야 한다. 예를 들어서 '보고서 구성이 아주 잘 되었네. 글자 크기도 적당하구만. 정말로 멋진 보고서가 되었네. 수고했어'라는 칭찬의 말로 시작해야 한다. 그런 후에 '그런데 이 부분의 설명을 그래프로 나타내면 좋을 것 같은데. 어떻게 가능하겠는가?'라고 말하면 아랫사람은 신이 나서 기분 좋게 보고서를 수정해 올 것이다. 이와 같이 반감이나 반발을 사지 않으면서 다른 사람을 변화시키고 싶으면 칭찬과 함께 솔직한 감사의 말로 시작해야 한다.

(2) 상대의 실수를 간접적으로 지적하기

'금연' 표지가 붙어 있는 공장 건물 내에서 담배를 피우고 있는 직원들을 만나면 사장은 어떻게 해야 할까? 사장이 직원들을 향해 금연이라는 글자를 몰라서 여기에서 담배를 피우냐고 야단친다면 사장은 직원들로부터 반감을 사게 될 것이다. 그 대신에 '이보게들, 오늘은 날씨가 참 좋은데 맑은 하늘을 보면서 담배피우면 좋을 것 같네'라고 말을 건넨다면 직원들은 자신들의 규칙 위반 사실에 미안해할 것이다. 그러므로 반감이나 반발 없이 상대방을 변화시키고자 한다면 상대방의 실수를 간접적으로 지적해야 한다.

(3) 상대방에 대한 비판보다 먼저 자신의 잘못에 대해 언급하기

선배 직원이 후배 직원과 함께 일하다 보면 후배 직원이 하는 일들에 대해 개선의 여지가 많다고 느끼게 된다. 이럴 때에 신배 직원은 후배 직원에게 야단을 칠 것이 아니라 말단 사원 시절의 자신의 모습을 떠올려 보아야 한다. 자신은 선배 직원으로부터 칭찬과 격려를 받고 싶어 했을 것이며 야단을 맞으면 오히려 주눅이 들어 일이 훨씬 잘못 되었던 시절을 상기시켜 보는 것이다. 그러고서 후배 직원에게 '자네, 여기에 실수한 것이 있네. 그런데 생각해 보면 나는 자네보다 더 큰 실수를 많이도 했었네. 자네는 그 시절의 나보다 훨씬 잘하고 있네'라는 말로써 격려해 준다면 후배 직원은 자신의 실수를 인정하고 다음부터는 조심하게 될 것이다.

이와 같이 비판을 하는 사람이 먼저 겸손하게 자신도 완벽한 사람이 아니라는 것을 인정하면서 시작한다면 상대방이 조금은 받아들이기 수월할 것이다. 그러므로 반감이나 반발 없이 상대방을 변화시키고 싶으면 상대방을 비판하기 전에 자신의 잘못에 대해 먼저 이야기해야 한다.

(4) 명령 대신에 제안

성공한 사람은 언제나 상대방에게 명령을 하는 대신에 제안을 한다. 그는 절대로 '이래라 저래라, 혹은 이렇게 하지 마라, 저렇게 하지 마라'고 말하지 않고 언제나 '이런 것도 고려하면 어떨까요? 이렇게 하면 될 것 같나요?'라고 말한다는 것이다.

그는 언제나 사람들에게 스스로 직접 일을 처리할 수 있도록 기회를 준다. 또한 상대방의 자존심을 살려 주고 상대방이 인정받고 있다는 생각이 들도록 한다. 그러므로 반감이나 반발 없이 상대를 변화시키고 싶으면 직접적으로 명령하지 말고 그 대신에 제안을 해야 한다.

(5) 상대방의 체면 세워 주기

상대방의 체면을 세워 주는 일은 절대적으로 중요하다. 회사에서 잉여 인력을 내보낼 때에 '어려운 환경 속에서도 지금까지 회사 일을 정말로 잘해 주셨습니다. 능력이 있는 분이시니 어디에서 일을 하셔도 잘하실 수 있을 것입니다. 우리 회사가 언제나 성원을 보내고 있다는 점을 잊지 말아 주세요'라고 말을 해야 한다.

전쟁에서 승리한 어느 장군이 온몸으로 감싸오는 승리의 기쁨 속에서도 적장에게 '전쟁이란 게임과 같아서 뛰어난 사람이 지는 경우도 있습니다'라는 말로 상대방의 체면을 살려 주었다고 한다. 반감이나 반발을 사지 않으면서 상대방을 변화시키려면 상대방의 체면을 세워 주어야 한다.

(6) 진심 어린 인정과 아낌없는 칭찬

수학 실력이 모자란다고 꾸중 받던 학생이 다음 학년에서 만난 다른 선생님으로부터 수학에 소질이 있다고 칭찬을 받고부터는 수학

공부가 좋아졌고 그래서 수학 공부를 열심히 하게 되어 수학실력자가 되었다는 이야기가 있다. 이와 같이 상대방을 인정해 주고 칭찬해 주면 상대방은 스스로 잠재력을 발휘하여 제대로 된 실력을 발휘할 수 있게 된다.

인간은 습관상 활용하지 못하고 있는 다양한 종류의 능력을 소유하고 있다고 한다. 그러한 능력들 중에는 상대방을 칭찬하고 영감을 불어넣어서 상대방으로 하여금 스스로의 잠재 능력을 깨닫도록 하는 마법의 능력도 포함되어 있다고 한다. 그러므로 반감이나 반발 없이 상대방을 설득하고 싶으면 조금의 일이라도 진심으로 인정하고 아낌없이 칭찬해야 한다.

(7) 상대방에 대해 좋게 평판하기

대부분의 사람은 존경하는 사람으로부터 자신들의 어떤 능력에 대해 높이 평가받고 있음을 인식하는 경우에는 그 사람이 이끄는 대로 쉽게 움직인다고 한다. 상대방에게 어떤 장점을 개발시켜 주고 싶으면 공개적으로 상대방이 그런 장점을 가지고 있다고 말하는 것이 바람직하다. 상대방에게 그가 지키고 싶을 만한 괜찮은 평판을 주어야 한다. 그러면 상대방은 우리들에게 실망을 주지 않으려고 열심히 노력하는 편을 택하게 된다.

사람은 누구나 자신이 정직하다는 평판이 나면 그 평판대로 살려한다. 어느 교도소 소장은 '악당을 다룰 수 있는 유일한 방법은 그를 존경할 만한 사람처럼 대해 주는 것뿐이다. 그렇게 대해 주면 누군가 자신을 믿어 준다는 것에 뿌듯하여 그도 대우에 걸맞게 행동하게 된다'고 말했다. 그러므로 반감이나 반발을 사지 않으면서 상대방의 행동에 영향을 미치고자 한다면 상대방이 지키고 싶어 하는 좋은 평판을 해 주어야 한다.

(8) 고치기 쉬운 잘못이라고 말해 주기

우리들이 주변 사람들에게 멍청하다느니 무능하다느니 재능이 없다느니 하고 말한다면 그것은 개선을 위해 노력하는 그들의 의욕을 모조리 꺾어 놓는 일이 된다. 그 반대의 방법을 사용해야 한다. 격려를 아끼지 말아야 한다. 쉽게 할 수 있는 일이라고 말해 주어야 한다. 상대방이 그러한 일 수행에 대한 능력을 가지고 있다고 우리들이 믿고 있음을 상대방에게 보여 주고 상대방에게 감춰진 재능이 있음을 알려야 한다. 그러면 그는 더 나아지기 위해 밤낮을 가리지 않고 노력할 것이다.

그러므로 반감이나 반발을 사지 않으면서 사람을 변화시키고 싶으면 격려해 줘야 하고 고쳐 주고 싶은 잘못이 있으면 그것이 고치기 쉬운 것으로 보이게 해 줘야 한다. 또한 상대방이 하고 싶은 일은 하기 쉬운 것으로 보이게 해야 한다.

(9) 상대방으로 하여금 우리의 제안을 수행토록 하기

바쁜 일정으로 많은 강연 초청에 거절해야만 하는 사람이 있었다. 그는 거절을 하더라도 너무 바쁘다거나 이런저런 사정이 있어서라고 이야기만 하지 않았다. 초청에 대한 감사의 뜻과 초청을 받아들일 수 없는 자신의 상황에 대한 유감의 뜻을 표현한 뒤에 자신을 대신할 만한 강연자를 추천했다. 그는 절대로 상대방에게 거절당해서 기분 나빠할 틈을 주지 않았다. 순식간에 상대방의 생각을 자기 대신 구할 수 있는 다른 강연자에게로 돌려 놓은 것이었다.

아이들이 잔디밭으로 마구 뛰어다니며 잔디를 망가뜨려서 골치

아파한 어느 부인은 그 아이들 중에서 대장 노릇하는 꼬마에게 '탐정'이라는 칭호를 주고 아이들이 잔디밭에 들어가지 못하도록 하는 일을 맡겼다고 한다. 그러자 문제는 깨끗이 해결되어 버렸다. 그 탐정은 아이들에게 잔디밭에 들어가기만 하면 뜨거운 맛을 보여 주겠다고 겁을 주었다고 한다. 이러한 것이 인간의 본성이다. 그러므로 반감이나 반발을 사지 않고 상대방을 변화시키고 싶으면 우리가 제안하는 것을 상대방이 기꺼이 하게 만들어야 한다.

14_명상

14.1. 개요

성공은 우리가 세운 목표를 달성하는 것이다. 우리의 목표들 중에는 졸업, 합격, 취직, 진급, 사업발전, 건강, 화목 등 여러 가지가 포함되어 있다. 우리가 세운 목표지점에 도달하기 위한 여정이 결코 만만하지 않은 코스인 것은 분명하다. 사람은 자신이 달성하기 쉬운 도달점을 목표라 하지 않는 경향이 있는 만큼 성공하기 위해서는 부단한 의지와 노력이 요구되는 것이다.

그러나 성공은 결과 못지않게 과정 또한 중요시되어야 한다. 오로지 성공만을 위해 온갖 고난을 무릅쓰고 의지를 불태우며 목표점에 도달한다고 해도 실제로 느낄 수 있는 행복감은 그리 오래가지 않을 것이다. 성공에 집착하다 보면 목적이 수단과 뒤바뀌어 오히려 행복감은 저 멀리 사라져 버리고 스트레스만 잔뜩 우리의 온몸을 뒤흔들어 버릴 우려도 있다. 성공은 우리들로 하여금 행복감을 느끼게 해주는 하나의 수단이 되어야 한다. 우리가 세운 목표지점에 도착하는 결과 못지않게 그 지점을 향하여 한 걸음씩 전진해 나아가는 과정상에서도 마음의 안정감과 행복감이 필요하다. 이러한 과정상의 마음 평안함을 위한 하나의 방법으로 명상이 있다.

우리들은 특별한 일이 없을 때 대부분 생각을 하고 있다. 생각은 수없이 다양한 모습을 띠며 계속해서 우리에게 일어난다. 이렇게 우리의 '기본 설정값'은 자각(알아차림)이 아니라 생각인 것이다. 우리의 생각하는 능력은 인류의 가장 놀라운 능력들 중의 하나로서 과학, 수학, 철학의 위대한 업적들뿐만 아니라 시, 문학, 음악, 인류문화 등의 가장 위대한 작품들도 모두 생각으로부터 얻어진 값진 결과물들이다. 이 모든 것이 인간의 정신에서 나왔으며 인간 정신의 대부분은 우리의 사고 능력에서 나온다. 그러나 생각을 자각이라는 보다 큰 장(場)에 담아서 살피지 않는다면 생각은 우리의 통제력을 벗어나서 문제를 일으킬 수 있다. 제대로 살피지 않은 유해한 감정과 결합되어 일어나는 생각은 우리 자신과 타인, 그리고 어쩌면 세상에 커다란 고통을 끼칠 수도 있다.

자각은 무엇이든지 담을 수 있는 커다란 그릇이며 어떤 생각과 감정이라도 그것에 조금도 붙들리지 않은 채 그것을 품어 안을 수 있다. 우리가 자각이라는 능력을 타고난 것은 마치 우리가 생각하고 느낄 수 있는 능력, 눈으로 사물을 보는 능력을 타고난 것과 결코 다르지 않다. 자각은 생각의 도움 없이도 지금 이 순간 우리가 숨을 쉬고 있고 소리를 듣고 있으며 마음이라는 텅 빈 공간에서 생각이 일어나고 있다는 것을 직접적으로 알고 느낀다.

생각을 무한하고 영원한 자각이라는 장에서 일어난 뒤 머물다가 사라지는 사건으로 단순하게 인식할 수 있다면 생각이라는 것이 자기 해방적이라는 사실을 알 수 있다. 생각을 이런 식으로 자각 속에

담을 때에 우리는 생각이 삶에 대한 우리의 반응을 지배하고 명령하는 힘을 쉽게 잃어버리는 것을 확인할 수 있다. 이렇게 할 때에 생각은 우리를 가두는 형무소가 아니라 우리가 적절하게 다룰 수 있는 무엇이 된다. 생각을 자각의 장에서 일어나는 사건으로 인식하면 조금은 더 자유로워진다.

14.2. 명상 수련

장현갑 교수는 그의 저서 『명상에 답이 있다』에서 명상 수련으로 신체적・정서적・심리적・영성적 이점 등을 얻을 수 있다고 설명했다. 그러나 이러한 다양한 이점들은 명상을 하루 이틀 했다고 하여 금방 나타나지 않는다. 매일 규칙적으로 꾸준하게 하다 보면 점진적으로 나타나게 된다. 운동을 신체 수련으로 간주한다면 명상은 바로 마음 수련이다.

14.2.1. 명상의 신체적 영향

불안이나 우울 또는 긴장과 같은 스트레스에 사로잡혀 있는 사람들이 명상을 하게 되면 과다한 흥분파가 조금씩 진정되면서 좌측 전두엽 피질이 활발하게 활동하게 된다. 이러한 현상은 바로 심리적으로 안정감을 느끼면서 스트레스를 받지 않는다는 것을 의미한다.

명상에 의해 일어날 수 있는 다양한 신체적 영향은 다음과 같다.

① 혈압이 내려가고 심장박동이 느려진다.

② 두통이 줄어든다.

③ 수면에 빨리 들게 되고 깊은 수면에 빠지게 된다.

④ 세로토닌(serotonin)의 분비가 증가: 명상을 하면 항우울제 사용 없이도 자연스럽게 세로토닌 분비가 증가되어 우울증이 개선된다.

⑤ 행복감을 느끼게 해 준다.

⑥ 체중을 조절하는 데 도움: 명상은 스트레스에 대한 인지적 평가를 낮추기 때문에 코르티솔 분비 수준을 감소시켜서 스트레스 관련 호르몬을 방출함으로써 체중 조절에 도움을 준다.

⑦ 각종 통증을 줄임: 통증에 대한 주의의 초점을 다른 곳으로 이동시켜 준다.

⑧ 노화를 늦추고 치매를 예방한다.

⑨ 운동 수행력을 높여 줌: 명상을 하는 사람은 마음과 몸의 연결 관계가 좋아지기 때문에 여러 면에서 운동 수행력이 증가된다.

⑩ 알코올, 흡연, 기타 약물들에 대한 의존심이 줄어들게 된다.

⑪ 면역기능을 강화하여 치유(healing)를 촉진한다.

⑫ 천식의 증후를 경감시킨다.

14.2.2. 명상의 정서적·심리적 영향

명상은 마음의 약으로서 스트레스 관련 신체적 질병을 고칠 수 있는 마법의 약이다. 명상 수행으로 얻을 수 있는 정서적 및 심리적 이점들은 아래와 같다.

① 주의집중력이 높아진다.

② 학습과 기억 능력을 향상시킴: 주의집중 능력이 향상됨으로써 학습과 기억 능력이 증진된다.

③ 창의성 발현에 도움이 됨: 명상을 하게 되면 우리의 마음을 어지럽히는 불안과 긴장감 같은 거품들이 걷히고 마음이 보다 맑고 투명한 상태로 바뀌어 창의적인 아이디어들이 의식선상으로 쉽게 떠오르게 된다.

④ 인간관계가 개선된다.

⑤ 보다 큰 틀에서 사물을 보게 됨: 명상을 하게 되면 사소한 고민들을 하나의 큰 그림 속으로 질서 있게 통합시켜 대범하게 바라볼 수 있게 된다.

⑥ 자신감과 의지가 강해진다.

⑦ 불안이나 공포가 줄어든다.

⑧ 공격성이 감소됨: 분노로 일관했던 행동 패턴이 명상으로 인해 평화적이고 수용적인 패턴으로 바뀌게 되는데 이러한 이유로 분노 조절 프로그램으로 명상이 많은 관심을 끌고 있다.

14.2.3. 명상의 영성적 영향

명상을 위해 어떤 특정 종교를 믿어야 한다거나 영적인 가치에 목표를 둘 필요는 없다. 그러나 만약 영적 가치에 관심이 있다면 다음과 같은 영적 이점을 가질 수 있다.

① 나 자신이나 타인에 대한 알아차림이 증대됨: 명상을 하면 왜 과거에 그런 부질없는 행동을 했는지 그 저의에 대한 이해력이 늘어나게 된다.

② 사랑하고 용서하는 너그러운 마음을 갖게 된다.

③ '나' 중심의 세계관에서 벗어남: 명상을 하게 되면 자기에 대한 인식 능력, 즉 자각력이 늘어나서 '나'라고 하는 존재는 우

주의 한 작은 부분에 지나지 않는다는 것을 실감하게 된다.

④ 집착에서 벗어남: 과거에 무척이나 갈구하던 돈, 소유, 그 밖의 다른 물질적인 것들은 오직 이기적인 것으로 이제는 별로 중요하지 않은 것으로 바라보게 된다.

⑤ 존재 또는 목적의 이유를 발견하는 데 도움을 줌: 명상을 하면 인생에 있어서 무엇인가 의미 있는 일에 기여하며 헌신하고 싶은 일로 목표 지향을 바꾸게 된다.

⑥ 새로운 출구가 보임: 명상을 하면 각성감이 증가하고 마음의 문이 활짝 열리기 때문에 과거에는 보이지 않았던 출구와 기회가 새롭게 보인다.

⑦ 평화가 찾아온다.

14.3. 명상의 종류

마음 수련, 즉 명상은 산란한 마음을 하나의 마음(一念)으로 모으거나 더 나아가 아예 생각이 일어나지 않는 무념(無念) 또는 무상(無想)의 경지에 이르는 것을 목표로 한다. 일반적으로 명상을 크게 두 가지로 분류하면 집중명상(concentration)과 마음챙김명상(mindfulness)으로 나눌 수 있다.

14.3.1. 집중명상

집중명상은 구조화된(structured) 명상으로서 특정한 대상이나 활동 또는 특정한 말이나 개념에 마음의 초점을 두는 명상을 말한다.

(1) 소리명상

계곡의 물소리, 해안가의 파도소리, 숲속의 바람소리, 새소리 등등
특정한 소리의 시작과 변화, 그리고 사라짐에 주의의 초점을 둘 수
있다. 소리명상에서는 특정 소리에만 초점을 두기 위해서 명상을 할
때에 눈을 감는다.

(2) 시각명상

시각명상의 대상으로는 펄럭이는 촛불, 벽시계의 움직이는 추, 자
연의 경관 등이 된다. 시각명상을 할 때는 외부로부터의 소음을 차
단하기 위해 헤드폰을 끼거나 소음이 없는 조용한 장소를 택하는 것
이 좋다.

(3) 특정 활동에 초점 두기

걸어갈 때 팔의 흔들림이나 다리의 움직임과 같은 한 군데 신체
부위의 활동에만 초점을 둔다. 가장 보편적인 활동 명상은 자신의
호흡 활동에 주의의 초점을 두는 호흡명상이다.

(4) 특정한 구절이나 단어의 읊조림에 초점 두기

짧은 구절, 예를 들어 '나는 이완되었다', '나는 행복하다' 등과 같
은 말을 사용한다. 만약 영적인 것에 관심을 둔다면 기도문이나 성
전의 구절을 읊조릴 수도 있다.

(5) 하나의 특정한 개념에 마음 모으기

이를테면 '삶의 근본 목적은 무엇인가?', '사랑이란 무엇인가?',
'용서란 무엇인가?' 등등 특정한 개념에 마음을 모으는 것이다.

14.3.2. 마음챙김명상

마음챙김(mindfulness)명상은 비구조적(unstructured)명상이라고 부르며 '현재 속에 살아가기(living in the now)'라고 비유되기도 한다. 이 명상은 집중명상처럼 어떤 특정 대상에 의식을 집중하지 않고 또한 마음이 방황한다고 해도 개의치 않으며 오직 지금 이 순간 의식 속에 떠오르는 모든 경험을 있는 그대로 수용하는 것을 주된 일로 한다.

마음챙김명상의 요점은 이 명상을 할 때 명상자는 자신의 반응에 함몰되어 있는 것이 아니라 반응으로부터 조금 떨어져 초연한 관찰자의 입장이 된다는 것이다. 마음챙김명상에서 해야 할 일이란 오직 지금 떠오르는 느낌이나 생각을 인정하고 그대로 받아들이는 것이다.

지나간 과거에 대해서나 미래에 해야 할 일에 대해서 염려하고 관여할 필요가 없다. 바로 지금 이 순간에만 충실하게 알아차림 한 채 깨어 있어야 한다. 그래서 지금 이 순간 일어나는 모든 것을 경험하고 관찰하기만 해야 한다.

14.3.3. 파생명상 기법

(1) 활동성 명상

걷기명상처럼 실제로 활동하면서 할 수 있는 명상으로서 자전거 타기, 달리기, 그릇 씻기, 청소하기 등이 있다. 감각이나 느낌에 부수되어 나타나는 기타의 심리적 현상들에 대해서는 해석하거나 판단하지 말고 오직 어떤 활동의 한 측면에만 주의의 초점을 둔다거나 또는 지금 이 순간 나타나는 경험의 알아차림에만 주의의 초점을 둔다.

(2) 개념적 명상

먼저 심신을 이완하고 호흡한 후에 하나의 특정한 개념(예들 들어 사랑이란 무엇인가, 침묵이란 무엇인가, 용서란 무엇인가)을 머릿속에 떠올려 그것에 관해 생각을 시작한다. 이러는 동안 온갖 잡동사니 생각들이 마음속에 떠오를 것이다. 단지 이런 잡념들이 머릿속에 떠올랐음을 알아차리고 이런 잡념들에 이끌려 가지 말고 잡념들을 내려놓는다. 마치 손에 잡고 있던 고무풍선이 바람에 날아가도록 놓아 버리는 것처럼 끊임없이 떠오르는 잡념들을 붙잡지 말고 계속 놓아 버리도록 한다.

(3) 기본 호흡명상

호흡명상은 집중명상이든 마음챙김명상이든 모든 명상 방법들 가운데 가장 기본적인 명상이다. 따라서 어떤 종류의 명상을 수행하든 호흡명상을 가장 기본적인 수련으로 강조한다. 그래서 호흡명상을 기본명상이라고 부르기도 한다.

(4) 만트라명상

이 명상은 전형적인 집중명상의 한 형태로서 자신에게 특별한 의미를 갖는 특정한 단어나 구절을 선정한 후 이를 호흡과 함께 반복, 암송하는 것이다. 만트라는 소리를 내어 할 수도 있고 마음속으로 암송할 수도 있다. 의식의 초점은 만트라에 두어야 하며 만트라를 반복 암송할 때는 입술과 혀의 운동과 호흡이 함께 협동하는 데 의식의 초점을 두어야 한다.

(5) 몸살피기명상

몸살피기(body scan)명상은 신체와 마음 간에 보다 튼실한 관계를 형성하기 위해 행해지는 명상이다. 먼저 몇 초 동안 호흡에 초점을 두어 마음과 몸이 이완된 후 시작한다. 발가락에 대한 감각을 느끼는 것부터 시작한다. 발가락에 긴장을 주었다가 금방 이완시키면서 그때 느껴지는 감각의 차이를 알아차려 본다. 발가락에서 시작하여 발바닥, 발등, 발목 등이 바닥과 접촉하고 있는 부위에서 느껴지는 신체 감각을 느껴 본다. 이어서 다리 부위, 옷과 피부 사이의 접촉감, 등 근육, 어깨, 팔, 팔꿈치, 손목, 손가락, 목, 입술, 턱, 눈, 이마 등의 긴장감을 느껴 본 후 이완시켜 본다. 이제 온몸이 완전히 이완되었을 것이다.

(6) 먹기명상

먹기명상의 경우에 행하는 방식에 따라 집중명상이 될 수 있고 마음챙김명상이 될 수도 있다. 즉, 어떤 특정한 먹기 대상을 선정하여 이 먹을거리가 어떻게 만들어져 어떤 경로를 거쳐서 이곳에 오게 되었으며 이것이 몸속에 들어가 어떤 작용을 거쳐 자연 속으로 되돌아가는지 이 음식과 나와의 관계를 집중적으로 알아보는 데 초점을 둔다면 집중명상이 된다. 한편 이 먹을거리를 먹는 동안 순간순간 느끼는 미각·후각·촉각 등의 감각적 속성과 느낌, 그리고 생각 등을 주로 알아차림 한다면 마음챙김명상이 될 것이다.

(7) 선명상

우리나라에서 가장 잘 알려져 있는 명상법이 바로 선(禪)명상이다. 이 명상은 우리나라뿐만 아니라 전 세계적으로 가장 널리 알려진 명상법인데 그 주된 이유는 이 명상이 불교의 스님들이 수행하는 전형적 명상 방법이기 때문이다. 선명상의 핵심은 지금 이 순간에 깨어 살아가는 것을 학습하는 것이다. 우리는 지나간 과거를 가지고 할 수 있는 것이 아무것도 없고 미래는 아직 오지 않았다. 오직 우리가 할 수 있는 일이란 바로 지금 이 순간뿐이다.

선명상의 핵심 포인트는 신체와 호흡과 마음이 하나이고 같은 것이란 것을 알아차림 하는 것이다. 이런 인식을 높이기 위해 몸을 이완하고 호흡에 주의의 초점을 두는 것으로부터 시작한다. 마음이 방황하지 못하도록 숨을 들이쉬고 내쉬는 것을 하나에서 열까지 천천히 세어나간다. 흔히 숨을 세는 것과 같은 단순한 일을 할 때에 마음이 방황하기 쉬워 금방 세었던 숨이 몇 번째인지 잘 알아차리지 못할 때가 많다. 이런 때는 자신의 마음이 방황하고 있다는 것을 알아차림 하고 하나부터 숨쉬기를 다시 시작한다.

14.4. 명상의 기본 태도

14.4.1. 명상 중의 잡념 다루기

우리의 마음은 심하게 요동치기 때문에 어느 한 곳에 초점을 잡고 머물러 있기가 어려운데 이러한 것을 번뇌, 망상, 공상이라고 한다. 이런 마음의 동요가 바로 잡념이고 괴로움의 원천인 것이다. 명상 중에도 불안과 긴장을 일으키게 하는 골치 아픈 어떤 생각이 떠오르게 된다. 이처럼 명상을 하고 있을 때에 우리의 마음은 대단히 번거롭게 동요하고 활동적이라는 것을 알 수 있다.

그러나 이런 복잡한 생각에 대해 일일이 관심을 갖고 반응하지 않기 위해서는 먼저 우리의 마음, 즉 우리의 생각, 느낌 또는 감각이 불현듯이 떠올랐다가 금방 사라지는 것을 관찰하는 '내 마음의 관찰자' 혹은 '내 마음의 목격자'라는 입장이 되어야 한다. 우리의 주의가 외부의 자극으로 인해 방해받아 흔들린다는 것을 알게 되었을 때는 초점으로 삼았던 심호흡이나 만트라 쪽으로 되돌아가야 한다. 또한 명상을 하는 동안 어떤 일이 일어나든지 거부하거나 억압하지 말고 있는 그대로 받아들이는 수용적 태도를 개발해 본다. 또는 어떤 특정한 생각 하나를 선정하여 그 생각에만 마음을 모아 가도록 한다. 이렇게 하면 자기 자신의 생각의 발상, 변천 그리고 소멸 등과 같은 마음의 전개 과정을 스스로 살펴볼 수 있게 된다.

14.4.2. 마음챙김 명상의 기본 태도

마음챙김 명상은 주의를 어떤 특정한 대상에 계속 집중하는 것을 강조하는 호흡명상이나 만트라명상 등과 같은 집중명상과는 다르다. 마음챙김 명상은 주의가 흔들리거나 공상하고 있거나 감각, 생각 또는 감정이 변화되는 것을 알아차리는 그 자체가 바로 관찰의 대상이 된다.

존 카밧진은 그의 저서 『처음 만나는 마음챙김 명상』에서 마음챙김 명상의 기본 태도로 비판단, 인내, 초심, 신뢰, 애쓰지 않음, 수용, 내려놓기 등의 일곱 가지를 제시하였다.

(1) 비판단

우리 자신의 마음에 주의를 기울일 때 생겨나는 모든 것은 정말로 다양한 종류의 판단임을 알 수 있다. 이것을 알아차리는 것은 유익

하지만 그 판단에 대해 다시 판단하지 말아야 한다. 단지 그것을 판단이라고 알아보기만 하면 된다.

(2) 인내

우리는 마음챙김 명상을 통해 시계가 가리키는 시간 밖으로 걸어나와 지금이라는 무시간 속으로 들어가는 법을 배움으로써 지금의 순간부터 죽음을 맞이할 때까지 무한의 순간들을 가지고 있음을 알 수 있다. 그러기 때문에 우리는 서두를 필요가 없으며 자주 이 사실을 자신에게 상기시키면서 더 큰 인내심을 스스로 체현해 볼 수 있다.

(3) 초심

우리는 지속적인 명상과 독서를 통해 우리 자신이 명상에 대해 어느 정도 알고 있다고 생각하게 된다. 그런 일이 생겨난다면 우리는 이미 잠시 동안이라도 초심을 잃은 것이다. 누구라도 명상에 대해서 아는 것이 적다는 사실을 잊지 말아야 한다.

(4) 신뢰

외부의 실제 세계와 우리가 감각적으로 받아들인 인식 세계와는 차이가 생기기 마련이다. 우리가 진실이라고 생각하는 것은 어느 정도까지만 진실일 것이다. 우리의 모든 감각은 우리를 속이는 수가 있다. 그래서 우리는 감각이나 외관에 절대적인 신뢰를 둘 수 없다. 그럼에도 우리가 감각을 잘 조율하여 감각과 더 많이 접촉하는 훈련을 할 수 있다면 감각을 통해 드러나는 현상들과 더 큰 친밀감을 계발할 수도 있을 것이다.

(5) 애쓰지 않음

애쓰지 않음은 우리가 지금이라고 부르는 현재 순간이 무시간성이라는 것을 나타낸다. 우리가 명상에서 현재 순간에 머물 때 우리는 진정으로 가야 할 곳도 해야 할 것도 얻을 것도 없다. 우리에게는 오직 이 순간만 있다. 다른 모든 것은 기억과 기대일 뿐이다. 그리고 기억과 기대 역시 지금 여기에서만 일어나고 있다. 이 순간은 다른 순간만큼 소중하다. 지금이라는 순간은 더할 나위 없이 완전하다.

(6) 수용

수용은 무슨 일이든지 그냥 받아들인다는 의미가 아니며 누구도 그냥 받아들일 수는 없는 것이다. 끔찍한 일이나 상황에서 그것을 수용한다는 것은 세상에서 가장 어려운 일이다. 수용이란 지금의 현상이 어떠한지 인식한 뒤 그것과 지혜로운 관계를 맺는 방법을 찾는 것을 뜻한다. 그런 다음에 적합하다고 생각되는 행동을 취하는 것이다.

수용은 수동적인 체념과 아무런 상관이 없고 오히려 그와는 정반대이다. 만일 상황이 엉망이 되고 있다면 이러한 사실을 자각하는 것이 우리에게 다음 순간 적절한 행동을 취할 수 있는 방향성을 줄 수 있다.

(7) 내려놓기

있는 그대로 내버려 둘 때 우리는 자신을 자각 자체 그리고 존재의 영역에 연결시키고 있는 것이다. 우리는 우리의 사고와 자기화(selfing)조차도 자각 속에 담을 수 있다. 그렇게 할 때 사고와 자기화는 쫓아갈 필요도 거부할 필요도 두려워할 필요도 없는 존재가 된다. 그것들은 단지 생각일 뿐이며 자각의 장(場)에 떠오르는 일시적인 사건일 뿐이다. 그러나 자각은 그것들조차도 품어 안을 수 있기 때문에 우리는 더 이상 꼼짝없이 그것에 갇혀 있지 않아도 된다.

14.5. 명상 실습

바닥에 앉거나 등받이가 있는 의자에 앉는다. 의자에 앉을 경우에는 등을 등받이에 기대지 않는다. 등을 똑바로 세워서 명상을 해야 각성 유지에 도움이 된다. 눈을 부드럽게 감는다.

숨을 들이쉬고 내쉴 때 아랫배에서 느껴지는 신체 감각에 의식을 집중한다. 숨을 들이쉬고 내쉴 때에 하나에서부터 숫자를 세어 나간다. 예를 들어서 1에서부터 100까지 세기로 정하고서 명상을 그 기간 동안 수행한다. 숫자를 세다가 어디까지 세었는지 잊어버릴 경우에는 그 숫자부터 다시 세기로 한다.

숨을 들이킬 때 아랫배가 부드럽게 부풀어 오르고 숨을 내쉴 때는 부드럽게 줄어드는가를 계속해서 살펴본다. 호흡이 코로 들어와서 아랫배까지 진행되어 가는 전 과정 동안 느껴지는 신체 감각의 변화를 느껴 본다. 이번에는 호흡이 아랫배로부터 코를 통해 바깥으로 나가는 전 과정 동안 느껴지는 신체 감각의 변화를 느껴본다. 숨 쉬는 것을 어떤 식으로든 통제하려고 하지 말고 자연스럽게 해야 한다.

얼마 지나지 않아 온갖 종류의 생각들이 마음에 떠올라서 방황하게 된다. 이러한 마음의 동요는 자연스러운 것이며 모든 사람이 느끼는 것이다. 마음이 호흡 관찰에 머물러 있지 않고 다른 생각에 가 있다는 것을 알아차리면 그 마음을 조용히 붙잡아 호흡 쪽으로 되돌리면 된다. 마음을 아랫배로 돌려 놓아도 금방 다시 바깥 대상으로 옮겨 가게 된다. 이러한 마음의 방황을 지켜보는 것이 우리 자신에게 인내심을 길러 주고 우리 자신의 생각의 다양성과 호기심의 내용을 알려 주기 때문에 오히려 다행스러운 일이라 여기며 계속하여 달아난 마음을 붙잡아 아랫배의 호흡 자리로 되돌린다.

호흡뿐만 아니라 전 신체에서 느껴지는 다른 감각들에까지도 마음챙김을 확산시켜 간다. 몸과 맞닿아 있는 바닥이나 의자 부분에서 느껴지는 접촉감뿐만 아니라 발바닥 무릎 등의 신체 접촉 부분에서 시작되는 촉각, 압박, 통각 그리고 상체의 무게를 지탱하는 엉덩이 부분, 두 손을 올려놓은 무릎 부위 또는 두 손에서 오는 감각들에 대해서도 마음을 챙긴다.

마음이 움직일 때마다 호흡이나 온몸의 감각 쪽으로 의식을 되돌린다. 이런 방식으로 의식이 호흡이나 감각으로 다시 연결되면 의식의 범위는 보다 확대되어나간다. 신체 감각의 강도에 따라 혹은 감각의 양상에 따라 마음이 순간순간 움직이고 있다는 것을 마음챙김한다. 조용히 눈을 뜨고 몸을 좌우로 움직이면서 일어나 앉는다.

15_목표달성 단계

15.1. 개요

목표달성 단계는 우리가 초기에 설정했던 목표 지점에 도달하는 단계로서 SARD 추진 단계에서 맨 마지막 활동에 해당한다. 목표달성 단계에서는 출발지에서부터 지금까지 경험해 왔던 지난날들의 수많은 사건과 추진활동에 대해 우리 자신의 평가가 이루어져야 한다. 실제로는 목표달성 단계까지 오는 것만으로도 구체적인 평가 없이도 성공했다고 말할 수 있다. 왜냐하면 우리들이 스스로 설정한 목표지점에 끝까지 도달하기란 여간 어려운 일이 아니라는 것을 우리들은 지난 경험들을 통해 체득해 오고 있기 때문이다.

우리가 꿈을 이루기 위해 목표를 설정함에 있어서는 목표의 구체적인 내용과 함께 목표 지점에 도달해야만 하는 시간이 명시되어야 한다. 비록 목표지점에 도착했다고는 하지만 그 시점이 너무 늦어 버리면 목표달성 효과는 그만큼 떨어지게 된다. 따라서 목표달성 단계에서는 목표설정 단계에서 우리가 목표로 명시한 내용과 더불어 각각의 목표에 대한 달성 시점까지도 비교 검토해야 할 필요성이 있다.

사람들이 자신 또는 타인들이 어떤 결과를 경험하게 된 이유를 발견하려고 애를 쓰는데 이를 귀인이라고 한다. 성공이 기대될 때의 성공과 실패가 기대될 때의 실패는 귀인의 필요성을 느끼지 못한다. 그러나 예기치 않은 결과들은 우리의 주의를 사로잡는다. 사람들은 두 가지 중요한 이유에서 귀인을 한다. 첫째로 사람들은 중요하고 예기치 않은 실패가 발생한 이유를 알기 원한다. 둘째로 사람들이 자신의 생활 및 환경과 상호작용하는 방식을 향상시키기 위해서 귀인 탐색에서 얻은 정보를 사용한다.

15.2. 목표수행 결과 평가

목표수행 결과를 평가하기 위한 첫 번째 차원은 소재인데 이는 귀인을 개인에게 두는지 혹은 환경에 두는지를 나타낸다. 개인의 내부에 있는 귀인 요소에는 성격, 지능, 기술, 노력, 전략, 신체적 미 등이 있으며 환경에 있는 귀인 요소로는 기후, 타인의 영향, 과제의 어려움 등이 있다. 두 번째 귀인의 차원은 일관성 혹은 안정성 여부이다. 어떤 귀인들은 비교적 견고하고 오래 지속되지만(예, 지능, 기술, 성격) 다른 것들은 일시적이고 자주 변동한다(예, 기분, 노력, 행운, 기후). 시간과 상황에 따라 지속하는 인과적 귀인은 안정적 요소이지만 자주 변하는 귀인은 불안정적 요소이다. 세 번째 귀인의 차원은 통제 가능성으로서 통제 가능한 요소와 통제 불가능한 요소 사이의 구분이다.

사람들은 일반적으로 자신의 성공을 내적 원인에 귀인을 하지만 실패는 외적 원인에 귀인을 한다. 이러한 이기적 편향은 자아 존중감을 보호하려는 욕망에서 기인한 것이다. 사람들은 자기에 대한 긍정적인 견해를 유지하는 데 상당한 노력을 쏟기 때문에 이러한 이기적 편향은 거의 보편적인 추세이다.

그러나 목표수행 결과는 냉철하게 평가되어야 한다. 우리는 어느 한 가지 목표달성에 실패했다고 하여 낙담하거나 자존감을 상실할 필요는 없을 것이며 또한 성공을 이루었다고 하여 성공한 지점에서 오랜 기간 동안 행복한 마음으로 머무를 수도 없는 것이다. 목표수행 결과 평가에서 가장 중요한 사항은 우리가 스스로 그 결과를 수용하는 태도이다. 비록 그 결과가 좋지 않다고 해도 지금까지 포기하지 않고 꿋꿋하게 걸어온 자기 자신을 위로하고 격려해 주어야 한다.

이 세상에 정지해 있는 것은 아무것도 존재하지 않는다. 삶의 네트워크에서 시시각각 움직이는 모든 개체는 변화하기 마련이며 더군다나 우리 자신의 생각과 마음은 늘 변화 발전해 나아간다. 목표설정 시에는 자신의 인생에 중요하다고 여겼었기에 그러한 목표를 수립하여 전진해 왔지만 목표달성 시점에 와서는 우리 자신의 원하는 바가 바뀔 수 있을 것이므로 성공과 실패의 결과에 우리 스스로가 억매일 필요는 없는 것이다.

15.3. 실패 분석

우리가 목표달성에 실패했다면 실패의 원인이 무엇이었는가를 분석함으로써 앞으로 또 다른 목표를 수행할 때에 다시는 실패를 반복하지 않을 준비를 갖추어야 한다. 멕스웰 몰츠는 실패의 7가지 요소로서 욕구불만, 공격성, 불안감, 고독감, 불확실성, 분노, 공허 등을 제시하였다.

(1) 욕구 불만

욕구 불만은 어떤 중요한 목표를 실현할 수 없거나 강한 욕망이 방해받을 때에 일어나는 감정이다. 어린아이들은 욕구 불만을 표현하기만 하면 응석을 받아 주는 부모에 의해 문제를 해결할 수 있고 원하는 것을 얻을 수 있다. 우리는 나이가 들어감에 따라 모든 욕망은 곧바로 충족될 수 없다는 사실을 받아들여야 한다. 그런데도 대부분의 사람은 욕구 불만이나 삶에 대한 불평을 늘어놓는 습성을 버리지 못한다. 우리가 실패한 원인이 이러한 욕구 불만으로 야기된 불평을 늘어놓음으로써 우리 자신의 활동뿐만 아니라 다른 사람들과의 협조체제에도 악영향을 준 것은 아닌지 반성해 보아야 한다.

(2) 공격성

공격성과 감정상의 울분은 목표를 달성하는 데에 아주 유용하다. 우리는 공격적으로 문제와 씨름해야 한다. 그러나 목표를 이루는 데 있어 어떠한 방해를 받거나 좌절하면 울분이 갑자기 생기며 성공의 방향이 아니라 실패의 방향으로 향해 버린다. 중요한 목표를 성취하려고 노력할 때에 방해를 받으면 지나친 감정분출이 유발되는데 이러한 공격성을 배출하는 데에는 운동이 탁월한 효과를 가진다. 글을 써서 울분을 토해 내는 것도 좋은 방법이다. 또 다른 방법으로는 어떠한 목표를 향해 매진하면서 그것 모두를 소모해 버리는 것이다. 따라서 공격성으로 인한 감정분출 때문에 실패했다고 생각이 들면 이러한 공격성을 긍정적인 방향으로 소모할 수 있는 방안을 강구할 필요가 있다.

(3) 불안감

불안한 사람은 자신이 훌륭해야만 한다고 느끼며 반드시 성공해야 한다고 생각한다. 또한 자신이 행복하고 유능하며 안정적인 사람이 되어야 한다고 여긴다. 그러나 이러한 것들은 절대적인 의미에서 마땅히 해야만 하는 것들이 아니라 성취할 목표로 여겨야만 한다. 그런데 목표를 달성하기 위한 오랜 과정 속에서 실패하면 어떻게 하나 하는 불안감을 가져왔다면 이러한 불안감을 물리쳐야 한다. 불안감으로부터 벗어나려면 무엇보다도 목표달성에 대한 강박감을 버리고 자신의 목표 지점을 향해 성실히 걸어가겠다는 순수한 마음 설정이 중요하다고 여겨야 한다.

(4) 고독감

고독한 성격을 지닌 사람들은 보통 다른 사람이 자신을 찾아오기를 바라고 다른 사람의 의견에 따라 움직이며 자신이 대접받고 있다는 사실을 즐기는 수동적인 태도를 갖는다. 자신의 감정에 구애받지 말고 사람 속에서 섞여서 함께 지내야 한다. 사람들과 처음 만난 이후에도 만남을 지속한다면 어느덧 익숙해져서 그 생활을 즐길 수 있을 것이다. 고독감이 실패의 귀인 요소였다면 타인을 두려워하지 말고 그들과 감정적인 유대감을 증진시킴으로써 다음 목표달성에 준비해야 한다.

(5) 불확실성

일이 잘못될 수도 있다는 가능성은 스스로 완벽하다고 생각하는 사람에게는 두려움의 대상이다. 어쩌다 잘못을 저지르기라도 하게 되면 완벽하고 강력한 자신의 의지는 부서지고 말 것이다. 항상 100% 완벽한 사람만이 성공하는 것은 아니라는 사실을 알아야 한다. 목표지점을 향해 행동하고 때로는 실수를 저지르며 코스를 수정하면서 전진하는 것은 지극히 자연스러운 과정이다. 우리가 최적으로 가는 길보다 이리저리 돌아가는 것을 택하는 과정에서 단기적인 불확실성은 받아들여야 한다.

(6) 분노

분노는 실패를 불공평한 대우나 정의롭지 못한 행위 탓으로 돌림으로써 상황을 그럴듯하게 포장한다. 그러나 그것은 우리 정신에 치명적인 독일뿐만 아니라 행복할 수 없게 만들며 성공하는 데 필요한 엄청난 에너지를 낭비하게 한다.

실제로 부당하고 잘못된 사실에 근거하고 있더라도 분노는 싸움에서 승리할 수 있는 좋은 수단이 아니다. 그것은 곧 감정상의 습관이 되어 버린다. 분노와 자기 연민이 행복이나 성공으로 가는 길이 아니라 패배나 불행으로 향하는 길이라는 사실을 분명히 확신할 때에 우리는 분노를 지배하고 통제할 수 있다. 모든 것에는 부당함이 존재한다. 따라서 분노 때문에 실패하였다면 이 세상에는 정당함이라는 것이 존재하지 않지만 자기 자신을 위해 의미 있는 결과를 만들어 낼 수 있다는 사실을 명심함으로써 분노로부터 벗어날 수 있도록 노력해야 한다.

(7) 공허

공허함은 부적절한 자아 이미지의 한 증상이다. 가치가 없는 자아 이미지를 지니고 있는 사람은 진정한 성공을 거부하는 부정적인 성향을 간직하게 되며 진정한 성공이라는 것을 심리적으로 받아들이거나 즐길 수도 없다. 물론 그는 자신의 부정적인 약점을 메우려고 무의식적으로 과잉 보상을 함으로써 보통 이상의 능력을 가질 수 있게 됨에 따라 성공할 수도 있다. 그러나 그런 사람은 마침내 성공하더라도 만족감과 성취감을 느끼기 힘들다. 세상 사람의 관점에서 보면 그들은 분명히 성공한 사람이지만 그들은 여전히 열등감을 느끼며 행복감을 느끼지 못한다. 따라서 객관적인 성공보다는 차라리 비록 실패하였더라도 만족감과 행복감을 느끼는 자아 이미지 구축이 더 중요시되어야 한다.

15.4. 성공 분석

자신이 세운 목표를 성공적으로 달성한 경우에 지나온 활동들을 되돌아보면서 어떠한 요인 때문에 자신의 성공이 가능했는가에 대한 분석이 필요하다. 이러한 분석 자료는 자신의 또 다른 목표를 수행할 때에 지침서로 활용할 수 있다. 자신의 성공을 스스로 분석함에 덧붙여 다른 사람들의 성공 경험들을 비교 검토하면 또 다른 목표수행 과정에서 불거져 나올 각종 장해물을 극복할 수 있는 지혜를 얻을 수 있을 것이다. 맥스웰 몰츠는 성공의 7가지 구성요소로 방향감각, 이해, 용기, 관용, 존중, 자신감, 자기 긍정 등을 들었다. 목표를 달성한 시점에서 어떠한 요소가 성공의 주된 원인이었는지를 되돌아보며 또 다른 목표에 창의적으로 도전해야 한다.

(1) 방향 감각

자신이 세웠던 목표를 이룬 뒤에 자신이 원하는 것보다는 다른 사람의 기대나 목표, 기준 등에 맞추어 생활한다면 그는 스스로 두려움을 느끼게 된다. 자신이 이룬 그 자리를 지키려는 사람으로 남지 말고 대신에 또다시 새롭게 목표를 설정하여 공격적으로 전진함으로써 다시 스스로를 통제할 수 있어야 한다.

우리 인간은 자신에게 주어진 환경을 극복하고 문제를 해결하면서 목표를 달성하기 위해 태어났으며 정복할 대상과 성취할 목표가 없다면 진정한 만족이나 행복을 느낄 수 없다. 따라서 성공하기 위해서는 자그마한 성공에 너무 취해 있지 말아야 할 뿐만 아니라 또 다른 도전에서 갖은 어려움이 닥치더라도 꿋꿋하게 방향감각을 유지해야 할 것이다.

(2) 이해

목표달성 과정에서 불어닥친 어려움을 헤쳐 나가기 위해서는 먼저 문제를 둘러싼 상황을 정확히 이해해야만 한다. 이러한 상황은 환경적인 문제일 수도 있고 인간적인 문제일 수도 있다. 우리는 종종 두려움과 걱정 또는 욕망 때문에 우리가 지각한 감각데이터를 왜곡하며 수용하려 들지 않는다. 그러나 우리가 마주한 현실을 성공적으로 극복하려면 진실을 직시하려는 의지가 절대적으로 필요하다. 그것이 좋든지 혹은 나쁘든지 우선적으로 진실을 파악하고 받아들여야 한다.

(3) 용기

이 세상의 어떠한 일도 전적으로 확실한 것은 존재하지 않는다. 성공한 사람과 실패한 사람의 차이는 능력이나 생각의 차이가 아니라 예상되는 위험을 헤아려보고 모험을 결심한 뒤에 직접 행동으로 옮기는 용기의 차이이다. 용기는 전쟁터나 위기상황에서 발휘되는 영웅적 행동으로 생각되지만 실제로는 매일매일 생활하는 데에도 용기가 필요하다.

(4) 관용

성공하는 사람은 다른 사람에게 관심을 갖고 그들을 배려한다. 그리고 다른 사람의 문제와 요구를 존중한다. 다른 사람을 하찮게 여기는 사람은 자기 자신도 그다지 존중하지 않는 법이다. 이러한 잘못된 의식을 극복하기 위해서는 다른 사람의 실수를 임으로 판단하거나 비난하며 그들을 미워하지 말아야 한다. 다른 사람이 가치 있다고 느끼기 시작할 때에 보다 더 훌륭하고 적절한 자신의 성공 이미지를 개발할 수 있다.

(5) 존중

우리는 스스로 열등감을 품는 것이 덕이 아니라 악이라는 사실을 명심해야 한다. 자신을 존중하는 사람은 타인에게 적대감을 느끼지 않는다. 자기 회의는 성공으로 가려는 우리의 의지에 찻물을 끼얹으며 우리의 성공 이미지를 실패 이미지로 교체하려 든다.

(6) 자신감

자신감은 성공해 본 경험에서 생겨난다. 작은 성공부터 시작해서 성공 경험을 차곡차곡 쌓아 나갈 필요가 있다. 또한 과거의 실패한 기억은 잊어버리는 습관을 갖고 오로지 성공했던 일들만 기억하도록 노력해야 한다. 비록 아무리 작은 성공이라도 이러한 성공의 경험들을 더 큰 성공의 디딤돌로 삼아야 할 것이다.

(7) 자기 긍정

진정한 성공이나 행복을 위해서는 자기 긍정이 우선적으로 확보되어야 한다. 성공은 특별한 사람이 되기 위해 애쓰고 노력할 때에는 이룰 수 없다. 우리 대부분은 자신이 생각하는 것보다 훨씬 훌륭하고 현명하며 강하고 능력 있는 존재이다.

자기 긍정은 자신의 자산이나 능력뿐만 아니라 실수, 약점, 결점, 잘못 등도 있는 그대로 받아들이고 타협하는 것을 의미한다. 자신의 부정적인 요소가 자기 자신을 의미하는 것이 아니라 자신에게 속해 있는 한 부분이라는 사실을 깨달음으로써 자기 긍정을 강화해야 한다. 많은 사람들이 자기 자신과 자신이 저지른 실수를 동일시하기 때문에 건전한 자기 긍정을 부끄러워한다. 누구나 실수를 할 수 있지만 실수가 바로 그 사람 자체는 아닌 것이다.

참고문헌

『성공학의 역사』, 정해윤 저, ㈜살림출판사, 2006.

『MCC 성공학 개론』, 김정수 저, 다만북스, 2005.

『데이터통신』, 오창환 저, 한국학술정보㈜, 2010.

『세상을 바꾸는 IT 100선』, 오창환 저, 서울사이버대학교 출판사, 2008.

『인간과 컴퓨터 이해』, 오창환 저, 한국학술정보㈜, 2011.

『유비쿼터스 이해』, 오창환 저, 한국학술정보㈜, 2012.

『디지털 3.0 시대의 상식 사전』, 오창환 저, 한국학술정보㈜, 2012.

『우주론』, 김재호·이문숙 역, 도서출판 전나무숲, 2011.

『친절한 과학사』, 박성래 저, 문예춘추사, 2007.

『파브르 식물 이야기』, 글 추둘란, 그림 이제호, ㈜사계절출판사, 2011.

『최재천의 인간과 동물』, 최재천 저, 궁리출판, 2012.

『생물학 카페』, 이은희 저, 궁리출판, 2009.

『인체해부학』, 이성호 외 공저, 현문사, 1999.

『인체해부학』, 신문균 외 공저, 현문사, 2008.

『인체해부학』, 노민희 외 공저, 정담미디어, 2007.

『최신 인체해부생리학』, 이한기 외 공저, 수문사, 2007.

『생리학』, 장남섭 외 저, 수문사, 2008.

『사람과 컴퓨터』, 이인식 저, 도서출판 까치, 1992.

『처음 읽는 미래과학 교과서』, 박태현 저, 김영사, 2008.

『인간의 미래』, 남윤호 역, 도서출판 동아시아, 2008.

『로봇, 인간을 꿈꾸다』, 이종호 저, 문화유람, 2007.

『나노 기술과 인간』, 현원복 저, 도서출판 까치, 2005.

『청각뇌』, 고선윤 역, 중앙생활사, 2006.

『뇌, 생각의 출현』, 박문호 저, ㈜휴머니스트 출판그룹, 2009.

『착각하는 뇌』, 김성기 역, 리더스북, 2009.

『뇌 마음대로』, 송정은 역, 공존, 2012.

『뇌와 내부세계』, 김종주 역, 도서출판 하나의학사, 2005.

『심리학의 이해』, 윤가현 외 공저, 학지사, 2009.

『양자심리학』, 양명숙·이규환 역, ㈜학지사, 2011.

『하룻밤에 읽는 심리학』, 신혜용 역, 랜덤하우스코리아(주), 2009.

『간단명료한 심리학』, 이영애·이나영 역, ㈜시그마프레스, 2008.

『자신감 심리학』, 최선임 역, 도서출판 지식여행, 2010.

『인지심리학과 그 응용』, 이영애 역, 이화여자대학교출판부, 2012.

『인지과학 혁명』, 김남주·김경화 역, 에이콘출판주식회사, 2011.

『감각과 지각』, 김정오 외 공역, ㈜시그마프레스, 2008.

『상담심리학』, 이장호 저, 박영사, 2005.

『사이버상담 이론과 실제』, 임은미 저, 학지사, 2006.

『고객상담과 심리상담의 길잡이』, 김환 저, ㈜교문사, 2013.

『동기와 정서의 이해』, 정봉교 외 공역, 도서출판 박학사, 2003.

『감정공부』, 이종복 역, ㈜웅진씽크빅, 2009.

『운동과 건강』, 김대경 외 공저, 광림북하우스, 2012.

『근육 만들기』, 윤혜림 역, 도서출판 전나무숲, 2011.

『아침 5분 건강법』, 이정은 역, 아이콘북스, 2013.

『운동과 건강』, 김대경 외 공저, 광림북하우스, 2012.

『건강도인술 백과』, 김종오 역, 정신세계사, 2012.

『KBS 생로병사의 비밀』, KBS 생로병사의 비밀 제작팀, 비타북스, 2012.

『책으로 보는 KBS 생로병사의 비밀』, 홍혜걸 저, 도서출판 가치창조, 2005.

『내 몸 내가 고치는 음식 습관』, 김대경 외 공저, 광림북하우스, 2012.

『나는 풀 먹는 한의사다』, 손영기 저, 도서출판 북라인, 2002.

『치유본능』, 김은숙·장진기 저, 판미동, 2012.

『긍정 심리학』, 권석만 저, 학지사, 2009.

『긍정적 심리학』, 이현수 저, ㈜시그마프레스, 2008.

『행복 심리학』, 김동기·김은미 역, 학지사, 2005.

『맥스웰 몰츠, 성공의 법칙』, 공병호·차재호 역, 비즈니스 북스, 2012.

『성공하는 사람들의 7가지 습관』, 스티븐 코비 저, 김경섭 역, 김영사, 2010.

『헤르만 헤세의 독서의 기술』, 헤르만 헤세 저, 김지선 역, 뜨인돌, 2012.

『수만 가지 책 100% 활용법』, 우쓰데 마사미 저, 김욱 역, 북포스, 2011.

『오직 읽기만 하는 바보』, 김병완 저, 브레인스토어, 2013.

『1만 페이지 독서력』, 윤성화 저, 한스미디어, 2012.

『데일 카네기, 인간관계론』, 강성복·정택진 역, 리베르, 2007.

『자기혁신 프로그램』, 이은희 저, 궁리출판, 2009.

『명상에 답이 있다』, 장현갑 저, 담앤북스, 2013.
『존 카밧진의 처음 만나는 마음챙김 명상』, 안희영 역, 불광출판사, 2012.
『마음챙김 명상에 기초한 인지치료』, 이우경·조선미·황태연 역, 학지사, 2008.

찾아보기

(ㅈ)

오창환

고려대학교 전자공학 학사
고려대학교 공학대학원 석사
일본 오사카대학 정보공학 박사
한국전자통신연구원 책임연구원
광주과학기술원 연구교수
(주)네트리 대표이사
한국대학신문 논설위원
현) 서울사이버대학교 컴퓨터정보통신학과 교수

『컴퓨터 구조』(2006)
『데이터베이스 기초』(2008)
『세상을 바꾸는 IT 100선』, 서울사이버대학교 출판부, 2008. 1.
『ZigBee 개발 핸드북』(2009, 공역)
『데이터통신』(2010)
『인간과 컴퓨터 이해』(2011)
『유비쿼터스 이해』(2012)
『디지털 3.0 시대의 상식 사전』(2012)
『디지털 논리회로 이해』(2013)

· Priority Control ATM for Switching Systems, IEICE Trans. on Communications, Oh C.H., Murata M., and Miyahara, September 1992.
· Circuit Emulation Technique in ATM Networks, IEICE Trans. on Communications, Oh C.H., Murata M., and Miyahara, June 1993.
· Performance Evaluation of a High-Speed ATM Switch With Multiple Common Memories, IEEE Transactions on communications, Vol. 50, No.2, February 2002.
· Performance Enhancement of Mobile IP by Reducing Out-of-Sequence Packets Using Priority Scheduling, IEICE Trans. on Communications, Lee D. W., Hwang G. Y., Oh C. H., August 2002.

인간과
성공

초판인쇄 2015년 1월 30일
초판발행 2015년 1월 30일

지은이 오창환
펴낸이 채종준
펴낸곳 한국학술정보㈜
주소 경기도 파주시 회동길 230(문발동)
전화 031) 908-3181(대표)
팩스 031) 908-3189
홈페이지 http://ebook.kstudy.com
전자우편 출판사업부 publish@kstudy.com
등록 제일산-115호(2000. 6. 19)

ISBN 978-89-268-6805-8 93040